DE
L'INTELLIGENCE

PAR H. TAINE
DE L'ACADÉMIE FRANÇAISE

TOME SECOND

SIXIÈME ÉDITION

PARIS
LIBRAIRIE HACHETTE ET Cⁱᵉ
79, BOULEVARD SAINT-GERMAIN, 79

1892

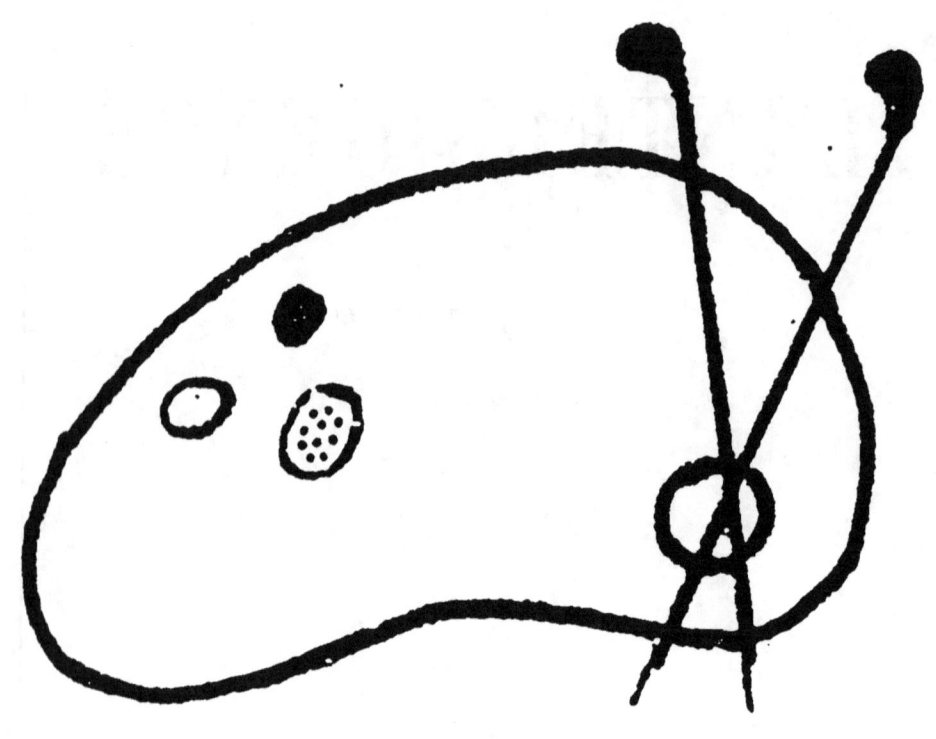

Couvertures supérieure et inférieure en couleur

Librairie HACHETTE et Cⁱᵉ, boulevard Saint-Germain, 79, à Paris.

BIBLIOTHÈQUE VARIÉE, FORMAT IN-16
A 3 FR. 50 LE VOLUME

PUBLICATIONS PHILOSOPHIQUES

BOUILLIER, de l'Institut : *Du plaisir et de la douleur* ; 3ᵉ édition. 1 vol.
— *La vraie conscience*. 1 vol.
— *Etudes familières de psychologie et de morale*. 1 vol.
— *Nouvelles Etudes familières de psychologie et de morale*. 1 vol.
— *Questions de morale pratique*. 1 vol.

CARO (E.), de l'Académie française : *Etudes morales sur le temps présent* ; 5ᵉ édition. 1 vol.
— *Nouvelles Etudes morales sur le temps présent* ; 2ᵉ édition. 1 vol.
— *L'idée de Dieu et ses nouveaux critiques* ; 7ᵉ édition. 1 vol.
  Ouvrage couronné par l'Académie française.
— *Le matérialisme et la science* ; 4ᵉ édition. 1 vol.
— *Le pessimisme au XIXᵉ siècle* ; 3ᵉ édition. 1 vol.
— *La philosophie de Gœthe* ; 2ᵉ édition. 1 vol.
  Ouvrage couronné par l'Académie française.
— *M. Littré et le positivisme*. 1 vol.
— *Problèmes de morale sociale* ; 2ᵉ édit. 1 vol.
— *Philosophie et philosophes*. 1 vol.

CARRAU (L.), ancien maître de conférences à la Faculté des lettres de Paris : *Etude sur la théorie de l'évolution*. 1 vol.

COURNOT : *Revue sommaire des doctrines économiques*. 1 vol.

FOUILLÉE, maître de conférences à l'Ecole normale supérieure : *L'idée moderne du droit en Allemagne, en Angleterre et en France* ; 2ᵉ édition. 1 vol.
— *La science sociale contemporaine* ; 2ᵉ édition. 1 vol.
— *La propriété sociale et la démocratie*. 1 vol.
— *La philosophie de Platon* ; 2ᵉ édition.
  Tome I : Théorie des idées et de l'amour.
  Tome II : Esthétique, morale et religion platonicienne.
  Tome III : Histoire du platonisme et de ses rapports avec le christianisme.
  Tome IV : Essais de philosophie platonicienne.

FRANCK (Ad.), de l'Institut : *Essais de critique philosophique*. 1 vol.
— *Nouveaux Essais de critique philosophique*. 1 vol.

GARNIER (Ad.) : *Traité des facultés de l'âme* ; 4ᵉ édition. 3 vol.
  Ouvrage couronné par l'Académie française.

GRÉARD (O.), de l'Académie française : *De la morale de Plutarque* ; 4ᵉ édition. 1 vol.
  Ouvrage couronné par l'Académie française.

JOLY, professeur à la Faculté des lettres de Paris : *Psychologie des grands hommes*. 1 vol.
— *Psychologie comparée : l'homme et l'animal* ; 2ᵉ édition. 1 vol.
  Ouvrage couronné par l'Académie des sciences morales et politiques.

JOUFFROY (Th.) : *Cours de droit naturel* ; 5ᵃ édition. 2 vol.
— *Cours d'esthétique* ; 4ᵉ édition. 1 vol.
— *Mélanges philosophiques* ; 6ᵉ édit. 1 vol.
— *Nouveaux Mélanges philosophiques* ; 4ᵉ édition. 1 vol.

LAFFITTE : *Le paradoxe de l'égalité*. 1 vol.

MARTHA (C.), de l'Institut : *Les moralistes sous l'empire romain* ; 5ᵉ édition. 1 vol.
  Ouvrage couronné par l'Académie française.
— *Le poème de Lucrèce* ; 4ᵉ édition. 1 vol.
  Ouvrage couronné par l'Académie française.
— *Etudes morales sur l'antiquité* ; 2ᵉ édit. 1 vol.
— *La délicatesse dans l'art*. 1 vol.

NICOLE : *Œuvres philosophiques*. 1 vol.

PRÉVOST-PARADOL : *Etudes sur les moralistes français* ; 6ᵉ édition. 1 vol.

SIMON (Jules), de l'Académie française :
— *La liberté politique* ; 5ᵉ édition. 1 vol.
— *La liberté civile* ; 5ᵉ édition. 1 vol.
— *La liberté de conscience* ; 6ᵉ édition. 1 vol.
— *La religion naturelle* ; 8ᵉ édition. 1 vol.
— *Le devoir* ; 14ᵉ édition. 1 vol.
  Ouvrage couronné par l'Académie française.

TAINE : *Les philosophes classiques du XIXᵉ siècle en France* ; 6ᵉ édition. 1 vol.
— *De l'intelligence* ; 5ᵉ édition. 2 vol.
— *Philosophie de l'art* ; 4ᵉ édition. 2 vol.

THAMIN (R.), professeur à la Faculté des lettres de Lyon : *Un problème moral dans l'antiquité*. 1 vol.
  Ouvrage couronné par l'Académie des sciences morales et politiques.

WORMS (R.) : *La morale de Spinoza*. 1 vol.
  Ouvrage couronné par l'Académie des sciences morales et politiques.

DE
L'INTELLIGENCE
II

OUVRAGES DU MÊME AUTEUR

PUBLIÉS PAR LA LIBRAIRIE HACHETTE ET Cie

LES ORIGINES DE LA FRANCE CONTEMPORAINE

1re partie. — L'Ancien régime; 16e édit. 1 vol. . . .	7 fr. 50
2e partie. — La Révolution; 16e éd. 3 vol. Chaq. vol.	7 fr. 50
3e partie. — Le Régime moderne; 4e édit. Tome I. .	7 fr. 50
Histoire de la littérature anglaise; 7e édit. 5 vol. in-16.	17 fr. 50
Essai sur Tite Live; 5e édit. 1 vol. in-16	3 fr. 50
La Fontaine et ses fables; 12e édit. 1 vol. in-16. .	3 fr. 50
Voyage aux Pyrénées; 12e édit. 1 vol. in-16	3 fr. 50
Le même avec gravures. 1 vol. in-16.	4 fr. »
Le même illustré. 1 vol. grand in-8.	10 fr. »
Les philosophes classiques du XIXe siècle en France; 6e édit. 1 vol. in-16.	3 fr. 50
Essais de critique et d'histoire; 5e édit. 1 vol. in-16.	3 fr. 50
Nouveaux Essais de critique et d'histoire; 5e édit. 1 vol. in-16.	3 fr. 50
Notes sur Paris, par Fréd. Th. Graindorge; 10e édit. 1 vol. in-16	3 fr. 50
Voyage en Italie; 6e édit. 2 vol. in-16.	7 fr. »
Le même avec gravures. 2 vol. in-16.	8 fr. »
Notes sur l'Angleterre; 9e édit. 1 vol. in-16. . .	3 fr. 50
Le même avec gravures. 1 vol. in-16.	4 fr. »
Un séjour en France de 1792 a 1795; 3e édit. 1 vol. in-16	3 fr. 50
Philosophie de l'art; 5e édit. 2 vol. in-16.	7 fr. »
De l'intelligence; 6e édit. 2 vol. in-16	7 fr. »
Du suffrage universel et de la manière de voter. Brochure in-16.	0 fr. 50

Coulommiers. — Imp. Paul BRODARD.

DE L'INTELLIGENCE

PAR H. TAINE

DE L'ACADÉMIE FRANÇAISE

TOME SECOND

SIXIÈME ÉDITION

PARIS
LIBRAIRIE HACHETTE ET Cⁱᵉ
79, BOULEVARD SAINT-GERMAIN, 79

1892

Droits de traduction et de reproduction réservés.

DEUXIÈME PARTIE

LES DIVERSES SORTES DE CONNAISSANCES

LIVRE PREMIER

MÉCANISME GÉNÉRAL DE LA CONNAISSANCE

CHAPITRE PREMIER

DE L'ILLUSION

SOMMAIRE.

I. Résumé de la première partie. — Éléments de la connaissance humaine. — Principaux composés que forment leurs combinaisons. — La naissance et la rectification d'une illusion sont les deux procédés par lesquels se forment en nous nos diverses sortes de connaissances.
II. Exemples. — Illusion produite par le théâtre. — Illusions d'optique. — Illusion des amputés. — Illusion des hallucinés. — La condition suffisante de la croyance ou jugement affirmatif est la présence de la sensation ordinaire. — Il n'importe pas que la sensation soit pourvue de ses antécédents ordinaires. — Preuves. — Quand la condition du travail mental est donnée, il se poursuit aveuglément, comme le travail vital.
III. Conséquences. — La perception extérieure est une hallucination vraie. — Exemples. — A l'état normal et ordinaire, notre rêve du dedans correspond aux choses du dehors. — Illusion psychologique à propos de la perception extérieure. — Nous sommes tentés de la prendre pour un acte simple et spirituel. — Illusion psychologique analogue à propos des autres actes de connaissance.
IV. Rôle de l'image substitut de la sensation. — Elle provoque le même travail hallucinatoire. — Exemples. — Cas où ce travail aboutit. — Observations de M. Maury sur les hallucinations hypnagogiques. — Hypnotisme et somnambulisme. — Expériences de Braid sur la suggestion. — Cas cité par

Carpenter. — Expériences du Dr Tucke. — Prédominance des images et de l'action des hémisphères.

V. Conséquences. — Présence des images dans toutes les représentations sensibles et dans toutes les idées pures. — Dans toutes les perceptions extérieures, souvenirs, prévisions, actes de conscience. — Tendance générale de l'esprit à l'hallucination. — Dans toutes nos opérations mentales, il y a une hallucination, au moins à l'état naissant. — Exemples de son développement. — Phrases mentales qui deviennent des voix externes. — Images effacées qui, en ressuscitant, deviennent hallucinatoires. — Nos diverses opérations mentales ne sont que les divers stades de cette hallucination.

I. Le lecteur vient de suivre, dans toutes ses formes, l'évènement intérieur qui constitue nos connaissances. Nos idées sont des signes, c'est-à-dire des sensations ou des images d'une certaine espèce. Nos images sont des sensations répétées, survivantes, spontanément renaissantes, c'est-à-dire des sensations d'une certaine espèce. Nos sensations proprement dites sont des sensations totales, composées de sensations plus simples, celles-ci de même, et ainsi de suite. On peut donc, faute d'un meilleur nom, dire, avec Condillac, que l'évènement intérieur primordial qui constitue nos connaissances est la sensation. — Mais il faut remarquer que ce nom désigne simplement son état le plus notable, qu'en cet état elle n'est qu'un total, que ce total est une suite ou un groupe de sensations élémentaires, elles-mêmes composées de sensations plus élémentaires, qu'à côté de celles-ci les actions réflexes en indiquent d'autres rudimentaires également inaccessibles à la conscience, qu'ainsi l'évènement intérieur primordial va se simplifiant et se dégradant à l'infini hors de notre portée et de nos prises. Il faut remarquer de plus, pour bien le comprendre, qu'à un autre aspect, c'est-à-dire vu par le dehors et par l'entremise de la perception extérieure, il est un mouvement moléculaire des centres nerveux, et rentre ainsi dans la classe des phénomènes physiques. Il faut remarquer enfin que les noms de force et de substance, de moi et de matière ne désignent que des entités métaphysiques, qu'il n'y a rien de réel dans la nature sauf des trames d'évènements liés entre eux et à d'autres, qu'il n'y a rien de plus en nous-mêmes ni en autre chose. — C'est pourquoi, pour se faire une première idée de l'esprit, il faut se représenter une de ces trames, et poser que, connue par deux procédés différents, la perception extérieure et la conscience, elle doit apparaître forcément sous deux aspects irréductibles, mais d'inégale valeur, c'est-à-dire morale à l'endroit et physique à l'envers. — L'évènement primordial ainsi dégagé et déterminé, il faut maintenant avec lui construire le reste.

Nous avons conscience de nos états, nous nous en souvenons, nous en prévoyons plusieurs. Nous percevons les objets extérieurs, nous nous souvenons de leurs changements, nous en prévoyons beaucoup. Outre ces opérations qui nous sont communes avec les animaux, il en est d'autres qui nous sont propres. Nous faisons des abstractions et des généralisations précises, nous jugeons, nous raisonnons, nous construisons des objets idéaux. Voilà les principaux groupes d'actions qui sont des connaissances. — Comment un être composé comme on l'a dit peut-il les accomplir? Comment des évènements intérieurs comme ceux qu'on a décrits parviennent-ils à les former? Telle est la question, et on ne la résout pas en disant, comme beaucoup de psychologues, que nous avons telle ou telle faculté, la conscience, la mémoire, l'imagination ou la raison. Ce sont là des explications verbales, héritage des scolastiques. Expliquer une de ces actions, c'est en démêler les éléments, montrer leur ordre, fixer les conditions de leur naissance et de leur combinaison. Or les éléments de toute connaissance sont les évènements que nous avons étudiés, signes, images, sensations. Par leur association ou leur conflit, ils se transforment. D'un côté, ils paraissent autres qu'ils ne sont. D'un autre côté, ils sont dépouillés, grâce à une correction plus ou moins complète, de cette fausse apparence. Deux procédés principaux sont employés par la nature pour produire les opérations que nous appelons connaissances : l'un, qui consiste à *créer en nous des illusions;* l'autre, qui consiste à *les rectifier.* C'est par cette double opération que s'élève et s'achève l'édifice mental ; nous n'en avons encore observé que les matériaux ; il faut maintenant en étudier la structure. — Entrons tout de suite dans les exemples ; on comprendra mieux le sens des mots, en voyant d'abord le détail des faits.

II. Une femme fait des gestes violents, essuie ses yeux avec son mouchoir, sanglote en se cachant la tête dans les mains. Elle crie d'une voix plaintive : « Mon Dieu, mon Dieu, que je suis malheureuse! » Son visage est contracté, sa poitrine se soulève, elle est haletante, et ses cris étouffés, saccadés, recommencent incessamment. — Elle joue le chagrin ; mais en ce moment, si je l'ignore, il me *semble* qu'elle a un grand chagrin ; cela signifie que ses gestes, sa physionomie, ses cris, ses paroles sont les mêmes et éveillent en moi les mêmes idées que si elle avait un grand chagrin. Entre son chagrin et mon idée, il y a une série d'intermédiaires, dont le premier est son attitude expressive. Ordinairement, l'attitude est précédée du chagrin, mais ce n'est qu'ordinairement. Si la femme est comédienne habile, le chagrin manque sans que l'attitude manque, et je porterai le même jugement que s'il ne manquait pas.

Pareillement, voici un bâton plongé à demi dans l'eau ; il *semble* courbé, quoiqu'il soit droit ; c'est qu'entre la présence du bâton et ma perception il y plusieurs intermédiaires, dont le premier est un faisceau de rayons lumineux. A l'ordinaire, c'est-à-dire quand le bâton est tout entier dans l'air ou dans l'eau, si une moitié des rayons est infléchie par rapport à l'autre, le bâton est effectivement courbé ; mais ce n'est là que l'ordinaire. Si, par exception, le bâton droit est plongé dans deux milieux inégalement réfracteurs, quoiqu'il soit droit, une moitié des rayons sera infléchie par rapport à l'autre, et j'aurai la même perception que si le bâton était courbé.

En dernier lieu, considérez un amputé qui, ayant perdu la jambe, se plaint de fourmillements dans l'orteil. Il éprouve en effet des fourmillements ; mais ce n'est pas dans l'orteil, qu'il n'a plus ; seulement, il lui *semble* qu'ils y sont. Là encore, entre l'ébranlement nerveux de l'orteil et le jugement qui place en cet endroit la sensation, il y a plusieurs intermédiaires, dont le principal est la sensation elle-même. Ordinairement, quand celle-ci naît, elle est précédée par cet ébranlement terminal ; mais ce n'est qu'ordinairement. Si, par exception, le bout central conservé après l'amputation vient à s'ébranler, elle naîtra, quoiqu'il n'y ait plus d'orteil, et l'amputé portera le même jugement que s'il avait encore sa jambe. — Ces exemples nous montrent fort nettement en quoi consiste l'apparence. Trois termes sont donnés et sont les trois chaînons d'une chaîne : un antécédent qui est le fait affirmé, un intermédiaire qui est ordinairement précédé de l'antécédent, une idée, croyance, jugement, ou perception qui suit toujours l'intermédiaire et porte sur l'antécédent. Pour que le jugement affirmatif se produise, il suffit que l'intermédiaire se produise; peu importe que l'antécédent existe ou n'existe pas.

Poussons plus loin. Jusqu'ici, l'antécédent n'est qu'une propriété de l'objet, tantôt absente, tantôt présente; en effet, ce que nous avons considéré, c'est la situation du fourmillement, c'est la courbure du bâton, c'est le chagrin de la femme. Cherchons maintenant un cas où l'antécédent soit l'objet lui-même; c'est ce qui arrive dans l'hallucination. Un homme, les yeux ouverts ou fermés, voit à trois pas de lui une tête de mort parfaitement distincte, quoiqu'il n'y ait devant lui aucune tête de mort. Cela signifie, comme dans les exemples précédents, qu'entre la présence réelle d'une tête de mort et la perception affirmative il y a un groupe d'intermédiaires, dont le dernier est telle sensation visuelle des centres nerveux. D'ordinaire, cette sensation a pour antécédents un certain ébranlement des nerfs optiques, un certain rejaillissement de rayons lumineux, enfin la présence d'une tête de mort réelle. Mais ces trois antécédents ne précèdent la sensation que d'ordinaire. Si la sensation se produit en leur absence, la perception affirmative naîtra en leur absence, et l'homme verra une tête de mort qui n'est pas. Ici encore, la présence du dernier intermédiaire suffit pour faire naître la perception; peu importe que les antécédents existent ou n'existent pas. On voit par tous ces exemples qu'un objet ou une propriété qui n'existent pas nous *semblent* exister, lorsque l'effet final que d'ordinaire ils provoquent en nous par un intermédiaire se produit en nous sans qu'ils existent. Leur intermédiaire les remplace; il leur équivaut.

Or il est aisé de voir que, dans tous ces exemples, l'intermédiaire final qui précède immédiatement l'idée, croyance, perception ou jugement affirmatif, est la sensation. Les autres intermédiaires n'agissent que par elle et à travers elle. Otez-les tous, sauf elle; supprimez la chose elle-même, comme on le fait au moyen d'un trompe-l'œil dans les spectacles optiques; supprimez les rayons lumineux, ce qui est le cas pour les images consécutives que l'on voit les yeux fermés; supprimez l'ébranlement du bout extérieur du nerf, ce qui a lieu dans l'illusion des amputés; supprimez toute action du nerf, ce qui a lieu dans l'hallucination proprement dite; ne laissez subsister que la sensation ou action des centres sensitifs, il y a hallucination, et partant jugement affirmatif. — Au contraire, supprimez cette sensation ou action des centres sensitifs, en gardant tous les autres intermédiaires et l'objet lui-même; posez que l'objet est présent, qu'il est éclairé, que l'extrémité du nerf est ébranlée, que cet ébranlement se propage sur tout le trajet du nerf; si les centres nerveux sont engourdis par le chloroforme, ou si, comme il arrive dans l'hypnotisme et dans l'attention passionnée, une sensation antérieure dominatrice ferme l'accès aux sensations survenantes, on pourra battre le tambour dans la chambre, pincer, piquer, blesser le patient sans qu'il s'en doute ; n'éprouvant ni la sensation du son, ni la douleur de la blessure, il ne percevra ni le tambour ni l'instrument blessant. Bref, sauf obstacle ultérieur, pour que la perception ou jugement affirmatif se produise, il faut et il suffit que la sensation ou action des centres sensitifs se produise. — En ceci, les opérations mentales ressemblent aux opérations vitales. Si, sur une larve de grenouille, vous séparez la queue et que vous jetiez cette queue dans l'eau, elle s'organise et se développe jusqu'au dixième jour, comme si elle fût restée à sa première place [1]. Si vous introduisez la patte détachée et écorchée d'un jeune rat sous la peau du flanc d'un autre rat, elle s'y greffe, s'y nourrit, s'y accroît, acquiert toutes ses pièces, toutes ses soudures, toute sa structure ordinaire, comme si elle fût demeurée chez son ancien propriétaire. Tel est le travail vital ; sauf obstacle ultérieur, c'est-à-dire pourvu que le milieu soit convenable, il se continue à l'aveugle, que son issue soit utile, inutile, ou même malfaisante. — Il en est de même pour le travail mental ; sauf empêchement et paralysie dans les lobes cérébraux, sitôt que la sensation est donnée, la perception ou jugement affirmatif suit, faux ou vrai, salutaire ou nuisible, peu importe, quand même l'hallucination qui parfois le constitue entraînerait l'homme au suicide et détruirait l'harmonie ordinaire qui ajuste notre action à la marche de l'univers.

III. De là suit une conséquence capitale : c'est que la perception extérieure est une hallucination vraie.

---

[1]. Vulpian, 296. Voir toute la thèse de Paul Bert, *Sur la vitalité propre des tissus animaux.*

Comprenons bien cette vérité, qui semble un paradoxe. L'halluciné qui voit à trois pas de lui une tête de mort éprouve en ce moment-là une sensation visuelle interne exactement semblable à celle qu'il éprouverait si ses yeux ouverts recevaient au même moment les rayons lumineux qui partiraient d'une tête de mort réelle. Il n'y a pas devant lui de tête de mort réelle; il n'y a point de rayons gris et jaunâtres qui en partent; il n'y a point d'impression faite par ces rayons sur sa rétine ni transmise par ses nerfs optiques aux centres sensitifs. Ce qui est devant lui à trois pas, c'est un fauteuil rouge; les rayons qui en partent sont rouges; l'impression faite sur sa rétine et propagée jusqu'aux centres sensitifs est celle des rayons rouges. Et cependant l'action des centres sensitifs est celle que provoqueraient en eux, à l'état normal, des rayons gris et jaunâtres, tels qu'en lancerait une véritable tête de mort. Cette action des centres sensitifs, en d'autres termes cette sensation visuelle spontanée, suffit pour évoquer en lui une tête de mort apparente, apparemment située à trois pas de lui, douée en apparence de relief et de solidité, fantôme interne, mais si semblable à un objet externe et réel que le malade pousse un cri d'horreur. — Telle est l'efficacité de la sensation visuelle proprement dite; elle la possède si bien qu'elle la manifeste même en l'absence de ses antécédents normaux. Elle la possède donc encore lorsqu'elle est précédée de ses antécédents normaux; par conséquent, lorsque la tête de mort est réelle et présente, lorsqu'un faisceau de rayons gris et jaunâtres en rejaillit pour aller frapper la rétine, lorsque cette impression de la rétine est propagée le long des nerfs optiques, lorsque l'ac--

tion des centres sensitifs y correspond, la sensation visuelle ainsi provoquée donnera naissance au même fantôme interne, et le simulacre de tête de mort, qui se produit en nous pendant l'hallucination proprement dite, se produira aussi en nous pendant la perception extérieure, avec cette seule différence que, dans le premier cas, la main, tout autre sens, tout autre observateur appelé à vérifier notre jugement affirmatif, le démentira, tandis que, dans le second, la main, tout autre sens, tout autre observateur appelé à vérifier notre jugement affirmatif, le confirmera; ce que nous exprimons en disant, dans le premier cas, que l'objet n'est qu'apparent, et, dans le second cas, qu'il est réel. Il est aisé de voir que cette analyse s'applique non-seulement aux sensations visuelles, mais à toutes les autres, puisque toutes les autres comportent aussi des hallucinations. — Donc, lorsque nous nous promenons dans la rue, en regardant et en écoutant ce qui se passe autour de nous, nous avons en nous les divers fantômes qu'aurait un halluciné enfermé dans sa chambre et chez qui les sensations visuelles, auditives et tactiles qui en ce moment se produisent en nous par l'entremise des nerfs, se produiraient toutes dans le même ordre, mais sans l'entremise des nerfs. Ces divers fantômes sont, pour nous comme pour lui, des maisons, des pavés, des voitures, des trottoirs et des passants. Seulement, dans notre cas, des objets et des évènements extérieurs, indépendants de nous et réels, constatés par l'expérience ultérieure des autres sens et par le témoignage concordant des autres observateurs, correspondent à nos fantômes; et, dans son cas, cette correspondance manque. — Ainsi notre perception extérieure est un rêve du dedans qui se trouve en harmonie avec les choses du dehors; et, au lieu de dire que l'hallucination est une perception extérieure fausse, il faut dire que la perception extérieure est une *hallucination vraie*. La maladie dégage l'évènement interne et le montre tel qu'il est, à l'état de simulacre coloré, intense, précis et situé. En cet état, il ne se confond plus avec les choses; nous pouvons l'en distinguer, et, aussitôt après, par un juste retour, conclure sa présence pendant la santé et la raison parfaites; il suit de là que, pendant la raison et la santé parfaites, c'est lui que nous prenons pour une chose subsistante autre que nous et située hors de nous.

Du même coup, nous comprenons et nous corrigeons l'erreur dans laquelle tombe naturellement la conscience à propos de la perception extérieure. Quand nous examinons notre perception des choses du dehors, nous sommes tentés de la prendre pour un acte simple et nu, dépourvu de tout caractère sensible, et même de tout caractère, sauf son rapport avec la chose qui est son objet. — Soit donnée une table : je la regarde, je la touche, je la perçois. En dehors de mes sensations tactiles et visuelles, je ne trouve rien en moi qu'un acte d'attention pure, acte spirituel, d'espèce unique, incomparable à tout autre. — Rien d'étonnant dans ce jugement; si l'acte est spirituel et pur, c'est qu'il est vide; nous l'avons vidé nous-même, en retirant de lui tous ses caractères, pour les poser à part et faire d'eux un objet. La perception extérieure d'un fauteuil n'est rien en dehors du fantôme de ce fauteuil; quand, selon l'habitude, nous considérons ce fantôme comme un objet extérieur et réel, nous retranchons de la perception tout ce qui la constitue, et, d'un acte plein, nous faisons un acte vide ou abstrait. — Nous avons déjà vu plusieurs exemples de cette illusion ; nous en verrons encore d'autres ; c'est ainsi que naissent les êtres et les actes spirituels dont la métaphysique et la psychologie sont encore remplies. Beaucoup de philosophes et tous ceux qui se contentent de mots sont sujets à cette erreur. D'ordinaire, ils se figurent nos connaissances, perceptions extérieures, souvenirs, actes de conscience ou de raison, comme des actes d'une nature spéciale et simple, desquels on ne peut rien dire, sinon qu'ils sont une action et un rapport, l'action d'un être simple, qui, par eux, entre en rapport avec des êtres étendus différents de lui-même, avec lui-même, avec des évènements passés, avec des lois ou vérités supérieures. La science ainsi entendue est bientôt faite ; il n'y a rien à chercher ni à trouver dans une pareille action, puisqu'elle est simple ; une fois qu'on l'a nommée, on est à bout. La vérité est qu'on a trouvé des noms, ce qui est peu de chose. La vérité est aussi que, si l'on est à bout, c'est qu'on s'est barré soi-même le chemin. — Ni la perception extérieure, ni les autres prises de connaissance ne sont des actions simples qui s'appliquent et se terminent à des objets différents d'elles-mêmes. Ce sont des simulacres, des fantômes, ou semblants [1]

---

[1]. Tous les termes par lesquels les hommes ont désigné le phénomène aboutissent par l'étymologie au même sens. — Conception (*cum capere*, la chose devenue interne). — Représentation (*rursus præsens*, la chose présente de nouveau, quoique en fait absente). — Idée (*eidos*, la figure, l'image, le semblant, l'apparence de la chose, au lieu de la chose elle-même). — De même en allemand, *Begriff*, *Vorstellung*, etc.

de ces objets, des hallucinations le plus souvent vraies, et, par un artifice de la nature, arrangées de façon à correspondre aux objets, toutes plus ou moins avancées, retardées et altérées dans leur développement. On en verra le détail et l'agencement dans les pages qui suivent. — En attendant, retenons ce principe, que la sensation, en l'absence ou en la présence des impulsions du dehors et de l'ébranlement nerveux, provoque ces hallucinations, et les provoque par elle seule. Elle est le ressort moteur de tout le mécanisme, et elle l'est si bien que, pour renouveler et perpétuer nos connaissances, la nature lui a donné un *substitut*.

IV. Ce substitut est l'image; à côté des sensations proprement dites, lesquelles, de leur nature, sont temporaires, attachées à l'ébranlement des nerfs, presque toujours incapables de renaître spontanément, et situées dans les centres sensitifs, il y a en nous une autre série d'évènements absolument analogues, lesquels, de leur nature, sont durables, survivent à l'ébranlement du nerf, peuvent renaître spontanément et sont situés dans les hémisphères ou lobes cérébraux. Ce sont eux que nous avons nommés images. — Voilà un second groupe de sensations, si semblables aux premières qu'on peut les appeler sensations réviviscentes, et qui répètent les premières, comme une copie répète un original ou comme un écho répète un son. A ce titre, elles ont les propriétés des premières, elles les remplacent en leur absence, et, faisant le même office, elles doivent donner lieu au même travail mental.

C'est ce que nous a déjà montré l'expérience. Plus

elles deviennent complètes, c'est-à-dire intenses et précises, plus l'opération qu'elles suscitent est voisine de l'hallucination. Représentez-vous tel objet que vous connaissez bien, par exemple telle petite rivière entre des peupliers et des saules. Si vous avez l'imagination nette et si, tranquille au coin de votre feu, vous vous laissez absorber par cette rêverie, vous verrez bientôt les moires luisantes de la surface, les feuilles jaunâtres ou cendrées qui descendent le courant, les faibles remous qui font trembler les cressons, la grande ombre froide des deux files d'arbres; vous entendrez presque le chuchotement éternel des hautes cimes et le vague bruissement de l'eau froissée contre ses bords. Des fragments de vos sensations anciennes ont ressuscité en vous; vous avez revu, les yeux fermés, des bouts de vert, de bleu, de luisant sombre; il vous est revenu des restes de sons; et, toutes proportions gardées, en petit, incomplètement, ces débris survivants de la sensation primitive ont eu le même effet que la sensation primitive; le travail hallucinatoire s'est fait à demi.

Écartons les obstacles qui l'empêchent de se parfaire. Prenons le cas des images qui nous viennent au moment où finit la veille et où commence le sommeil [1]. On a vu qu'elles s'avivent et se précisent, à mesure que nos sensations présentes deviennent plus faibles et plus vagues; au bout de quelques secondes, il nous semble que nous entendons de vrais sons, que nous voyons de vraies formes, qu'effectivement nous goûtons, nous flairons, nous touchons. Par une conséquence forcée, des jugements affirmatifs suivent

1. Cf. Maury, *Du sommeil et des rêves, hallucinations hypnagogiques*, p. 33.

ces images ; selon leur espèce, nous croyons avoir devant nous tel ou tel objet, « un livre ouvert imprimé en fort petit texte et que nous lisons péniblement [1], un hermaphrodite, un ragoût à la moutarde d'où s'exhale une odeur forte, tel tableau de Michel-Ange, un lion, une figure verte rhomboédrique, » quantité de personnages et de paysages. Quand le sommeil est venu tout à fait, l'hallucination, qui est au maximum, compose ce que nous appelons nos rêves. — Quand le sommeil, au lieu d'être naturel, est artificiel, le travail hallucinatoire devient plus visible encore. Tel est le cas de l'hypnotisme et du somnambulisme. Dans cet état, qu'on provoque à volonté chez beaucoup de personnes, le patient croit sans résistance ni réserve aux idées qu'on lui *suggère* [2], et l'on peut les lui suggérer de deux façons.

Le premier moyen est de lui donner une attitude qui corresponde à tel sentiment, qui soit le commencement de telle action, qui indique la présence de tel objet ; spontanément, il complète cette attitude, et aussitôt il éprouve le sentiment, il fait l'action, il croit à la présence de l'objet. — Vous penchez sa tête un peu en arrière et vous redressez son échine, « aussitôt sa contenance prend l'expression de l'orgueil le plus vif, et son esprit en est manifestement possédé... »

---

1. Maury, *ibidem*, 51. Observations faites sur lui-même.
2. Braid, *Neurhypnology*. — Carpenter, article *Sleep*, dans la *Cyclopædia* de Todd. — *De la folie artificielle*, par le docteur Hack Tuke, *Annales médico-psychologiques*, quatrième série, tome VI, 249, et tome VII. — Maury, *Du sommeil*, etc., tout le chapitre XI et 424. — Azam, *Annales de médecine et de chirurgie*, janvier 1840, et *Annales médico-psychologiques*, troisième série, tome VI, 430. — *Cours de braidisme théorique et pratique*, par le docteur Philips.

En cet instant, « courbez sa tête en avant, fléchissez doucement son tronc et ses membres, et la plus profonde humilité succède à l'orgueil. » Écartez l'un de l'autre les coins de la bouche, il devient gai aussitôt; tirez les sourcils l'un vers l'autre et vers le bas, aussitôt il devient grognon et triste; et parfois, au réveil, il peut témoigner des émotions insurmontables dans lesquelles l'ascendant de l'attitude l'a jeté et enchaîné. « Non-seulement de simples émotions, dit Carpenter, mais encore des idées précises peuvent être ainsi provoquées. Ainsi, levez la main du patient au-dessus de sa tête et fléchissez ses doigts sur la paume, l'idée de grimper, de se balancer, de tirer une corde est provoquée. Si au contraire vous lui fléchissez les doigts tout en laissant pendre son bras le long de son côté, l'idée qui s'éveille en lui est celle de soulever un poids; et, si les doigts sont fléchis, pendant que le bras est porté en avant dans la position de donner un coup, c'est l'idée de boxer qui surgit. » Et aussitôt l'hypnotisé complète l'action, je veux dire qu'il se met à boxer, à soulever péniblement son bras, à remuer ses membres pour grimper, pour se balancer ou pour tirer.

Le second moyen de suggestion consiste dans la parole, et ce procédé réussit parfois dans le somnambulisme simple. « Nous avons connu, dit Carpenter, une jeune fille, qui, dans le temps qu'elle allait à l'école, se mettait souvent à parler une heure ou deux après s'être endormie. Ses idées roulaient presque toujours sur les évènements de la journée; si on l'encourageait par des questions qui la guidassent, elle en rendait un compte très-distinct et très-cohérent, révélant souvent ses peccadilles et celles de ses compagnes, et exprimant un grand repentir pour les siennes, tout en paraissant hésiter à faire connaître celles des autres. Mais, pour tous les sons ordinaires, elle semblait parfaitement insensible.... et, si l'interlocuteur lui adressait des questions ou observations qui n'entraient pas dans le cours de ses idées, elles ne faisaient aucune impression.... Le cas bien connu de l'officier dont parle le docteur James Gregory appartient à cette classe intermédiaire, plus voisine, croyons-nous, du somnambulisme que du rêve ordinaire. Cet officier, qui servait dans l'expédition de Louisburgh en 1758, avait l'habitude de *jouer (to act)* ses rêves, et l'on pouvait en diriger le cours en murmurant à son oreille, surtout si cela venait d'une voix qui lui fût familière. Aussi ses compagnons dans le voyage s'amusaient perpétuellement à ses dépens. — Une fois, ils le conduisirent à travers toute une scène de querelle qui finissait par un duel, et, quand les parties furent supposées au rendez-vous, un pistolet fut mis dans sa main; il lâcha la détente, et le bruit le réveilla. — Une autre fois, le trouvant endormi sur un coffre dans la cabine, ils lui firent croire qu'il était tombé par-dessus le bord et l'exhortèrent à se sauver en nageant; aussitôt il imita les mouvements de natation. Alors ils lui dirent qu'un requin le poursuivait, et le supplièrent de plonger pour échapper au péril. Il le fit à l'instant avec une telle force qu'il se lança du haut du coffre sur le plancher, ce qui lui causa des contusions et naturellement le réveilla. — Après le débarquement de l'armée à Louisburgh, ses amis le trouvèrent un jour endormi dans sa tente et manifestement très-ennuyé par la canonnade. Ils lui firent croire qu'il était au feu, sur quoi il exprima une grande crainte et une disposition évidente à s'enfuir. Là-dessus, ils lui firent des remontrances, mais en même temps ils accrurent ses craintes en imitant les gémissements des blessés et des mourants, et quand il demandait, ce qu'il faisait souvent, qui était tombé, ils lui nommaient ses amis particuliers. Enfin ils lui dirent que l'homme qui, en ligne, était le plus près de lui, venait de tomber; aussitôt il sauta hors de son lit, s'élança hors de la tente, et fut tiré du péril et du rêve en trébuchant sur les cordes des piquets. — Après ces expériences, il n'avait point de souvenir distinct de ses rêves, mais seulement un sentiment confus d'oppression et de fatigue, et, d'ordinaire, il disait à ses amis qu'il était sûr qu'ils lui avaient joué quelque tour. »

Le somnambulisme artificiel met l'esprit dans un état semblable. « On annonce à un somnambule [1] qu'on est un lion, on en prend quelque peu l'allure en marchant à quatre pattes et en simulant son rugissement. Le magnétisé manifeste alors une violente terreur qui se peint sur tous ses traits, et il donne tous les signes d'une conviction positive. » Quand une personne est hypnotisée, dit le docteur Tucke [2], souvent « on lui fait croire par suggestion qu'elle voit un individu absent.... De même on peut arriver à lui faire imaginer qu'elle entend jouer sur un instrument de musique un air déterminé, alors qu'il ne se produit aucun son. » La parole évoque dans le patient les images de cer-

---

1. Maury, 333. J'ai assisté moi-même à des expérience analogues chez le docteur Puel. On annonçait à la somnambule qu'elle était dans un parterre de fleurs ; elle faisait le geste de les cueillir et de les respirer avec délices.
2. *Annales médico-psychologiques,* quatrième série, tome VI, p. 427, et tome VII, p. 261.

taines sensations visuelles ou auditives, et le travail mental qui suit est exactement le même que si les sensations elles-mêmes eussent été éveillées par l'intermédiaire des nerfs.

Le même travail suit, quelle que soit l'espèce des images. « C. D..., lorsqu'il fut hypnotisé, fut prié de sentir les doigts de l'opérateur, il répondit qu'il ne sentait rien. Celui-ci, appliquant alors sous le nez du sujet ses doigts fermés contre le pouce, lui dit d'aspirer pour prendre une prise de tabac. La suggestion eut aussitôt son effet. Le patient aspira un moment et présenta ensuite tous les phénomènes qu'éprouverait une personne qui viendrait de prendre une poudre sternutatoire. » — Pareillement, « dites à une personne convenablement disposée par l'hypnotisme qu'elle mange de la rhubarbe, qu'elle mâche du tabac ou quelque autre substance désagréable au goût... et l'effet suivra vos paroles. C'est ainsi qu'un certain G. H.... étant hypnotisé, on plaça devant lui un verre d'eau pure qu'on l'amena à prendre pour du brandy. Il le loua comme excellent — cette eau avait bien pour lui le goût du brandy — et il en demanda d'autre tout en buvant avec avidité. — Dans un second cas, J. K..., étant dans le même état anormal, fut invité à boire un peu d'eau fraîche, et tandis qu'il obéissait, l'opérateur en but un peu lui-même qu'il cracha aussitôt en employant une expression de dégoût et d'horreur. Immédiatement cet acte suggéra fortement au sujet que l'eau était mauvaise ou même empoisonnée, si bien que dans cette persuasion il la rejeta avec horreur.... »

— Même illusion quand l'image suggérée est celle d'une sensation de tact. « C. D..., étant hypnotisé, fut amené à croire qu'il était couvert d'abeilles. Tout aussitôt il ajouta foi à cette suggestion et agit exactement comme ferait une personne piquée. Il donna tous les signes de la douleur, secoua ses cheveux, se frotta le visage avec les mains d'une manière frénétique et se dépouilla ensuite de sa veste pour se débarrasser de ses ennemies imaginaires. Il souffrait évidemment d'une hallucination de la sensibilité générale. — On peut encore dire la même chose d'une personne, E. F..., qui, dans les mêmes conditions de somnambulisme, fut amenée par suggestion à croire qu'elle avait une violente odontalgie, l'opérateur augmentant l'effet de ses paroles en appliquant son doigt sur la joue du sujet. Celui-ci, se pressant le visage dans les mains et s'agitant de droite à gauche, se tordait dans la douleur. »

Dans tous ces exemples, les conditions physiques et morales qui, d'ordinaire, répriment le travail hallucinatoire, sont absentes. En effet, les nerfs et les centres sensitifs sont engourdis ; toute cette portion du système nerveux par laquelle nous communiquons avec le dehors devient inactive ou moins active. Dès lors, en fait, nous n'avons plus de sensations proprement dites, ou du moins celles que nous avons sont singulièrement émoussées, et en tout cas elles sont nulles pour nous. Elles cessent toutes pour le dormeur ordinaire ; pour le rêveur, celles-là seules subsistent qui concordent avec son rêve ; le somnambule et l'hypnotisé n'en gardent non plus qu'une série, celles qu'on nomme musculaires ou celles des sons proférés par l'opérateur. De cette façon, les sensations perdent tout à fait ou en partie le contrôle qu'elles exercent à l'état normal. — En langage physiologique, l'équilibre qui règne pendant la veille, entre les nerfs et les centres sensitifs d'un côté et les hémisphères de l'autre, est rompu au profit des hémisphères ; ils fonctionnent seuls et d'une façon prépondérante. En langage psychologique, le balancement qui règne pendant la veille entre les sensations et les images est rompu au profit des images ; elles acquièrent tout leur développement et toutes leurs suites ; elles deviennent intenses, précises, aboutissent à des jugements affirmatifs, provoquent le même travail mental que les sensations, et donnent lieu à des hallucinations.

V. De là suit une conséquence importante. Nous avons vu que dans toute représentation, conception, ou idée, il y a une image ou un groupe d'images. — Quand je pense à un objet particulier, le Louvre par exemple, il y a en moi quelque image de la sensation visuelle que j'aurais en sa présence. — Quand je pense à un objet général, l'arbre ou l'animal, il y a en moi quelque débris plus ou moins vague d'une image analogue, et, en tout cas, l'image de son nom, c'est-à-dire des sensations visuelles, auditives, musculaires, que ce nom exciterait en moi, si je le lisais, si je le prononçais, ou si je l'entendais. — Partant, dans toutes les opérations supérieures que nous faisons au moyen de noms abstraits, jugements, raisonnements, abstractions, généralisations, combinaisons d'idées, il y a des images plus ou moins effacées ou plus ou moins nettes. — D'autre part, il est évident que tout souvenir et toute prévision contiennent des images. Quand je me souviens que le soleil s'est levé hier à tel point de l'horizon, et quand je prévois que demain il se lèvera à tel autre endroit du ciel, j'ai intérieurement l'image distincte ou vague de la sensation visuelle que j'ai eue hier et de la sensation visuelle que j'aurai demain. — Pareillement, toutes les perceptions associées que le souvenir et la prévision ajoutent à la sensation brute pour constituer la perception externe ordinaire, tous les jugements, croyances et conjectures qu'une sensation simple provoque sur la distance, la forme, l'espèce et les propriétés d'un objet, contiennent aussi des images. Ce fauteuil qui est à trois pas de moi ne donne à mes yeux que la sensation d'une tache verte diversement ombrée selon ses diverses parties ; et cependant, sur cette simple indication visuelle, je juge qu'il est solide, moelleux, qu'il a telle grandeur et telle forme, qu'on peut s'asseoir dessus ; en d'autres termes, j'imagine comme certaine une série de sensations musculaires et tactiles que mes mains et mon corps auront, si j'en fais l'expérience à son endroit. — Enfin, dans la conscience de nos sensations présentes, il y a des images : car, lorsque nous avons conscience d'une douleur, d'une saveur, d'un effort musculaire, d'une sensation de froid ou de chaud, nous la situons en tel ou tel endroit de nos organes ou de nos membres ; en d'autres termes, ma sensation éveille l'image des sensations tactiles, visuelles et musculaires que j'emploierais pour reconnaître l'endroit où se produit l'ébranlement nerveux.

Il suit de là que, dans toutes ces opérations, une hallucination se trouve incluse, au moins à l'état naissant. L'image, répétition spontanée de la sensation, tend comme elle à provoquer une hallucination. Sans doute elle ne la provoque pas complètement ; le travail mental commencé est enrayé par les répressions circonvoisines ; il faudrait que l'image fût seule et livrée à elle-même, comme dans le sommeil et l'hypnotisme, pour qu'elle pût atteindre sa plénitude et avoir tout son effet; elle ne l'a qu'à demi; quand elle l'a tout à fait, l'homme est fou. — Mais, que le travail hallucinatoire soit ébauché ou achevé, peu importe, et l'on peut définir notre état d'esprit pendant la veille et la santé comme une *série d'hallucinations qui n'aboutissent pas.*

Considérons en effet nos représentations ordinaires et la population habituelle de notre cerveau. nous nous figurons telle maison, telle rue, tel cabinet de travail, tel salon, telles figures humaines, tels sons, odeurs, saveurs, attouchements, efforts musculaires, et surtout tels et tels mots ; ces derniers lus, entendus, ou prononcés mentalement, sont les habitants les plus nombreux d'une tête pensante. Tous sont des fantômes d'objets extérieurs, des simulacres d'action, des semblants de sensation, reconnus à l'instant comme simples apparences, et, de plus, fugitifs, effacés, incomplets, mais, en somme, les mêmes en nature que le fantôme de maison ou de tête de mort engendré chez l'halluciné, que le semblant de piqûres cutanées ou de picotement nasal engendré chez l'hypnotisé et le somnambule. De l'idée à l'hallucination, il n'y a d'autre différence que celle du germe au végétal ou à l'animal complet.

Nous n'avons qu'à regarder les maladies mentales pour voir le germe se développer et prendre la croissance qui, dans l'état normal, lui est interdite. Examinons tour à tour les mots et les images qui composent nos pensées ordinaires. — A l'état normal, nous pensons tout bas par des mots mentalement entendus ou lus ou prononcés, et ce qui est en nous, c'est l'image de tels sons, de telles lettres ou de telles sensations musculaires et tactiles du gosier, de la langue et des lèvres. — Or il suffit que ces images, surtout les premières, viennent à s'exagérer, pour que le malade ait des hallucinations de l'ouïe et croie entendre des voix. — « Au milieu de ma fièvre, dit Mme C... [1], j'aperçus une araignée, qui, au moyen de son fil, s'élançait du plafond sur mon lit. Une *voix mystérieuse* me dit de prendre cette araignée. Comme cet insecte m'inspirait de la frayeur, je l'ai prise avec le coin de mon drap. Après bien des efforts, je me suis levée, et *j'ai reçu l'ordre* de brûler l'araignée et le drap pour me délivrer du sortilège ; je mis donc le feu au drap. Ma chambre se remplit alors d'une fumée épaisse. *Une voix mystérieuse me dit* alors de quitter ma chambre au plus vite.... Après avoir couru les rues pendant trois ou quatre heures, *j'entendis la voix mystérieuse,* au moment où je passais devant un pâtissier, me dire d'acheter un gâteau : ce que je fis. Plus loin, me trouvant près d'une fontaine, *on m'ordonne* de boire. J'achète un verre et je bois. » Quelques heures après, elle se trouve rue Vendôme, près de l'établissement des bains ; la *voix* mystérieuse l'engage alors à se baigner ; mais cette *même voix* sort avec tant de force du fond de la baignoire, que Mme C..., effrayée, se retire sans avoir osé prendre son bain. — « M. N... [2] était préfet en 1812 d'une grande ville d'Allemagne qui s'insurgea contre l'arrière-garde de l'armée française en retraite. » Son esprit en fut bouleversé ; il se croit accusé de haute trahison, déshonoré ; bref, il se coupe la gorge avec un rasoir. « Dès qu'il a repris ses sens,

---

1. Baillarger, *Des hallucinations*, p. 14, 24, etc.
2. Esquirol, *Traité des maladies mentales*, I, 161.

il entend des *voix* qui l'accusent ; guéri de sa blessure, il entend les mêmes voix.... Ces voix lui répètent nuit et jour qu'il a trahi son devoir, qu'il est déshonoré, qu'il n'a rien de mieux à faire qu'à se tuer. Elles se servent tour à tour de toutes les langues de l'Europe qui sont familières au malade ; une seule de ces voix est entendue moins distinctement, parce qu'elle emprunte l'idiome russe, que M. N... parle moins facilement que les autres. Souvent M. N... se met à l'écart pour mieux écouter et pour mieux entendre ; il questionne, il répond ; il est convaincu que ses ennemis, à l'aide de moyens divers, peuvent *deviner ses plus intimes pensées....* Du reste, il raisonne parfaitement juste, toutes ses facultés intellectuelles sont d'une intégrité parfaite, il suit la conversation sur divers sujets avec le même esprit, le même savoir, la même facilité qu'avant sa maladie.... Rentré dans son pays, M. N... passe l'été de 1812 dans un château, il y reçoit beaucoup de monde. Si la conversation l'intéresse, il n'entend plus les *voix ;* si elle languit, il les entend imparfaitement, quitte la société et se met à l'écart pour mieux entendre ce que disent ces perfides *voix ;* il revient inquiet et soucieux. » — Ces hallucinations persistèrent quelque temps après le retour de la raison. Mais elles n'étaient plus continues et ne se produisaient guère que le matin, aussitôt après le lever. « Mon convalescent, dit Esquirol, s'en distrait par le plus court entretien, par la plus courte lecture ; mais alors il juge ces symptômes comme je les jugeais moi-même ; il les regarde comme un phénomène nerveux et exprime sa surprise d'en avoir été dupe si longtemps. » — « Rien de plus fréquent, ajoute M. Baillarger, que d'entendre les malades se plaindre que les interlocuteurs invisibles leur racontent une foule de choses qui les concernent... Comment, pour me servir de l'expression d'une malade, *peut-on lire dans leur vie comme dans un livre ?* »

Non-seulement l'image du son articulé, c'est-à-dire des mots, mais toute image de son peut se développer jusqu'à devenir sensation interne [1]. « En 1831, pendant une émeute, la femme d'un ouvrier, enceinte de huit mois et cherchant à rentrer chez elle, voit tomber son mari mortellement atteint d'une balle ; elle accouche ; dix jours après, le délire éclate ; elle entend le bruit du canon, des feux de peloton, le sifflement des balles et se sauve dans la campagne. Amenée à la Salpêtrière, elle guérit au bout d'un mois. » Depuis dix ans, six accès semblables ont eu lieu, et toujours les mêmes hallucinations se sont renouvelées dès le début du délire. « Constamment la malade s'est sauvée dans la campagne pour éviter le bruit du canon, des coups de fusil, des carreaux cassés par les balles. » — Dans une tête saine, l'image de sons entendus pendant l'émeute se serait reproduite avec exactitude, mais comme une sourdine. Elle aurait pu être chassée et rappelée à volonté. Par ces deux caractères, elle aurait été reconnue comme purement intérieure et aurait été distinguée de la sensation. Ici, elle se reproduisait avec une intensité égale à celle de la sensation, à l'improviste, sans appel de la volonté, contre toute résistance de la volonté ; elle ne différait donc plus de la sensation telle que nous la connaissons par la conscience. C'est pourquoi elle avait les mêmes effets et les mêmes

---

[1]. Baillarger, *Des hallucinations*, p. 9.

suites, et renouvelait le trouble et la terreur que la femme encore saine d'esprit avait éprouvés pendant le combat.

Même remarque pour les autres images, et notamment celles de la vue. Une dame vient de perdre son mari, s'afflige beaucoup, et, comme elle croit à l'immortalité de l'âme, elle s'occupe sans cesse de son mari comme d'une personnne encore existante [1]. « Un soir, au moment où elle se couchait, l'appartement étant éclairé par une pâle lueur, elle voit son mari s'approcher d'elle avec précaution ; elle l'entend prononcer quelques paroles à voix basse, et sent sa main pressée par celle du défunt. » Pleine de doute et de surprise, elle retient sa respiration, le fantôme disparaît, et elle reconnaît qu'elle a été dupe d'une hallucination. — « Deux individus, dit Griesinger, peu de temps avant l'explosion de la folie, s'étaient beaucoup adonnés à la chasse; chez eux, le délire roula longtemps sur des aventures de chasse. Un autre avait lu, peu de temps avant de tomber malade, la relation d'un voyage dans l'Himalaya ; et c'est sur ce sujet que roulait principalement son délire. » — Les circonstances [2] les plus effacées de nos premières années, les incidents les moins remarqués et les plus insignifiants de notre vie ressuscitent parfois avec cette hypertrophie monstrueuse. « J'ai passé mes premières années à Meaux, dit M. Maury, et je me rendais souvent

---

[1]. Renaudin, *Études médico-psychologiques*, p. 423, et Griesinger, *Traité des maladies mentales*, 83.
[2]. Quantité d'exemples rapportés par Maury, *le Sommeil et les Rêves*, troisième édition, 70, 120, 128. — Autres observations d'images qui, en renaissant, deviennent hallucinatoires, dans de Quincey, *Confessions of an opium eater*, p. 83.

dans un village voisin, nommé Trilport, situé sur la Marne, où mon père construisait un pont. Une nuit, je me trouve en rêve transporté aux jours de mon enfance et jouant dans ce village de Trilport. J'aperçois vêtu d'une sorte d'uniforme un homme auquel j'adresse la parole en lui demandant son nom. Il m'apprend qu'il s'appelle C..., qu'il est le garde du port, puis disparaît pour laisser la place à d'autres personnages. Je m'éveille en sursaut avec le nom de C... dans la tête. Était-ce là une pure imagination, ou y avait-il eu à Trilport un garde du port nommé C...? Je l'ignorais, n'ayant aucun souvenir d'un pareil nom. J'interroge, quelque temps après, une vieille domestique, jadis au service de mon père et qui me conduisait souvent à Trilport. Je lui demande si elle se rappelle un individu du nom de C..., et elle me répond aussitôt que c'était un garde du port de la Marne, quand mon père construisait son pont. Très-certainement je l'avais su comme elle, mais le souvenir s'en était effacé. Le rêve en l'évoquant m'avait comme révélé ce que j'ignorais. » — Pareillement, Théophile Gautier me raconte qu'un jour, passant devant le Vaudeville, il lit sur l'affiche : « La polka sera dansée par M... » Voilà une phrase qui s'accroche à lui et que désormais il pense incessamment et malgré lui, par une répétition automatique. Au bout de quelque temps, ce n'est plus une simple phrase mentale, mais une phrase composée de sons articulés, munis d'un timbre et en apparence extérieurs. Cela dura plusieurs semaines, et il commençait à s'inquiéter, quand, tout d'un coup, l'obsession disparut. — Il n'y a pas d'image normale, même la plus ancienne, la plus affaiblie, la plus latente, qui ne puisse végéter et s'amplifier de la sorte, de même qu'il n'y a pas de graine de pavot, la plus petite, la plus abandonnée au hasard, qui ne puisse devenir un pavot.

C'est pourquoi, si l'on veut compromettre le travail mental que provoque l'image en son état de réduction et d'avortement, il faut examiner le travail mental qu'elle provoque en son état de plénitude et de liberté, imiter les zoologistes qui, pour expliquer la structure d'un bourrelet osseux inutile, montrent, par la comparaison des espèces voisines, que c'est là un membre rudimentaire; imiter les botanistes qui, augmentant la nourriture d'une plante, changent ses étamines en pétales et prouvent ainsi que l'étamine ordinaire est un pétale dévié et avorté. — Par des rapprochements semblables et d'après des hypertrophies analogues, nous découvrons que l'image, comme la sensation qu'elle répète, est, de sa nature, *hallucinatoire*. Ainsi l'hallucination, qui semble une monstruosité, est la trame même de notre vie mentale. — Considérée par rapport aux choses, tantôt elle leur correspond, et, dans ce cas, elle constitue la perception extérieure normale; tantôt elle ne leur correspond pas, et dans ce cas, qui est celui du rêve, du somnambulisme, de l'hypnotisme et de la maladie, elle constitue la perception extérieure fausse, ou hallucination proprement dite. — Considérée en elle-même, tantôt elle est complète ou achevée dans son développement : ce qui arrive dans les deux cas précédents; tantôt elle est réprimée et demeure rudimentaire : c'est le cas des idées, conceptions, représentations, souvenirs, prévisions, imaginations, et de toutes les autres opérations mentales.

CHAPITRE II

DE LA RECTIFICATION

SOMMAIRE.

I. Exemple de la rectification. — Cas de la rêverie. — Double effet des réducteurs antagonistes. — La représentation faiblit et cesse de paraître objet réel. — Même lorsque la représentation demeure nette et colorée, elle cesse de paraître objet réel. — Mécanisme général de cette dernière rectification. — Elle consiste en une négation. — Elle se fait par l'accolement d'une représentation contradictoire. — Divers points sur lesquels peut porter la contradiction.

II. Applications. — Rectification de l'illusion du théâtre. — Rectification des illusions d'optique. — Rectification par l'amputé de son illusion. — Rectification par l'halluciné de son illusion. — L'illusion est enrayée, soit à son premier stade, soit à un de ses stades ultérieurs.

III. Divers états et degrés de la représentation contredite. — Cas où elle est faible. — Cas où elle est intense. — Cas où elle se transforme en sensation. — Théorie physiologique de ces divers états. — Action persistante des centres sensitifs. — Action en retour des hémisphères sur les centres sensitifs.

IV. État anormal et degré maximum de la représentation. — Alors la sensation antagoniste est nulle et la représentation contradictoire n'est pas un réducteur suffisant. — La représentation contradictoire n'est efficace que sur les groupes d'images dont le degré est le même que le sien.

V. État normal de veille. — Exemple. — Premier stade de la rectification, le souvenir. — L'image actuelle paraît sensation passée. — Le souvenir, comme la perception extérieure, est une illusion qui aboutit à une connaissance. — Notre rêve actuel correspond alors à une sensation antérieure. — Illusion psychologique à propos de la mémoire. — Nous sommes tentés de prendre la connaissance de nos états passés pour un acte simple et spirituel.

VI. Mécanisme de la mémoire. — Exemples. — La sensation actuelle nie l'image survivante de la sensation antérieure. — Elle ne la nie que comme sensation contemporaine. — Le travail hallucinatoire ordinaire n'est enrayé que sur un point. — L'image survivante apparaît comme sensation non présente. — Causes de son recul apparent. — Toute image occupe un fragment de durée et a deux bouts, l'un antérieur, l'autre postérieur. — Circonstances qui la rejettent dans le passé. — Circonstances qui la projettent dans l'avenir. — Exemples. — Déplacements successifs et voyages apparents de l'image pour se situer plus ou moins loin dans le passé ou l'avenir. — Elle se situe par intercalation et emboîtement.

VII. Dernier stade de la rectification. — Exemples. — L'image apparaît alors comme pure image actuelle. — Représentations, images, conceptions, idées proprement dites. — Cas où elles sont émoussées et privées de particularités individuelles. — En ce cas, elles ne peuvent se situer nulle part dans le passé, ni dans le présent, ni dans l'avenir. — Cas où elles sont précises et pourvues de particularités individuelles. — La vision pittoresque et poétique. — En ce cas, elles sont promptement exclues de leur place apparente dans le présent, le passé ou l'avenir. — Dans les deux cas, la répression complète est immédiate ou prompte. — Elle est l'œuvre commune de la sensation présente, des souvenirs liés et des prévisions ordinaires.

VIII. Illusion psychologique à propos de la conscience. — Nous sommes tentés de prendre la connaissance de notre état actuel pour un acte simple et spirituel. — La représentation, conception ou idée reconnue comme telle n'est que le même fait en ses deux moments, à l'état d'illusion et à l'état d'illusion réprimée. — Procédé commun par lequel s'édifient toutes nos espèces de connaissances.

I. Il nous reste à étudier cet avortement et ses divers stades. Il faut ici que le lecteur [1] se reporte à

---

[1]. Première partie, livre II, ch. I, pages 99 et suivantes.

CHAP. II. DE LA RECTIFICATION 35

la théorie déjà exposée des réducteurs antagonistes. — Lorsque seul, dans le silence, demi-couché dans un fauteuil, je me laisse aller à la rêverie, et que, par l'effacement des sensations ordinaires, la fantasmagorie interne devient intense, si le sommeil approche, mes images précises finissent par provoquer des hallucinations véritables. A ce moment, qu'un léger attouchement m'éveille, les images se défont ; les sons imaginaires perdent leur timbre et leur netteté ; les couleurs pâlissent, les contours deviennent vagues, et le travail hallucinatoire est enrayé en proportion ; les paysages, les maisons, les figures que l'on rêvait ne sont plus qu'entrevus et à travers un brouillard ; ils semblent perdre leur solidité et leur consistance. — Jusqu'ici, rien d'étrange. Nous savions que les deux grands départements du système nerveux, celui en qui s'opèrent les sensations et celui qui produit les images, sont antagonistes ; en d'autres termes, que les sensations faiblissent à mesure que les images se fortifient, et réciproquement ; d'où il suit que la fin de la veille rend l'ascendant aux images en l'ôtant aux sensations, et que la fin du sommeil ôte l'ascendant aux images en le rendant aux sensations. — Mais ici se présente un phénomène nouveau : non-seulement le fantôme pâlit, mais il cesse de paraître objet réel. Il était déclaré extérieur, il est déclaré intérieur. Tant que nous demeurons à l'état de santé, nous le reconnaissons pour ce qu'il est, c'est-à-dire pour un simple fantôme, un pur simulacre, une représentation, une idée. Et cette reconnaissance se fait même lorsqu'il demeure précis, coloré, doué de relief, fondé sur des images intactes. En effet, les peintres qui ont l'imagination la plus lucide, ceux qui font de mémoire un portrait entier, Horace Vernet [1], qui peignait de tête des uniformes compliqués, n'ont pas d'hallucinations; ils ne confondent pas leurs représentations mentales avec les objets extérieurs; sauf exception, tous déclarent que, pour eux, elles restent toujours mentales. — C'est qu'ici joue un mécanisme dont l'emploi est universel dans notre intelligence. Une loi générale gouverne toutes nos représentations, les plus abstraites comme les plus sensibles. Nous ne pouvons concevoir une figure comme ayant trois côtés et en même temps comme ayant quatre côtés. Nous ne pouvons imaginer une surface comme bleue et en même temps comme rouge. Nous ne pouvons apercevoir notre main droite comme chaude et en même temps comme froide. Deux représentations contradictoires arrivant au contact, la première est altérée par la seconde, et cette altération constitue ce qu'en langage ordinaire nous appelons une *négation partielle*. Les deux ensemble forment alors une représentation complexe, à deux temps : dans ce composé, la seconde nie la première, sur un point ou sur un autre; et l'altération ainsi produite varie en grandeur et diffère en nature, suivant l'espèce des deux représentations qui sont unies et en conflit.

Remarquez la simplicité du mécanisme. Il consiste uniquement dans l'accolement d'une représentation contradictoire. Par cet accolement, la première se trouve affectée d'une négation, en d'autres termes niée à tel ou tel titre, tantôt comme objet extérieur et réel, tantôt comme objet actuel ou présent, et cette opération la fait apparaître tantôt comme objet in-

---

[1]. Témoignage d'Horace Vernet lui-même.

terne et imaginaire, c'est-à-dire comme simple représentation et pur fantôme, tantôt comme évènement passé ou futur, c'est-à-dire comme souvenir ou prévision.

II. Pour nous en convaincre, considérons des exemples; ceux qui nous ont servi pour comprendre l'apparence nous serviront pour comprendre la rectification. — Soit une comédienne excellente qui simule très-bien la douleur; devant elle, nous arrivons presque à l'illusion; un spectateur novice ou passionné y arrive tout à fait; témoin ce soldat de garde qui, sur un théâtre d'Amérique, voyant jouer Othello, cria tout d'un coup : « Il ne sera pas dit que devant moi un méchant nègre ait tué une femme blanche; » sur quoi il ajusta l'acteur et d'un coup de fusil lui cassa le bras. — Nous n'allons pas si loin; mais quand la pièce est très-bonne et imite de très-près la vie contemporaine, aujourd'hui encore, dans une première représentation, les exclamations supprimées, les rires involontaires, cent vivacités montrent l'émotion du public. Que le lecteur s'observe lui-même lorsqu'il voit une comédie nouvelle de Dumas fils; vingt fois par acte, nous avons une ou deux minutes d'illusion complète; il y a telle phrase vraie, imprévue, qui, soutenue par le geste, l'accent, les alentours appropriés, nous y conduit. Nous sommes troublés ou égayés; nous allons nous lever de notre fauteuil; puis, tout à coup, la vue de la rampe, les personnages des avant-scènes, tout autre incident, souvenir, sensation, nous arrête et nous maintient en place. Telle est l'illusion théâtrale, incessamment défaite et renaissante; en cela consiste le plaisir du spectateur. Ses pitiés et ses aversions seraient trop fortes, si elles duraient ; leur pointe trop aiguë est émoussée par la rectification incessante [1]. Il croit une minute, puis il cesse de croire, puis recommence à croire, puis cesse encore de croire ; chacun des actes de foi finit par un démenti, et chacun des élans de sympathie aboutit à un avortement ; cela fait une série de croyances enrayées et d'émotions atténuées ; on se dit tour à tour : « Pauvre femme, comme elle est malheureuse ! » et presque aussitôt : « Mais c'est une actrice, elle joue très-bien son rôle ! » — En d'autres termes, on l'imagine comme désolée et un instant après comme calme ; les deux représentations se contredisent, et, comme la seconde est munie de plus de soutiens, mieux liée à la somme de notre expérience antérieure, appuyée par l'ensemble de tous nos jugements généraux, c'est la première qui est niée, altérée, réprimée, jusqu'au moment où les incidents et souvenirs qui sont les promoteurs de sa rivale, disparaissant avec sa rivale, lui laisseront prendre à elle-même une autre minute d'ascendant.

Considérons maintenant le second exemple, qui est moins grossier. Nous plongeons à demi dans l'eau une canne bien droite, très-dure, et nous la voyons courbée. Impossible de ne pas la voir telle ; les règles de l'optique et de la vision nous y contraignent. Mais nous nous rappelons que l'eau est molle et n'a pu plier le bois, et que, en vingt autres circonstances, d'autres bâtons demi-plongés ont subi le même changement d'aspect. Nous concluons que cette fois encore la courbure n'est qu'apparente ; nous nous en

---

1. Stendhal, *Racine et Shakespeare.*

assurons en retirant la canne et en la retrouvant droite comme auparavant. Voilà une rectification ; en quoi consiste-t-elle ? — Même après notre correction, si la canne est demi-plongée dans l'eau, nous continuons à la voir courbée. En d'autres termes, à notre sensation visuelle se trouve adjointe une perception associée, celle de la distance et de la forme. En d'autres termes encore, nous imaginons la sensation tactile particulière qui correspond d'ordinaire à cette sensation visuelle, et que nous donnerait une canne effectivement courbée. A ce titre, notre perception associée est trompeuse. — Mais, en vertu des expériences antérieures que nous avons faites et des lois générales que nous connaissons, nous la déclarons trompeuse, et nous nous représentons la canne comme droite ; en d'autres termes, nous imaginons une sensation tactile différente, celle que nous donnerait une canne effectivement droite. De cette façon, nous accolons à la première image une autre image contradictoire, et la première se trouve *niée* du même coup.

Il en est de même chez l'amputé qui rapporte ses fourmillements à sa jambe absente, et aussi chez l'halluciné raisonnable, qui, comme Nicolaï ou le malade de Bonnet, voit des figures défiler dans sa chambre. Ce malade a vérifié, par l'expérience de ses autres sens, que ces figures ne correspondent à rien de solide. Il appuie sa rectification sur le témoignage de toutes les personnes présentes et sur l'accord de toutes les vraisemblances naturelles. Il sait que, à l'endroit où il voit une figure humaine, il n'y a qu'un mur tendu de papier vert. En d'autres termes, l'image de ce mur tendu de papier vert entre en conflit avec la sensation de la figure humaine qui apparaît au même endroit ; par son simple accolement, elle la *nie*. C'est pourquoi le malade garde sa raison, n'apostrophe pas ses fantômes, va s'asseoir sur le fauteuil où ils lui semblent assis, bref se sait malade, de même que l'amputé se sait amputé et n'essaye pas de frotter le pied absent auquel il rapporte ses fourmillements. Telle est la puissance de l'image contradictoire ; elle forme un couple avec la sensation contredite, et, tant que cet accolement dure, la contradiction persistante enraye l'hallucination, sinon au premier stade, du moins au second.

III. Ici, il faut distinguer : car la représentation contredite peut avoir plusieurs degrés, depuis l'émoussement et la faiblesse extrême jusqu'à l'énergie et la précision complète, et, au delà encore, jusqu'à l'exagération maladive qui la transforme en sensation. — A l'état normal, pendant la veille, nos images demeurent plus ou moins vagues et incolores ; même dans la rêverie intense, les figures que nous imaginons, les airs que nous fredonnons mentalement, n'ont pas la netteté des figures que nous voyons les yeux ouverts et des airs qu'un instrument de musique envoie à nos oreilles ; l'image d'une sensation visuelle ou auditive n'est que l'écho affaibli de cette sensation. — Mais, dans la maladie, l'image s'exagère jusqu'à se transformer en sensation complète. Toutes les hallucinations qu'on nomme psycho-sensorielles [1] sont de cette espèce ; à cet égard, les témoignages

---

1. Baillarger, *Des Hallucinations*; Maury, *Du Sommeil et des Rêves*.

des hallucinés raisonnables et les actions des hallucinés fous sont d'accord. — A la même classe appartiennent les hallucinations qui précèdent le sommeil et composent le rêve ; chacun de nous peut observer sur soi-même la transformation spontanée par laquelle, à mesure que le sommeil gagne, les images confuses et ternes s'avivent, se précisent et acquièrent toute l'énergie, tout le relief, tout le détail des sensations. Quantité d'exemples, cités plus haut, ont, je crois, mis cette vérité hors de doute, et l'on a vu que la transformation se fait de deux façons, tantôt par un progrès lent dont on peut suivre plusieurs phases : c'est le cas de la rêverie qui aboutit au sommeil ; tantôt brusquement, après une incubation sourde dont souvent on retrouve les traces : c'est le cas ordinaire pour l'hallucination [1].

Après ce que nous avons dit des centres sensitifs et des lobes cérébraux, la théorie physiologique de cette métamorphose se présente d'elle-même. De quelque façon que naisse la sensation, elle a pour condition l'action des centres sensitifs. A l'état ordinaire, ce sont des nerfs qui par leur ébranlement provoquent cette action. Mais si elle est provoquée autrement, elle naîtra sans l'intermédiaire des nerfs, et nous aurons une sensation véritable, celle d'une table verte, celle d'un trait de violon, sans qu'aucune table ni aucun violon ait agi sur nos yeux ou sur nos oreilles. Or, si on laisse de côté l'entremise des nerfs, on trouve deux cas dans lesquels fonctionnent les centres sensitifs. — Tantôt ayant été mis

---

[1]. Voir première partie, livre II, ch. ı, notamment l'histoire du gendarme S..., p. 119.

en action une première fois par le nerf, ils persistent spontanément dans cette action et la répètent d'eux-mêmes, à plusieurs reprises, après que le nerf a cessé d'agir ; ce qui arrive notamment dans les illusions qui suivent l'usage prolongé du microscope, lorsque le micrographe, reportant les yeux sur sa table ou sur son papier, voit à un pied de lui de petites figures grises qui persistent, s'effacent et renaissent encore à quatre ou cinq reprises, toujours en pâlissant et en s'affaiblissant. — Tantôt les centres sensitifs fonctionnent par un choc en retour, lorsque des images proprement dites les provoquent à l'action. D'ordinaire, c'est la sensation qui provoque l'image, et ce sont les centres sensitifs dont l'action transmise se répète dans les lobes ou hémisphères cérébraux : ici, au contraire, c'est l'action transmise des hémisphères qui se répète dans les centres sensitifs. Tel est probablement le cas pour les hallucinations hypnagogiques et psycho-sensorielles.

Qu'on me permette une comparaison grossière. Concevons un cordon de sonnette ; c'est le nerf, simple conducteur ; il aboutit à une grosse cloche, le centre sensitif, et, quand on l'ébranle lui-même, il la fait tinter : voilà la sensation. Cette cloche, grâce à un mécanisme mal connu, correspond par divers fils, qui sont les fibres de la couronne de Reil, à un système de petites sonnettes qui composent les hémisphères et dont les sonneries, mutuellement excitables, répètent exactement ses tintements avec leur acuité et leur timbre ; ces sonneries sont les images. Quand la cloche tinte, elle met en mouvement les sonneries, et, le tintement achevé, les sonneries continuent, s'affaiblissent, s'effacent, mais sont capables de se renforcer et de reprendre toute leur énergie primitive, lorsqu'une circonstance favorable permet au son persistant d'une ou deux sonnettes de faire vibrer toutes les autres à l'unisson. — D'ordinaire, la cloche est mise en branle par le cordon. Mais parfois, quand le cordon a cessé de tirer, elle continue à tinter. Parfois aussi, spontanément, elle recommence à tinter. Parfois enfin les petites sonnettes qui, en règle générale, reçoivent d'elle leur ébranlement, lui transmettent le leur; et nous savons les principales conditions de ces effets singuliers. — Dans les hallucinations du microscope, la cloche a été si fortement et si constamment ébranlée en un seul sens, que son mécanisme continue à fonctionner, même lorsque le cordon est devenu immobile. — Dans le rêve et l'hallucination hypnagogique, le cordon est fatigué; il ne *rend* plus; le long emploi de la veille l'a mis hors d'usage; les objets extérieurs ont beau le tirer, il ne fait plus sonner la cloche; à ce moment, au contraire, les petites sonnettes dont les sollicitations ont été réprimées perpétuellement pendant la veille, et dont les tiraillements ont été annulés par le tiraillement plus fort du cordon, reprennent toute leur puissance; elles tintent plus fort et tirent avec efficacité; leur ébranlement provoque dans la cloche un ébranlement correspondant; et la vie de l'homme se trouve ainsi divisée en deux périodes, la veille pendant laquelle la cloche tinte par l'effet du cordon, le sommeil pendant lequel la cloche tinte par l'effet des sonnettes. — Dans l'hallucination maladive, le cordon tire encore, mais son effort est vaincu par la puissance plus grande des sonnettes; et diverses causes, l'afflux du sang, l'inflammation du cerveau, le haschich, toutes les circonstances qui peuvent rendre les hémisphères plus actifs, produisent cet accident ; le tiraillement des sonnettes, plus faible à l'état normal que celui du cordon, est devenu plus fort, et l'équilibre ordinaire est rompu, parce qu'une des fonctions qui le constituent a pris un ascendant qu'elle ne doit pas avoir.

IV. Cela posé, on voit quel peut être l'effet, sur des images ainsi exagérées, de l'image et de la sensation contradictoires. Pour que la sensation contradictoire s'éveille et les nie, il faut que les images perdent leur exagération, cessent de provoquer des sensations, redeviennent de simples images ; en d'autres termes, il faut que les petites sonneries cessent de faire tinter la grosse cloche. Telle est l'histoire du réveil ; tout à l'heure, je songeais en rêve que j'étais dans une atmosphère brûlante ; je m'éveille, j'ai la sensation de demi-fraîcheur et de demi-tiédeur ordinaire ; cette sensation de froid contredit l'image de la sensation de chaud, et, grâce à cet accolement, l'image apparaît telle qu'elle est, c'est-à-dire comme simple image. — Mais si, par un dérangement quelconque, les petites sonneries continuent à faire tinter la grosse cloche, ce qui est l'état de l'halluciné qui voit un personnage absent, si la grosse cloche répète d'elle-même ses tintements, ce qui arrive dans les hallucinations qui suivent l'usage prolongé du microscope, l'issue est autre. On a beau savoir la cause physiologique de son erreur, appuyer son raisonnement sur le témoignage des personnes environnantes, vérifier au moyen de ses autres sens que le fantôme n'est qu'un fantôme, on continue à le voir. Les personnages de Nicolaï défilaient toujours dans sa chambre, et les petites taches grises ne cessent pas de s'appliquer sur le papier placé sous les yeux du micrographe. — En effet, la sensation contradictoire ne se produit plus. Le papier ne donne plus la sensation de blanc là où il est recouvert par les taches grises, et le mur vert ou brun de la chambre ne donne plus la sensation de vert ou de brun là où s'interposent les personnages. En vain le nerf optique est frappé par les rayons blancs du papier ou par les rayons verts ou bruns du mur ; son ébranlement ne se communique plus au centre sensitif. La place est prise ; un autre ébranlement est donné, persiste et résiste aux sollicitations du nerf.

Reste donc un seul correctif, l'image proprement dite, l'image du mur vert ou brun que Nicolaï tâche de se figurer à la place de ces fantômes, l'image du papier uniformément blanc que le micrographe se représente à la place de son papier tacheté de petits reliefs gris. Mais cette image reste simple image ; elle ne s'exagère pas jusqu'à ébranler le centre sensitif et à se transformer en sensation. Nicolaï notait une différence très-nette entre le personnage tel qu'il lui apparaissait et le même personnage tel qu'un instant après il se le figurait par un effort d'attention et de mémoire. Le premier lui semblait toujours une chose extérieure ; le second, une chose intérieure, une simple représentation mentale; en effet, dans le premier cas, le centre sensitif fonctionnait, et, dans le second, il ne fonctionnait pas. D'où il suit que la correction apportée par l'image contradictoire est limitée. L'halluciné, même raisonnable, continue à voir ses fantômes comme extérieurs : en effet, les centres sensitifs fonctionnent exactement chez lui comme s'il y avait devant ses yeux des personnages réels. Quoique le cordon ne tire pas, la grosse cloche tinte comme à l'ordinaire; les petites sonnettes des hémisphères sont impuissantes; l'image contradictoire ne peut rien sur la sensation elle-même. Elle n'a d'effet que sur les suites des hallucinations ainsi produites. Si elle manquait, ces suites seraient la folie; le malade imaginerait et raisonnerait d'après ses fantômes, comme il imagine et raisonne d'après les objets réels; le micrographe essayerait d'effacer les taches grises qui recouvrent son papier; Nicolaï demanderait aux amis imaginaires, qui viennent le visiter, comment ils se portent. C'est ici que l'image contradictoire, affermie par tout le cortège des convictions générales, intervient avec succès. Contre des sensations, c'est-à-dire contre un état des centres sensitifs sur lequel elle n'a pas de prise, elle était impuissante. Contre des idées, des représentations, des raisonnements, tous fondés sur des images semblables à elle et situées comme elle dans les hémisphères, elle est efficace. La rectification, nulle au premier stade, devient suffisante au second.

V. Étudions maintenant l'image contredite, lorsqu'elle reste à l'état normal de veille, c'est-à-dire lorsqu'elle n'ébranle point les centres sensitifs et ne s'exagère pas jusqu'à se transformer en sensation. Dans cet état, elle constitue d'abord un évènement d'importance majeure, qu'on nomme le *souvenir*.

Que le lecteur veuille bien rappeler l'un des siens, et s'y abandonne, surtout s'il est récent, vif et prolongé; de cette façon, il en verra mieux la nature. J'ai passé trois heures, il y a un mois, sur le port d'Ostende, occupé à regarder le soleil qui se couchait dans un ciel clair, et, en ce moment-ci, je me rappelle sans difficulté la rue plate, la digue pavée de briques rougeâtres, la vaste étendue d'eau miroitante, tout le détail de ma promenade, le matelot et les deux promeneurs à qui j'ai parlé, ma longue rêvasserie au bout de l'estacade, d'où je suivais le déclin du jour et les changements de la mer mouvante, le fourmillement lumineux des flots, leurs creux bleuâtres zébrés de clartés rousses, toute la pompe de la grande nappe liquide qui se plissait, se déroulait et chatoyait comme une soie de Jordaens. — Ce sont là des images, c'est-à-dire des résurrections spontanées de sensations antérieures, et, comme toutes les images, celles-ci comportent une illusion quand elles deviennent intenses et nettes. En effet, à de certains moments, pendant une demi-seconde, on croit voir des objets réels ; je l'éprouvais tout à l'heure, et les artistes, les écrivains, tous ceux qui ont la mémoire exacte et lucide, savent bien qu'il en est ainsi ; une personne nerveuse, qui a subi une opération chirurgicale ou quelque accident tragique, porte le même témoignage [1] ; l'acuité du souvenir est telle que parfois elle pâlit et jette des cris. En cet état, on s'oublie, on a perdu conscience du présent ; on est devant la fantasmagorie intérieure comme au théâtre devant une bonne pièce. On est dupe pour un instant de son demi-rêve, puis on cesse de l'être, puis on l'est encore, puis on cesse encore de l'être : cela fait une ligne incessamment brisée de croyances incessamment démenties et d'illusions incessamment redressées. Mais ici le dé-

1. Voir 1re partie, livre II, ch. I, p. 135.

menti et le redressement aboutissent à un effet nouveau, effet merveilleux, dont le mécanisme est si simple qu'on néglige de le remarquer, d'une portée infinie et qui, par son ajustement aux choses, constitue la *mémoire*. A ce moment, et en vertu de la correction, l'*image présente me paraît sensation passée ;* c'est là proprement le souvenir. — Sans doute, un instant après, à la réflexion, je saurai qu'il n'y a en moi qu'une image présente, que cette vive demi-vision interne de vagues bleues pailletées d'or et enserrées dans un demi-cercle de sables blancs est tout actuelle et interne. Mais ce sera une correction ultérieure et supplémentaire, une rectification sur une rectification, un second et dernier stade dans la série des réductions par lesquelles l'image passe pour arriver à paraître telle qu'elle est effectivement. — Au premier stade, à l'instant où nous sommes, elle m'apparaît encore comme sensation, non pas comme sensation actuelle, ainsi qu'il arrive dans l'hallucination proprement dite et dans le rêve, mais comme sensation passée et située à une distance plus ou moins grande du moment où je suis, comme la sensation d'un certain bleu lustré et d'un certain blanc mat, intercalée entre mes sensations actuelles et d'autres sensations plus lointaines. — Et de fait, quand une série un peu longue de souvenirs bien liés s'éveille en nous, quand nous repassons en esprit telle journée notable d'un voyage intéressant, nous nous croyons en face de faits éloignés, mais réels. Les images de sons, de couleurs, de peines, de plaisirs, qui ne sont que des images actuelles, mais qui correspondent à des sensations antérieures, nous semblent, à mesure qu'elles défilent devant nous, nos sensations antérieures elles-mêmes. Il n'y a rien en nous que l'écho présent d'une impression distante ; pourtant, ce que nous affirmons, ce n'est pas l'écho, c'est l'impression comme distante, et, par une rencontre admirable, nous l'affirmons avec vérité.

Voilà le fait brut, et l'on voit que le souvenir, comme la perception extérieure, est une hallucination vraie, c'est-à-dire *une illusion qui aboutit à une connaissance*. Il est une illusion, en ce que l'image actuelle qui le constitue est prise non pour une image actuelle, mais pour une sensation passée, et qu'ainsi elle paraît autre qu'elle n'est. Il est une connaissance, en ce que, dans le passé et justement à l'endroit convenable, il se rencontre une sensation exactement semblable à la sensation affirmée, et qu'ainsi notre jugement, qui, en lui-même et directement, est faux, se trouve vrai indirectement et par une coïncidence. — Ici encore, la nature nous trompe pour nous instruire. De même que, dans la perception extérieure, nous avons vu de simples fantômes internes être pris pour des objets externes, mais, par une adaptation admirable, correspondre à la présence de véritables objets externes ; de même, dans la mémoire, nous voyons de simples images actuelles être prises pour des sensations passées, mais, par un mécanisme aussi beau, correspondre à la présence antérieure de sensations véritables. — Ainsi, la première répression que subit l'image et qui enraye l'hallucination complète à laquelle naturellement cette image eût abouti, nous ouvre un nouveau monde, celui du temps et de la durée. En cet état intermédiaire, partiellement avortée et partiellement achevée, demi-rectifiée et demi-hallucinatoire, l'image est comme tel organe [1] arrêté au milieu de son développement, un produit spécial, utilisé pour des fonctions spéciales, pour des fonctions de premier ordre. C'est ici le cas, puisque nous lui devons notre connaissance du passé et, par suite, nos prévisions de l'avenir.

Cette fois encore, nous saisissons sur le fait une illusion de la conscience. — Quand un psychologue observe un de ses actes de mémoire, il remarque d'abord que c'est une connaissance, et, posant que toute connaissance exige deux termes, un sujet connaissant et un objet connu, il se dit que dans le souvenir il y a deux termes, la sensation passée et la connaissance que nous en avons. S'il examine alors cette connaissance, il est tenté de la prendre pour un acte simple et nu, dépourvu de tout caractère, sauf son rapport avec la sensation passée qui est son objet. Partant il est disposé à considérer cette connaissance comme un acte pur d'attention, acte d'espèce unique, incomparable à tout autre, dont l'essence, toute spirituelle, consiste en cela seulement qu'il nous met en communication avec notre passé. — Mais si cet acte lui paraît spirituel et pur, c'est qu'il est vide ; il l'a vidé lui-même en lui retirant tous ses caractères, pour les poser à part et fabriquer avec eux l'objet. En effet, ce qui constitue le souvenir ou acte de mémoire, c'est l'image présente qu'a laissée en nous une sensation passée, image qui se trouve affectée d'un recul apparent et qui nous semble la sensation elle-même. Retranchez de l'image tout ce qui la constitue et toutes les propriétés positives par lesquelles

---

1. Par exemple, les étamines et les autres parties de la fleur qui sont des pétales enrayés dans le cours de leur développement.

elle ressemble à la sensation, pour les reporter sur la sensation elle-même ; elle était un acte plein, vous faites d'elle un acte abstrait ; comme cet acte ne renferme plus rien, on n'en peut rien dire ; on le nomme, et voilà la science faite. Ici, comme dans la perception extérieure, nous avons le tort de dédoubler notre acte intérieur, et ici, comme dans la perception extérieure, nous sommes enclins à le dédoubler parce qu'il a deux faces. D'un côté, comme c'est en nous et présentement qu'il se passe, il est notre acte présent ; de l'autre côté, comme il est hallucinatoire, il nous semble, dans la perception extérieure, une chose autre que nous, et, dans le souvenir, une sensation non présente. Il faut avoir reconnu qu'il est hallucinatoire pour comprendre qu'il est unique et que, en réalité intérieur et présent, c'est seulement en apparence qu'il est chose extérieure ou évènement passé. Tant qu'on n'a pas fait cette remarque, on le dédouble, en acte intérieur et en objet connu. Dans cette opération, l'acte perd tout ce que l'objet gagne ; il se fait un transvasement de caractères, au détriment du premier, au profit du second. Là-dessus, la conscience, dupe d'elle-même, déclare que, dans le souvenir comme dans la perception extérieure, l'esprit fait un acte *sui generis*, simple, irréductible à tout autre, mystérieux, merveilleux, ineffable ; ce qui ajoute un nouveau fil à la toile d'araignée sans cesse rompue, sans cesse refaite, dans laquelle les sciences morales, depuis tant de siècles, viennent s'empêtrer.

VI. A présent, examinons de plus près ce recul apparent que subit l'image. — Je suis couché bien tranquille à l'ombre d'une haie, écoutant de petits cris d'oiseaux et le long bruissement des insectes ailés qui, l'été, tourbillonnent dans l'air; tout d'un coup il se fait un roulement lointain qui va s'enflant et, avec un grincement et un grondement furieux, arrive sur moi comme un tonnerre; je sursaute, c'est un train de chemin de fer qui passe; j'étais sans m'en douter à dix pas de la voie. Le roulement strident s'affaiblit, s'efface; j'ai beau prêter l'oreille, je n'entends plus que le murmure indistinct de la campagne et le chuchotement monotone des feuilles remuées par le vent. Mais, dans ce silence, l'image du fracas retentissant persiste, disparaît, reparaît, jusqu'à ce qu'une autre préoccupation ou une autre émotion vive la chasse de la scène pour y installer un nouvel acteur. — Or, à chacune de ses rentrées, l'image se trouve en conflit avec le groupe des sensations qui sont alors présentes. Si, conformément à sa tendance naturelle, elle paraissait sensation, il y aurait contradiction entre elle et ce groupe. En effet, je ne puis pas me représenter à la fois comme tranquille, couché, entendant de petits bruits vagues, et comme surpris, sursautant, assourdi par un violent tapage; la première représentation est incompatible avec la seconde; en langage ordinaire, elle la nie. Mais elle ne la nie que sur un point; elle nie seulement que l'autre lui soit contemporaine. Elle n'enraye qu'en cela le travail hallucinatoire ordinaire, parce que, pour subsister, il lui suffit de l'enrayer en cela : c'est un minimum de répression proportionné à un minimum d'antagonisme. Par conséquent, dans le reste, la tendance hallucinatoire a son effet; l'image, n'étant pas niée comme sensation, mais comme sensation présente, apparaît comme sensation non présente, et la négation qu'elle subit n'a d'autre conséquence que de la rejeter en apparence hors du présent.

Pourquoi ce rejet est-il un recul ? Et pourquoi est-ce en arrière, au lieu d'en avant, que la sensation apparente semble se porter? — Remarquez que toute image, à plus forte raison toute série d'images, a une durée ; car toute image répète une sensation, et on a vu que les plus courtes sensations, même celles que nous jugeons instantanées, sont des suites de sensations élémentaires, elles-mêmes composées de sensations plus élémentaires encore. D'où il suit que toute image, occupant un fragment du temps, possède deux bouts, l'un antérieur, plus voisin des évènements précédents, l'autre postérieur, plus voisin des évènements ultérieurs, le premier contigu au passé, le second contigu à l'avenir. Il en est d'un simple son, d'une couleur aperçue en un clignement d'œil, d'une brève sensation de chaleur, d'odeur ou de contact dont nous ne distinguons pas les parties successives, comme d'une course en voiture ou d'une promenade à pied dont nous distinguons les parties successives, et chaque sensation, partant chaque image, possède, comme toute série de sensations et d'images, son commencement et sa fin. Ainsi, quand, entendant une note au piano, je me rappelle la note précédente, les choses se passent comme lorsque, considérant la journée d'aujourd'hui, je me rappelle la journée d'hier. La sensation présente et l'image de la sensation précédente ont chacune deux extrémités, quand elles entrent en conflit; ni l'une ni l'autre ne sont instantanées et simples ; ce sont deux totaux composés d'éléments successifs. C'est pourquoi la répulsion par laquelle la première agit sur la seconde est elle-même un total de répulsions, répulsions inégales et qui, par leur distribution, déterminent le sens dans lequel s'opère le rejet apparent.

Considérons d'abord les deux extrémités de la sensation ou du présent dans leur rapport avec l'extrémité postérieure de l'image ou du passé. Le bout postérieur du passé coïncide avec le bout antérieur du présent; donc ici la contradiction, partant la répulsion, est nulle. Mais il est à la plus grande distance possible du bout postérieur du présent; donc ici la contradiction, partant la répulsion, est au maximum. D'où l'on voit que le rejet doit se faire en arrière, de telle sorte que, sous la pression de la sensation actuelle, le bout postérieur de l'image semble coïncider avec le bout antérieur de la sensation actuelle et s'écarter le plus possible du bout postérieur de la sensation actuelle. — Considérons maintenant les deux extrémités du passé dans leur rapport avec l'extrémité antérieure du présent. Le bout antérieur du présent coïncide avec l'extrémité postérieure du passé; donc ici la contradiction, partant la répulsion, est nulle. Mais il est à la plus grande distance possible du bout antérieur du passé; donc ici la contradiction, partant la répulsion, est au maximum. D'où l'on voit que, dans le rejet total en arrière, le bout antérieur de la sensation devra coïncider en apparence avec le bout postérieur de l'image et paraître le plus éloigné possible du bout antérieur de l'image. — C'est l'inverse dans le cas d'une prévision. Selon que le rapport des extrémités de l'image avec les extrémités de la sensation actuelle est différent, le mouvement de bascule s'accomplit dans un sens ou dans l'autre, et nous sommes à chaque instant témoins en nous-mêmes de ces étranges glissements.

Je rencontre par hasard dans la rue une figure de connaissance, et je me dis que j'ai déjà vu cet homme. Au même instant, cette figure recule dans le passé et y flotte vaguement sans se fixer encore nulle part. Elle persiste en moi quelque temps et s'entoure de détails nouveaux. « Quand je l'ai vu, il était tête nue, en jaquette de travail, peignant, dans un atelier; c'est un tel, telle rue. Mais quand l'ai-je vu? Ce n'est pas hier, ni cette semaine, ni récemment. J'y suis; il m'a dit ce jour-là qu'il attendait pour partir les premières pousses des feuilles. C'était avant le printemps. A quelle date juste? Ce jour-là, avant de monter chez lui, j'avais vu des branches de buis aux omnibus et dans les rues : c'était le dimanche des Rameaux! » — Remarquez le voyage que vient de faire la figure intérieure, ses divers glissements en avant, en arrière, sur la ligne du passé; chacune des phrases prononcées mentalement a été un coup de bascule. Confrontée avec la sensation présente et avec la population latente d'images indistinctes qui répètent notre vie récente, la figure a reculé d'abord tout d'un coup à une distance indéterminée. A ce moment, complétée par des détails précis, et confrontée avec les images abréviatives par lesquelles nous résumons une journée, une semaine, elle a glissé une seconde fois en arrière, au delà de la journée présente, de la journée d'hier, de la journée d'avant-hier, de la semaine, plus loin encore, au delà de la masse mal délimitée que constituent nos souvenirs prochains. Alors un mot du peintre nous est revenu, et là-dessus elle a reculé encore, au delà d'une limite presque précise, celle que marque l'image des feuilles vertes et que désigne le mot printemps. Un peu après, grâce à un nouveau détail, le souvenir des branches de buis, elle a glissé de nouveau, cette fois non plus en arrière, mais en avant, et, rapportée au calendrier, elle s'est située en un point précis, une semaine en arrière de Pâques, cinq semaines en avant des jours gras, par le double effet de deux répulsions contraires qui, l'une en avant, l'autre en arrière, se sont annulées l'une par l'autre à un moment donné. — Maintenant, plaçons cette même image dans une situation inverse, c'est-à-dire de telle façon que son bout antérieur, et non plus son bout postérieur, soit adjacent au bout postérieur des sensations présentes. A l'instant, au lieu de glisser vers le passé, elle glisse vers l'avenir. Tel est le cas lorsque je prévois que je retournerai chez mon peintre. Plus ce glissement se répète au contact successif des prévisions que la figure rencontre dans son voyage, plus elle nous semble s'enfuir en avant et loin. A la fin, elle se situe; mais elle ne se situe d'une façon précise que par l'arrêt de sa projection. Il faut qu'un nouveau détail intervienne pour donner, après les coups multipliés de bascule en avant, un coup de bascule en arrière, ce qui l'emboîte et l'intercale entre deux futurs. « Je verrai mon peintre, pas aujourd'hui, ni demain, mais après-demain, pas après-demain dans la matinée, mais dans l'après-midi, en sortant de la bibliothèque, avant de rentrer pour dîner. » — Dans ce jeu perpétuel qui a cessé de nous étonner parce que nous en vivons, l'image glissante est effectivement contemporaine de la sensation ou de l'image qui la fait glisser, et cependant il semble qu'elle soit située en avant ou en arrière. En fait, *l'une chevauche l'autre;* en apparence, elles sont *posées bout à bout;* et cette merveilleuse illusion qui, de deux évènements réellement simultanés, fait deux évènements en apparence postérieurs ou antérieurs l'un à l'autre, est le mécanisme par lequel notre vue s'étend au delà du présent, pour atteindre le passé et l'avenir.

VII. Il nous reste à considérer le dernier état de l'image, celui dans lequel elle cesse non-seulement de paraître sensation actuelle, mais encore de paraître sensation passée ou future. A ce moment, nous la déclarons simple image, et la rectification est complète. — De ce genre sont tous ces évènements intérieurs que l'on nomme pures conceptions, pures imaginations, et en général pures idées. Tel est notre cas, lorsque nous lisons ou écoutons une phrase, lorsque nous rêvons ou que nous faisons des projets. Nous nous figurons alors, plus ou moins nettement et avec un détail plus ou moins net, tel intérieur, tel paysage, tels personnages, tels incidents, et, à mesure qu'ils passent devant l'œil intérieur, nous savons qu'ils sont imaginaires, supposés, tout entiers de notre fabrique. A vrai dire, si l'on excepte nos perceptions d'objets extérieurs, nos souvenirs et nos prévisions, toute la trame de notre pensée est, pendant la veille, composée de pures images. Quand je pense à la vieille pendule qui est dans l'autre chambre, quand, au moyen de paroles mentales, je suis dans ma tête un long raisonnement, quand je me développe ce qui pourrait bien arriver si je faisais telle démarche, non-seulement j'ai dans l'esprit l'image de la pendule, l'image des sons et des mouvements vocaux que comporterait mon raisonnement prononcé à haute voix, l'image des gestes, émotions, évènements que provoquerait en moi et hors de moi ma démarche, mais encore je sais que toutes ces images sont de simples images actuelles. Cette fois, l'hallucination est tout à fait enrayée; la fantasmagorie intérieure, réprimée au moment où elle naît, n'apparaît que comme une fantasmagorie, et ici le mécanisme de la répression est aisé à constater.

Deux cas extrêmes se présentent et résument tous les autres. — Dans le premier, l'image est un souvenir réduit et appauvri. Chacun sait qu'à l'état primitif elle est un souvenir, un souvenir plein et circonstancié. J'ai vu cent fois cette pendule que je me figure; j'ai entendu ou lu mille fois, dix mille fois, ces paroles mentales qui roulent dans mon esprit; j'ai remarqué trente ou quarante fois le geste d'étonnement, le sourire de plaisir, l'accent de colère que j'imagine; la preuve en est qu'ils me reviennent; si je sais, c'est que je me souviens. Mais certainement, lorsque pour la première fois je les ai remarqués, j'ai été frappé de leurs accompagnements; un instant après, de souvenir, je pouvais dire leurs alentours, la cheminée de province où pendant mon enfance se trouvait la pendule antique, le nom de la personne qui faisait le geste, le titre du livre dans lequel était le mot. — Prenons un mot latin, le mot *securis*. Sans aucun doute, le soir du jour où je l'ai appris, je me rappelais la grammaire ou le dictionnaire où je l'avais lu, mon bouquin d'écolier, l'endroit précis, telle ligne d'une page froissée et tachée d'encre. Mais, depuis, ces circonstances ont disparu; la répétition et la distance les ont effacées [1]; l'image qu'alors je situais à

1. Voir première partie, liv. II, ch. II, lois d'effacement des images.

tel endroit de mon passé a perdu les détails qui la situaient. Maintenant j'ai beau la faire glisser sur toute la ligne de mon expérience antérieure, elle ne s'accroche à aucun des chaînons successifs. Elle est trop usée, émoussée ; elle n'a plus les angles rentrants et sortants, les extrémités spéciales et propres qui l'emboîtaient derrière ou devant tel autre souvenir distinct. Je ne lui trouve plus de bout antérieur ou postérieur qui se confonde et coïncide avec le bout postérieur ou antérieur d'un autre évènement déterminé. Elle roule ainsi, banale ; si je lui découvre sa niche dans le lointain vague de l'enfance, c'est par conjecture et raisonnement ; d'elle-même, elle ne se la trouve point ; elle n'a plus son avant et son après, elle est privée de situation. — Et, si l'on regarde l'avenir, son cas est le même, puisque son existence future apparaît comme soumise à telle ou telle condition, entre autres à ma volonté variable, et puisque, dans le royaume de l'avenir, elle est encore banale, capable de s'intercaler à tel ou tel moment de mon expérience future aussi bien qu'à tel autre. — Des deux côtés, la situation lui manque ; par essence, elle flotte ; je ne puis la fixer, l'*affirmer ;* en cela, elle s'oppose aux jugements affirmatifs précédents, prévisions et souvenirs. C'est pourquoi, lorsque, comme eux, elle subit la répression des sensations contradictoires, elle est contredite, non pas partiellement comme eux, mais absolument, et ne peut apparaître que comme sensation située nulle part, c'est-à-dire comme sensation simplement apparente et dépourvue de l'existence vraie.

Tel est le premier cas ; voyons le second, tout inverse. Il s'agit de ces représentations précises, intenses, colorées, auxquelles atteint l'imagination des grands artistes, Balzac, Dickens, Flaubert, Henri Heine, Edgard Poe [1]; j'en ai cité quelques-unes. Ils arrivent à se donner des moments d'hallucination; mais ce ne sont que des moments. A ce sujet, M. Flaubert m'écrit : « N'assimilez pas la vision intérieure de l'artiste à celle de l'homme vraiment halluciné. Je connais parfaitement les deux états; il y a un abîme entre eux. Dans l'hallucination proprement dite, il y a toujours terreur; vous sentez que votre personnalité vous échappe; on croit que l'on va mourir. Dans la vision poétique, au contraire, il y a joie; c'est quelque chose qui entre en vous. Il n'en est pas moins vrai qu'on ne sait plus où l'on est. » Il ajoute plus loin : « Souvent cette vision se fait lentement, pièce à pièce, comme les diverses parties d'un décor que l'on pose; » mais, souvent aussi, elle est subite, « fugace comme les hallucinations hypnagogiques. Quelque chose vous passe devant les yeux; c'est alors qu'il faut se jeter dessus, avidement. » — Ma propre expérience s'accorde avec ces remarques. Lorsque le paysage, la figure agissante, le geste et la voix du personnage commencent à surgir et à se préciser, on attend, on retient son souffle; quelquefois alors, tout apparaît tout d'un coup; d'autres fois, c'est lentement, après des intervalles de sécheresse. — Mais, dans les deux cas, ce qui apparaît est attendu, voulu, ou du moins compris dans le cercle lâche des images attendues et voulues, puis tout de suite employé, mis à profit par la main qui écrit et note, partant suivi à l'instant de sensations répressives, en tout cas marqué dès sa

---

1. Voyez plus haut, première partie, liv. II, ch. I, p. 90 et suiv.

naissance d'un caractère particulier qui est la propriété d'éclore par un effort personnel, dans une direction prévue, après une recherche préalable, comme un effet du dedans et non comme une impression du dehors; de sorte que, après un éclair et un éblouissement, les sensations habituelles, tactiles, musculaires ou visuelles, peuvent sans difficulté reprendre leur ascendant normal, et, jointes à la file des souvenirs positifs, refouler le fantôme affaibli dans le monde imaginaire. — Une suite d'hallucinations très-courtes qui, étant voulues, peuvent être et sont effectivement rompues et niées à chaque instant par la perception plus ou moins vague du monde réel, voilà la vision pittoresque ou poétique, très-différente, comme le dit M. Baillarger, de l'hallucination proprement dite qui naît à l'improviste et sans le concours de la volonté, qui persiste malgré nous, qui se développe d'elle-même, irrégulièrement, hors de toute attente, et qui nous semble l'œuvre d'une force étrangère. — En soi, les deux évènements sont pareils. Mais ils se font contraste par leurs précédents et par leurs suites, le premier étant le produit harmonieux de toutes les tendances réunies de la plante humaine, le second étant le grossissement exagéré d'un élément désaccordé, qui, comme un organe hypertrophié et soustrait à la vie générale, se développe à part et monstrueusement, en dépit des autres dont il trouble le jeu concordant.

On voit maintenant pourquoi nos conceptions et imaginations ordinaires nous apparaissent comme telles et ne nous font pas illusion; toutes sont comprises entre deux états extrêmes, et chacun de ces deux états renferme une particularité qui réprime l'illusion. — Ou bien, ce qui est le cas ordinaire, elles sont vagues et dépouillées de circonstances précises, en sorte que, déjà rejetées hors du présent par la contradiction des sensations présentes, elles manquent d'attaches pour s'emboîter dans le présent et dans l'avenir; d'où il suit que, dépourvues de situation dans le temps, elles apparaissent comme exclues du temps, c'est-à-dire de la vie réelle, et sont déclarées sensations apparentes, fausses et purement imaginaires. Ou bien, après une suite de sollicitations répétées, elles atteignent le détail et la précision de la sensation réelle, en suspendant les sensations contemporaines et les souvenirs ordinaires, mais pour une seconde, par une extase fugitive qu'interrompt au bout d'un instant le retour à l'état normal, et qui alors est déclarée illusoire ou interne, parce que l'effort de volonté interne dont elle est issue surgit de nouveau avec elle dans la mémoire de l'observateur. — Supprimez ces particularités répressives et la rectification qui s'ensuit; suspendez pour plusieurs heures ou plusieurs minutes les sensations ordinaires et la cohésion des souvenirs enchaînés, comme cela se rencontre dans le sommeil naissant ou complet; faites, comme il arrive alors, que l'image décolorée et vague se complète, se circonstancie et se colore; ce qui, à l'état de veille, eût été déclaré simple idée, devient hallucination hypnagogique, puis rêve intense. — D'autre part, prolongez cette extase momentanée; faites que, par un accident organique, elle se répète d'elle-même subitement, sans être attendue ni voulue, en dépit de la volonté; vous aurez les hallucinations de Nicolaï, et, si le patient n'a pas la raison très ferme, vous aurez les visions d'un fou comme en renferment les hôpitaux, ou d'un mystique comme en fournissent l'Inde et le moyen âge [1]. L'histoire du sommeil et de la folie donne ainsi la clef de l'histoire de la veille et de la raison.

VIII. Voici encore une illusion d'optique morale qui périt au contact de l'analyse. Il s'agit de ces conceptions et imaginations que nous déclarons internes; on vient de voir par quel mécanisme répressif elles nous apparaissent comme telles. Grâce à cette répression, elles nous apparaissent telles qu'elles sont, c'est-à-dire, non plus comme des objets extérieurs ou comme des évènements futurs et passés, mais comme des évènements doués à tort de cette fausse apparence, effectivement internes et présents. Je pense à une ligne de peupliers, et, tout en suivant, les yeux fermés, le rideau vert de feuillages mouvants, çà et là troué par l'azur, je sais fort bien qu'il est intérieur et actuel. Cette science ou connaissance s'appelle *conscience,* parce que son objet est interne et présent; elle s'oppose ainsi aux connaissances dont l'objet n'est point présent ou n'est point interne; à ce titre, on la sépare de la perception extérieure et de la mémoire, et l'on fait d'elle un département distinct, auquel on prépose une faculté distincte. Tout cela est permis, et même commode. — Mais ici commence l'erreur; on est dupé par les mêmes mots et de la même façon qu'à propos de la mémoire et de la perception extérieure; comme il s'agit d'une connaissance, on veut absolument y trouver un acte de connaissance et un objet connu; on se la figure comme

---

[1]. Lire entre autres documents l'autobiographie de Bunyan, la *Vita nuova* de Dante et les œuvres de sainte Thérèse. (Trad. Arnauld d'Andilly.)

le regard d'un œil intérieur appliqué sur un évènement présent et interne, de même qu'on s'est figuré la mémoire comme le regard d'un œil intérieur appliqué sur un évènement passé. Les métaphores y aident ; en effet, les psychologues parlent sans cesse de la conscience comme d'un spectateur ou témoin interne qui observe, compare, prend des notes sur les diverses conceptions, imaginations, représentations qui défilent devant elle. — La vérité est qu'alors il n'y a pas en moi deux évènements, d'un côté ma conception, de l'autre l'acte par lequel je la connais, mais un seul évènement, ma conception elle-même. Nous la dédoublons parce qu'elle a deux moments, le premier, dans lequel elle paraît objet extérieur ou évènement passé, rideau de peupliers ou sensation visuelle antérieure, le second, dans lequel, étant rectifiée, elle paraît évènement interne et présent, fantôme optique actuel et inclus en nous-mêmes. Dans ce dédoublement, quand nous avons posé d'un côté le fantôme avec tous ses caractères distinctifs, il ne nous reste plus rien pour constituer de l'autre côté l'acte de connaissance. Cet acte est vide ; d'où il arrive que nous l'estimons pur, simple, spirituel : l'erreur est justement celle où nous tombions tout à l'heure à propos de la perception extérieure et de la mémoire. — En somme, ici comme ailleurs, l'évènement intérieur se réduit à la conception, représentation ou fantôme actuel intérieur ; la connaissance qu'il est tel, c'est-à-dire actuel, interne et fantôme, n'est pas autre que la rectification ou négation par laquelle il est exclu du dehors, du futur et du passé.

Nous pouvons maintenant saisir, par une vue d'ensemble, le procédé qu'emploie la nature pour faire jaillir en nous nos premières et principales sources de connaissances. En deux mots, elle crée *des illusions et des rectifications d'illusion,* des hallucinations et des répressions d'hallucination. — D'une part, avec des sensations et des images agglutinées en blocs suivant des lois que l'on verra plus tard, elle construit en nous des fantômes que nous prenons pour des objets extérieurs, le plus souvent sans nous tromper, car il y a en effet des objets extérieurs qui leur correspondent, parfois en nous trompant, car parfois les objets extérieurs correspondants font défaut : de cette façon, elle produit les perceptions extérieures, qui sont des hallucinations vraies, et les hallucinations proprement dites, qui sont des perceptions extérieures fausses. — D'autre part, en accolant à une hallucination une hallucination contradictoire plus forte, elle altère l'apparence de la première par une négation ou rectification plus ou moins radicale : par cette adjonction, elle construit des hallucinations réprimées qui, selon l'espèce et le degré de leur avortement, constituent tantôt des souvenirs, tantôt des prévisions, tantôt des conceptions et imaginations proprement dites, lesquelles, sitôt que la répression cesse, se transforment, par un développement spontané, en hallucinations complètes. — Faire des hallucinations complètes et des hallucinations réprimées, mais de telle façon que, pendant la veille et à l'état normal, ces fantômes correspondent ordinairement à des choses et à des évènements réels, et constituent ainsi des connaissances, tel est le problème. On va voir comment les images et les sensations fournissent les matériaux, et comment leurs lois de naissance, de renaissance et d'association construisent l'édifice.

LIVRE DEUXIÈME

LA CONNAISSANCE DES CORPS

CHAPITRE PREMIER

LA PERCEPTION EXTÉRIEURE ET LES IDÉES DONT SE COMPOSE L'IDÉE DE CORPS

SOMMAIRE.

I. Caractère général de la perception extérieure. — Elle est une hallucination vraie. — Détail des preuves. — Son premier moment est une sensation, et cette sensation, par elle-même, suffit pour susciter le simulacre du corps extérieur présent ou absent. — Après la perception, il y a en nous, avec l'image de la sensation éprouvée, un simulacre de l'objet perçu, et cette représentation tend à devenir hallucinatoire. — En beaucoup de cas, l'objet apparent diffère de l'objet réel. — Trois indices du simulacre. — Confondu ou non confondu en totalité ou en partie avec l'objet réel, il suit toujours la sensation.

II. En quoi consiste le simulacre. — Entre autres éléments, il renferme la conception affirmative d'une chose douée de propriétés. — Analyse de cette conception, notion ou idée. — Une chose n'est que l'ensemble de ses propriétés subsistantes. — Un corps n'est qu'un faisceau de propriétés sensibles.

III. Propriétés sensibles des corps. — Corps odorants, sapides, sonores, colorés, chauds ou froids. — Nous n'entendons par ces propriétés que le pouvoir d'exciter en nous telle ou telle sorte de sensation. — Corps solides ou résistants. — Analyse de Stuart Mill. — Primitivement, la résistance n'est pour nous que le pouvoir d'arrêter une série commencée de sensations musculaires. — Corps lisses, rudes, piquants, unis, durs, mous, collants, humides. — Nous n'entendons par ces propriétés que le pouvoir de provoquer tel mode ou modification d'une sensation ou d'une série de sensations musculaires et tactiles.

IV. **Propriétés géométriques et mécaniques des corps.** — L'étendue, la figure, la situation, la mobilité. — Ces notions jointes à celle de résistance sont l'essentiel de la notion de corps. — Elles sont des composés dont les éléments sont les notions de distance. — Analyse de Bain. — Une sensation musculaire plus ou moins intense nous donne la notion de résistance. — Une série plus ou moins longue de sensations musculaires nous donne la notion de distance plus ou moins grande. — Notion de la distance dans une direction, ou notion de l'étendue linéaire. — Notion de la distance en plus d'une direction ou notion de l'étendue de surface et de volume. — Notion de la position. — Notion de la forme. — Une série totale de sensations musculaires peut être épuisée en plus ou moins de temps. — Notion de la vitesse. — Double mesure sensible de l'amplitude du même mouvement effectué par le même membre. — Notion finale du trajet effectué ou de l'espace parcouru. — Théorie de Stuart Mill. — A quoi se ramène la notion d'espace vide parcouru et d'étendue solide continue. — Toutes les propriétés du corps se ramènent au pouvoir de provoquer des sensations.

V. **Analyse du mot pouvoir.** — Il signifie que telles sensations sont possibles à telles conditions et nécessaires à telles conditions. — Toute propriété d'un corps se réduit à la possibilité de telle sensation dans telles conditions et à la nécessité de la même sensation dans les mêmes conditions plus une condition complémentaire. — Confirmation de ce paradoxe. — Ces possibilités et nécessités durent et sont indépendantes. — A ce double titre, elles ont tous les caractères de la substance. — Par degrés, elles s'opposent aux sensations passagères et dépendantes, et semblent des données d'une espèce distincte et d'une importance supérieure. — Développement de cette théorie par Stuart Mill.

VI. **Addition à la théorie.** — Les corps sont non-seulement des possibilités permanentes de sensation, mais encore des nécessités permanentes de sensation. — A ce titre, ils sont des forces. — Ce qu'est un corps par rapport à nous. — Ce qu'est un corps par rapport à un autre corps. — Ce qu'est un corps par rapport à lui-même. — Trois groupes de propriétés ou pouvoirs dans un corps. — Ces pouvoirs ne sont jamais définis que par rapport à des évènements du sujet sentant, du corps lui-même ou d'un autre corps. — Parmi ces pouvoirs, il y en a auxquels se réduisent les autres. — Parmi ces évènements, il y en a un, le mouvement, que l'on peut subtituer aux autres. — Idée scientifique du corps comme d'un mobile moteur. — Idée scientifique du solide, du vide, de la ligne, de la surface, du volume, de la force, définis par rapport au mouvement. — Les éléments de toutes ces idées ne sont jamais que des sensations et des extraits plus ou moins élaborés de sensation.

VII. Correction apportée à la théorie. — Les corps ne sont pas seulement des possibilités et des nécessités permanentes de sensations. — Procédé par lequel nous leur attribuons le mouvement. — Analogies et différences de ce procédé et du procédé par lequel nous attribuons aux corps animés des sensations, images, idées et volitions semblables aux nôtres.

VIII. Résumé. — Matériaux dont l'assemblage fait la notion ou conception d'un corps. — Portion animale de cette conception. — Portion humaine de cette conception. — Emploi des noms. — Intervention de l'illusion métaphysique. — Premiers éléments du simulacre hallucinatoire.

I. Commençons par la connaissance des corps. Qu'y a-t-il en nous, lorsque par nos sensations nous prenons connaissance d'un corps extérieur, lorsque, par exemple, éprouvant à la main des sensations tactiles et musculaires de froid, de résistance considérable, de contact uniforme et doux, je juge qu'il y a du marbre sous ma main; lorsque, promenant mes yeux d'une certaine façon et ayant par la rétine une sensation de brun rougeâtre, je juge qu'à trois pas de mes yeux est une table ronde d'acajou? Un fantôme ou simulacre hallucinatoire. — Le lecteur en a déjà vu la preuve principale [1]. Mais le paradoxe est si grand, qu'il convient de la présenter de nouveau et d'y adjoindre les preuves complémentaires.

Pour établir que la perception extérieure, même véridique, est une hallucination, il suffit de remarquer que son premier temps est une sensation. — En

---

1. Deuxième partie, livre I, ch. I, p. 10.

effet, par sa seule présence, une sensation, notamment une sensation tactile ou visuelle, engendre un fantôme intérieur qui paraît objet extérieur. Les rêves, l'hypnotisme, les hallucinations proprement dites, toutes les sensations subjectives sont là pour en témoigner. Peu importe que la sensation soit purement cérébrale et naisse spontanément, sans l'excitation préalable du bout extérieur du nerf, en l'absence des objets qui d'ordinaire provoquent cette excitation. Dès que la sensation est présente, le reste suit ; le prologue entraîne le drame. Le patient croit sentir dans sa bouche la chair fondante d'une orange absente, ou sur ses épaules la pression d'une main froide qui n'est pas là, voir, dans la rue vide, un défilé de personnages, entendre, dans sa chambre muette, des sons bien articulés. — Donc, lorsque la sensation naît après ses précédents ordinaires, c'est-à-dire après l'excitation de son nerf et par l'effet d'un objet extérieur, elle engendre le même fantôme intérieur, et forcément ce fantôme paraît objet extérieur. Par conséquent, s'il y a effectivement des personnages debout dans la rue, la sensation que j'éprouverai en les regardant suscitera en moi, comme tout à l'heure, des fantômes de personnages debout dans la rue, et forcément, comme tout à l'heure, ces fantômes purement intérieurs me paraîtront objets extérieurs, c'est-à-dire personnages réels et vrais. D'où l'on voit que les objets que nous touchons, voyons ou percevons par un sens quelconque, ne sont que des simulacres ou fantômes exactement semblables à ceux qui naissent dans l'esprit d'un hypnotisé, d'un rêveur, d'un halluciné, d'un homme affligé de sensations subjectives. La sensation étant donnée, le fantôme se produit ; donc il se

CH. I. IDÉES QUI COMPOSENT L'IDÉE DE CORPS 73

produit, que la sensation soit normale ou anormale ; donc il se produit dans la perception où rien ne le distingue de l'objet réel, comme dans la maladie où tout le distingue de l'objet réel.

Si son existence est établie par ses précédents, elle est confirmée par ses suites. En effet, la perception extérieure laisse après elle un simulacre ; quand nous avons vu quelque objet intéressant, entendu un bel air, palpé un corps d'un grain singulier, non-seulement l'image de notre sensation survit à notre sensation, mais encore elle est accompagnée par une conception, représentation, fantôme plus ou moins énergique et net de l'objet senti. Supposez cette représentation très-intense, on est près d'une hallucination ; elle devient hallucination complète, si le sommeil approche ; en effet, c'est là son terme naturel ; on a vu que, si elle avorte, c'est grâce à une répression ou rectification qui survient et manquait au premier instant. Donc, au premier instant, c'est-à-dire pendant la perception extérieure, elle n'avortait pas ; donc il y avait alors une hallucination complète dont la conception conservée, la représentation surnageante, le fantôme posthume, est le reliquat. En cet état et à ce second moment, nous démêlons le fantôme que dans le premier moment nous avions confondu avec l'objet réel.

Il y a d'autres cas encore où, directement, nous pouvons l'en séparer ; ce sont toutes les erreurs de la perception extérieure, surtout celles du toucher et de la vue. Je ne parle pas seulement de celles qui proviennent des sensations purement subjectives ; il est trop clair qu'ici l'objet apparent se distingue de l'objet réel, puisque l'objet réel n'est pas. Je parle de celles qui proviennent de sensations mal interprétées ; en ce cas, il y a un objet réel, mais il diffère de l'objet apparent. Par exemple, lorsque, les yeux fermés, nous touchons une boule avec l'index et l'annulaire croisés, nous croyons toucher deux boules ; voilà une des erreurs du toucher. Celles de la vue sont innombrables ; nous en commettons tous les jours dans la vie courante, et on en fabrique à volonté dans les spectacles optiques ; au moyen du stéréoscope, nous donnons à deux surfaces planes l'apparence d'un seul corps doué de profondeur ; et cent autres illusions analogues. Prenez la plus simple de toutes, celle que provoque une figure reflétée dans une glace ; si la glace est bien pure et occupe toute une paroi de la chambre, si le jour est bien ménagé et si vous n'êtes pas prévenu, vous croirez voir la figure devant vos yeux à un endroit où il n'y a que des moellons du mur. Or, dans ce cas et dans tous les autres semblables, ce que nous prenons pour l'objet réel diffère de l'objet réel ; la chose affirmée n'est qu'une chose apparente, rien ne lui correspond à l'endroit et avec les caractères affirmés ; en d'autres termes, elle n'est qu'un simple simulacre interne, éphémère, qui fait partie de nous, et qui cependant nous paraît une chose externe, autre que nous, permanente. Mais lorsque la perception était exempte d'erreur, notre opération était exactement la même ; partant, quand notre perception était exempte d'erreur, nous produisions et nous projetions de même à l'endroit indiqué un objet apparent, un simulacre interne et passager qui faisait partie de nous, et qui pourtant semblait un corps extérieur à nous, indépendant et stable. La seule différence, c'est que tout à l'heure un corps indépendant,

CH. I. IDÉES QUI COMPOSENT L'IDÉE DE CORPS

extérieur et stable correspondait effectivement et rigoureusement à notre simulacre, et que maintenant cette correspondance effective et rigoureuse n'a plus lieu. Partant, dans le premier cas, nous ne pouvions distinguer le simulacre et le corps, et maintenant nous le pouvons.

Ainsi, trois indices nous révèlent que le simulacre est présent, même dans la perception extérieure véridique. — En premier lieu, sa condition provocatrice et suffisante, la sensation, s'y rencontre ; donc il faut qu'il y soit. — En second lieu, on le trouve survivant un instant après, et réprimé par une rectification ajoutée ; donc il était là un instant auparavant, et il était non réprimé, c'est-à-dire pleinement hallucinatoire. — En troisième lieu, nous le distinguons dans beaucoup de cas, et pour cela il suffit que les caractères de l'objet réel ne coïncident pas tous et parfaitement avec les siens ; partant, nous sommes forcés d'admettre qu'il existe, lors même que la coïncidence parfaite de tous ses caractères et de tous les caractères de l'objet réel empêche l'expérience ultérieure de constater entre lui et l'objet réel aucune différence. — Quel est cet objet réel ? Y en a-t-il un ? Et, si nous en reconnaissons un, sur quoi pouvons-nous nous fonder pour le reconnaître ? A toutes ces questions, nous chercherons tout à l'heure une réponse. — En attendant, posons seulement que, lorsque nous percevons un objet par les sens, lorsque nous voyons un arbre à dix pas, lorsque nous prenons une boule dans la main, notre perception consiste dans la naissance d'un fantôme interne d'arbre ou de boule, qui nous paraît une chose extérieure, indépendante, durable, et située, l'une à dix pas, l'autre dans notre main.

II. **En quoi consiste ce fantôme interne ?** — Entre autres éléments, il est manifeste qu'il renferme une *conception affirmative*. Quand je vois l'arbre ou que je touche la boule, ma sensation me suggère un jugement, c'est-à-dire une conception et une affirmation. Je conçois et j'affirme qu'à dix pas de moi il y a un être doué de telles propriétés, que dans ma main il y en a un autre, et l'halluciné qui a la sensation d'un arbre absent ou d'une boule absente prononce de même. Voilà un élément essentiel du simulacre interne ; point de perception extérieure ni d'hallucination qui ne contienne une conception affirmative, la conception d'un être, chose ou substance douée de propriétés. Analysons cette conception, et tâchons de noter une à une les conceptions distinctes et liées dont elle est le total.

Soit cette table d'acajou vers laquelle je tourne les yeux ; quand je la perçois, j'ai, à propos de la sensation de ma rétine, une conception affirmative, qui est celle d'un quelque chose étendu, résistant, dur, lisse, faiblement sonore, d'un brun rougeâtre, de telle grandeur et de telle figure, bref d'un être ou substance, doué des qualités ou propriétés susdites. Que le lecteur y réfléchisse un instant : ici, comme dans toute proposition, la substance équivaut à la série indéfinie de ses propriétés connues ou inconnues. Otez toutes les propriétés, sans en excepter une seule, l'étendue, la résistance, la gravité, la dureté, le poli, la sonorité, la figure, et enfin la plus générale de toutes, l'existence elle-même ; il est clair qu'il ne restera plus rien de la substance ; elle est l'ensemble dont les propriétés sont les détails ; elle est le tout dont les propriétés sont les extraits ; ôtez tous les détails, il ne restera plus rien de l'ensemble ; ôtez tous les extraits, il ne restera plus rien du tout. Règle générale, dans toute proposition, les attributs font l'analyse du sujet, et le sujet est la somme des attributs. — Par conséquent, ma conception de la substance n'est qu'un résumé ; elle équivaut à la somme des conceptions composantes, comme un nombre à la somme des unités composantes, comme un signe abréviatif aux choses qu'il abrége et signifie. Partant, ce que j'applique et attribue à la substance s'applique et s'attribue à son équivalent. Donc, quand je dis qu'elle est un *être*, une *substance* ou, en d'autres termes, qu'elle est et qu'elle subsiste, cela signifie que ses propriétés sont et subsistent. Donc, concevoir et affirmer une substance, c'est concevoir et affirmer un groupe de propriétés comme permanentes et stables ; je dis un groupe : car les propriétés qui constituent un corps ne sont pas une collection arbitraire, un amas fabriqué par ma volonté, comme une somme d'unités que j'assemble à ma fantaisie et que je désigne par un chiffre ; non-seulement elles sont une somme, mais encore elles sont un faisceau. L'une entraîne les autres : la forme carrée, la couleur rougeâtre, la faible sonorité, le poli, la dureté s'accompagnent dans ma table ; l'odeur parfumée, la couleur rose, la forme demi-globulaire, la mollesse s'accompagnent dans cette rose. En effet, à quelque moment que je les constate, elles sont toutes ensemble, et il me suffit d'en constater une par un de mes sens, l'odeur par l'odorat, la couleur par la vue, pour avoir le droit d'affirmer la présence simultanée des autres que je n'ai point constatées. C'est ce faisceau qui est le corps.

III. Suivons-en tour à tour les différents fils. En quoi consistent ces propriétés du corps? — Pour la plupart d'entre elles, la réponse est aisée. Elles sont *relatives, relatives à mes sensations* et aux sensations de tout autre être analogue à moi : elles ne sont rien de plus qu'un pouvoir, le pouvoir qu'a le corps de provoquer telle ou telle sensation. — La rose a une certaine odeur, autre que celle du lis et que celle de la violette ; cela signifie qu'elle peut provoquer en moi, et en tout autre être construit comme moi, une certaine sensation agréable, distincte des autres sensations d'odeur, et que nous appelons l'odeur de rose. — Le sucre a une certaine saveur ; cela signifie pareillement qu'il peut provoquer en moi, et en tout autre être semblable à moi, telle sensation spéciale de saveur que nous appelons la saveur sucrée. — Il en est de même évidemment pour les couleurs et pour les sons. Telle corde vibrante donne un son de telle hauteur, de tel timbre, de telle intensité. Tel corps éclairé donne une couleur de telle nuance et de telle force. Cela signifie que la corde vibrante peut provoquer telle sensation particulière de son, que le corps éclairé peut provoquer telle sensation déterminée de couleur. — Sans doute, aujourd'hui, nous en savons davantage ; l'optique et l'acoustique nous ont appris qu'à tel son correspond tel nombre de vibrations aériennes, qu'à telle couleur correspond tel nombre de vibrations éthérées. Mais ce n'est point là le jugement primitif ni ordinaire ; il faut être devenu savant pour le porter ; l'explication est ultérieure et surajoutée. — D'ailleurs, la difficulté n'est que déplacée : munis de la théorie, nous disons que les molécules de l'air ou de l'éther ont le pouvoir, lorsqu'elles oscillent, de provoquer en nous les sensations de son ou de couleur. Ce pouvoir, que le jugement spontané accordait au corps éclairé et à la corde vibrante, est reporté maintenant sur les molécules interposées de l'air et de l'éther; ainsi la couleur et le son restent toujours des propriétés relatives ; qu'on les attribue à la corde vibrante et au corps éclairé, ou aux particules aériennes et éthérées, elles ne sont rien de plus que le pouvoir de provoquer en nous telles ou telles sensations.

Si enfin, des quatre sens spéciaux, nous passons au dernier et au plus général de tous, c'est-à-dire au toucher, nos conclusions sont pareilles. — Tout d'abord, il est clair que la chaleur et le froid ne sont que le pouvoir de provoquer les sensations de ce nom. — Il en est de même pour la solidité ou résistance ; elle n'est que le pouvoir de provoquer la sensation musculaire de résistance. « Quand nous contractons les muscles de notre bras [1], soit par un exercice de notre volonté, soit par une décharge involontaire de notre activité nerveuse spontanée, la contraction est accompagnée par une sorte de sensation qui est différente, selon que la locomotion qui suit la contraction musculaire continue librement ou rencontre un empêchement. — Dans le premier cas, la sensation est celle de mouvement à travers l'espace vide. Supposons que, après avoir répété plusieurs fois cette expérience, nous ayons tout d'un coup une expérience différente ; la série des sensations qui accompagnent le mouvement reçoit, sans intention

---

1. Stuart Mill, *Examination of sir William Hamilton's philosophy*, 219.

ni attente de notre part, une terminaison abrupte. Cette interruption ne suggérerait pas par elle-même la croyance à un obstacle extérieur. L'empêchement pourrait être dans nos organes : il pourrait avoir pour cause la paralysie ou la simple incapacité qui provient de la fatigue. Mais, dans chacun de ces deux cas, les muscles n'auraient point été contractés, et nous n'aurions pas eu la sensation qui accompagne leur contraction. Nous aurions pu avoir la volonté de déployer notre force musculaire, mais ce déploiement n'aurait pas eu lieu. — S'il a lieu et s'il est accompagné par la sensation musculaire habituelle, mais sans que la sensation attendue de locomotion se produise, nous avons ce que nous appelons la sensation de résistance ou, en d'autres mots, de mouvement musculaire empêché. » — Plus tard, quand nous aurons acquis l'idée de nos membres, nous traduirons telle série non interrompue de sensations musculaires par l'idée du mouvement non empêché de notre bras, et nous traduirons la même série interrompue de sensations musculaires par l'idée du mouvement empêché de notre bras. En effet, l'un peut remplacer l'autre : une fois que nos sens sont instruits, nous découvrons que telle série de sensations musculaires constatée par la conscience équivaut à tel mouvement de notre main constaté par les yeux ou par le toucher ; nous substituons le second fait au premier, comme plus commode à imaginer et plus répandu dans la nature, et, dorénavant, nous définissons la résistance comme le pouvoir d'arrêter le mouvement de notre bras et en général d'un corps quelconque. — Mais ceci est une conception ultérieure. *Primitivement*, la résistance n'est pour nous que le pouvoir d'arrêter une série

CH. I. IDÉES QUI COMPOSENT L'IDÉE DE CORPS

commencée de sensations musculaires, et les autres qualités tactiles se réduisent, comme la résistance, au pouvoir de provoquer telle sensation musculaire ou tactile plus ou moins simple ou composée, tel mode ou modification d'une sensation ou d'une série de sensations musculaires et tactiles. — Un corps est lisse ou rude ; cela signifie qu'il peut provoquer une sensation de contact uniforme et douce, ou une sensation de contact irrégulière et forte. Pesant, léger, piquant, uni, dur, mou, collant, humide [1], tous ces termes ne désignent que le pouvoir de provoquer des sensations plus ou moins complexes, intenses et variées, de contact, de pression, de température, de contraction musculaire et de douleur.

IV. Il reste un groupe de propriétés qui au premier regard semblent personnelles au corps, intrinsèques, et non pas seulement relatives à des sensations ; telles sont l'étendue, la figure, la mobilité, la situation, toutes propriétés géométriques. Et, de fait, c'est par elles que nous expliquons les divers pouvoirs qu'on vient de décrire : nous concevons et nous supposons de petites étendues figurées que nous nommons molécules ; nous admettons qu'elles se meuvent dans tel sens et avec telle vitesse ; que, deux molécules étant données, elles vont se rapprochant ou s'écartant l'une de l'autre plus ou moins vite selon leur distance réciproque ; qu'une somme de molécules dont les mouvements sont mutuellement annulés ou compensés fait un corps stable, dont l'équilibre s'al-

---

1. Expériences de Landry, de Gratiolet, de Fick et de Bain Voyez première partie, livre III, ch. II, p. 220.

tère à l'approche d'un autre corps pareillement constitué. Telle est notre idée des corps, idée toute réduite et abstraite ; voilà pour nous l'essentiel et l'indispensable du corps ; en quoi consistent ces propriétés ?

Remarquons d'abord qu'elles se ramènent à une propriété principale, l'*étendue,* et à l'un des pouvoirs énumérés plus haut, la *résistance*. — Un corps est une étendue solide ou résistante ; cela signifie que cette étendue, par toutes ses parties continues et successivement explorées, peut provoquer la sensation de résistance ; si ce n'est pas en nous, c'est en un être dont les sensations seraient plus fines que les nôtres. Par là, l'étendue *solide* se distingue de l'étendue *vide,* c'est-à-dire du *lieu* qu'elle occupe. Par là encore, nous définissons sa *mobilité,* qui n'est que le pouvoir de changer de lieu. Par là enfin, nous définissons ses *limites*. Elle a une surface, c'est-à-dire une limite ; la surface est la limite de l'étendue solide, comme la ligne est la limite de la surface, comme le point est la limite de la ligne. Or, limite signifie cessation ; la surface, la ligne, le point et les figures qui en dérivent ne sont donc que des points de vue de la solidité, des manières diverses de considérer sa cessation et son manque, c'est-à-dire le manque et la cessation de la sensation de résistance. — Reste l'étendue elle-même. On peut la considérer à trois points de vue, selon les trois dimensions, en longueur, largeur et hauteur. Soit un cube ; son étendue en longueur, largeur et hauteur, c'est la *distance* qui sépare un point pris à l'un de ses angles de trois points pris à trois autres de ses angles. La distance en trois sens ou directions, voilà le fond de notre idée de l'étendue. **Ici,** nous n'avons guère qu'à reproduire l'admirable analyse des derniers philosophes anglais [1].

Quand je contracte un de mes muscles, j'ai une de ces sensations qu'on nomme musculaires, et je puis la considérer à deux points de vue. — En premier lieu, la sensation que j'ai est plus ou moins forte ; elle est extrême, si l'effort va jusqu'au déboitement du muscle ; sa limite est la douleur qu'on appelle crampe ; son caractère est l'intensité plus ou moins grande, et à ce titre je puis comparer ma sensation à d'autres sensations du même muscle plus ou moins intenses. Ce point de vue me permet d'évaluer la résistance que m'opposent les autres corps ; il ne m'enseigne rien encore sur leur étendue, leur distance et leur position. — Mais il y a un second point de vue, et c'est à celui-ci que nous devons notre idée de l'étendue. Car non-seulement la sensation musculaire a une intensité plus ou moins grande, mais elle a encore une durée plus ou moins longue. « Quand un muscle commence à se contracter, dit M. Bain, ou quand un membre commence à se fléchir, nous sentons distinctement si la contraction et la flexion sont achevées ou non, et à quel point de leur cours elles s'arrêtent ; il y a une certaine sensation qui correspond à la demi-contraction, une autre qui correspond à la contraction prolongée jusqu'aux trois quarts, une autre encore qui correspond à la contraction complète. » Ainsi nous distinguons non-seulement un surplus d'intensité, mais encore un surplus de durée ajouté à la sensation. « Supposons un poids élevé

---

[1]. Bain, *Senses and Intellect*, 99 et 199. Herbert Spencer, *Principles of Psychology*, 304. Stuart Mill, *Examination of sir William Hamilton's philosophy*, 222.

d'abord de quatre pouces, puis de huit pouces par la flexion du bras. » Il est clair que nous distinguerons la deuxième sensation de la première, d'abord évidemment parce que, toutes choses restant égales, la deuxième dure deux fois plus longtemps que la première, et ensuite, probablement, parce que, dans le second temps de l'effort, d'autres muscles, entrant en jeu, provoquent de nouvelles sensations musculaires qui s'ajoutent à la continuation des anciennes, non-seulement pour prolonger, mais aussi pour diversifier l'opération. Par ces deux sensations distinctes, nous distinguons l'amplitude plus ou moins grande de nos deux mouvements; et l'on voit comment nous pouvons d'une manière générale distinguer l'amplitude d'un de nos mouvements comparé à un autre. — C'est par ce discernement musculaire que nous arrivons à connaître l'étendue et l'espace. Car, « d'abord il nous fournit le sentiment de l'*étendue linéaire* en tant que cette étendue est mesurée par le mouvement d'un membre ou d'un autre organe mû par des muscles. La différence entre six pouces et dix-huit pouces est exprimée pour nous par les différents degrés de contraction de tel ou tel groupe de nos muscles, de ceux par exemple qui fléchissent le bras, ou de ceux qui, dans la marche, fléchissent ou étendent le membre inférieur. Le fait intérieur qui correspond à la distance extérieure de six pouces est une impression engendrée par le raccourcissement progressif du muscle, c'est-à-dire une vraie sensation musculaire; c'est l'impression produite par un effort musculaire d'une certaine durée; une plus grande distance appellerait un effort d'une durée plus longue... » — « Or, quand on a le moyen de distinguer la longueur ou distance en une direction, on a le moyen de distinguer l'*étendue* en une direction quelconque, qu'il s'agisse de longueur, de largeur ou de hauteur, la perception ayant exactement le même caractère. Partant, les trois dimensions, c'est-à-dire le volume ou la grandeur totale d'un objet solide, sont perçues de la même manière.... On voit sans difficulté qu'il en est de même pour ce qu'on appelle *situation* ou *emplacement*, puisque la situation est déterminée par la distance jointe à la direction, la direction étant elle-même déterminée par la distance aussi bien dans l'observation commune que dans les sciences mathématiques. — Pareillement, la *forme* est désignée et reconnue grâce aux mêmes sensations d'étendue ou de parcours [1]. — Ainsi, grâce aux sensations musculaires considérées au point de vue de leur prolongation plus ou moins grande, nous pouvons comparer les différents modes de l'étendue, en d'autres termes des différences de longueur, de surface, de situation et de forme. Quand nous comparons deux longueurs différentes, nous pouvons sentir laquelle est la plus grande, exactement comme lorsque nous comparons deux poids ou résistances différentes. Dans le premier cas comme dans le second, nous pouvons acquérir quelque type absolu de comparaion, lorsque des impressions suffisamment répétées sont devenues permanentes. Par exemple, nous pouvons imprimer dans notre mémoire la sensation de contraction qu'éprouve le

---

[1]. On voit que l'idée de forme se ramène à l'idée de position, qui se ramène à l'idée de distance. La géométrie analytique est fondée tout entière sur cette remarque; elle traduit la forme par le rapport de deux ou trois coordonnées qui sont des distances.

membre inférieur pour un pas de trente pouces, et dire que tel autre pas donné est moindre ou plus grand que cette quantité. Selon la délicatesse du tissu musculaire, nous pouvons, après une pratique plus ou moins longue, acquérir des impressions distinctes pour chaque type de dimension, et alors décider tout d'un coup si une longueur donnée a quatre pouces ou quatre pouces et demi, neuf ou dix pouces, vingt ou vingt et un. Quand nous sommes ainsi devenus sensibles à la dimension, nous n'avons plus besoin d'employer les mesures de longueur, et c'est là un talent acquis qui facilite beaucoup d'opérations mécaniques ; par exemple, pour dessiner, peindre, graver, et dans les arts plastiques, il faut absolument avoir acquis ce discernement des plus délicates différences. »

Reste un troisième point de vue ; car il y a non-seulement divers degrés d'intensité et de durée, mais divers degrés de vélocité dans nos mouvements musculaires, et la même contraction des mêmes muscles éveille en nous deux sensations musculaires différentes, selon qu'elle est rapide ou lente. Nous apprenons par l'expérience que, dans beaucoup de cas, ces deux sensations distinctes sont les signes du même mouvement; en cela, elles s'équivalent. « Un mouvement lent pendant un temps long est la même chose qu'un mouvement plus rapide pendant un temps moins long; nous nous en convainquons aisément en remarquant qu'ils produisent tous les deux le même effet, puisqu'ils épuisent tous les deux toute l'amplitude de parcours dont le membre est capable. En effet, si nous expérimentons les différentes manières de donner au bras tout son déploiement, nous trouverons que les mouvements lents longuement prolongés équivalent aux mouvements rapides de durée courte, et nous sommes ainsi en état d'acquérir par les deux moyens une mesure de l'amplitude de notre mouvement, c'est-à-dire une mesure de l'étendue linéaire. » — « Soient, dit encore Stuart Mill [1], deux petits corps, A et B, assez voisins l'un de l'autre pour être touchés simultanément, l'un avec la main droite, l'autre avec la main gauche. Voilà deux sensations tactiles qui sont simultanées, juste comme une sensation de couleur et une sensation d'odeur peuvent l'être. » Ces deux sensations de résistance, étant simultanées, nous font connaître deux solides, comme existant ensemble. « La question est maintenant de savoir ce que nous avons dans l'esprit, quand nous nous représentons, sous la forme de l'étendue ou de l'espace interposé, la relation qui existe entre les deux objets déjà connus comme simultanés, relation que nous ne supposons pas exister entre l'odeur et la couleur. Notre réponse est que, quelle que puisse être la notion de l'étendue, nous l'acquérons en passant notre main, ou quelque autre organe tactile, dans une direction longitudinale de A à B, et que cette opération, en tant que nous en avons conscience, consiste en une série de sensations musculaires variées.... Quand nous disons qu'il y a un espace entre A et B, nous voulons dire qu'une certaine série de ces sensations musculaires doit intervenir entre notre perception de A et notre perception de B. Quand nous disons que l'espace est plus grand ou plus petit, nous voulons dire qu'étant donnée une quantité égale

---

1. *Examination of sir William Hamilton's philosophy*, 223.

d'effort musculaire, la série des sensations doit être plus longue ou plus courte. Si un autre objet C est sur la même ligne, nous jugeons que sa distance est plus grande, parce que, pour l'atteindre, nous devons prolonger la série des sensations musculaires ou ajouter ce surplus d'effort qui correspond à la vélocité accrue. C'est là, de l'aveu de tous, le procédé par lequel nous connaissons l'étendue, et c'est là à nos yeux l'*étendue elle-même*. Pour nous, l'idée de l'étendue est celle d'une variété de points qui existent simultanément, mais que le même organe tactile ne peut percevoir que successivement à la fin d'une série de sensations musculaires qui constitue leur *distance*, ces divers points étant dits situés à diverses distances les uns des autres, parce que la série des sensations musculaires interposées est plus longue en certains cas que dans d'autres…. Une série de sensations musculaires, interposée entre la première et la seconde sensation tactile, est la seule particularité qui distingue la simultanéité dans l'espace de la simultanéité qui peut exister entre une saveur et une couleur, entre une saveur et une odeur, et nous n'avons aucune raison de croire que l'étendue en elle-même soit autre chose que cela. »

Ainsi, pour nous, le temps est le père de l'espace, et nous ne concevons la grandeur simultanée que par la grandeur successive. Quand notre bras se meut, il parcourt une étendue : mais nous n'évaluons la grandeur de ce parcours que par les deux facteurs qui la mesurent, d'un côté par la quantité de notre effort musculaire, de l'autre côté par la durée de nos sensations musculaires successives. Dans un parcours, il y a trois termes, la grandeur de la force motrice, la

CH. I. IDÉES QUI COMPOSENT L'IDÉE DE CORPS 89

longueur du temps employé, l'étendue de l'espace parcouru, et chacun d'eux est déterminé par les deux autres. Or nous trouvons en nous-mêmes les deux premiers, et ensemble ils équivalent au troisième, puisque le troisième est tout entier déterminé par eux. C'est donc par eux que l'étendue parcourue se traduit en nous, et elle n'est autre chose pour nous que le pouvoir de les provoquer. Ainsi l'étendue plus ou moins grande n'est que le pouvoir de provoquer en nous, à égalité d'effort musculaire, une série plus ou moins longue de sensations musculaires successives. Joignez-y la solidité, c'est-à-dire le pouvoir de provoquer la sensation de résistance, et vous aurez le corps. — En effet, ses trois dimensions sont les trois points de vue distincts auxquels se ramènent toutes les sensations qui mesurent son étendue. Sa continuité est le pouvoir de provoquer, pendant toute la durée de ces sensations, la sensation de résistance. Sa limite est le moment où cesse la sensation de résistance. Sa figure est l'ensemble de ses limites. Nous le concevons comme composé de parties, parce que la sensation dont la durée le mesure est elle-même composée de parties. Pareillement il est divisible à l'infini, parce que cette durée est elle-même divisible à l'infini. Quoique les éléments de notre sensation soient successifs, les éléments du corps nous apparaissent comme simultanés; en effet, ils sont, comme le corps lui-même, des pouvoirs permanents, dont la permanence, comme celle du corps lui-même, nous est attestée par le retour régulier des sensations qu'ils provoquent; étant permanents, ils sont contemporains; quoique nous les percevions tour à tour, ils existent ensemble, et la succession qui disjoint leurs effets ne s'applique pas à leur être. Je passe ma main, en appuyant, le long de ce bord de table, à plusieurs reprises, de gauche à droite, puis de droite à gauche, toujours avec la même vitesse, c'est-à-dire avec le même degré d'effort locomoteur. Or, dans toutes ces expériences, la sensation que me donne mon bras contracté est la même en durée, et elle a pour compagne, à chacun de ses moments, la sensation uniforme de résistance. Que je commence par la droite ou par la gauche, il n'importe; la double sensation musculaire reste la même dans les deux cas. Elle forme donc un groupe tranché parmi mes souvenirs et mes prévisions; elle se distingue des autres par le degré précis d'intensité de la première sensation musculaire composante, par le degré précis de durée de la seconde sensation musculaire composante, et en outre par la nuance particulière de la sensation de tact adjointe; le pouvoir de provoquer ce groupe est ce que nous nommons la résistance et l'étendue de la table. — D'où l'on voit que toutes les propriétés sensibles des corps, y compris l'étendue, par suite la forme, la situation et le reste des qualités tangibles, ne sont, en dernière analyse, que le pouvoir de provoquer des sensations.

V. Ceci nous conduit à une nouvelle vue de la nature des corps; un corps est un faisceau de ces pouvoirs qu'on vient de décrire. Mais qu'est-ce qu'un de ces pouvoirs? — Cette rose peut provoquer telle sensation d'odeur; cela signifie que, si l'on est à portée, cette sensation d'odeur s'éveillera. Cette table peut provoquer telle forte sensation de résistance; cela signifie que, si elle est pressée par la main, une forte sensation de résistance s'éveillera. Un pouvoir n'est donc rien d'intrinsèque et de personnel à l'objet auquel on l'attribue. Nous entendons simplement par ce mot que tels effets sont possibles, futurs, prochains, nécessaires à telles conditions. Nous entendons simplement, dans le cas présent, que telles sensations sont possibles, futures, prochaines, nécessaires à telles conditions. Par conséquent, un faisceau de pouvoirs n'est rien; par conséquent, un corps, c'est-à-dire un faisceau de pouvoirs, n'est rien davantage. Au fond de la conception affirmative, par laquelle, après avoir passé et appuyé ma main sur cette table, je conçois et j'affirme un corps indépendant et permanent, il n'y a rien que la conception affirmative de sensations musculaires et tactiles analogues, ces sensations étant conçues et affirmées comme possibles pour tout être semblable à moi qui serait à portée, comme futures, prochaines, certaines et nécessaires pour tout être semblable à moi qui passerait et appuierait de la même façon la main ou tout autre organe. Tout ce que je conçois et affirme, c'est leur possibilité sous certaines conditions, et leur nécessité sous des conditions plus complètes. Elles sont possibles quand toutes leurs conditions, moins une, sont données. Elles deviennent nécessaires quand toutes les conditions, plus la condition manquante, sont données; et ici la possibilité devient nécessité par l'addition de la condition dernière. Voilà ce qui pour nous constitue l'objet. Quand, les yeux fermés, j'éprouve une sensation d'odeur de rose, et que, là-dessus, je conçois et j'affirme la présence d'une rose, je conçois et j'affirme seulement la possibilité pour moi, et pour tout être semblable à moi, d'une cer-

taine sensation musculaire et tactile de résistance molle, d'une certaine sensation visuelle de forme colorée, possibilité qui deviendrait nécessité si, à l'existence et à la présence de l'individu sensible indiqué, s'ajoutait une condition finale, tel mouvement de sa main exploratrice, telle direction de ses yeux ouverts.
— *Des possibilités et des nécessités de sensations*, à cela se réduisent les pouvoirs, partant les propriétés, partant la substance même des corps.

Cette conclusion semble paradoxale. Comment admettre que des corps, c'est-à-dire des substances indépendantes de nous, permanentes et que nous concevons comme les causes de nos sensations, ne soient, au fond et en soi, que des possibilités et des nécessités de sensation? — Pour lever cette difficulté, considérons l'un après l'autre les principaux caractères de ces possibilités et de ces nécessités, et nous verrons qu'elles ont tous ceux de la substance. — Elles sont permanentes; en effet, la proposition par laquelle j'affirme la possibilité et la nécessité de telle sensation à telles conditions est générale et vaut pour tous les moments du temps. Quel que soit l'instant de la durée que je considère, cette possibilité et cette nécessité s'y rencontrent; elles durent donc et sont stables. — D'autre part, elles sont indépendantes de moi et de tous les individus sensibles qui ont vécu, vivent et vivront. Car la proposition par laquelle j'affirme la possibilité et la nécessité de telles sensations à telles conditions est abstraite et vaut non-seulement pour moi et tous les individus réels, mais pour tous les individus possibles. Quand même il n'y aurait en fait dans le monde aucun individu sensible, elles existeraient; elles existent donc à part et par

CH. I. IDÉES QUI COMPOSENT L'IDÉE DE CORPS 93

elles-mêmes. — A ces deux titres, elles s'opposent d'abord aux sensations qui sont passagères et non point permanentes comme elles, ensuite aux individus sentants qui sont eux-mêmes et non point elles. Ce sont là les caractères essentiels de la substance; partant, rien d'étonnant si nous nommons ces possibilités des substances et si elles jouent le rôle prépondérant dans notre esprit.

Voyons de quelle façon elles prennent ce rôle [1]. « Je vois un morceau de papier blanc sur une table; je vais dans une autre chambre, et, quoique j'aie cessé de le voir, je suis persuadé que le papier est toujours là. Je n'ai plus les sensations qu'il me donnait; mais je crois que, si je me place de nouveau dans les circonstances où je les ai eues, c'est-à-dire si je rentre dans la chambre, je les aurai encore, et, de plus, qu'il n'y a eu aucun moment intermédiaire dans lequel je n'eusse pu les avoir. » — Ceci est un spécimen de nos opérations ordinaires, et il est clair que, pour toute autre perception de la vue ou d'un autre sens, l'analyse serait la même. — Or, d'après cette analyse, on voit « que ma conception du monde à un instant donné ne contient qu'une petite proportion de sensations présentes. Je pourrais même en cet instant n'en avoir aucune; en tout cas, elles ne sont qu'une très-insignifiante partie du tout que j'embrasse. La conception que je me forme du monde à un moment de son existence comprend, outre les sensations que j'éprouve actuellement, une variété innombrable de possibilités de sensations, comprenant d'abord toutes

---

[1]. Stuart Mill, *Examination of sir William Hamilton's philosophy*, 192.

les sensations que l'observation antérieure m'atteste comme pouvant en ce moment surgir en moi en des circonstances supposables quelconques, et, en outre, une multitude indéfinie et illimitée d'autres sensations que des circonstances à moi inconnues et hors de mes prévisions pourraient éveiller en moi. Ces diverses possibilités de sensations sont pour moi dans le monde la chose importante. Mes sensations présentes sont généralement de peu d'importance et, de plus, fugitives; au contraire, les possibilités sont permanentes, ce qui est le caractère par lequel notre notion de la matière ou de la substance se distingue principalement de notre notion de la sensation. — Ces possibilités, qui, avec une condition de plus, deviennent des certitudes [1], ont besoin d'un nom spécial qui les distingue des possibilités pures, vagues, dont l'expérience n'a pas déterminé les conditions et sur lesquelles nous ne pouvons compter. Or, sitôt qu'un nom distinctif est appliqué, quand même ce serait à la même chose considérée sous un aspect différent, l'expérience la plus familière de notre nature mentale nous enseigne que ce nom différent est bientôt considéré comme le nom d'une chose différente.

« Ces possibilités de sensations, une fois certifiées et garanties, ont une autre particularité importante : c'est qu'elles sont la possibilité non de sensations isolées, mais de sensations jointes en un groupe. Quand nous nous représentons une chose quelconque comme une substance matérielle, en d'autres termes, comme un corps, nous avons éprouvé, ou

---

1. Which are conditional certainties.

nous pensons que, dans telles conditions données, nous éprouverions, non pas une *seule* sensation, mais un nombre et une variété très-grande et même indéfinie de sensations appartenant en général à différents sens et tellement liées entre elles que la présence de l'une annonce la présence possible, au même instant, de l'une quelconque des autres. Par conséquent, non-seulement cette possibilité particulière d'une sensation se trouve investie de la qualité de permanence, lorsque nous n'éprouvons actuellement aucune sensation ; mais encore, quand nous en éprouvons quelqu'une, les autres sensations du groupe sont conçues par nous sous la forme de possibilités présentes qui pourraient être réalisées en cet instant même. Et comme ceci arrive tour à tour pour chacune d'elles, le groupe dans son ensemble se présente à l'esprit comme permanent et fait contraste non-seulement avec le caractère temporaire de ma présence corporelle en cet endroit, mais encore avec le caractère temporaire de chacune des sensations qui composent le groupe ; en d'autres termes, il se présente à l'esprit comme une sorte de substratum permanent sous une série d'expériences ou manifestations temporaires, ce qui est un autre caractère essentiel par lequel notre idée de la substance ou matière se distingue de notre idée de la sensation.

« Considérons maintenant un autre caractère général de notre expérience, qui est que, outre des groupes fixes, nous reconnaissons un ordre fixe dans nos sensations. C'est un ordre de succession, et, une fois établi par l'observation, il donne naissance aux idées de cause et d'effet... De quelle nature est cet ordre fixe de nos sensations ? C'est un rapport constant entre deux termes, et tel que l'un précède toujours et que l'autre suive toujours. Mais d'ordinaire ce rapport ne se rencontre pas entre une sensation actuelle et une autre. Il y a très-peu de cas où l'expérience nous montre ces sortes de couples. Dans presque tous les couples que nous rencontrons dans la nature, les deux termes liés à titre d'antécédent et de conséquent ne sont pas des sensations, mais ces groupes dont nous parlions ; une très-petite portion de chaque groupe est sensation actuelle ; sa plus grande portion consiste en possibilités permanentes de sensation, possibilités qui nous sont attestées par un nombre petit et variable de sensations actuellement présentes. Partant, nos idées de cause, de puissance, d'activité, ne s'attachent pas dans notre esprit à nos sensations considérées comme actuelles, sauf dans les quelques cas physiologiques où les sensations figurent par elles-mêmes comme antécédents dans quelque couple régulier. Nos idées de cause, de puissance, d'activité, au lieu de s'attacher à des sensations, s'attachent à des groupes de possibilités de sensation. Les sensations conçues ne se présentent pas habituellement à nous comme des sensations actuellement éprouvées, car non-seulement une quelconque d'elles ou une quantité quelconque d'entre elles peut être supposée absente, mais encore aucune d'elles n'a besoin d'être présente. Nous trouvons que les modifications qui ont lieu plus ou moins régulièrement dans nos possibilités de sensation sont pour la plupart tout à fait indépendantes de la conscience que nous en avons et de notre présence ou de notre absence. Que nous soyons endormis ou éveillés, le feu s'éteint et met fin à une possibilité particulière de chaleur et de lumière. Que nous soyons présents ou absents, le blé mûrit et apporte une nouvelle possibilité d'alimentation. Par là, nous apprenons promptement à nous représenter la Nature comme composée seulement de ces groupes de possibilités, et nous concevons la force active dans la Nature comme manifestée par la modification de quelqu'une d'elles au moyen d'une autre. Ainsi les sensations, qui pourtant sont le fondement originel du tout, finissent par être considérées comme une sorte d'accident dépendant de nous, et les possibilités sont regardées comme beaucoup plus réelles que les sensations actuelles, bien plus, comme les réalités mêmes dont celles-ci ne sont que les représentations, les apparences ou effets. — Une fois arrivés à cet état d'esprit, et à partir de ce moment pour tout le reste de notre vie, nous n'avons jamais conscience d'une sensation présente sans la rapporter instantanément à quelqu'un des groupes de possibilités dans lesquels est enregistrée une sensation de la même espèce, et, si nous ne savons pas encore à quel groupe la rapporter, nous sentons au moins la conviction irrésistible qu'elle doit appartenir à un groupe ou à un autre, en d'autres termes, que sa présence prouve l'existence, ici et actuellement, d'un grand nombre et d'une grande variété de possibilités de sensation sans lesquelles elle ne se serait pas produite. L'ensemble des sensations comme possibles forme ainsi un arrière-fond permanent à une quelconque ou à plusieurs des sensations qui, à un moment donné, sont actuelles, et les possibilités sont conçues comme étant, par rapport aux sensations actuelles, dans la relation d'une cause à ses effets, ou d'une étoffe aux figures qui sont peintes dessus, ou d'une racine à sa tige, à ses feuilles et à ses fleurs, ou d'un substratum à ce qui est étendu dessus, ou, en langage transcendantal, d'une matière à sa forme.

« Quand ce point a été atteint, les possibilités permanentes en question ont pris un aspect et un rôle par rapport à nous si différents du rôle et de l'aspect que revêtent nos sensations, qu'elles ne peuvent manquer, et cela par le jeu naturel de notre constitution mentale, d'être conçues et crues comme au moins aussi différentes de nos sensations qu'une sensation l'est d'une autre. Le fondement qu'elles ont dans la sensation est oublié, et nous supposons qu'elles sont quelque chose qui, intrinsèquement, en diffère. En effet, nous pouvons nous soustraire à nos sensations (externes), ou nous pouvons en être écartés par quelque autre agent. Mais, quoique les sensations cessent, les possibilités demeurent en existence; elles sont indépendantes de notre volonté, de notre présence et de tout ce qui nous appartient. Nous découvrons en outre qu'elles appartiennent à des êtres humains ou sensibles, autres que nous-mêmes. Nous trouvons que d'autres personnes fondent leur attente et leur conduite sur les mêmes permanentes possibilités que nous. Mais nous ne trouvons pas qu'elles éprouvent les mêmes sensations actuelles. Les autres personnes n'ont pas nos sensations exactement quand nous les avons et exactement comme nous les avons; mais elles ont nos possibilités de sensation. Tout ce qui indique comme présente une possibilité de sensations pour nous-mêmes indique comme présente une possibilité de sensations semblables pour eux, excepté en tant que leurs organes de sensation peuvent s'écarter du type des nôtres. Ceci met le sceau final à la conception par laquelle nous considérons les groupes de possibilités comme la réalité fondamentale dans la Nature. Les possibilités permanentes sont communes à nous et aux créatures semblables à nous ; les sensations actuelles ne le sont pas. Ce que les autres perçoivent quand je le perçois, ce que les autres attestent pour les motifs d'après lesquels je l'atteste, me paraît plus réel que ce dont ils ne savent rien, à moins que je ne les en informe. Le monde des Sensations possibles qui se succèdent les unes aux autres selon des lois est aussi bien dans les autres êtres sentants qu'en moi ; il a donc une existence hors de moi ; il est un Monde extérieur.

« La matière peut donc être définie une Possibilité permanente de sensation... Nous croyons que nous percevons un quelque chose étroitement lié à nos sensations, mais différent de celles que nous éprouvons en cet instant particulier, et distinct des sensations en général, parce qu'il est permanent et toujours le même, pendant que celles-ci sont fugitives, variables et se déplacent l'une l'autre. Mais ces attributs de l'objet de la perception sont des propriétés qui appartiennent à toutes les possibilités de sensation que l'expérience garantit. La croyance en ces possibilités permanentes me semble donc renfermer tout ce qui est essentiel ou caractéristique dans la croyance aux substances. Je crois que Calcutta existe, quoique je ne perçoive pas cette ville, et je crois qu'elle existerait encore si tout habitant capable de perception quittait tout d'un coup la place ou tombait mort. Mais, si j'analyse ma croyance, tout ce que j'y trouve, c'est que si ces évènements avaient lieu, la possibilité permanente de sensation que j'appelle Calcutta subsisterait encore, et que, si j'étais transporté soudainement sur les rives de l'Hooghly, j'aurais encore les sensations qui, si je les avais maintenant, me conduiraient à affirmer que Calcutta existe ici et maintenant [1]. — Nous pouvons donc induire de là que les philosophes, aussi bien que les autres hommes, quand ils pensent à la matière, la conçoivent réellement comme une possibilité permanente de sensation. Mais la majorité des philosophes se figure qu'elle est quelque chose de plus; et les autres hommes, quoique, selon moi, ils n'aient rien dans l'esprit qu'une possibilité permanente de sensations, seraient indubitablement, si on leur posait la question, de l'avis des philosophes; et, quoique ceci s'explique suffisamment par la tendance de l'esprit à inférer une différence dans les choses d'après une différence dans les noms, je me reconnais obligé à montrer comment il est possible de croire à l'existence d'une chose transcendante autre que les possibilités de sensation, et cela sans qu'il y ait une telle chose et sans que nous la percevions actuellement.

« Ceci dit, l'explication n'est pas difficile. C'est un fait admis que nous sommes capables de toutes les conceptions que la généralisation peut former en partant des lois observées de nos sensations. Sitôt que nous avons constaté un rapport entre quelqu'une de nos sensations et quelque chose qui est autre qu'elle, nous pouvons, sans difficulté, concevoir le même rap-

---

[1]. Pour que l'analyse soit tout à fait exacte, il faut mettre, je crois : « Si un être quelconque, analogue à moi, était transporté sur les rives de l'Hooghly, il aurait, etc. » La possibilité permanente est absolument générale.

CH. I. IDÉES QUI COMPOSENT L'IDÉE DE CORPS 101

port entre la somme de toutes nos sensations et quelque chose qui soit autre qu'elles. Les différences que notre conscience reconnaît entre une sensation et une autre nous donnent l'idée générale de différence et associent indissolublement à chaque sensation que nous avons le sentiment qu'elle est différente d'autres choses; et, quand une fois cette association a été formée, nous ne pouvons plus concevoir une chose quelconque sans être capables et même obligés de former aussi la conception de quelque chose de différent. Cette familiarité avec l'idée de quelque chose de différent de *chaque* chose que nous connaissons nous conduit aisément et naturellement à former la notion de quelque chose de différent de *toutes* les choses que nous connaissons, collectivement aussi bien qu'individuellement. Il est vrai que nous ne pouvons nous faire aucune idée de ce que peut être une telle chose; la notion que nous en avons est purement négative; mais l'idée de substance, si l'on en ôte les impressions faites sur nos sens, est purement négative. Ainsi il n'y a aucun obstacle psychologique qui nous empêche de former la notion d'un quelque chose qui n'est ni une sensation ni une possibilité de sensation, même lorsque notre conscience ne confirme pas cette opération par son témoignage ; et il est tout à fait naturel que les possibilités permanentes de sensation que nous atteste notre conscience soient confondues dans notre esprit avec cette conception imaginaire. Notre expérience tout entière nous montre la force de la tendance qui nous porte à prendre des abstractions mentales, même négatives, pour des réalités substantielles; et les possibilités permanentes de sensation que l'expérience garantit sont, par plusieurs de leurs propriétés, si extrêmement différentes des sensations actuelles, que, puisque nous sommes capables d'imaginer quelque chose qui dépasse la sensation, il y a une grande probabilité naturelle pour que nous supposions qu'elles sont ce quelque chose.

« Mais cette probabilité naturelle se change en certitude, quand nous faisons entrer en ligne de compte cette loi universelle de notre expérience, qu'on nomme loi de causalité, et qui nous rend incapables de concevoir le commencement d'une chose quelconque sans une condition antécédente ou cause. Ce cas est un des plus notables entre tous ceux dans lesquels nous étendons à la somme totale de notre expérience une notion tirée des parties de notre expérience. Il est un exemple frappant de notre capacité pour concevoir et de notre tendance à croire qu'une relation, qui subsiste entre chaque élément individuel de notre expérience et quelque autre élément, subsiste aussi entre la totalité de notre expérience et quelque chose de situé hors de la sphère de l'expérience. En étendant ainsi à l'ensemble de toutes nos expériences une relation intérieure qui existe entre ses diverses parties, nous sommes conduits à considérer la sensation elle-même — la réunion totale de nos sensations — comme ayant son origine dans des existences antécédentes et qui dépassent la sensation. Nous y sommes conduits par le caractère particulier de ces couples uniformes que l'expérience nous dévoile parmi nos sensations. Comme nous l'avons déjà remarqué, l'antécédent constant d'une sensation est rarement une sensation actuelle ou un groupe de sensations actuelles. Cet antécédent est bien plus souvent l'existence d'un groupe de possibilités qui n'enferment point de sensations actuelles, sauf celles qui sont requises pour montrer que les possibilités sont réellement présentes. Des sensations actuelles ne sont pas même indispensables pour cela ; car la présence de l'objet (laquelle n'est rien de plus que la présence immédiate des possibilités) peut nous être manifestée par la sensation même que nous lui rapportons et que nous croyons être son effet. De cette façon, l'antécédent réel d'un effet — le seul antécédent qui, étant invariable et inconditionnel, soit considéré par nous comme la cause — peut être, non pas une sensation quelconque actuellement sentie, mais simplement la présence, en ce moment ou au moment immédiatement précédent, d'un groupe de possibilités de sensation. Partant, ce n'est pas aux sensations actuellement éprouvées, c'est à leurs possibilités permanentes que l'idée de cause vient à être identifiée ; et, par un seul et même mécanisme, nous acquérons l'habitude de considérer la sensation en général, de même que toutes nos sensations individuelles, comme un effet, et en outre l'habitude de concevoir, comme causes de la plupart de nos sensations individuelles, non pas d'autres sensations, mais des possibilités générales de sensation…. On dira peut-être que la précédente théorie rend bien quelque compte de l'idée d'existence permanente qui est une partie de notre conception de la matière, mais qu'elle n'explique point une de nos croyances, la croyance que ces objets permanents sont extérieurs ou hors de nous-mêmes. Je crois, au contraire, que l'idée même d'un quelque chose hors de nous-mêmes est dérivée uniquement de la connaissance que l'expérience nous donne des possibilités permanentes. Nous portons nos sensations avec nous partout où nous allons, et elles n'existent jamais là où nous ne sommes pas. Au contraire, quand nous changeons de place, nous n'emportons pas avec nous les possibilités permanentes de sensation ; elles restent jusqu'à ce que nous revenions, ou bien elles naissent et cessent à des conditions sur lesquelles notre présence n'a en général aucune influence. Bien plus, elles sont et, après que nous aurons cessé de sentir, elles seront des possibilités permanentes de sensation pour d'autres êtres que nous-mêmes. Ainsi, les sensations actuelles et les possibilités permanentes de sensation sont en contraste absolu les unes vis-à-vis des autres, et, quand l'idée de cause a été acquise et étendue, par généralisation, des portions de notre expérience à sa somme totale, il est tout naturel que les possibilités permanentes soient classées par nous comme des existences génériquement distinctes de nos sensations, mais dont nos sensations sont les effets.... Si toutes ces considérations mises ensemble n'expliquent pas complètement la conception que nous avons de ces possibilités comme d'une classe d'entités indépendantes et substantielles, je ne sais pas quelle analyse psychologique peut être concluante. »

A mon avis, celle-ci l'est, sauf un point que nous avons déjà indiqué. Ces *possibilités* de sensation, qui sont constituées par la présence de toutes les conditions de la sensation, moins une, se transforment en *nécessités,* lorsque cette dernière condition manquante vient s'ajouter aux autres. Je vois une table ; cela signifie qu'ayant telle sensation visuelle, je conçois et j'affirme la possibilité de telles sensations de mouvement musculaire, de résistance, de son faible, pour tout être sensible ; mais cela signifie aussi que si, à l'existence d'un être sensible, on ajoute une condition de plus, tel mouvement qui mettra sa main en contact avec la table, il y aura pour lui, non plus seulement possibilité, mais encore nécessité de ces sensations. Ces nécessités, posées à part et considérées isolément, sont ce que nous appelons des forces[1]. Force ou nécessité, ces deux termes s'équivalent ; ils indiquent que l'évènement en question *doit* s'accomplir ; l'une et l'autre sont des particularités, des manières d'être extraites de l'évènement et isolées par une fiction mentale. Mais, comme la loi qui prédit cet évènement sous telles conditions est générale et, partant, permanente, l'une et l'autre apparaissent comme permanentes et se trouvent ainsi érigées en substances, ce qui les oppose aux évènements passagers et les classe à part. — A présent, sous le nom de forces, les possibilités permanentes se ramènent sans difficulté à ce que nous nommons matière et corps ; nous ne répugnons pas à admettre que le monde dans lequel nous sommes plongés soit un système de forces ; du moins telle est la conception des plus profonds physiciens. Des forces diverses qui, sous diverses conditions, provoquent en nous des sensations diverses : voilà les corps par rapport à nous et à tout être analogue à nous.

VI. Reste à chercher ce qu'un corps est par rapport à un autre. — Remarquons d'abord que la plupart des corps que nous percevons changent, du moins à plusieurs égards, et que l'expérience journa-

---

[1]. Première partie, livre IV, ch. III.

lière constate sans difficulté ces changements. Ils changent, c'est-à-dire que, dans le groupe de possibilités permanentes qui les constitue, telle possibilité périt ; en d'autres termes encore, parmi les sensations possibles qui désignaient un corps, telle sensation cesse d'être possible. Ce dessus de poêle était froid tout à l'heure ; maintenant qu'on a fait du feu, il est chaud. Cette boule de cire est sphérique, dure, odorante, capable de rendre un petit son ; placée sur le poêle ardent, elle devient molle, elle perd toute sonorité et toute odeur, elle s'étale en bouillie plate. Cette feuille verte n'a plus de couleur dans l'obscurité. J'ai laissé ce livre sur ma table, et je le retrouve rangé sur un des rayons de la bibliothèque. — Dans tous ces cas, une ou plusieurs des possibilités de sensation qui constituaient l'objet disparaissent, sauf à être ou à n'être pas remplacées par d'autres de la même espèce. — Au fond, tous ces changements des corps ne sont conçus et concevables que par rapport aux sensations, puisqu'ils se réduisent tous, en dernière analyse, à l'extinction ou à la naissance d'une possibilité de sensation. Mais, à un autre point de vue, quoique les corps ne soient que des possibilités de sensations, ces changements n'en sont pas moins des changements des corps, et c'est à ce point de vue que d'ordinaire nous les considérons. Quand nous ne rencontrons plus une sensation sur laquelle nous avions coutume de compter, nous ne pensons pas à nous, mais au corps ; nous disons qu'il a changé de position, de figure, d'étendue, de température, de couleur, de saveur, d'odeur, et, quoique son histoire ne soit pour nous définissable que par la nôtre, nous posons son histoire en face de la nôtre comme une

CH. I. IDÉES QUI COMPOSENT L'IDÉE DE CORPS 107

série d'évènements en face d'une série d'évènements.

Dès lors deux séries nouvelles de propriétés viennent s'ajouter à lui et parfaire son être. — D'un côté, nous remarquons qu'il est capable de tels changements précis sous telles conditions précises ; il peut changer de lieu, de figure, de grandeur, de consistance, de couleur, d'odeur, être divisé, devenir solide, liquide, gazeux, être échauffé, refroidi, etc. Nous le concevons par rapport à ses évènements possibles, comme nous l'avons conçu par rapport à nos sensations possibles, et, au premier groupe de possibilités et de nécessités permanentes par lequel nous l'avons constitué, nous en associons un second. — D'autre part, nous remarquons que tel de ses évènements provoque tel changement dans un autre corps. La bille en mouvement déplace une autre bille. Une dissolution acide rougit le papier de tournesol. Ce foyer allumé vaporise l'eau de la chaudière. Ce morceau de fer chauffé et rapproché dilate l'alcool du thermomètre. Par ces diverses observations, nous constatons que tel corps est capable, sous telles conditions précises, de provoquer tels changements dans d'autres corps, et nous le définissons, non plus par rapport à nos évènements, non plus par rapport à ses évènements, mais par rapport aux évènements des autres corps. A ce troisième titre, il est encore un groupe de possibilités et de nécessités permanentes, et, par ces trois rapports, nous l'avons constitué complètement. — Il peut et, sous certaines conditions, il doit provoquer en nous telles sensations musculaires et tactiles de résistance, d'étendue, de figure et d'emplacement, telles sensations de température, de couleur, de son, d'odeur et de saveur : voilà ses propriétés sensibles. — Il peut et, sous certaines conditions, il doit éprouver tels changements de consistance, d'étendue, de figure, de position, de température, de saveur, de couleur, de son et d'odeur : voilà ses propriétés, pour ainsi dire, intrinsèques. — Il peut et, sous certaines conditions, il doit provoquer dans tel autre corps tel changement de consistance, ou d'étendue, ou de figure, ou de position, ou de température, ou de saveur, odeur, couleur et son : voilà ses propriétés par rapport aux autres. — Toutes ces propriétés n'existent que par rapport à des évènements ; les poser, c'est prédire tel évènement de nous, du corps, d'un autre corps, l'énoncer comme possible sous certaines conditions, comme nécessaire sous ces mêmes conditions, plus une complémentaire, bref poser une loi générale ; et tous ces évènements, les nôtres, ceux du corps, ceux des autres corps, se définissent en dernière analyse par nos évènements.

La scène change, lorsque nous essayons de démêler, dans cette multitude énorme de propriétés, les propriétés fondamentales. Les êtres sentants ne sont qu'une file dans la prodigieuse armée d'êtres distincts que nous observons ou devinons dans la nature, et nos évènements ne sont qu'une quantité minime dans la masse monstrueuse des évènements. Le moi est un réactif entre cent millions d'autres, l'un des plus périssables, l'un des plus faciles à déranger, l'un des plus inexacts, l'un des plus insuffisants. A ses notations, nous substituons d'autres notations équivalentes, et nous définissons les propriétés des corps, non plus par nos évènements, mais par certains de leurs évènements. Au lieu de notre sensation de température, nous prenons pour indice l'élévation ou l'abaissement de l'alcool dans le thermomètre. Au lieu de la sensation musculaire que nous éprouvons en soulevant un poids, nous prenons pour indice l'élévation ou l'abaissement du plateau de la balance. Parmi ces évènements indicateurs, il en est un très-simple et plus universellement répandu que tous les autres, le mouvement, ou passage d'un lieu à un autre, avec ses divers degrés de vitesse. — Nous le remarquons d'abord en nous-mêmes; la notion primitive que nous en avons est celle des sensations musculaires plus ou moins énergiques dont la série, plus ou moins longue, accompagne la flexion ou l'extension de nos membres. Par analogie et par induction, de même que nous attribuons aux corps organisés des sensations, perceptions, émotions et autres évènements semblables aux nôtres, nous attribuons à tous les corps des mouvements semblables aux nôtres. Mais, par vérification et rectification, de même que nous limitons peu à peu la ressemblance trop complète que nous imaginions d'abord entre les animaux inférieurs et nous-mêmes, nous limitons peu à peu la ressemblance trop grande que nous imaginions d'abord entre les mouvements des corps bruts et les nôtres. L'enfant a cru et bientôt cesse de croire que sa balle saute et se sauve, que sa boule court sur lui et veut lui faire du mal. L'homme a conçu et à la fin cesse de concevoir l'élan du projectile comme un effort [1] analogue au sien; dans sa métaphore, il reconnaît une métaphore et en défalque ce qu'il faut pour qu'elle convienne à un corps incapable d'intentions et de

1. *Nisus.*

sensations. Au lieu de concevoir le mouvement comme une série de sensations successives interposées entre les moments de départ et d'arrivée, il le conçoit alors comme une série d'états successifs interposés entre les moments de départ et d'arrivée; par ce retranchement, l'espèce et la qualité des éléments qui composent la série sont omises; il ne reste que leur nombre et leur ordre, et la notion s'applique non pas seulement aux corps sentants, mais à tous les corps.

Cela posé, il découvre peu à peu que, dans ses définitions des corps et de leurs propriétés, un mode ou une particularité du mouvement ainsi conçu peut tenir lieu de ses sensations. Il appelait solide ce qui provoque en lui la sensation de résistance; il appelle maintenant solide ce qui provoque l'arrêt d'un corps quelconque en mouvement. Il concevait l'étendue vide par ses sensations musculaires de locomotion libre; il la conçoit maintenant par le mouvement non arrêté d'un corps quelconque. Il se représentait les lignes, les surfaces et les solides par des groupes de plus en plus complexes dont ses sensations de locomotion, de contact et de résistance étaient les éléments; il définit maintenant la ligne par le mouvement d'un point, la surface par le mouvement d'une ligne, le solide par le mouvement d'une surface. Il évaluait la force par la grandeur de sa sensation d'effort; il la mesure maintenant par la vitesse du mouvement qu'elle imprime à une masse donnée, ou par la grandeur de la masse à laquelle elle imprime un mouvement d'une vitesse donnée. — Il arrive ainsi à concevoir le corps comme un *mobile moteur*, en qui la vitesse et la masse sont des points de vue équivalents. De cette façon, tous les évènements de la nature physique sont des mouvements, chacun d'eux étant défini par la masse et la vitesse du corps en mouvement, et chacun d'eux étant une quantité qui passe de corps en corps sans jamais croître ni décroître. Telle est aujourd'hui l'idée mécanique de la nature. Entre les diverses classes d'évènements par lesquels on peut définir les choses, l'homme en choisit une, y ramène la plupart des autres, suppose qu'il pourra un jour y ramener le reste. Mais, si l'on analyse celui qu'il a choisi, on découvre que tous les éléments originels et constitutifs de sa définition, comme de la définition de tous les autres, ne sont jamais que des sensations, ou des extraits plus ou moins élaborés de sensations.

VII. Entre ces extraits de sensation par lesquels, en dernière analyse, nous concevons et définissons toujours les corps, y en a-t-il un que nous puissions à bon droit leur attribuer? Ou bien les corps ne sont-ils qu'un simple faisceau de pouvoirs ou possibilités permanentes, desquels nous ne pouvons rien affirmer, sinon les effets qu'ils provoquent en nous? Bien mieux, comme le pensent Bain et Stuart Mill d'après Berkeley, ne sont-ils qu'un pur néant, érigé par une illusion de l'esprit humain en substances et en choses du dehors? N'y a-t-il dans la nature que les séries de sensations passagères qui constituent les sujets sentants, et les possibilités durables de ces mêmes sensations? N'y a-t-il rien d'*intrinsèque* dans cette pierre? Ne découvrons-nous en elle que des propriétés *relatives*, par exemple la possibilité de telles sensations tactiles pour un sujet sentant, la nécessité des mêmes sensations tactiles pour le sujet sentant qui se donnera telle série de sensations musculaires, à savoir la série des sensations musculaires à la suite desquelles sa main arrive à toucher la pierre? — On l'a déjà vu, ce qui constitue un être distinct, c'est une série distincte de faits ou évènements. Partant, pour que cette pierre soit, non pas la simple possibilité permanente de certaines sensations d'un sujet sentant, possibilité vaine et de nul effet si tous les êtres sentants étaient supprimés [1], il faut qu'elle soit en outre une série distincte de faits ou d'évènements réels ou possibles, évènements qui se produiraient encore si tous les êtres sentants faisaient défaut. Pouvons-nous, par induction et analogie, lui attribuer une telle série? — Par analogie et induction, nous faisons cela légitimement, comme l'accordent tous les sectateurs de Berkeley, quand, au lieu d'une pierre, il s'agit d'un sujet sentant, homme ou animal, autre que nous-mêmes. En ce cas, non-seulement nous considérons l'objet perçu par nos sens comme un faisceau de possibilités permanentes, mais encore nous lui attribuons à bon droit une série de sensations, images, idées plus ou moins analogues aux nôtres, et nous transportons légitimement en lui des évènements qui se passent en nous. Par cette translation, de simple possibilité qu'il était, il devient chose effective au

---

1. Les astronomes et les physiciens déclarent que les êtres vivants, et, à plus forte raison, les êtres sentants, sont d'origine récente sur notre terre et en général dans notre système solaire. — Par conséquent, si la théorie de Bain et de Stuart Mill est vraie, avant l'apparition des êtres sentants, rien n'existait; il n'y avait aucune chose réelle ou actuelle, mais seulement des possibilités de sensations, attendant pour se convertir en sensations l'apparition des êtres sentants.

CH. I. IDÉES QUI COMPOSENT L'IDÉE DE CORPS 113

même titre que nous-mêmes, et nous lui reconnaissons une existence distincte, indépendante de la nôtre; puisque les évènements qui la constituent, quoique constatés par nous, n'ont pas besoin de nos évènements pour se produire et se succéder.

Y a-t-il quelque série d'évènements internes que nous puissions, aussi par induction et analogie, transporter de nous dans la pierre, pour conférer à la pierre l'existence indépendante et distincte que nous avons conférée à notre semblable ou à l'animal? — Oui, certes, du moins à mon avis, et au moyen d'éliminations préalables. Comme on l'a vu tout à l'heure, de la série des sensations musculaires par laquelle nous concevons le mouvement, nous retranchons tous les caractères qui peuvent la distinguer d'une autre série. Après cette grande suppression, elle n'est plus pour nous qu'une série abstraite d'états successifs, interposée entre un certain moment initial et un certain moment final. Chacun des états composants a été dépouillé de toute qualité et n'est plus défini que par sa position dans la série, comme plus proche ou plus lointain du moment initial ou du moment final. C'est cette série, plus ou moins courte, d'états successifs compris entre un moment initial et un moment final, et définis seulement par leur ordre réciproque, que nous nommons le mouvement pur. — Or nous avons toutes les raisons du monde pour l'attribuer à ces inconnus que nous nommons des corps, pour être certains que, de l'un, elle passe à l'autre, et pour poser les règles de cette communication; car l'analogie qui nous permet d'accorder à telle forme animale des sensations, perceptions, souvenirs, volontés semblables aux nôtres. nous permet également d'accorder à cette balle des mouvements semblables aux nôtres. Transportée par notre main, elle change de place à nos yeux, comme notre main elle-même. Promenée le long de notre bras, elle nous donne une série de sensations tactiles analogues à celle que nous donnerait notre doigt promené de même. Poussée par un autre corps, elle change de place, comme fait notre main en pareille circonstance. Lancée contre un autre corps, elle le pousse en avant, comme fait notre main dans un cas semblable. Bref, en des milliers d'expériences faciles à répéter, elle éveille en nous cette série spéciale de sensations visuelles et tactiles que notre main, nos pieds, nos membres en mouvement, éveillent dans nos yeux et dans notre épiderme. Ce sont là des indices, comme les gestes et les cris d'un animal, c'est-à-dire des dehors semblables aux nôtres, d'après lesquels nous affirmons un dedans semblable au nôtre; nous sommes donc en droit d'attribuer à la balle un changement intrinsèque, analogue à la sensation musculaire de locomotion que par la conscience nous constatons dans nos membres. Seulement nous sommes tenus de limiter cette analogie autant que l'exigent les autres indices; c'est d'ailleurs ce que nous faisons pour nous figurer l'animal lui-même, lorsque, ayant admis en lui des sentiments et des idées comme les nôtres, nous diminuons cette analogie à mesure que l'expérience accrue nous prescrit des réductions. Ainsi nous découvrons dans les corps un caractère réel et propre, le mouvement, et nous le concevons comme analogue de loin à notre sensation musculaire de locomotion, comme un extrait prodigieusement réduit de cette sensation, bref, comme on l'a défini tout à l'heure. A ce titre, les corps sont des mobiles moteurs, voilà leur essence; voilà pourquoi, si tous les êtres sentants étaient supprimés, notre pierre subsisterait encore; et cela ne signifie pas seulement que la possibilité de certaines sensations visuelles, tactiles, etc., subsisterait encore; cela signifie aussi que les inconnues que nous nommons molécules et qui composent la pierre subsisteraient encore, en d'autres termes que les mobiles moteurs dont la pierre est l'ensemble continueraient à peser sur le sol proportionnellement à leur masse et exécuteraient les oscillations internes qu'ils décrivent aujourd'hui. Quel que soit l'être, animé ou inanimé, on peut le considérer à deux points de vue, par rapport aux autres, et en lui-même. — Par rapport aux autres, il est une condition d'évènements pour les autres, et, notamment par rapport à nous, il est une condition de sensations pour nous; à ce titre, il est déterminé, mais seulement par rapport à nous, et nous ne pouvons rien dire de lui, sinon qu'il est la possibilité permanente de certaines sensations pour nous. — D'autre part, en lui-même, il est une série d'évènements qui, à certaines conditions, tendent à s'effectuer; à ce titre, il est déterminé en lui-même, et nous pouvons dire de lui qu'il est cette série jointe aux tendances par lesquelles elle s'effectue. — Cet homme est d'abord la possibilité permanente des sensations visuelles, tactiles, etc., que j'éprouve à son endroit, et, en outre, il est une série distincte de sensations, images, idées, volitions, jointe aux tendances par lesquelles elle s'effectue. Pareillement, cette pierre est d'abord la possibilité permanente des sensations visuelles, tactiles, etc., que j'éprouve à son endroit, et, en outre, elle est un groupe distinct de tendances au mouvement et de mouvements distincts en train de s'accomplir.

Sans doute, nous ne connaissons les êtres animés ou inanimés que par les sensations qu'ils nous donnent. Sans doute encore, tous les matériaux avec lesquels nous construisons en nous leur idée sont nos sensations ou des extraits plus ou moins élaborés de nos sensations. Mais nous pouvons, sur preuves valables, reporter hors de nous quelques-uns de ces matériaux plus ou moins transformés et réduits, et leur attribuer hors de nous une existence distincte analogue à celle qu'ils ont chez nous. Nous sommes enclins naturellement à cette opération par imagination et par sympathie. A l'aspect d'une fusée qui s'élance, comme à l'aspect d'un oiseau qui prend son vol, nous nous mettons involontairement à la place de l'objet ; nous répétons mentalement son essor ; nous l'imitons par notre attitude et nos gestes. Les peuples enfants, en qui cette aptitude est intacte, la suivent bien plus loin que nous. L'homme primitif, l'Aryen, le Grec, imprégnait de son âme les sources, les fleuves, les montagnes, les nuées, l'air, tous les aspects du ciel et du jour ; il voyait dans les êtres inanimés des vivants semblables à lui-même. Peu à peu, à force d'expériences et de vérifications, nous avons restreint ce transport trop complet de nous-mêmes hors de nous-mêmes. Aujourd'hui, nous l'avons ramené à un minimum ; nous avons supprimé jusqu'aux derniers vestiges de l'erreur primitive ; nous ne croyons plus qu'il y ait dans les corps bruts des attractions, des répulsions, des efforts taillés sur le patron des états moraux que chez nous nous désignons par ces mots ; quand nous parlons ainsi, nous savons que c'est par à peu près et par métaphore. Si nous attribuons aux corps le mouvement, c'est après avoir dépouillé ses éléments de toute qualité humaine, après leur avoir ôté tous les caractères par lesquels ils étaient d'abord des sensations, en prenant soin de ne leur laisser que leur ordre relatif, leur position par rapport au moment initial et au moment final, leur succession plus ou moins prompte dans le même intervalle de temps. En cet état d'atténuation et d'amoindrissement suprême, la série continue des évènements successifs qui constituent le mouvement d'une pierre transportée par notre main n'est plus qu'un extrait très-mince, le plus mince possible, de cette série continue de sensations musculaires successives qui constituent d'abord pour nous le mouvement de notre main. Mais nous pouvons à bon droit attribuer une telle série à la pierre, et, à ce titre, elle est pour nous un être aussi réel, aussi complet, aussi distinct de nous, que tel homme ou tel cheval [1].

[1]. Par cette addition à la théorie de Bain et de Stuart Mill, nous restituons aux corps une existence effective, indépendante de nos sensations. Mais la théorie, aidée de cette addition, nous conduit beaucoup plus loin et nous permet de compléter les vues que nous avons présentées sur les rapports du physique et du moral. (Voir 1re partie, livre IV, ch. II, § IV et V.)

De l'analyse du mouvement, il suit qu'il n'est pas absolument hétérogène à la sensation; car l'idée que nous en avons est formée avec des matériaux fournis par nos sensations musculaires de locomotion. Dans la série des sensations musculaires successives qui composent une sensation totale de locomotion, dépouillez les sensations composantes de toute qualité et de toute différence intrinsèques ; considérez-les abstraitement, comme de purs évènements successifs, déterminés seulement par leur ordre relatif dans la série, et par le temps total qu'ils emploient à se succéder dans cet ordre depuis le moment initial jusqu'au moment final; c'est cette série abstraite qui constitue

VIII. Nous connaissons maintenant les matériaux dont l'assemblage fait la conception d'un corps. Tous ces matériaux sont des images de sensations possibles sous telles conditions, et nécessaires sous les mêmes conditions, plus une complémentaire. Lorsque rien ne contredit la conception ainsi formée et que, au lieu d'être réprimée et niée, elle est provoquée et suscitée par la sensation actuelle, elle est affirmative et devient un jugement. Partant, on voit maintenant le rôle qu'elle joue dans une perception extérieure. Je pose la main dans l'obscurité sur cette table de marbre, et j'ai une sensation actuelle de contact, de résistance et de froid. A propos de cette sensation surgissent les images de plusieurs sensations distinctes et liées entre elles, celle des sensations exactement semblables de contact, de résistance et de froid que j'éprouverais si

pour nous le mouvement de notre bras et que nous attribuons, par induction et analogie, à la pierre que notre main emporte avec elle. — Or, les éléments de cette série abstraite, étant ainsi amenés au maximum de simplicité possible, peuvent être considérés comme des sensations *élémentaires* au maximum de simplicité possible. Auquel cas le mouvement le plus simple, tel que nous l'attribuons à un point mobile, serait précisément la série la plus simple de ces évènements moraux élémentaires dont nous avons vu les formes dégradées se prolonger, en se dégradant davantage encore, sous les évènements moraux composés, sensations et images, dont nous avons conscience. Les sensations et les images ne seraient alors que des cas plus compliqués du mouvement. — Par cette réduction, les deux idiomes, celui de la conscience et celui des sens, dans lesquels nous lisons le grand livre de la nature, se réduiraient à un seul; le texte mutilé et la traduction interlinéaire mutilée, qui se suppléent mutuellement, seraient une seule et même langue, écrite avec des caractères différents, dans le prétendu texte avec des caractères plus compliqués, dans la prétendue traduction avec des caractères plus simples, et le lien qui réunit la traduction et le texte serait fourni par le rapport découvert entre notre idée du mouvement et la sensation musculaire de je répétais la même épreuve, celle des sensations à peu près semblables de contact, de résistance et de froid que j'éprouverais si je portais la main au delà de l'endroit touché, celle des sensations musculaires de locomotion pendant lesquelles ces sensations tactiles me seraient données et au terme desquelles elles ne me seraient plus données, celle des sensations de couleur et de forme visuelles qui naîtraient en moi, s'il y avait de la lumière et si mes yeux étaient ouverts, etc. Je crois de plus que, en me mettant dans les conditions requises, non-seulement en un moment quelconque de l'avenir j'éprouverais les sensations indiquées, mais encore qu'en un moment quelconque du passé je les aurais éprouvées, et qu'il en serait de même en tous les moments du présent, de l'avenir et du passé pour tout être analogue à moi.

locomotion qui fournit à cette idée ses éléments. — Cela admis, on pourrait embrasser la nature par une vue d'ensemble. Les séries simultanées d'évènements successifs qui la composent seraient toutes homogènes. L'exemplaire nous en serait fourni par la sensation telle que nous l'observons en nous, et par les sensations élémentaires de plus en plus dégradées et simplifiées qui composent cette sensation totale. A la *limite* extrême de simplicité, toutes se réduiraient à des mouvements, lesquels ne seraient eux-mêmes que des séries continues de sensations infinitésimales, dépouillées de toute qualité et définissables seulement au point de vue de la quantité, c'est-à-dire par la durée employée à leur accomplissement et par la grandeur de l'effet consécutif. A ce titre, tous les faits ou évènements de la nature pourraient se ramener à des mouvements, et nos sciences, ayant toutes pour objet le dégagement des éléments simples, pourraient toutes, comme en effet elles y tendent, se ramener à la mécanique. Mais ce ne serait là que le point de vue analytique; en soi, le mouvement ne serait concevable que par les séries de sensations musculaires dont il est l'extrait le plus mince, et, directement, le type de l'existence serait l'évènement mental, sensation ou image, tel que la conscience le constate en nous.

Dans ce groupe d'images évoqué par la sensation, il faut distinguer deux choses, les images elles-mêmes, et la réflexion par laquelle je remarque la possibilité permanente, en tout temps et pour tout être sensible, des sensations qu'elles représentent. La première de ces deux choses est animale, la seconde est humaine. — En effet, il suffit de l'expérience animale pour attacher à la sensation le groupe d'images; on a vu les lois de réviviscence et d'association qui le forment et l'éveillent. Quand un chien touche la table, toutes les images qu'on a énumérées surgissent en lui comme chez nous; partant, il peut prévoir comme nous que, s'il se lance contre la table, il sera meurtri; que, s'il se couche dessus, il aura froid; que, s'il ouvre les yeux pour la voir, il aura telle sensation visuelle. Cela lui suffit pour éviter le danger, pourvoir à ses besoins, diriger ses démarches. S'il voit, flaire ou touche une pièce de viande, il a, par réviviscence et association, l'image d'une sensation de saveur agréable, et cette image le pousse à happer le morceau. Quand il voit un bâton levé ou entend un fouet sifflant, il a, par réviviscence et association, l'image d'une sensation douloureuse de contact, et cette image le porte à fuir. Rien de plus en lui; il n'a pas le langage, il lui manque le moyen de discerner et d'isoler les caractères de son image. — Nous avons ce moyen, et nous nous en servons. L'enfant apprend les mots *table, bâton, viande, pierre, arbre*, et les autres; peu à peu, ils équivalent pour lui au groupe d'images animales qui faisait d'abord toute sa perception. Il s'en sert incessamment; devenu adulte, il en cherche le sens et les accouple. L'homme remarque alors que la sensation dont il a l'image était possible tout à l'heure, ce matin, hier, qu'elle sera possible tout à l'heure, ce soir, demain, et à tout instant de l'intervalle, non-seulement pour lui, mais pour tout être analogue à lui. Il note cette possibilité ; il la dégage des sensations où elle est incluse ; il est frappé de son indépendance et de sa permanence si singulières au milieu de l'écoulement continu et de la dépendance si visible des sensations. Il la note par les mots de propriété, de pouvoir, de force. Ce qui est indépendant et permanent lui semble seul digne d'attention, et désormais, pour peupler la scène de l'être, il met au premier rang cette Possibilité et les autres semblables. — Par contre-coup, il écarte ou laisse de côté comme peu importantes les sensations fugitives ; à force de les omettre, il oublie que les propriétés, les pouvoirs et les forces n'en sont qu'un extrait. Il essaye de considérer à part et en soi ce quelque chose indépendant et permanent qu'il n'a isolé que par un oubli. Il crée ainsi la substance vide ; sur cette entité, la métaphysique travaille et bâtit ses châteaux de cartes ; pour les faire tomber, ce n'est pas trop de l'analyse la plus rigoureuse. — Il reste alors pour constituer la perception d'un corps, d'abord une sensation actuelle, et un groupe associé d'images, ensuite la conception, c'est-à-dire l'extraction et la notation au moyen d'un signe, d'un caractère commun à toutes les sensations représentées par ces images, caractère permanent qui, interprété par l'illusion métaphysique, s'isole et semble un être à part. Sensations et images, tels sont les matériaux bruts et primitifs ; l'abstraction graduelle et surajoutée achève l'édifice. — Voilà le premier fond du simulacre hallucinatoire qui surgit en nous, lorsque, à propos d'une sensation, nous concevons et affirmons une substance étendue, résistante, mobile, située et douée des autres propriétés sensibles. Il reste à décrire l'opération qui l'achève et l'oppose à nous-mêmes en la projetant dans l'au-delà et en la situant dans le dehors.

CHAPITRE II

LA PERCEPTION EXTÉRIEURE ET L'ÉDUCATION DES SENS

SOMMAIRE.

I. Nous assignons un emplacement à nos sensations. — Cette opération est distincte de la sensation et exige un certain intervalle de temps pour s'accomplir. — Expériences des physiologistes.
II. Les sensations du toucher ne sont point situées à l'endroit où nous les plaçons. — Ce qui se produit à cet endroit, c'est, à l'état normal, un ébranlement nerveux qui est un de leurs précédents. — Illusion des amputés. — Observations et expériences de Mueller. — Maladies et compressions des troncs nerveux. — Sensations localisées à faux par les paralytiques insensibles. — Sensations localisées à faux après les opérations d'autoplastie. — Expériences et observations de Weber. — Loi qui régit la localisation. — Nous situons notre sensation à l'endroit où nous avons coutume de rencontrer sa condition ou cause ordinaire.
III. Conséquences. — Nous situons nos sensations de son et de couleur hors de l'enceinte de notre corps. — Exemples. — Aliénation de nos sensations de couleur. — Elles nous semblent une propriété des corps colorés. — Mécanisme de cette aliénation. — Preuve que la couleur n'est qu'une sensation provoquée par un état de la rétine. — Couleurs subjectives. — Sensation subjective des couleurs complémentaires. — Figures lumineuses que suscite la compression de l'œil. — Sensation de lumière que provoque la section du nerf optique. — Sensations visuelles que produit l'excitation prolongée ou l'excitation en retour des centres visuels. — Applications diverses de la loi qui régit la localisation. — Rôle du toucher explorateur. — Cas où l'emplacement de la sensation reste vague.

— Sensations internes. — Cas où l'emplacement des causes de deux ébranlements nerveux est l'inverse de l'emplacement des deux ébranlements nerveux. — Images renversées sur la rétine. — Deux stades du jugement localisateur. — Pourquoi les sensations de couleur et de son parcourent ces deux stades. — Pourquoi les sensations de contact, de pression, de saveur ne parcourent que le premier. — Position moyenne des sensations d'odeur et de température. — Caractère ambigu de l'odeur, du chaud et du froid qui nous semblent en partie des sensations, en partie des propriétés d'un corps. — Résumé. — Le jugement localisateur est toujours faux. — Son utilité pratique.

IV. Éléments du jugement localisateur. — Exemples. — Il se compose d'images tactiles et musculaires, ou d'images visuelles. — Atlas tactile et musculaire. — Nous pouvons constater sa présence chez les aveugles-nés. — Cas où nous pouvons constater sa présence en nous-mêmes. — Exemples. — Comment fonctionne l'atlas tactile et musculaire. — Il est primitif. — Atlas visuel. — Il est ultérieur. — La localisation d'une sensation s'opère par l'adjonction d'images visuelles ou tactiles et musculaires accolées à cette sensation. — Dans l'instinct, cette adjonction est spontanée. — Chez l'homme, elle est une acquisition de l'expérience.

V. Différences des deux atlas. — Formation spontanée de l'atlas tactile et musculaire. — Formation dérivée de l'atlas visuel. — Localisation primitive des sensations visuelles. — Sensations brutes de la rétine. — Ce que l'éducation de l'œil leur ajoute. — Observations faites sur les aveugles-nés après l'opération qui leur rend la vue. — Cas cités par Cheselden, Ware, Home, Nunnely et Waldrop. — Aux sensations rétiniennes et musculaires de l'œil s'adjoint l'image des sensations musculaires de transport et de locomotion des membres et de tout le corps. — Cette association est un effet de l'expérience. — Opinion d'Helmholtz. — Les sensations rétiniennes et musculaires de l'œil deviennent des signes abréviatifs. — Analogie de ces sensations et des noms. — Elles sont comme eux des substituts d'images. — Ordinairement, ces images restent à l'état latent et ne peuvent pas être démêlées par la conscience. — Procédé comparatif par lequel nous évaluons les grandes distances. — Nous ne comparons plus alors que des signes.

VI. Première idée de l'étendue visible. — Une série très-courte de sensations musculaires et rétiniennes de l'œil est le substitut d'une série très-longue de sensations tactiles et musculaires du corps et des membres. — Manière dont les aveugles-nés imaginent l'étendue. — Pourquoi nous croyons percevoir simultanément par la vue un grand nombre de points distants et coexistants. — L'atlas visuel est un résumé abréviatif de l'atlas tactile et musculaire. — Commodité plus grande et usage presque exclusif de l'atlas visuel. — Circonstances où l'atlas tactile et musculaire est encore employé. — Il demeure chez nous atrophié et rudimentaire par la prédominance de l'autre. — Cas où l'autre ne peut se développer. — Perfection du toucher chez les aveugles. — Exemples.

VII. Conséquences de la situation que paraissent avoir nos sensations. — Elles paraissent étendues et continues. — Partant, les corps que nous connaissons par leur entremise nous paraissent étendus et continus. — En quoi cette croyance est trompeuse. — L'idée de l'étendue n'est pas innée, mais acquise. — Idée de notre corps. — Enceinte corporelle du moi. — Idée d'un corps extérieur. — Nous le concevons, par rapport à notre sensation localisée, comme un au-delà, et, par rapport à notre corps, comme un dehors. — Projection des sensations de la vue et de l'ouïe dans ce dehors. — Leur aliénation définitive. — Achèvement du simulacre interne qui aujourd'hui constitue pour nous une perception extérieure. — Pourquoi il nous apparait comme autre que nous et hors de nous.

VIII. En quoi cette hallucination est vraie à l'état normal. — Notre illusion équivaut à une connaissance. — Ce qu'il y a de vrai dans le jugement localisateur. — A l'endroit où semblent situées les sensations du premier groupe se trouve situé le point de départ de l'ébranlement nerveux. — A l'endroit où semblent situées les sensations du second groupe se trouve situé le point de départ de l'ondulation éthérée ou aérienne. — Ce qu'il y a de vrai dans la perception extérieure. — Aux différences qui distinguent les sensations du second groupe correspondent des différences dans le type des ondulations et dans les caractères de leurs points de départ. — A la substance corporelle jugée permanente correspondent une possibilité et une nécessité permanentes de sensations et, en général, d'évènements. — Toute perception extérieure se réduit à l'assertion d'un fait général pensé avec ses conditions. — Concordance ordinaire de la loi réelle et de la loi mentale. — Adaptation générale de l'ordre interne à l'ordre externe. — Établissement spontané, perfection progressive, mécanisme très-simple de cette adaptation.

I. En même temps que le grand travail mental dont on vient de parler, il s'en accomplit un autre aussi.

involontaire, aussi sourd et aussi fécond en illusions et en connaissances. Chaque sensation particulière se transforme et reçoit un emplacement apparent. Nous n'en éprouvons aucune aujourd'hui sans lui assigner une place. Sitôt que nous avons une impression de froid, de chaud, de douleur, de contact, de contraction musculaire, de saveur, d'odeur, nous pouvons indiquer plus ou moins précisément l'endroit où nous l'éprouvons : c'est à la main, à la joue, au milieu du bras, dans le nez, sur la langue. — Ce jugement n'est séparé par aucun intervalle appréciable de la sensation elle-même ; nous sommes même tentés de croire que les deux évènements n'en font qu'un, et que, du même coup, nous remarquons à la fois l'élancement douloureux et sa place. Il y a pourtant un intervalle entre ces deux remarques, et dernièrement les procédés délicats des physiologistes l'ont mesuré [1] ; c'est que l'opération par laquelle nous situons notre sensation à tel endroit dans tel ou tel membre est une addition ultérieure plus ou moins compliquée, dont les moments plus ou moins nombreux exigent pour se succéder un temps plus ou moins long [2]. — Par cette

1. Expériences de Helmholtz, Marey, de Bezold, Hirsch, Van Deen, Donders, de Jaager, Wolf, résumées par M. Radau dans la *Revue des Deux-Mondes* du 1er août 1867, p. 794. — Ribot, *De la durée des actes psychiques* (*Revue philosophique*, 1876, t. III, p. 267).

2. M. de Jaager dit à la personne sur laquelle il fait l'expérience de toucher la clef électrique de la main gauche lorsqu'elle recevra le choc électrique du côté droit, et de la main droite quand elle recevra le choc électrique du côté gauche. Alors deux cas se présentent. Tantôt la personne sait d'avance que le choc viendra de tel côté, du côté droit par exemple ; alors l'intervalle entre le choc qu'elle reçoit et le signal consécutif qu'elle donne est de vingt centièmes de seconde. Tantôt la personne ne sait pas d'avance de quel côté viendra le choc, et

opération localisante, notre sensation reçoit une apparence fausse, et cette apparence en engendre d'autres qui, en soi, sont des illusions, mais qui, par leur correspondance avec les choses, constituent le perfectionnement ou l'éducation des sens. Une fois que la sensation est arrivée à cet état, les corps qu'elle nous révèle reçoivent par contre-coup de nouveaux caractères ; le simulacre hallucinatoire qui constitue la perception extérieure se complète ; et l'objet, qui ne nous

---

le choc vient du côté droit par exemple ; alors l'intervalle entre le choc qu'elle reçoit et le signal consécutif qu'elle donne est de vingt-sept centièmes de seconde. La différence entre les deux cas est donc de sept centièmes de seconde. — Dans les deux cas évidemment, la sensation brute se produit au même instant ; mais, dans le premier, l'image du côté droit est toute prête à entrer en scène et n'est pas contrebalancée, comme dans le second cas, par l'image également prête du côté gauche. Pour que cet équilibre soit rompu et que l'image du côté droit se soude par sélection à la sensation survenante, il faut un certain temps, et, d'après l'expérience, ce temps est de sept centièmes de seconde. — En général, entre une sensation et un signal consécutif, il s'écoule deux dixièmes de seconde, et, si la sensation, celle d'un son instantané, d'un choc électrique, d'une étincelle, doit évoquer une image auxiliaire, elle emploie, lorsque cette image n'est pas prête ou se trouve contrebalancée par une autre, un dixième de seconde de plus que lorsque la même image auxiliaire est prête, ou n'a pas d'antagoniste. — Il faut donc aux images un intervalle de temps pour se souder à la sensation, et cet intervalle est d'autant plus long que leur évocation est moins préparée ou plus disputée.

« MM. Donders et de Jaager ont fait l'expérience d'une manière un peu différente. L'un prononçait une syllabe quelconque, l'autre la répétait aussitôt qu'il l'entendait ; un phonautographe enregistrait les vibrations de la parole ; quand la syllabe à répéter avait été concertée d'avance, le retard observé était de deux dixièmes de seconde ; dans le cas contraire, il était de trois dixièmes. » — Les résultats sont analogues quand l'observateur, tour à tour prévenu ou non prévenu, doit noter l'apparition d'une lumière blanche ou rouge.

apparaissait que comme un quelque chose permanent et fixe, nous apparait comme un *au delà* et un *dehors*.

II. Je viens de poser mon pied à terre ; j'éprouve une sensation de pression, et je juge qu'elle est située dans mon pied gauche, qu'elle est assez forte au milieu, légère au talon, presque nulle aux cinq doigts. Considérons ce jugement ; pris en soi, il est faux ; la sensation n'est pas dans mon pied. Ici, depuis longtemps, les observations des physiologistes ont démêlé l'erreur et établi la théorie. La vérité est qu'un ébranlement s'est produit dans les nerfs du pied, plus fort à la plante, moindre aux doigts et au talon, que cet ébranlement s'est communiqué tout le long des nerfs jusqu'aux centres sensitifs de l'encéphale, et que c'est dans l'encéphale que la sensation a eu lieu. Nous la situons à tort à la circonférence de notre appareil nerveux, elle est au centre ; ce qui se produit dans le pied, ce n'est pas elle, mais le commencement de l'ébranlement nerveux dont elle est la fin.

Là-dessus, les preuves surabondent. Elles se résument toutes en ceci que, dans beaucoup de cas, la sensation nous semble située en un endroit où très-certainement elle n'est point. Au moyen de ces cas, nous constatons une loi générale : c'est que, dans l'état actuel, sitôt qu'une sensation surgit, elle est accompagnée d'un jugement par lequel nous la déclarons située en tel ou tel endroit. Il peut se faire qu'il y ait alors en cet endroit un ébranlement nerveux ; il peut se faire qu'il n'y en ait point du tout. Peu importe ; le jugement se produit aussi bien dans le second cas que dans le premier ; la sensation, à elle seule, suffit pour le provoquer, et, par ce jugement, elle acquiert une situation apparente. Elle l'acquiert donc dans le premier cas, lorsque à l'endroit indiqué un ébranlement nerveux se rencontre, comme dans le second cas, lorsque à l'endroit indiqué aucun ébranlement nerveux ne se rencontre. Une fois établi, d'après le second cas, que tel emplacement attribué à telle sensation n'est qu'apparent, il suit invinciblement que, dans le premier cas, le même emplacement attribué à la même sensation n'est rien non plus qu'apparent. Si quelque chose se rencontre alors à l'endroit indiqué, ce n'est pas elle, mais un de ses précédents ou une de ses suites, un évènement qui lui est lié et qu'elle désigne, réel sans doute, mais autre qu'elle-même, et qui, par une correspondance heureuse, l'accompagne ordinairement à l'état normal.

Considérons ces cas qui nous détrompent. Il y en a d'abord un, déjà cité, celui des amputés. « Aucun chirurgien, dit Mueller [1], n'ignore que les amputés éprouvent les mêmes sensations que s'ils avaient encore le membre dont on les a privés. Il n'en est jamais autrement. On a coutume de dire que l'illusion dure quelque temps, jusqu'à ce que, la plaie étant cicatrisée, le malade cesse de recevoir les soins de l'homme de l'art. Mais la vérité est que ces illusions persistent toujours, et qu'elles conservent la même intensité pendant toute la vie : on peut s'en convaincre par des questions adressées aux amputés longtemps après qu'ils ont subi l'opération. C'est à l'époque de l'inflammation du moignon et des troncs nerveux qu'elles sont les plus vives; les malades accusent alors de très-fortes douleurs dans tout le membre

---

1. *Manuel de physiologie*, I, 643.

qu'ils ont perdu. Après la guérison, le sujet conserve les sensations qu'un membre sain procure aux autres hommes, et fréquemment il reste pendant toute la vie un sentiment de formication et même de douleur, ayant en apparence son siège dans les parties extérieures, qui cependant n'existent plus. Ces sensations ne sont pas vagues, car l'amputé sent des douleurs ou le fourmillement dans tel ou tel orteil, à la plante ou sur le dos du pied, à la peau, etc. Je me suis convaincu, par des recherches suivies, que le sentiment dont il s'agit ne se perd jamais entièrement. Les amputés finissent par s'y habituer; cependant, dès qu'ils y font attention, ils le voient aussitôt reparaître, et souvent ils sentent d'une manière très-distincte leurs orteils, leurs doigts, la plante du pied, la main... Un homme amputé de la cuisse éprouvait encore au bout de douze années le même sentiment que s'il eût possédé les orteils et la plante du pied. J'appliquai un tourniquet sur le moignon, de manière à comprimer ce qui restait du nerf sciatique ; l'homme me dit aussitôt que sa jambe s'engourdissait et qu'il distinguait parfaitement bien les fourmillements dans ses orteils... Un autre a le bras amputé depuis treize ans, et les sensations dans les doigts n'ont jamais cessé chez lui; il croit toujours sentir sa main dans une situation courbée ; des picotements apparents dans les doigts ont lieu surtout lorsque le moignon appuie sur un corps et que les troncs des nerfs du bras viennent à être comprimés. J'exerçai une compression sur les troncs de ces nerfs ; à l'instant même, il survint un état d'engourdissement que le sujet disait éprouver dans tout le bras jusqu'aux doigts.... Un autre, qui avait eu le bras droit écrasé par un boulet de canon et ensuite amputé, éprouvait encore vingt années après des douleurs rhumatismales bien prononcées dans le membre toutes les fois que le temps changeait. Pendant les accès, le bras qu'il avait perdu depuis si longtemps lui paraissait sensible à l'impression du moindre courant d'air. Il m'assura d'une manière positive que la sensation physiologique et purement subjective de ce membre n'avait jamais cessé. » — C'est surtout pendant la nuit que l'illusion des amputés est plus forte ; ils sont parfois obligés de porter la main à l'endroit où devrait être leur membre pour se convaincre qu'ils ne l'ont plus. Quand les nerfs subsistants deviennent douloureux, ils ont plus de peine encore à redresser leur erreur ; tel, au bout de huit mois, avait besoin, pour se détromper, de tâter pendant la nuit et de regarder pendant le jour la place laissée vide par l'amputation de son bras gauche. — Il est clair que, dans tous ces cas, la sensation d'élancement, d'engourdissement, de fourmillement, de douleur, n'est pas située dans le membre absent ; donc *la même* sensation n'y est pas située non plus lorsque le membre est présent ; ainsi, dans les deux cas, à l'état normal et à l'état anormal, la sensation n'a pas l'emplacement que nous lui attribuons ; elle est ailleurs ; ce n'est pas elle, c'est un ébranlement nerveux qui, à l'état normal, occupe l'endroit où elle semble être. Le nerf est un simple conducteur ; de quelque point que parte son ébranlement pour aller éveiller l'action des centres sensitifs, la même sensation se produit et entraîne le jeu du même mécanisme interne, c'est-à-dire l'attribution de la sensation à tel endroit qui n'est pas le centre sensitif.

Quantité de faits s'expliquent par cette remarque :

un choc violent sur le nerf cubital excite une douleur qui paraît située dans tout le trajet ultérieur de ce nerf, notamment au dos et à la paume de la main, dans le quatrième et le cinquième doigt. — La même chose arrive, si l'on plonge le coude dans un mélange d'eau et de glace pilée. — Ce sont aussi les parties antérieures du membre qui semblent éprouver les sensations de picotement et d'engourdissement lorsqu'on comprime le nerf cubital et le nerf sciatique. « Au moment de la section des nerfs dans une amputation, dit Mueller, les douleurs les plus vives se font sentir en apparence dans les parties qu'on retranche et auxquelles se rendent les nerfs que coupe l'instrument. C'est un fait constant et qui m'a été attesté par Fricke, l'habile directeur du service chirurgical de l'hôpital de Hambourg. » — Par la même raison, une maladie des troncs nerveux ou de la moelle éveille des douleurs ou des fourmillements que le malade croit situés dans les extrémités saines de ses membres. — Pareillement encore, tel paralytique, dont les parties extérieures sont tout à fait insensibles à la piqûre et à la brûlure, y éprouve des douleurs et des élancements. — Supposez enfin des extrémités nerveuses non plus paralysées, mais déplacées, ce qui arrive dans la transplantation des lambeaux cutanés. La sensation, étant la même qu'avant cette transplantation, sera accompagnée de la même opération localisante et paraîtra située à l'ancien endroit. En effet, « lorsque, dans une opération de rhinoplastie [1], on retourne un lambeau de la peau du front, taillé à la racine du nez, pour l'accoler au moignon du nez, le

---

1. Mueller, I, 646; II, 26.

nez factice conserve, tant que le pont n'a pas été coupé, les mêmes sensations que l'on éprouve lorsque la peau du front est excitée par un stimulant quelconque, c'est-à-dire que l'individu sent au front les attouchements qu'on exerce sur son nez. » Nous pouvons donc conclure avec assurance que la sensation, quoique située effectivement dans les centres primitifs, a la propriété, du moins dans l'état actuel, de paraître toujours située ailleurs.

Continuons l'examen ; notre assurance deviendra plus ferme encore, et, en même temps, nous commencerons à démêler la loi qui règle l'opération localisante. — Dans tous les cas précédents, elle situait notre sensation à l'extrémité nerveuse d'où part ordinairement l'ébranlement qui se termine par la sensation. Mais il n'en est pas toujours de même. Il y a dans notre corps des parties, comme les poils et les dents, qui sont dépourvues de nerfs et qui, par elles-mêmes, sont tout à fait insensibles ; et cependant nous situons plusieurs de nos sensations à l'extrémité extérieure de ces parties, en qui ne peut se produire aucun ébranlement nerveux[1]. « Si la barbe, dit Weber, est touchée légèrement en un point, par exemple sur le côté de la joue, où croyons-nous sentir cette pression exercée sur les poils de notre peau ? Ce n'est pas dans les parties sensibles auxquelles elle se propage à travers les cônes cornés et où elle agit sur nos nerfs, mais bien à quelque distance de notre peau.... Si nous mettons un petit bâton de bois entre nos dents et que nous le tâtions

---

1. Weber, article Tastsinn dans le *Handwörterbuch* de Rudolph Wagner, tome III, deuxième partie, p. 488 et suivantes.

avec elles, nous croyons le sentir entre nos dents ; c'est bien à la superficie des dents, où pourtant nous n'avons pas de nerfs et où partant nous ne pouvons rien sentir, que nous pensons sentir la résistance qu'il nous oppose. Au contraire, nous n'avons pas la moindre sensation de la pression exercée à la surface intérieure de la racine de la dent dans l'alvéole où elle est cachée ; c'est pourtant là que la pression propagée s'exerce effectivement sur la peau riche en nerfs qui entoure la racine dentaire, et c'est là seulement qu'elle agit sur les nerfs. » — Il y a plus : « ce n'est pas seulement à la surface des substances insensibles dont notre peau est recouverte que nous situons à tort l'endroit de la pression sentie, c'est aussi au bout d'un petit bâton que nous fixons entre le bout de nos doigts et un corps résistant, par exemple la surface d'une table. » Dans ce cas, deux sensations se produisent à la fois, l'une qui nous semble située au bout de nos doigts, l'autre au bout du bâton. Si le bâton est fixe au bout de nos doigts et mobile à l'autre bout, la première s'efface et la seconde prédomine. Si le bâton est mobile au bout de nos doigts et fixe à l'autre bout, c'est l'inverse. — On démêle dans cette expérience la loi de l'opération ; visiblement, le jugement localisateur situe chacune de nos sensations là où nous avons coutume de rencontrer la cause ou condition qui a coutume de la provoquer[1]. Si, de naissance, le bâton avait été soudé

---

1. Vulpian, *Leçons sur la physiologie du système nerveux*, 287. Expérience de Paul Bert.
On implante dans le dos d'un rat le bout de sa queue avivée au bistouri; elle se soude. — On coupe alors la queue à un centimètre de sa naissance. Le rat a dorénavant sa queue

à l'une de nos mains, comme les longs poils sensitifs et explorateurs du chat sont soudés à ses joues et à ses lèvres, comme le bois du cerf est soudé à son front, comme la barbe et les dents sont soudées à notre peau, nous situerions nos heurts au bout du bâton, comme très-probablement le chat situe ses attouchements au bout de sa moustache et le cerf au bout de ses cornes, comme très-certainement nous situons nos contacts au bout de nos poils de barbe et de nos dents.

III. La conséquence est que, lorsqu'une sensation aura pour condition ordinaire la présence d'un objet plus ou moins éloigné de notre corps et que l'expérience nous aura fait connaître cette distance, c'est à cette distance que nous situerons notre sensation. — Tel est le cas en effet pour les sensations de l'ouïe et de la vue. Le nerf acoustique a sa terminaison extérieure dans la chambre profonde de l'oreille. Le nerf optique a la sienne dans la logette la plus interne de l'œil. Et cependant, dans l'état actuel, ce n'est jamais là que nous situons nos sensations de son ou de couleur, mais hors de nous et souvent à une très-grande distance. Les sons vibrants d'une grosse cloche nous semblent trembler bien loin et bien haut dans l'air; un coup de sifflet de locomotive nous semble percer

plantée à rebours et dans le dos. Au bout des trois premiers mois, faibles signes de sensibilité quand on pince la queue. « Au bout de six mois, neuf mois, la sensibilité avait beaucoup augmenté, mais l'animal ne reconnaissait pas encore l'endroit où on le pinçait. Après un an, il a parfaitement conscience de l'endroit où on le pince, et il se retourne pour mordre l'instrument. » On voit ici la preuve que l'expérience doit intervenir pour que l'animal puisse situer ses sensations.

l'air à cinquante pas, à gauche. — L'emplacement, même lointain, est bien plus net encore pour les sensations visuelles. Cela va si loin que nos sensations de couleur nous semblent détachées de nous ; nous ne remarquons plus qu'elles nous appartiennent ; elles nous semblent faire partie des objets ; nous croyons que la couleur verte, qui nous semble étendue à trois pieds de nous sur ce fauteuil, est une de ses propriétés ; nous oublions qu'elle n'existe que dans notre rétine ou plutôt dans les centres sensitifs qu'ébranle l'ébranlement de notre rétine. Si nous l'y cherchons, nous ne l'y trouvons pas ; les physiologistes ont beau nous prouver que l'ébranlement nerveux qui aboutit à la sensation de couleur commence dans la rétine, comme l'ébranlement nerveux qui aboutit à la sensation de contact commence dans les extrémités nerveuses de la main ou du pied ; ils ont beau nous montrer que l'éther vibrant choque l'extrémité de notre nerf optique, comme un diapason vibrant choque la superficie de notre main ; « nous n'avons pas [1] la moindre conscience de cet attouchement de notre rétine, même quand nous dirigeons de ce côté tout l'effort de notre attention. » — Toutes nos sensations de couleur sont ainsi projetées hors de notre corps et revêtent les objets plus ou moins distants, meubles, murs, maisons, arbres, ciel et le reste. C'est pourquoi, quand ensuite nous réfléchissons sur elles, nous cessons de nous les attribuer ; elles se sont aliénées, détachées de nous, jusqu'à nous paraître étrangères à nous. Projetées hors de la surface nerveuse où nous logeons la plupart des autres,

---

1. Weber, *ibid.*, 482.

CHAP. II. L'ÉDUCATION DES SENS 137

l'attache qui les reliait aux autres et à nous s'est dénouée, et elle s'est dénouée selon un mécanisme bien connu, par l'effacement de l'opération imaginative qui situe la sensation à tel ou tel endroit.

En effet, cette opération n'est pour nous qu'un moyen ; nous n'y faisons pas attention ; c'est la couleur et l'objet désigné par la couleur qui seuls nous intéressent. Partant, nous oublions ou nous négligeons de remarquer les intermédiaires par lesquels nous situons notre sensation ; ils sont pour nous comme s'ils n'existaient pas ; désormais nous croyons percevoir directement la couleur et l'objet coloré comme situés à telle distance. — Par suite, un contraste s'établit entre cette sensation et les autres. Les autres nous semblent situées dans un corps qui nous appartient et qui nous est lié tout particulièrement, que nous remuons à volonté, qui nous accompagne dans tous nos changements de lieu, qui répond à tous nos attouchements par une sensation de contact, dans lequel nous nous situons de façon à y répandre, y enclore et y circonscrire notre personne. Au contraire, nos sensations de couleur nous semblent situées au delà, à la surface de corps étrangers au nôtre, au delà du cercle délimité et constant où nous nous enfermons. Rien d'étonnant, si nous cessons de les considérer comme nôtres et si nous finissons par les considérer comme un quelque chose étranger à nous. Si elles sont fugitives comme un éclair, un cercle de fer décrit par un charbon tournant, un météore impalpable, elles nous semblent un simple évènement situé et figuré. Si elles sont stables, comme la couleur d'une pierre, d'une fleur, d'un objet tangible, ce qui est le cas le plus fréquent, elles nous semblent une qualité plus ou moins permanente et fixe de cet objet.

La raison en est claire. Si longtemps que nous maintenions notre regard sur le pan doré de cette glace, la longue tache jaune qu'il fait persiste toujours la même ; le renouvellement uniforme, incessant, prodigieusement rapide des vibrations éthérées entretient cette tache sans altération ni discontinuité ; elle ne disparaît que si, par un mouvement voulu et prévu dont j'ai la sensation et le souvenir, je détourne les yeux et la tête. — Bien plus, de quelque façon que je retrouve ce jaune, c'est toujours dans la même position relative, à droite du luisant vert et noirâtre que donne la glace, à gauche du gris rayé que donne le papier du mur. — Bien plus encore, les petites bandes claires ou obscures que font les reliefs et les creux de la cannelure gardent toujours entre elles les mêmes positions dans l'intérieur du jaune total. — Partant, ce jaune n'est pas quelque chose de transitoire et de momentané comme un éclair ; il ne cesse pas spontanément. Expérience faite, je suis sûr de le retrouver quand il me plaira ; de sa présence constatée toutes les fois qu'à la lumière j'ai tourné les yeux vers lui, j'induis sa présence constante, toutes les circonstances demeurant les mêmes, en quelque moment du temps que j'aie tourné ou que je doive tourner les yeux sur lui, en un moment quelconque du passé et de l'avenir ; il les occupe donc tous. Son existence se prolonge ainsi indéfiniment en avant et en arrière, et la même en tous ces instants distincts. Il semble donc une qualité permanente dans ce groupe de possibilités permanentes que nous appelons le corps.

La vérité est pourtant que toutes les couleurs dont

le monde environnant nous semble peint sont en nous et sont des sensations de nos centres optiques; il suffit pour s'en convaincre de considérer les sensations de la vue qu'on nomme *subjectives*. Elles nous détrompent et nous instruisent à l'endroit de la vue, comme les illusions des amputés à l'endroit du toucher. La couleur n'est point dans l'objet ni dans les rayons lumineux qui en jaillissent; car, en beaucoup de cas, nous la voyons lorsque l'objet est absent et lorsque les rayons lumineux manquent. La présence de l'objet et des rayons lumineux ne contribue qu'indirectement à la faire naître; sa condition directe, nécessaire et suffisante est l'excitation de la rétine, mieux encore, des centres optiques de l'encéphale. Peu importe que cette excitation soit produite par un jet de rayons lumineux, ou autrement. Peu importe qu'elle soit ou non spontanée. Quelle que soit sa cause, sitôt qu'elle naît, la couleur naît et, en même temps, ce que nous appelons la figure visible. Partant, la couleur et la figure visible ne sont que des évènements intérieurs, en apparence extérieurs Toute l'optique physiologique repose sur ce principe, et, pour en sentir la solidité, il n'y a qu'à parcourir, entre cent, quelques-uns des cas où la couleur et la figure apparente naissent d'elles-mêmes, sans qu'aucun objet extérieur ni aucun faisceau de rayons lumineux ébranle directement ni indirectement le nerf.

Lorsqu'on a regardé un objet lumineux ou fort éclairé, l'excitation de la rétine dure après qu'on a cessé de le regarder [1]. De là naissent les phénomènes

---

1. Helmholtz, *Physiologische optik*, 356. — Mueller, *Manuel de physiologie*, II, 364.

singuliers nommés *images consécutives*. En fait, ce sont des sensations visuelles complètes qui survivent et se prolongent en l'absence de leur objet. Selon les circonstances, tantôt les parties plus claires de l'image consécutives correspondent aux parties plus claires, et ses parties plus obscures aux parties plus obscures de l'objet ; tantôt c'est l'inverse. Dans ce second cas, les couleurs de l'image consécutive sont les complémentaires des couleurs de l'objet ; en d'autres termes, là où l'objet est rouge, elle est d'un bleu vert ; là où l'objet est jaune, elle est bleue ; là où l'objet est vert, elle est d'un rose rouge, et réciproquement. — Quantité de phénomènes analogues ont été constatés et expliqués par l'excitation persistante et l'excitabilité diminuée que présente la rétine après avoir subi l'action de la lumière. — Mais il y en a d'autres du même genre, qui se produisent sans que la lumière ait besoin d'intervenir. Il suffit pour cela que la rétine soit mise en action par une autre cause [1]. Quand on comprime l'œil avec le doigt, on aperçoit des figures lumineuses « tantôt annulaires, tantôt rayonnées, quelquefois divisées régulièrement en carrés. Si, dans un espace obscur, on promène ou on fait tourner devant ses yeux une bougie de six pouces, on aperçoit au bout de quelque temps une figure obscure et ramifiée dont les branches s'étendent dans le champ visuel entier et qui n'est autre chose que l'expansion des vaisseaux centraux de la rétine ou celle des parties de la membrane qui sont couvertes par ces vaisseaux. » Parfois, après une compression de l'œil, cette figure arborisée paraît lumineuse. « Des points lumineux mobiles apparaissent dans le champ de la vue,

---

1. Helmholtz, *ib.*, 418. Et Mueller, *ib.*, 386.

quand on regarde fixement une surface uniformément éclairée, par exemple le ciel ou un champ de neige, notamment pendant une marche active ou quelque autre mouvement du corps. » En cas de pléthore ou de congestion, « lorsque après s'être baissé on se redresse brusquement, on voit une foule de petits corps noirs et pourvus de queues qui sautent et courent dans toutes sortes de directions. » — Divers narcotiques, et notamment la digitale, provoquent des flamboiements dans les yeux. — Pareillement, quand une maladie de l'œil enflamme ou irrite la rétine, on aperçoit des éclairs et des étincelles, et, dans les opérations chirurgicales qui entraînent la section du nerf optique, le patient voit, au moment où l'instrument tranche le nerf, de grandes masses de lumière. — Mais la rétine et le nerf optique tout entier ne sont eux-mêmes que des conducteurs intermédiaires; ils servent à exciter les centres optiques de l'encéphale, voilà tout. Supposez ces centres excités et ces conducteurs inactifs; la figure colorée naîtra et paraîtra intérieure. C'est le cas pour les hallucinations proprement dites de la vue, où un choc en retour propage les images des hémisphères jusqu'aux centres visuels de l'encéphale. C'est le cas dans ces apparitions qui suivent l'usage prolongé du microscope, lorsque les centres visuels de l'encéphale rentrent spontanément à plusieurs reprises dans l'état où l'action de la rétine les a mis trop souvent et trop longtemps. Dans tous ces cas, les choses se passent comme lorsqu'un ébranlement spontané du nerf acoustique nous fait entendre et placer à telle distance et dans telle direction un son que nulle vibration de l'air extérieur n'a produit.

Or évidemment la couleur, comme le son, est alors en nous et ne peut être qu'en nous ; et cependant alors nous la projetons hors de nous, et nous la situons là où elle ne peut être. Nous avons beau savoir par le raisonnement que cet emplacement est illusoire ; l'apparence est plus forte ; nous apercevons le cercle lumineux bleuâtre que suscite une pression exercée sur le coin interne de l'œil, comme situé un peu au-dessus du coin externe, non pas dans la rétine, mais en dehors des paupières. Ainsi, étant donnée une sensation visuelle à laquelle ne correspond aucun objet extérieur, elle provoque le jeu d'un mécanisme interne qui la transporte hors de nous et qui, selon qu'elle est telle ou telle, munie de tels ou tels accompagnements, la situe ici ou là, toujours à l'endroit où dans les circonstances ordinaires sa cause ou condition ordinaire a coutume d'être : la loi est générale et explique toutes les illusions d'optique. — Par conséquent, même dans les circonstances ordinaires, lorsque la cause ou condition ordinaire, c'est-à-dire l'objet, est présent et occupe l'endroit désigné, lorsqu'un fauteuil rouge ou un arbre vert est réellement à six pieds de moi, le mécanisme interne fonctionne comme dans le cas exceptionnel où j'ai dans la rétine une impression consécutive, comme dans le cas exceptionnel où j'ai dans les centres cérébraux une hallucination proprement dite. Par conséquent encore, la couleur rouge dont le fauteuil est revêtu, la couleur verte qui me semble incorporée à l'arbre n'est rien que ma sensation de rouge ou de vert, détachée de moi et reportée en apparence à six pieds en avant de mes yeux.

Ainsi, toutes nos sensations sont situées à faux, et

la couleur rouge n'est pas plus étendue sur ce fauteuil que la sensation de picotement n'est placée au bout de mes doigts. Toutes sont situées dans les centres sensitifs de l'encéphale; toutes paraissent situées ailleurs, et une loi commune assigne à chacune d'elles sa situation apparente. Cette loi pose qu'une sensation nous paraît située à l'endroit où nous avons coutume de rencontrer sa cause ou condition ordinaire, et cet endroit est celui où le toucher explorateur peut, en agissant, interrompre ou modifier la sensation commencée. Toutes les singularités, toutes les erreurs, toutes les diversités du jugement localisateur s'expliquent par cette loi.

En premier lieu, on voit que ce jugement doit être toujours faux; car jamais le toucher ne peut aller dans les centres sensitifs interrompre ou modifier la sensation commencée; les centres sensitifs sont dans la boîte du crâne en un point que nos mains n'atteignent pas. — En second lieu, on voit que le plus souvent le jugement localisateur doit situer la sensation à peu près à l'extrémité extérieure des nerfs; car, si l'excitation de tout le cordon nerveux est l'antécédent normal de la sensation, notre toucher ne peut atteindre que les environs de son extrémité extérieure. C'est donc en ce point, et non dans un autre du cordon nerveux, que le jugement localisateur doit situer la sensation. Et cela est vrai de toutes les sensations, même des sensations de la vue, du moins au premier stade de leur localisation; en effet, nous montrerons tout à l'heure que les aveugles-nés, au moment où une opération chirurgicale leur rend la vue, situent les couleurs vers l'extrémité de leur nerf optique; c'est plus tard, par un apprentissage ultérieur, qu'ils les reportent au delà, jusqu'à l'endroit où sont les objets. — En troisième lieu, on voit que le jugement localisateur ne doit point situer la sensation à l'endroit exact où se trouve l'extrémité du nerf ébranlé, mais aux environs, et, en général, un peu au delà ; car le toucher n'atteint pas à cet endroit exact. Le doigt ne va pas trouver la rétine au fond de l'œil, ni la membrane pituitaire au fond du nez, ni le nerf acoustique dans le labyrinthe, ni en général aucune extrémité nerveuse. Ce qu'il atteint, ce sont les enveloppes et les appendices, le globe de l'œil, le pavillon de l'oreille, la chambre antérieure du nez, la superficie de la peau. C'est là qu'il arrête et modifie la sensation commencée, ou y associe une sensation de contact. C'est donc là que nous devons situer la sensation, et tel est le cas pour les sensations de la vue comme pour les autres ; les aveugles-nés, qu'on vient d'opérer, situent leurs nouvelles sensations contre le globe de l'œil et non dans le fond de l'orbite. — En quatrième lieu, on voit qu'en plusieurs cas le jugement localisateur doit être vague ; car il y a des endroits où le toucher n'atteint pas, par exemple, l'intérieur des membres et du corps ; partant, nous ne situons que par approximation et vaguement les sensations dont le point de départ est dans le ventre, la poitrine, l'estomac, non plus que les sensations partielles dont se compose une sensation totale musculaire. — Quantité de bizarreries s'expliquent de même. Si le toucher explorateur est arrêté par une éminence fixe comme les dents, la sensation paraîtra située à la superficie de l'éminence, quoique l'ébranlement nerveux soit beaucoup plus profond. — Si le toucher explorateur ne peut vérifier l'emplacement de deux ébranlements nerveux dont l'un est situé plus haut, l'autre plus bas, ce qui est le cas pour les impressions de la rétine, et si, en même temps, il trouve les deux conditions extérieures de ces deux impressions situées l'une par rapport à l'autre dans l'ordre inverse, ce qui est le cas pour les objets visibles, nous situerons dans l'ordre inverse les deux sensations qui en dérivent. En effet, sur la rétine, les images des objets sont renversées ; les pieds d'une figure sont en haut et la tête est en bas, et néanmoins nous situons la tête en haut et les pieds en bas. L'emplacement apparent de nos deux sensations se trouve ainsi l'inverse de l'emplacement réel des deux ébranlements.

Reste à montrer, d'après la même loi, pourquoi le jugement localisateur situe certaines espèces de sensations au delà de notre superficie nerveuse. C'est qu'il a deux stades, et que, selon l'espèce de nos sensations, il s'arrête au premier ou va jusqu'au second. — Deux sortes de sensations, les visuelles et les auditives, peuvent seules les parcourir tous les deux ; seules elles sont projetées nettement hors de leur premier emplacement, jusqu'à tel ou tel point du dehors. C'est que seules elles fournissent matière à une localisation ultérieure. — Prenons, par exemple, deux sensations visuelles. Non-seulement elles ont une commune condition organique, la modification de l'œil ouvert, mais encore elles ont chacune une condition extérieure spéciale, la présence en tel point du dehors d'un corps éclairé, condition à laquelle correspond chez elles tel caractère précis et notable, selon que le corps est ici ou là. Après avoir constaté, par les tâtonnements de notre main ou la fermeture de nos paupières, leur commune condition organique, nous constatons, par d'autres tâtonnements et par la marche, leurs différentes conditions extérieures. Nous avons interrompu toutes nos sensations visuelles par le même geste, en fermant nos paupières ; nous interrompons de différentes façons nos différentes sensations visuelles, en étendant plus ou moins le bras, en prolongeant plus ou moins notre marche, pour aller couvrir de notre main la surface éclairée de l'objet qui nous envoie ces rayons. Or il n'y a que ces différences qui puissent nous intéresser ; car elles sont les seuls indices qui nous dictent notre action ; elles seules nous suggèrent le nombre des pas et l'amplitude du geste par lesquels, en atteignant l'objet, nous reproduirons en nous tel état antérieur qui nous était agréable ou utile, par lesquels, en nous écartant de l'objet, nous éviterons tel état antérieur qui nous était déplaisant ou nuisible. — Notre attention se porte donc tout entière sur elles ; l'association générale qui d'abord avait joint nos diverses sensations visuelles à l'idée du mouvement par lequel notre main atteint notre œil, s'efface comme inutile ; l'éducation de l'œil s'achève ; les associations utiles s'établissent et subsistent seules. Chaque sensation visuelle distincte s'adjoint l'idée d'un mouvement distinct plus ou moins long, opéré dans tel ou tel sens ; elle prend cette idée pour compagne ; désormais elle en est inséparable. Par cette adjonction, la voilà située plus ou moins loin, ici ou là, mais toujours dans le dehors.

Même raisonnement à l'endroit des sensations auditives. — Maintenant, si ces deux sortes de sensations ont ce privilège singulier, c'est que, par un privilège particulier, à chaque variation dans la situation de leur cause lointaine correspond chez elles une variation précise. On verra plus loin comment la vue trouve cette variation précise dans l'accommodation du cristallin, dans la convergence plus ou moins grande des deux yeux, dans la contraction des muscles moteurs de l'œil. Pour l'ouïe, dont les localisations sont moins exactes, des variations moins précises, mais encore précises, lui sont fournies par l'intensité plus ou moins grande de la sensation totale qui lui vient par les deux oreilles, et par l'intensité plus grande d'une des deux sensations composantes. — Il n'en est pas de même des autres sens. Leurs sensations n'indiquent rien ou presque rien en fait d'emplacement. Car, d'abord, une sensation de contact, de pression, de saveur ne se produit que lorsque la cause extérieure touche la peau, la bouche ou le palais ; à distance, cette cause n'opère pas : c'est pourquoi la sensation qu'elle éveille ne varie pas selon la distance ; la localisation reste enrayée à son premier stade, et nous situons la sensation à l'endroit, ou près de l'endroit, dans lequel notre toucher explorateur rencontre sa condition organique. — Quant aux sensations d'odeur et de température, en certains cas et jusqu'à un certain point, nous pouvons, d'après la force ou la faiblesse de la sensation, apprécier vaguement que sa source est proche ou lointaine ; parfois même nous devinons qu'elle est située à droite ou à gauche ; cependant, presque toujours, il nous faut alors un examen nouveau. Les yeux fermés, nous démêlons, en flairant, en tournant la tête en divers sens, en avançant et en reculant, que l'odeur vient d'un bouquet placé de tel côté, que le froid vient de telle fissure. Mais nous ne le savons pas tout de suite avec précision ; l'idée de tel mouvement mensurateur ne vient pas à l'instant, en vertu d'une liaison ancienne et fixe, s'accoler à la sensation pour la situer ici plutôt que là dans le dehors. Partant, nous demeurons en suspens ; nous sommes tentés de considérer notre sensation, tantôt comme une sensation, tantôt comme un je ne sais quoi, qui, parti du dehors, entre en nous. Les mots d'odeur, de froid, de chaud, restent ambigus et désignent, dans le langage commun, tantôt l'un, tantôt l'autre ; c'est la seconde localisation qui commence et qui avorte. Elle n'avorterait pas si les narines, comme les oreilles, étant situées aux deux côtés opposés de la tête, pouvaient discerner dans la sensation totale d'odeur deux sensations, l'une plus faible et l'autre plus forte, si deux portions symétriques, délimitées et opposées du corps étaient chargées de recevoir les sensations de température. — On voit que la même loi explique l'emplacement défini comme l'emplacement indéfini que nous attribuons à nos sensations, tantôt aux environs de nos extrémités nerveuses, tantôt ailleurs et plus loin.

En résumé, dans l'état actuel, la situation que nous attribuons à nos sensations est toujours fausse ; ce qui est situé à l'endroit où nous les plaçons, c'est leur condition ou cause ordinaire, tantôt l'organe où s'opère le premier ébranlement nerveux dont elles sont la fin, tantôt l'objet extérieur qui provoque cet ébranlement nerveux. Cette cause ou condition peut manquer, puisque sa présence n'est qu'ordinaire ; en tout cas, qu'elle soit présente ou absente, le jugement localisateur est une illusion, puisque nous situons toujours la sensation où elle n'est pas. D'ordinaire, ce jugement est efficace au point de vue pratique, par les prévisions qu'il nous suggère et qui dirigent notre conduite ; en soi, il n'est qu'une illusion le plus souvent utile, une erreur foncière que la nature et l'expérience ont construite en nous et établie en nous à demeure, pour en faire un préservatif de notre vie et un organe de notre action.

IV. Reste à étudier le jugement localisateur lui-même. — Pour voir de quels éléments il se compose, reprenons notre premier exemple. Je viens de poser mon pied à terre, j'éprouve une sensation de pression, et je constate en même temps l'endroit de cette sensation ; elle est dans mon pied gauche, assez forte au milieu, légère au talon, presque nulle aux cinq doigts. En quoi consistent ces dernières remarques ? — Chacun peut observer sur soi-même que, pour les faire, on imagine avec plus ou moins de netteté le pied dont il s'agit, et qu'on l'imagine *visuellement*, c'est-à-dire par les images de la sensation optique qu'il éveillerait en nous, si nous le regardions au même instant avec nos yeux ouverts. Nous nous figurons ce pied à telle distance de nos yeux, la courbure de la plante, la forme du talon, la série des doigts. Même, en insistant, nous voyons mentalement la couleur de la chair plus brune au talon, plus blanche à la plante, plus rosée au-dessous des doigts. En somme, nous avons en nous une *carte visuelle* de notre corps. Nous nous le représentons comme nous ferions pour tout autre objet dont nos yeux ont l'expérience. Chaque sensation distincte a dans cette carte un point distinct qui lui correspond et qui lui a été associé par l'expérience. En naissant, elle le ressuscite, et cette jonction la situe en tel point parmi les différents points du champ que la vue effective ou la vue simplement mentale a coutume de parcourir.

Mais il est clair qu'une telle carte est une acquisition ultérieure et spéciale. Elle manque aux aveugles-nés, et cependant ils désignent fort bien l'emplacement de leurs sensations. Ils ont donc une autre carte qui fait le même office, et comme, avec la vue qu'ils n'ont pas, nous avons toutes les sensations qu'ils ont, il faut bien que, outre la carte visuelle qui nous est propre, nous en possédions une seconde toute différente qui nous est commune avec eux. — Celle-ci a pour éléments les sensations musculaires et tactiles. Ce sont les images de ces sensations qui la composent, et, en beaucoup de cas, nous les constatons en nous, par exemple lorsqu'il s'agit d'une partie de notre corps que nous ne pouvons observer avec nos yeux, et dont, par conséquent, la carte visuelle n'est pas nette. — Tel est l'intérieur de la bouche, que nous ne pouvons voir qu'avec une glace, le derrière de la tête, de la nuque, du tronc, des cuisses, que nous ne pouvons voir qu'avec deux glaces. A la vérité, pour tous ces endroits, nous nous formons, d'après autrui, une sorte de carte approximative de nous-mêmes. Mais cette planche de notre atlas visuel est vague, et nous n'y avons guère recours. J'éprouve une démangeaison en un point du dos, et j'en sais l'endroit ; mais je ne le sais point ou je le sais mal, par la représentation visuelle ; je ne me figure pas clairement la vertèbre ou la côte, le renflement de muscle ou le creux d'échine, dont ce picotement est voisin ; il n'est pas associé, comme dans le pied, la main, le bras, le visage, à tel point précis d'une forme figurée à l'œil intérieur. C'est grâce à un autre atlas, *l'atlas tactile et musculaire*, que je puis le situer exactement.

En effet, je le situe par la sensation musculaire

spéciale, plus ou moins longue, de la main et du bras, qui vont le chercher et le rencontrent. Sa position est désignée par l'espèce et la durée de cette sensation. Placé plus loin, il me faudrait, pour l'atteindre, un mouvement plus grand, partant une sensation musculaire plus longue; placé moins loin, un mouvement moins grand, partant une sensation musculaire plus courte; placé aussi loin, mais ailleurs, un mouvement égal, mais différent, partant une sensation musculaire d'égale durée, mais différente. Grâce à ces expériences répétées et diversifiées, lorsqu'une sensation de picotement ou toute autre s'éveille dans mon corps, même en un point pour lequel l'atlas visuel me manque, elle ressuscite sa compagne inséparable, l'image d'une sensation musculaire spéciale, sensation d'une durée précise, plus longue que telle autre semblable, moins longue que telle autre semblable, différente de telle autre aussi longue. Par cet accolement et cette soudure, ma sensation de picotement se trouve marquée d'un signe distinctif. Ce signe, ayant une durée, est une grandeur continue; partant, il peut, comme une ligne, être comparé à une autre grandeur de la même espèce, ne différer d'elle qu'en plus ou en moins, suggérer l'idée de son double ou de sa moitié, être mesuré; ce sont là les conditions d'une carte représentative. — Il n'y a là qu'un cas d'une opération générale et déjà décrite. Nous situons nos sensations comme les objets, par l'image associée de telles sensations musculaires plus ou moins longues. La sensation, grâce à l'image associée, s'emboîte dans un ordre et, pour ainsi dire, dans une file; la voilà située, c'est-à-dire notée par une quantité précise, moindre que celle-ci, plus grande que celle-là, par une réminiscence musculaire qui l'intercale entre une série de sensations musculaires plus longue et une série de sensations musculaires moins longue. — Si l'on ajoute la réminiscence des sensations tactiles éprouvées au contact du point que l'organe explorateur est venu toucher, l'image associée se précise en se complétant : nous situons notre sensation non-seulement à telle distance de telle autre, mais sur telle côte, à tel creux du bras, à telle phalange du doigt. — Tel est l'atlas tactile et musculaire, le premier de tous; les mouvements instinctifs et désordonnés de l'enfant nouveau-né, ses tâtonnements, l'expérience incessante qu'il fait de son toucher et de ses muscles commencent tout de suite à le construire; l'atlas visuel est dérivé et ne se forme qu'après.

Ainsi le jugement localisateur consiste dans l'adjonction de certaines images, tantôt visuelles, tantôt tactiles et musculaires, à la sensation. Cet accolement peut être inné; le petit poulet va becqueter le grain au sortir de la coquille ; le cheval nouveau-né se tient presque aussitôt sur ses jambes et va teter sa mère. Mais chez l'homme il est acquis, et le mécanisme interne, qui, en d'autres, est tout fabriqué au moment de la naissance, se fabrique peu à peu en lui. Du moins, il est, pour la plus grande portion, une œuvre de l'expérience. « On est fondé à admettre, dit Weber [1], que primitivement, par la pure sensation, nous ne savons rien du lieu où les nerfs qui nous communiquent la sensation sont ébranlés. Primitivement, toutes les sensations sont de simples états d'excitation perceptibles à la conscience, lesquels

---

1. Article Tastsinn, *ibid.*, 486.

peuvent être différents en qualité et en degré, mais ne fournissent directement à la conscience aucune notion de lieu. Ils n'en fournissent qu'indirectement, par l'éveil d'une activité de notre âme, au moyen de laquelle nous nous représentons nos sensations comme comprises dans un ensemble et douées de rapports mutuels. » Il y a là une œuvre ultérieure et surajoutée, l'adjonction d'une série d'images musculaires qui, par sa durée, mesure la distance, l'adjonction d'un groupe d'images tactiles et musculaires qui marquent la consistance, la figure, la grandeur de l'organe auquel la sensation est rapportée, l'adjonction d'un groupe d'images visuelles qui notent cet organe parmi les autres organes et les autres objets notés de la même façon. Tout cela est l'œuvre de l'expérience, et l'expérience, poussée plus avant, peut associer à la sensation des représentations plus exactes. Un anatomiste qui fléchit sa main imagine la contraction de chacun des muscles qui concourent à cet effet, le grand palmaire, le palmaire grêle, le cubital antérieur et les autres. S'il est piqué, il se figure la forme, la couleur, la distribution des petits filets blanchâtres et mollasses qu'on appelle nerfs et que la piqûre a touchés. Il se représente sa sensation de contraction comme située dans les nerfs de ces muscles contractés, et sa sensation de douleur comme située dans l'extrémité piquée des petits filets blanchâtres. Cette association, moins fixe que la nôtre, est la même que la nôtre, et comme un second étage peu solide posé sur un premier étage indestructible. Mais tous les deux sont des constructions ajoutées et que le sol primitif ne portait pas.

V. Si maintenant on compare les deux atlas, on les trouvera fort différents. Que le premier, l'atlas tactile et musculaire, soit efficace pour loger nos sensations en tel ou tel point de notre corps, cela s'explique sans difficulté ; car on a vu que nous concevons l'étendue, la distance, la position par une série de sensations musculaires interposée entre un point et un point, entre une sensation et une sensation. J'ai éprouvé plusieurs fois un attouchement au cou ou à la joue ; j'ai déterminé sa position par la série de sensations musculaires qu'il faut à ma main pour l'atteindre, et j'ai caractérisé son siège par le groupe de sensations tactiles que le cou pressé, palpé, parcouru donne à ma main. Une association stable s'est donc faite entre les sensations dont le point de départ est dans les nerfs du cou, et cette série d'images musculaires jointe à ce groupe d'images tactiles. Par conséquent, toutes les fois qu'une pareille sensation se produira, j'imaginerai sa position et son siège. — Il n'en est pas ainsi de l'atlas visuel, et il faut chercher comment les sensations de l'œil, qui, toutes seules, ne semblent propres qu'à nous renseigner sur les couleurs, peuvent, par surcroît, nous faire connaitre la distance, l'étendue et la position. C'est qu'elles sont elles-mêmes transformées et érigées en équivalents de sensations tactiles et musculaires, par l'association qu'elles ont contractée avec des sensations tactiles et musculaires. Primitivement et par elle-même, la rétine ébranlée n'éveille en nous que la sensation de la lumière, de l'obscurité, des couleurs successives et simultanées. C'est ultérieuremeut, et par l'adjonction d'images auxiliaires, que cette pure sensation visuelle reçoit une situation apparente, et que nous voyons les objets à telle distance, dans telle direction, avec telle forme et telles dimensions.

Là-dessus, l'histoire des aveugles-nés qu'on vient d'opérer est décisive. Au moment où ils recouvrent la vue, ils éprouvent les mêmes sensations visuelles que nous. Mais leur œil n'a pas fait son éducation comme le nôtre; par conséquent, ce qui manque alors à leur œil est ce que le nôtre a acquis; les lacunes de leur perception mesurent les additions qui ont complété notre perception. — Du reste, pour s'expliquer les diverses issues de l'expérience, il faut constater au préalable si l'éducation de leur œil est nulle ou seulement quasi-nulle [1]. D'ordinaire, leur cristallin, quoique opaque, laisse déjà passer un peu de lumière; l'aveugle de Cheselden distinguait au moins trois couleurs, le blanc, le noir et l'écarlate; celui de Ware reconnaissait les couleurs quand on les approchait de ses yeux. Partant, quelques-uns d'entre eux avaient appris à diriger leur regard, et, jusqu'à un certain point, ils savaient, d'après l'affaiblissement des couleurs, juger de la distance. C'est pourquoi on a trouvé parfois qu'après l'opération le malade pouvait sur-le-champ aller « prendre la main du chirurgien, décider à la simple vue si cette main se rapprochait ou s'éloignait de lui ». Mais ce cas est rare, et, quand l'aveugle-né n'a point encore appris à interpréter l'affaiblissement de la couleur, il n'a aucune idée de la position des objets visibles. Le plus souvent, au moment où pour la première fois il voit clair, il croit « que tous les objets qu'il regarde

---

1. Cheselden, *Philosophical transactions*, XXXV, 447. année 1728. — Ware, *ibid.*, 1801. — Hume, *ibid.*, 1807. — Waldrop, *ibid.*, 1826.

touchent ses yeux, de même que les objets qu'il tâte touchent sa peau[1]. » Ainsi parlaient les aveugles de Cheselden et de Home ; ils situaient leur sensation nouvelle selon les habitudes de leur toucher et appliquaient au cas nouveau l'expérience ancienne[2]. Du reste, celui de Home avait toujours fait ainsi ; avant l'opération, quand il regardait le soleil à travers ses cristallins opaques, il disait : « Il touche mes yeux. » L'opération faite, le même jugement localisateur subsista ; comme on lui demandait, aussitôt après, ce qu'il avait vu : « Votre tête, répondit-il ; elle semblait toucher mon œil. » Mais il ne put en dire la forme. Ce fut seulement après trois mois, et un mois après l'abaissement de la seconde cataracte, que les objets lui semblèrent situés plus loin, quoique pourtant à une courte distance. Aucun de ces aveugles opérés ne sut, du premier coup, interpréter ses nouvelles sensations, décider de la situation, de la forme, de la grandeur des objets, les reconnaître. Il fallut que le toucher, lentement, par degrés, instruisît l'œil. Un des opérés de Home, dix minutes après l'opération, interrogé sur la figure d'un petit carton rond, répondit : « Laissez-moi le toucher, et je vous répon-

1. Dans un cas rapporté par M. Nunnely, « le jeune patient disait que les objets touchaient ses yeux, et il marchait avec précaution, tenant les mains élevées devant ses yeux, pour empêcher ces objets de les toucher et de les blesser. »
Examination of sir William Hamilton's Philosophy, by Stuart Mill, p. 285, troisième édition. Traduction de M. Cazelles.
2. Avant l'opération, l'aveugle a fermé et ouvert déjà ses paupières, et connaît certainement leur situation, comme celle des autres portions de son corps. D'ordinaire, aussitôt après l'opération, le jour trop vif l'oblige à les fermer et à contracter sa pupille. — Voilà deux sensations musculaires dont il connaît l'emplacement et qui sans doute contribuent à lui faire situer sa nouvelle sensation nouvelle contre le globe de l'œil.

drai. » On l'en empêche, il réfléchit et dit, peut-être un peu au hasard, qu'il est rond. Mais, un instant après, il dit la même chose d'un petit carton carré, puis d'un autre, triangulaire. Le lendemain, même erreur. Alors, reprenant le carton carré, on lui demande s'il peut y trouver un angle. Il veut tâter, on refuse ; il examine, découvre un angle, puis compte aisément les trois autres. C'est la première éducation de l'œil qui commençait. — Tous étaient comme l'aveugle de Cheselden, « qui, avec les yeux, ne se faisait idée de la forme d'aucune chose, ne distinguait aucune chose des autres, si différentes qu'elles fussent en figure et en grandeur. Quand on lui nommait celles qu'auparavant il avait connues par le toucher, il les regardait très-attentivement pour les reconnaître ; mais, comme il avait trop de choses à apprendre à la fois, il en oubliait toujours beaucoup, apprenant et oubliant, comme il le disait lui-même, mille choses en un jour. Par exemple, ayant oublié souvent qui était le chat et qui était le chien, il avait honte de le demander. Un jour, il prit le chat, qu'il connaissait bien par le toucher, le regarda fixement et longtemps, le posa par terre et dit : « A présent, Minet, je te reconnaîtrai une autre fois. » Plus tard, quand avec les yeux il eut connu le visage de ses parents, « on lui montra le portrait de son père en miniature sur la montre de sa mère ; on lui dit ce que c'était, et il le reconnut comme ressemblant. Mais il s'étonna fort qu'un grand visage pût être représenté dans un si petit espace ; auparavant, disait-il, cela lui aurait paru aussi impossible que de mettre un boisseau dans un setier [1]. »

1. « Gaspard Hauser donne les détails suivants sur ce qu'il

Il leur faut du temps pour accorder les diverses sensations visuelles que le même objet leur fournit selon ses diverses distances, et pour les raccorder toutes ensemble avec les sensations musculaires et tactiles que l'objet leur a déjà fournies. A cet égard, l'exemple le plus instructif est celui de la dame opérée par Waldrop. — Elle était beaucoup plus aveugle que les autres ; car non-seulement elle était née avec deux cataractes, mais, à l'âge de six mois, un chirurgien maladroit lui avait détruit l'œil droit et bouché la pupille de l'œil gauche. Elle ne reconnaissait aucune couleur. Elle distinguait une chambre très-éclairée d'une chambre très-obscure, mais ne pouvait même dire où était la fenêtre. Au soleil et par

éprouva lorsque, pour la première fois, il fut tiré de la prison obscure où il avait passé seul toute sa vie. — Toutes les fois qu'il regardait, à travers la fenêtre, les objets du dehors, la rue, un jardin, etc., il lui semblait qu'il y avait, tout contre ses yeux, un volet couvert de couleurs confuses de toute espèce et sur lequel il ne pouvait reconnaître ni distinguer rien de déterminé et d'individuel. D'après son propre témoignage, ce fut seulement au bout de quelque temps, et après des promenades au dehors, qu'il se convainquit que ce qui lui avait d'abord paru un volet de diverses couleurs était en réalité un ensemble de choses toutes différentes ; et de même pour beaucoup d'autres objets. A la fin, le volet disparut, et il vit et reconnut tous les objets dans leurs justes proportions. » (Franz, *On the eye*, p. 34, 36.) — Le docteur Franz ajoute : « Puisque les idées sont produites par la réflexion appliquée aux sensations, pour qu'un individu se fasse par la vue une idée exacte des objets, il est nécessaire, dans tous les cas, que les facultés de son esprit soient complètes et aient leur jeu libre. Un fait à l'appui est ce cas d'un jeune garçon qui n'avait aucun défaut de la vue, mais dont l'intelligence était faible, et qui, à l'âge de sept ans, était incapable d'estimer la distance des objets, surtout dans le sens de la hauteur : il tendait fréquemment la main vers un clou du plafond ou vers la lune. C'est donc le jugement qui corrige et rend claire cette idée ou perception des objets visibles. »

une belle lune, elle savait d'où venait la lumière ; rien de plus ; elle avait vécu ainsi jusqu'à quarante-trois ans. Waldrop ouvrit l'iris, elle put voir et revint chez elle en voiture, les yeux couverts par un mouchoir lâche de soie. « Le premier objet qu'elle remarqua fut une voiture de louage : qu'est-ce, dit-elle, que cette grande chose qui vient de passer devant nous ?... Le soir, elle pria son frère de lui montrer sa montre... et la regarda un temps considérable en la tenant près de son œil. On lui demanda ce qu'elle voyait ; elle répondit qu'il y avait un côté clair et un côté obscur. » En effet, ces deux sensations du clair et de l'obscur correspondaient seules à des sensations anciennes, puisque jusque-là elle n'avait su distinguer que la lumière et l'obscurité. — D'heure en heure, on la vit remarquer un point, puis un autre, puis d'autres encore dans la quantité de sensations de couleurs qui l'assiégeaient. Mais elle en était étourdie : « Je me sens stupide, » disait-elle. Volontiers elle se taisait, ne sachant comment se reconnaître dans ce chaos d'impressions encore dépourvues de sens pour son œil inexpérimenté. — Deux semaines plus tard, elle disait toujours : « Je vois beaucoup de choses ; si seulement je pouvais dire ce que je vois ! mais sûrement je suis bien stupide. » Cependant elle apprenait peu à peu le nom des couleurs, et les distingua vite ; mais, pour la perception des formes, c'est-à-dire pour la transcription dans l'atlas visuel nouveau de l'ancien atlas tactile et musculaire, l'apprentissage fut très-long. — Le septième jour, on lui montra des tasses et des soucoupes. « A quoi ressemblent-elles ? — Je ne sais pas, elles me semblent bien singulières ; mais je puis vous dire tout de suite ce qu'elles sont, si je les touche. » — « Elle distingua une orange qui était sur la cheminée, mais ne put dire ce que c'était avant de l'avoir touchée. » Au dix-huitième jour, on lui mit entre les mains un porte-crayon d'argent et une grosse clef. « Elle les reconnut et les distingua très-bien ; mais, quand ils furent placés sur la table, côte à côte, quoique avec l'œil elle distinguât chacun d'eux, elle ne put dire lequel était le porte-crayon et lequel était la clef. « Le vingt-cinquième jour, en voiture à Regent's-Park, elle s'informait toujours de la signification de ses sensations visuelles. « Qu'est-ce que cela ? » — C'était un soldat. — « Qu'est-ce qui vient de passer près de nous ? » — C'était un homme à cheval. — « Mais qu'est-ce qu'il y a là sur le pavé, tout rouge ? » — C'étaient des dames avec des châles rouges. — Il fallait sans cesse lui traduire dans le langage tactile qu'elle entendait la langue inconnue que son œil lui parlait. — Comme, avant l'opération, elle savait dire d'où venait la lumière, elle était probablement déjà capable de diriger à peu près sa tête et ses yeux du côté où apparaissaient les objets éclairés ; mais chez elle cet art était tout à fait rudimentaire. Le dix-huitième jour, « elle semblait encore éprouver la plus grande difficulté à découvrir la distance d'un objet ; car, lorsqu'un objet était tenu tout près de son œil, elle le cherchait en étendant sa main bien au delà, pendant qu'en d'autres occasions elle faisait le geste de saisir tout près de son visage, alors que l'objet était très-loin d'elle.... » — Lorsque au bout de six semaines elle quitta Londres, elle avait acquis une connaissance assez exacte des couleurs, de leurs nuances, de leur nom et aussi de beaucoup

CHAP. II. L'ÉDUCATION DES SENS

d'objets, « mais rien encore qui ressemblât à une connaissance précise de la distance ou de la forme. Elle avait encore beaucoup de difficulté, et il lui fallait une infinité de tentatives inutiles pour diriger son œil vers un objet ; de sorte que, lorsqu'elle essayait de le regarder, elle tournait sa tête en diverses directions, jusqu'à ce que son œil eût saisi l'objet à la recherche duquel il s'était mis. » En effet, le moindre mouvement de la tête remplace toutes nos sensations visuelles par d'autres ; il doit être tel ou tel, ni trop grand ni trop petit ; pour atteindre à telle sensation visuelle préconçue, nous devons viser juste. De même qu'un enfant ne démêle et ne retient qu'après beaucoup de tâtonnements l'espèce précise et le degré juste d'effort par lequel son bras jettera une pierre à dix pas et non à neuf ou à onze, de même la dame opérée ne put distinguer et fixer dans sa mémoire qu'après beaucoup d'essais incessamment corrigés la sorte particulière, le degré d'intensité, la durée précise de la sensation musculaire que son cou devait éprouver pour que l'inclinaison à droite ou à gauche, l'élévation ou l'abaissement de sa tête et, partant, de son œil, fussent de trois degrés et non pas de deux, quatre ou cinq.

Tout ce détail aboutit à la même conclusion : nos sensations visuelles pures ne sont rien que des *signes*. L'expérience seule nous en apprend le sens ; en d'autres termes, l'expérience seule associe à chacun d'eux l'image de la sensation tactile et musculaire correspondante. — Aujourd'hui, l'analyse des physiologistes et des physiciens [1] a marqué, par une multitude

---

1. Helmholtz, *Physiologische optik*, 797.

d'épreuves et de contre-épreuves, tous les pas de cette association. Les sensations que nous procure la rétine sont celles des différentes couleurs et des différents degrés du clair et de l'obscur; en outre, comme elle est une gerbe serrée de filets nerveux distincts, chacun de ses filets, selon la règle générale du système nerveux, éveille, quand il est touché, une sensation distincte. A ces trois points de vue, et à ces trois points de vue seulement, nous pouvons distinguer une pure sensation visuelle entre toutes les autres semblables, et voilà la première assise sur laquelle s'établira tout l'édifice de nos perceptions visuelles. — En cet état, qui est celui de l'aveugle-né aussitôt après l'opération, l'œil n'a que la sensation de taches diversement colorées plus ou moins claires ou obscures [1]; et dans une tache

---

1. Il est fort curieux d'observer à cet égard les très-jeunes enfants. J'ai pu dernièrement appliquer et vérifier la théorie sur une petite fille que j'ai vue tous les jours depuis sa naissance Il est certain pour moi que, pendant les deux premiers mois, le monde environnant ne se composait pour elle que de sons et de taches de couleur qu'elle ne savait pas situer. A deux mois et demi, elle reconnaissait manifestement la direction de certains sons; par exemple, entendant la voix de sa grand'mère, elle tournait la tête vers elle. A trois mois, elle savait, en certains cas, diriger son regard en tournant les yeux et la tête vers l'objet qu'elle voulait voir, entre autres, mon visage. Mais elle ne savait pas faire cela pour tous les objets. — Visiblement, ce qu'elle a distingué, noté dans sa mémoire, et reconnu d'abord, ce sont les voix et les visages. En effet, parmi les centaines de sons et de formes colorées qui frappaient ses sens, ce sont les timbres de cinq ou six voix et les formes colorées de cinq à six visages qui se sont répétés pour elle le plus souvent et qui, par leur fréquence et leur identité, ont tranché sur le reste. — Vers trois mois, elle a commencé à tâter avec ses mains, à mouvoir les bras pour atteindre les objets, partant à associer aux taches colorées des impressions tactiles et musculaires de distance et de forme.

totale il peut remarquer telle portion distincte, mais simplement à titre de tache partielle. Le soir de l'opération, la dame de Waldrop, regardant une montre, remarqua le chiffre 12, le chiffre 6 et les aiguilles, mais simplement comme taches dans une tache, sans savoir ce que c'était. De même, le troisième jour, regardant le visage de son frère, elle démêla, dans cette tache ronde rosée, une tache spéciale que produisait la proéminence du nez, et devina qu'en effet c'était le nez. — Les peintres coloristes connaissent bien cet état, car ils y reviennent; leur talent consiste à voir leur modèle comme une *tache* dont le seul élément est la couleur plus ou moins diversifiée, assourdie, vivifiée et mélangée. — Jusqu'ici, nulle idée de la distance et de la position des objets, sauf lorsqu'une induction tirée du toucher les situe tout contre l'œil. Sans doute on peut déjà reconnaître un objet par la couleur, la vivacité, les caractères de sa tache, dire, comme la dame de Waldrop, que ceci est de l'eau, ceci un gazon; mais on n'en sait pas la situation. La seconde assise de l'édifice n'est pas construite; il faut maintenant ajouter peu à peu, aux sensations rétiniennes pures, des sensations auxiliaires et de surcroît.

Ce sont celles des muscles de l'œil; car sa forme et sa position sont capables de changements, et ces changements sont l'œuvre de ses appendices musculaires. — D'abord nous l'accommodons à la distance de l'objet, en le disposant de telle sorte que l'image lumineuse vienne tomber exactement sur la rétine, et non plus avant ou moins avant; sinon la vision n'est pas distincte; pour cela, nous changeons la courbure du cristallin, probablement en contractant le muscle ciliaire et les fibres musculaires de l'iris. — En outre, quand nous regardons le même objet avec nos deux yeux, ces deux yeux convergent plus ou moins, selon que l'objet est plus ou moins proche. Or cette convergence plus ou moins grande est produite par la contraction plus ou moins grande des muscles moteurs de l'œil. Partant, selon la distance plus ou moins grande de l'objet, nous avons telle ou telle sensation musculaire de l'œil. — D'autre part, suivant que l'objet est dans telle ou telle direction par rapport à notre œil, tel ou tel des muscles moteurs de l'œil se contracte plus ou moins, pour le tourner plus ou moins vers le haut, vers le bas, vers la droite ou vers la gauche; de sorte qu'une sensation musculaire distincte correspond pour la même distance à chaque changement de la direction. — Nous apprenons à remarquer et à graver dans notre mémoire ces innombrables sensations musculaires distinctes de nos yeux. En même temps, et à force de tâtonnements, nous associons celle-ci à tel mouvement de notre main, celle-là à la demi-extension de notre avant-bras, telles autres à deux, trois, six, dix, vingt enjambées de nos jambes. Dorénavant, quand une sensation visuelle pure suit telle sensation musculaire et voulue de l'œil, ce composé évoque l'idée de tel mouvement de la main, de l'avant-bas ou du bras, de tel nombre d'enjambées, bref, telle portion de l'atlas tactile et musculaire que l'expérience de nos membres a construit en nous et par lequel l'aveugle-né évalue les distances et détermine les situations. — Au bout de trois semaines, la dame de Waldrop reconnaissait le gazon à la belle et large tache verte qu'il faisait dans son champ visuel. Mais elle n'avait pas encore démêlé et noté quelle sensation musculaire de son œil avait abouti à l'apparition de la tache verte, et surtout elle n'avait pas constaté le nombre et la direction des enjambées qui, étant donnée cette sensation musculaire, pouvaient la conduire jusqu'au gazon; de sorte que, voyant le gazon, elle ne savait pas où il était, et peut-être tâtait avec le pied pour vérifier s'il n'était pas tout à côté d'elle. — Pour nous qui avons noté et associé au souvenir du mouvement de nos membres les diverses sensations musculaires de nos yeux, « la sensation que nous éprouvons quand nos yeux sont parallèles et que notre vision est distincte est maintenant associée à l'idée d'une marche prolongée, en d'autres termes à l'idée d'une grande distance.... Celle que nous éprouvons quand notre œil passe d'une inclinaison de trente degrés à une inclinaison de dix degrés est associée à l'idée d'un mouvement déterminé du bras qui porterait la main à huit pouces et demi [1]. » De cette façon, les sensations musculaires de l'œil deviennent pour nous des signes évocateurs dont chacun, en se produisant, peut faire surgir avec lui l'image de tel mouvement musculaire des membres, en d'autres termes l'idée précise de telle distance mesurée dans telle direction.

A ces auxiliaires ajoutez-en d'autres, je veux dire les sensations musculaires du col et de tout le corps qui se tourne, se courbe, se renverse, pour aider la rétine à recevoir l'image lumineuse distincte; ce sont là autant de signes complémentaires qui, joints aux premiers, achèvent de déterminer la direction de l'objet, par l'association qu'ils ont contractée avec l'image de tel mouvement des membres exécuté dans

---

[1]. Bain, *Senses and intellect*, 370-374.

tel ou tel sens. — Le lecteur voit maintenant comment l'œil peut percevoir la figure d'un corps. La figure visible d'un corps n'est qu'une double série de sensations optiques, les unes rétiniennes, les autres musculaires, toutes deux parallèles, continues et éprouvées lorsque l'œil suit le contour et parcourt la surface éclairée du corps. L'expérience associe à cette double série de sensations une série d'images, à savoir les images des sensations musculaires et tactiles que la main éprouverait en suivant le contour et en palpant la surface des corps. — D'autres expériences nous apprennent que, selon la distance, la double série optique subit une altération régulière, sans que l'autre soit altérée ; ce que nous exprimons en disant que le même objet tangible passe régulièrement, selon la distance, par une infinité d'apparences visibles ; d'où il arrive que, lorsque nous le voyons à telle distance, la file de ses autres apparences visibles est prête à ressusciter en nous et stationne à l'arrière-garde dans notre esprit. — Je laisse le reste aux traités d'optique et de physiologie [1] ; c'est là qu'on trouvera l'énumération et l'explication de tous les jugements et de toutes les erreurs de l'œil. Ils sont l'objet d'une science entière, mais ils se ramènent tous au même principe. « Par l'expérience, dit Helmholtz [2], nous pouvons évidemment apprendre quelles autres sensations de la vue ou des autres sens un objet que nous voyons excitera en nous, si nous portons en avant nos yeux ou notre corps, si nous regardons cet objet de différents côtés, si nous le palpons, etc. Le

---

1. Voir l'admirable livre de Helmholtz, surtout la troisième partie, *Die Lehre von den Gesichts-Wahrnehmungen*.
2. *Ibid.*, p. 798.

concept de toutes ces sensations possibles agglutinées en un tout est notre représentation du corps; et, quand il est soutenu par des sensations actuelles, il est ce que nous appelons la *perception* du corps... Il embrasse tous les groupes distincts possibles de sensations que ce corps regardé, touché, expérimenté de divers côtés, peut éveiller en nous; c'est là son contenu réel et effectif; il n'en a pas d'autre, et ce contenu peut indubitablement être acquis par l'expérience. La seule activité psychique qui soit requise à cet effet, c'est l'association régulière et renaissante de deux représentations qui auparavant ont déjà été liées ensemble, association d'autant plus solide et plus contraignante que les deux représentations ont reparu ensemble un plus grand nombre de fois. »

D'après cela, on comprend en quoi consiste notre atlas visuel. — Il y a une table carrée d'acajou à trois pas de moi, sur la droite. Je tourne les yeux, et, par ma rétine, j'ai la sensation d'une certaine tache brune un peu luisante; grâce à l'accommodation du cristallin et à la contraction des muscles moteurs de l'œil, j'ai en même temps une certaine sensation musculaire, qui, par une correspondance acquise, éveille en moi l'image de trois pas accomplis sur la droite. — Mes yeux suivent le contour de la table, en d'autres termes ma rétine éprouve tour à tour une série continue d'impressions, à mesure que les rayons lumineux partis des bords de la table viennent frapper tour à tour son centre jaune; or, pendant ce temps-là, l'accommodation et la contraction des muscles de l'œil me donnent une série parallèle et continue de sensations musculaires qui, par une correspondance acquise, réveillent en moi l'image des sensations tactiles et musculaires qu'éprouverait ma main en cheminant d'angle en angle le long du contour. — Remarquons le caractère de ces images réveillées. Si mon regard a été rapide, elles ne sont pas expresses ; elles restent à l'état naissant ; je suis obligé de prolonger mon regard pour les évoquer précises et complètes, pour imaginer les sensations musculaires de mes trois pas, les sensations musculaires et tactiles de ma main promenée sur le bord de la table. Je n'arrive là qu'en insistant, en me demandant tout bas *ce que j'entends* par cette distance et par cette forme. Même en insistant, je n'imagine d'abord que la première des enjambées, la sensation que donnerait à ma main le premier angle ; ces deux images servent de type pour les autres. En somme, mon opération est la même que lorsque, dans une phrase écrite, je lis le mot *arbre;* si la lecture est rapide, je l'entends simplement ; il n'évoque point en moi d'images expresses ; il me faut peser dessus, réfléchir, pour faire apparaître l'image d'un bouleau, d'un pommier ou de quelque autre arbre ; encore sera-t-elle bien vague, bien mutilée ; tout au plus entreverrai-je quelques linéaments d'une forme colorée, l'esquisse effacée d'un dôme ou d'une pyramide verte ; c'est par une forte et longue insistance que je ferai surgir en moi des images d'arbres assez nettes et assez nombreuses pour équivaloir au mot générique qui les résume et les désigne tous. — Ainsi nos sensations optiques sont des *signes*, comme nos mots. Comme chaque mot, chaque sensation rétinienne et musculaire de l'œil a son groupe d'images associées ; elle représente ce groupe ; elle le remplace et le signifie ; en d'autres termes, elle lui est toujours associée et n'est jamais associée qu'à lui, en sorte qu'elle lui équivaut pour l'usage et la pratique. En effet, quand elle naît, il est à portée, sur le point de renaitre. Qu'on lui donne un peu de temps, il renait en partie. Qu'on lui donne un temps suffisant, il renaît tout entier. Il fait cortège à la sensation; mais le plus souvent, comme les opérations sont rapides, il reste sur l'arrière-plan; elle seule est en scène. Comme elle n'y est qu'un instant et que le cortège a besoin d'un délai pour défiler, il demeure dans les coulisses. — Ces coulisses, nous les connaissons [1]. Le lecteur les a vues quand nous avons montré la persistance sourde des images, leur vie latente, leur état rudimentaire, l'effacement qu'elles subissent, souvent pendant des années entières, et la prédisposition organique qui les conserve à l'état hibernant ou nul, comme la vie d'un rotifère desséché, jusqu'au moment où les cellules corticales en qui cette prédisposition est établie reprendront leur jeu, propageront leur danse et ramèneront l'image correspondante au premier plan cérébral.

Pour mieux comprendre leur effacement et le rôle qu'en cet état elles jouent encore, considérons des distances plus grandes, et, en général, le procédé par lequel nous évaluons les distances. — Sur une carte géographique, nous regardons le myriamètre tracé au bas, et, prenant ce myriamètre au bout d'un compas, nous marchons sur la carte, mesurant de cette façon si Paris est plus loin de Bourges que de Tours ou de Dunkerque. — Au premier pas de l'opération, nous avons évalué le myriamètre en sensations musculaires; il équivaut à telle promenade que nous avons

---

[1]. Voir première partie, livre I, ch. IV, pages 279 et 314.

coutume de faire, à douze mille pas, à deux heures de marche. Mais, aussitôt après, nous avons oublié la signification musculaire que nous attachions à l'écartement de notre compas ; nous l'avons laissée derrière nous, en réserve ; nous n'avons plus dans l'esprit que cet écartement et ses multiples ; nous avons comparé directement une série d'écartements à une série d'écartements, une plus longue à une moins longue. Nous suivons le même procédé dans toutes nos appréciations des quantités, et les opérations spontanées de notre œil ne font que devancer les opérations artificielles de nos instruments. — Aux premiers pas de notre observation, comme au terme de notre science, nous constatons entre deux quantités un rapport constant, tout à l'heure entre nos enjambées plus ou moins nombreuses et les écartements plus ou moins grands de notre compas, maintenant entre les sensations musculaires plus ou moins longues et répétées de nos membres et les sensations musculaires que nous donnent la convergence plus ou moins grande de nos yeux, l'aplatissement plus ou moins grand de notre cristallin, la contraction plus ou moins grande de tel ou tel muscle moteur de l'œil, le mouvement plus ou moins grand en tel sens de notre corps et de notre tête. La seconde quantité croît ou décroît, selon une certaine loi, avec la première. — Cela posé, nous prenons un étalon de la seconde, tout à l'heure tel écartement du compas, par exemple l'écartement qui mesure le myriamètre, maintenant telle sensation musculaire de notre appareil optique, par exemple la sensation musculaire que l'œil doit éprouver pour avoir la sensation rétinienne d'un objet situé à trente centimètres. A ce moment encore, l'étalon et sa signification, c'est-à-dire l'écartement du compas et le souvenir de notre promenade, c'est-à-dire aussi la sensation musculaire de l'œil et l'image de la sensation musculaire du bras porté en avant à trente centimètres, sont ensemble dans notre esprit. Mais, au bout d'un instant, l'étalon seul persiste ; l'image ou le souvenir auxquels il équivaut s'atténue, s'efface ; nous remarquons simplement que tel écartement est plus grand que tel autre, que telle sensation musculaire de l'œil est plus forte et plus prolongée que telle autre ; nous ne percevons plus les quantités signifiées, mais seulement les quantités significatives. — Cela suffit ; car, grâce à l'association indiquée, les quantités signifiées restent à portée, et leur proximité vaut leur présence. A chaque instant, nous pouvons les évoquer, remarquer que tel écartement du compas, par exemple un écartement triple, exigerait de nous trois fois autant d'enjambées ou six heures de marche, qu'une moindre sensation musculaire de l'œil exigerait une extension double de notre bras. — On sait à quoi une carte géographique nous sert dans un voyage à pied ; en lui appliquant le compas, nous prévoyons la longueur de nos marches et la quantité d'effort musculaire que nous serons obligés de dépenser. Notre atlas visuel a le même emploi ; en traduisant telle ou telle de ses indications par les indications correspondantes de l'atlas tactile et musculaire, nous prévoyons la direction, la grandeur et la durée de l'effort musculaire par lequel nos membres atteindront tel ou tel objet.

71. On voit maintenant pourquoi une sensation visuelle si courte qu'elle semble instantanée peut

nous donner l'idée d'une étendue très-diversifiée et très-grande. C'est qu'elle équivaut aux sensations tactiles et musculaires très-diversifiées et très-longues par lesquelles nous percevrions cette étendue. Elle se substitue à elle en les résumant et les signifie en les remplaçant.

Mais, quand même nous serions incapables de l'avoir, nous parviendrions encore à nous représenter ensemble et comme simultanées un grand nombre de parties de l'étendue. — Là-dessus, j'ai consulté plusieurs aveugles [1] ; leur réponse est unanime, tout à fait précise et décidée. Sans doute, pour percevoir un objet nouveau, il leur faut plus de temps qu'à nous, puisqu'ils sont obligés de l'explorer en détail par le toucher. Mais, cela fait, quel que soit l'objet, une sphère, un cube, même une étendue considérable, par exemple une rue, ils le pensent d'un seul coup et se le représentent en bloc. « Il ne nous manque, disent-ils, que ce que vous appelez l'idée de la couleur ; l'objet est pour nous ce qu'est pour vous un dessin, une épreuve photographique sans ombres portées, plus exactement encore un *ensemble de lignes*. Nous concevons à la fois tout un groupe de lignes divergentes ou entrecoupés, et c'est là pour nous la forme. » Surtout ils nient expressément qu'ils aient besoin, pour imaginer une ligne ou une surface, de se représenter les sensations successives de leur main promenée dans telle ou telle direction. « Cela serait trop long, et nous n'avons pas du tout besoin de

---

[1]. A l'Institut des Jeunes-Aveugles de Paris, grâce à l'obligeance de MM. les Professeurs et de M. le Directeur de l'Établissement.

penser à notre main ; elle n'est qu'un instrument de perception auquel nous ne pensons plus après la perception. »

En effet, si, à l'origine de l'idée de distance, on trouve une série plus ou moins longue de sensations musculaires du bras ou de la jambe, ce n'est qu'*à l'origine*. Peu importe que les sensations appartiennent à tel ou tel membre, qu'elles soient musculaires ou non ; c'est là un détail et un accessoire ; il s'efface, nous n'y faisons plus attention. Nous laissons là, comme disent les aveugles, toutes les circonstances et qualités intrinsèques de nos sensations ; nous n'en gardons que l'essentiel, et l'essentiel ici, c'est que, entre les deux points dont nous évaluons la distance, elles fassent une série interposée. Ainsi prises abstraitement, ces sensations deviennent, pour ainsi dire, incolores et neutres ; ce sont des sensations quelconques ; nous les considérons, non au point de vue de la qualité, mais au point de vue de la quantité ; ce que nous remarquons en elles, c'est la durée plus ou moins grande de leur série. Dès lors, nous pouvons les imaginer très-promptement et les comparer série à série. Tel est le procédé de l'aveugle-né ; comme Saunderson, il peut devenir géomètre, concevoir des séries plus ou moins longues, divergentes selon tel ou tel angle ; ce sont là ses lignes ; et, par un ensemble de pareilles lignes, il conçoit des corps géométriques. Nous-mêmes nous nous servons de son procédé quand nous définissons les lignes par le mouvement d'un point, la surface par le mouvement d'une ligne, le solide par le mouvement d'une surface, et quand nous évaluons une ligne, une surface, un solide par la prolongation plus ou moins grande de l'opération musculaire qui en engendre la perception. Or nous pouvons imaginer ces mouvements avec une vitesse extrême ; nous pouvons donc ainsi avec cette seule ressource concevoir plusieurs lignes, partant une surface, et même un solide entier, presque en un instant.

Mais, par bonheur, nous avons un second aide, l'atlas visuel qui chez nous s'ajoute à l'atlas musculaire et tactile. Grâce à lui, nous avons à notre disposition de nouvelles séries comparables entre elles et dont les éléments se succèdent en nous avec une vélocité prodigieuse. Ce sont les petites sensations musculaires de l'œil, lesquelles, étant très-courtes, peuvent, dans un intervalle de temps imperceptible, signifier des distances très-grandes et des positions aussi nombreuses que variées. Elles tiennent lieu des images tactiles et musculaires qui leur correspondent, et, comme elles défilent en un éclair, il nous semble que le défilé beaucoup plus long des images tactiles et musculaires s'est opéré en un éclair. Leur signification musculaire et tactile surgit avec elles, et nous croyons percevoir ensemble une quantité de points distants et coexistants. — Le lecteur a déjà rencontré plusieurs opérations de ce genre ; c'est le cas pour tous les substituts abréviatifs. Les sensations musculaires de l'œil nous servent dans la vue comme les mots dans le raisonnement abstrait [1]. Lorsque je contemple les divers plans d'un grand paysage, il n'y a qu'elles dans mon esprit, comme, lorsque je lis un chapitre d'économie politique ou de morale, il n'y a que des mots dans mon esprit ; et cependant, dans le pre-

---

1. Voir première partie, liv. I, ch. II.

mier cas, je crois apercevoir directement des grandeurs et des distances, comme, dans le second cas, je crois apercevoir directement des qualités pures et des rapports généraux. — Pour employer les expressions de M. Herbert Spencer, ces petites sensations musculaires simultanées ou presque simultanées sont pour nous « les *symboles* d'autres sensations tactiles et musculaires qui étaient successives. Cette relation symbolique, étant beaucoup plus courte, prend ordinairement dans l'esprit la place de ce qu'elle symbolise. De l'usage prolongé de ces symboles et de leur assemblage en symboles plus complexes, naissent nos idées de l'étendue visible, idées qui, comme celles d'un algébriste occupé à résoudre une équation, sont tout à fait différentes des idées symbolisées, et qui cependant, comme ces idées de l'algébriste, occupent l'esprit tout entier avec exclusion complète des idées symbolisées. » — Il suit de là qu'à l'état actuel, pendant le jeu des substituts optiques, l'image des longues sensations musculaires et tactiles qu'ils remplacent doit être absente. Par conséquent, nous ne la trouverons pas en nous en ce moment, si nous la cherchons; notre perception de l'étendue visible ne renfermera plus rien des sensations tactiles et musculaires des membres et de la main. Telle est en effet la conception que nous avons aujourd'hui de l'étendue visible; en cet état, nous n'y trouvons plus rien qui nous rappelle son origine. A vrai dire, ce que nous avons maintenant en nous, ce n'est pas l'image des sensations successives originelles de la main et des membres, mais leur signe optique. L'atlas visuel, construit au moyen de l'atlas musculaire et tactile, en est tout à fait différent; il n'en est point une copie, mais une transcription sur une autre échelle, avec d'autres notations, d'usage bien plus commode, qui résume sur une carte ce que l'autre éparpille en vingt planches, et qui nous présente ensemble, d'un seul coup, tel vaste groupe que, dans l'autre, nous serions obligés d'atteindre discursivement, lentement, à travers vingt feuillets.

Cet atlas visuel a sur l'autre de si grands avantages, que nous l'employons sans cesse et presque seul. — D'abord, comme on l'a vu, il est extrêmement abréviatif pour toutes les distances un peu grandes. En un instant, par une simple diminution de la convergence des yeux, nous jugeons qu'un objet est de vingt pas plus éloigné qu'un autre. En un instant, par un simple mouvement continu de l'œil, nous jugeons que telle surface est carrée ou triangulaire. Cela nous dispense d'imaginer en détail la longue sensation musculaire de vingt enjambées, la longue sensation tactile et musculaire de la main promenée sur tout le contour de la surface. — Grâce à cette vitesse des opérations optiques, nous pouvons saisir, en un temps très-court et par une perception qui nous semble instantanée, un objet tout entier, une chaise, une table, un personnage, bien plus, si l'objet est éloigné, une prairie entière, tout un groupe d'arbres, un édifice, l'enfilade d'une rue. — Vous voilà à une fenêtre, vous ouvrez les yeux, et, tout d'un coup, au moyen d'un très-petit mouvement des yeux et d'un imperceptible mouvement de la tête, tout le paysage vous apparaît. avec ses divers plans, terrains, verdures, ciel, nuages, avec les innombrables détails de leurs formes, de leur relief et de leurs creux. Votre œil est au point de jonction des rayons lumineux qui partent des objets, c'est-à-dire au sommet du compas que forment deux rayons divergents en arrivant sur la rétine. Or une distance minime, mesurée près du sommet du compas, correspond à une distance très-grande et parfois monstrueuse, mesurée à l'ouverture. C'est pourquoi, d'un coup d'œil, nous évaluons des centaines de mètres et même des lieues; il nous semble alors que toutes les sensations que nous avons eues pendant ce coup d'œil sont simultanées, et, de cette façon, tous les objets extérieurs qu'elles nous révèlent sont perçus, pour ainsi dire, ensemble; ce qui nous rend bien plus facile la tâche de les rappeler, de les comparer, bref de pratiquer sur eux toutes les opérations ultérieures dont nous avons besoin.

D'autre part, les très-petites distances et les très-petits objets sont encore du ressort de la vue. A cet égard, la peau, comparée à la rétine, est un instrument grossier, même aux endroits où son toucher est le plus délicat. — Aux vertèbres dorsales, au milieu du bras, de la cuisse et du cou [1], nous ne distinguons deux attouchements que lorsque les points touchés sont distants de seize à vingt-quatre lignes; à la face palmaire de la dernière phalange des doigts, il suffit que cette distance soit de 7/10 de ligne; au bout de la langue, qui a le discernement le plus parfait, cette distance peut être un peu moindre qu'une demi-ligne.

Au contraire, d'après Weber et Volkmann, sur la tache jaune qui est le point le plus sensible de la rétine, deux traits brillants séparés par un intervalle compris entre 1/500 et 1/1000 de ligne peuvent être

---

1. Voir le tableau complet, dans Mueller, I, 652, *Manuel de physiologie*, deuxième édition.

distingués. — La rétine est donc, à cet égard, mille ou deux mille fois plus sensible que l'organe du toucher le plus sensible. — Joignez à cet avantage les indices donnés par la couleur. Une surface unie, par exemple une feuille imprimée ou écrite, ne donne au toucher qu'une sensation uniforme ; et la même surface donne à la vue autant de sensations distinctes qu'il y a de lettres noires écrites ou imprimées sur le blanc. Aussi l'atlas tactile et musculaire ne comprend-il point d'images qui correspondent aux très-petits objets, à la forme et à la proximité de deux fils dans une mousseline, ni d'images qui correspondent à la diversité des plans colorés, à la présence, à la forme, au mouvement de tous les objets situés hors de la portée de notre main, comme les nuages, le ciel et les astres ; primitivement du moins, toutes ces images manquent dans l'atlas musculaire et tactile ; si elles y entrent, ce n'est qu'ultérieurement et à peu près, grâce à la traduction réciproque que nous pouvons établir entre les deux atlas.

Il ne faut donc pas s'étonner du rôle énorme que joue l'atlas visuel dans notre vie courante. Pour nous, se souvenir, imaginer, penser, c'est *voir* intérieurement ; c'est évoquer l'image visuelle plus ou moins affaiblie et transformée des choses. Pareillement, le mot *image* est emprunté à l'histoire de la vision ; proprement, il ne désigne que la renaissance cérébrale de la sensation optique ; c'est par extension que nous avons appelé du même nom la renaissance cérébrale des sensations musculaires et tactiles, des sensations de son, de saveur et d'odeur. — Par le même empiétement, l'atlas visuel, étant infiniment plus étendu et d'un maniement bien plus rapide que l'autre, devient notre répertoire général; toutes nos sensations sont transcrites chez lui et y reçoivent un emplacement, les musculaires et les tactiles comme les autres. En effet, j'ai intérieurement la représentation visuelle de mon corps, et même des portions, comme le dos, que je n'ai pas vues, et, quand je contracte un muscle ou que je subis un contact, je localise la contraction et le contact, non-seulement en imaginant la sensation plus ou moins longue qui conduirait ma main jusqu'à l'endroit de la contraction et du contact, mais, encore et surtout, en imaginant la forme visuelle et la couleur de la portion affectée. « C'est à droite, à l'occiput, au genou, à l'entre-deux des os du coude gauche. » Quand nous prononçons mentalement un tel jugement, nous voyons mentalement la forme colorée des parties. — Cela va si loin que d'ordinaire, pour nous représenter le mouvement du bras qui doit mesurer une distance, nous employons non les images musculaires, mais les images visuelles, et que nous nous représentons non pas la contraction prolongée du bras, mais la forme colorée de notre bras promené dans l'air de tel point visible à tel point visible. — Pareillement, pour évaluer la distance d'un son, nous nous représentons par des images visuelles l'espace qui nous entoure, et nous situons le tremblotement sonore à telle hauteur, dans telle direction, à telle proximité et à tel éloignement, dans le large champ que l'œil externe ou l'œil interne parcourt d'un regard aux alentours de notre corps.

Quant aux sensations de saveur et d'odeur, les deux atlas fonctionnent à la fois pour les situer; nous avons la représentation visuelle, comme la représentation tactile et musculaire, de notre nez et de notre bouche. A la vérité, pour l'intérieur de la bouche, c'est la seconde représentation qui nous sert le plus, parce que la langue fait l'office de main ; par exemple, nous ne discernons et imaginons que par des images tactiles et musculaires les mouvements qu'il nous faut faire pour proférer les divers sons et les articulations du langage. Ici, la vue et les images visuelles n'interviennent pas ; c'est plus tard, par la physiologie, que notre œil se rend compte de la langue et des autres appendices qui modifient les sons partis de notre larynx [1] ; alors seulement nous pouvons imaginer visuellement la prononciation d'une gutturale ou d'une dentale. — Pareillement, l'atlas tactile et musculaire est seul ou presque seul employé pour noter les courts mouvements du tronc sur sa base, et parfois tous les mouvements de la marche : par exemple, quand dans l'obscurité nous montons un escalier inconnu, nous n'imaginons que le retour régulier des mêmes sensations tactiles et musculaires ; l'atlas visuel de l'escalier manque tout à fait, et l'atlas visuel de nos jambes et de notre corps est presque absent. — Ce sont là les restes ou les renaissances de sa domination primitive ; en ces cas-là, nous situons nos sensations à peu près à la façon des aveugles-nés ; mais ce ne sont là que des débris.

En effet, non-seulement l'atlas visuel s'est substitué presque partout à son rival ; mais encore il l'a empêché d'acquérir toute la perfection qu'il pouvait avoir. Évidemment, aujourd'hui, en fait de sensations musculaires et tactiles, nous n'avons qu'un discernement grossier ; faute d'y avoir été contraints, nous

---

[1]. C'est pour cela que M. Jourdain fut si étonné lorsqu'il apprit que, pour dire U, il fallait faire la moue.

démêlons mal leurs nuances. Platner remarquait déjà que son aveugle était, à cet égard, bien plus expert que nous, et cela est vrai de tous les aveugles ; chez quelques-uns, la perfection du toucher a dépassé toute imagination. « Saunderson, le mathématicien aveugle, dit Abercrombie [1], pouvait distinguer avec la main, dans une série de médailles romaines, celles qui étaient vraies et celles qui étaient fausses. » — « On fait mention, dit Bayle [2], d'un organiste aveugle qui était fort habile dans son métier et discernait fort bien toute sorte de monnaies et de couleurs. Il jouait même aux cartes et gagnait beaucoup, surtout quand c'était à lui à faire, parce qu'il reconnaissait au toucher celle qu'il donnait à chaque joueur [3]. Aldovrand dit qu'un certain Jean Ganibasius, de Volterre, bon sculpteur, étant devenu aveugle à l'âge de vingt ans, s'avisa, après un repos de dix ans, d'essayer ce qu'il pourrait faire encore dans son métier. Il toucha fort exactement une statue de marbre qui représentait Cosme Ier, grand-duc de Toscane, et en fit après cela une d'argile, qui ressemblait si bien à Cosme, que tout le monde en fut étonné. Le grand-duc Ferdinand envoya ce sculpteur à Rome, où il fit une statue d'argile qui ressemblait parfaitement à Urbain VIII. — A Nauders (Tyrol) mourut, le 10 juillet 1853, Joseph Kleinhaus, qui à cinq ans était devenu aveugle de la petite vérole. Il s'amusa d'abord à tailler du bois pour se distraire, obtint de Prugg des

---

1. Abercrombie, *Inquiry into the intellectual powers*, 50.
2. Bayle, cité par Garnier, *Traité des facultés de l'âme*, I, 354.
3. Si le fait est vrai, c'est que la peinture appliquée sur les cartes avait, selon les différentes couleurs, des différences de grain et de relief.

leçons et des modèles, fit à douze ans un Christ de grandeur naturelle, alla ensuite chez le statuaire Nissl, y profita beaucoup, devint célèbre. On compte 400 Christs de sa main et un buste de l'empereur François-Joseph [1]. — Il suffit de voir les aveugles lire avec leurs doigts les livres imprimés en relief presque aussi rapidement que nous lisons les livres imprimés à l'encre, pour comprendre tout le discernement que notre toucher eût pu avoir et qu'il n'a pas [2]. — Ainsi

---

[1]. *Les quatre racines du principe de raison suffisante,* par Schopenhauer, p. 61.
[2]. « Un fait analogue est fourni par l'habitude que les sourds et muets acquièrent, de comprendre ce qu'on leur dit en regardant le mouvement des lèvres de l'interlocuteur. » (Abercrombie, *Inquiry*, etc., 51.)
Je puis citer moi-même un jeune homme devenu sourd vers l'âge de quatre ans et qui, doué d'une très-bonne vue, *voit* une conversation à distance, ce qui est assez incommode pour les personnes qui chuchotent secrètement dans un coin, à l'autre angle du salon. Il comprend ainsi, au mouvement des lèvres, l'allemand et le français. Seulement il ne faut pas que la conversation contienne beaucoup de noms propres qui lui soient inconnus ; car le mouvement visible des lèvres lui fait deviner les consonnes et non les voyelles.
L'ouïe et les autres sens peuvent acquérir une délicatesse égale : « Le docteur Rush mentionne le cas de deux frères aveugles à Philadelphie, qui, lorsqu'ils traversaient une rue, savaient s'ils approchaient d'un poteau, par le son particulier que le sol rendait sous leurs pieds dans le voisinage du poteau. Ils pouvaient dire les noms de plusieurs pigeons apprivoisés avec lesquels ils s'amusaient dans un petit jardin, rien qu'à les entendre voler au-dessus de leurs têtes. » (Abercrombie, *ibid.*)
Quand on rapproche de ces faits les cas d'hyperesthésie si fréquents dans le somnambulisme et l'hypnotisme, on s'aperçoit qu'on ne peut poser une limite à l'acuité innée ou acquise de nos sens. Voyez là-dessus Braid. *Neurhypnology*, 69. « Un sujet qui ne pouvait pas entendre le tic-tac d'une montre à plus de trois pieds de distance, quand il était éveillé, l'entendait à trente-cinq pieds de distance, étant hypnotisé, et allait droit à la montre sans difficulté ni hésitation.... Il y en a qui sentent un souffle de la bouche ou le vent d'un soufflet à la

l'atlas musculaire et tactile est demeuré en nous rudimentaire. C'est pourquoi, quand aujourd'hui nous situons une de nos sensations de toucher, de son, d'odeur, de saveur, c'est presque toujours d'après l'atlas visuel seul, ou avec le concours supplémentaire de l'atlas visuel ; en d'autres termes, l'image d'une sensation optique fait corps aujourd'hui chez nous avec les sensations qui ne nous arrivent point par les yeux, et c'est cette agglutination qui les situe à l'endroit où elles nous apparaissent.

VII. Voilà donc toutes nos sensations situées, c'est-à-dire pourvues d'une position et d'un siège apparents, toutes primitivement par l'adjonction d'une série d'images musculaires qui déterminent la position et par l'adjonction d'un groupe d'images tactiles qui caractérisent le siège, presque toutes ultérieurement par l'adjonction d'images visuelles, érigées en équivalents de cette série et en signes de ce groupe. — Nous pouvons maintenant nous expliquer notre

---

distance de 50 et même de 90 pieds et s'en écartent ; un mouvement de la main ou d'un éventail qui produit un courant dans l'air leur fait, à cette distance, prendre la direction opposée. » Ces expériences ont été refaites et variées avec des conclusions analogues par le docteur Azam, de Bordeaux. « L'ouïe atteint, dit-il, une telle acuité, qu'une conversation peut être entendue à un étage inférieur. Le bruit d'une montre est entendu à 25 pieds de distance. » — De même pour l'odorat, le goût, les sensations de température et les autres. « J'ai vu écrire très-correctement en interposant un gros livre entre le visage et le papier ; j'ai vu enfiler une aiguille très-fine dans la même position, marcher dans un appartement, les yeux entièrement fermés et bandés ; tout cela sans autre guide réel que la résistance de l'air et la précision parfaite des mouvements guidés par le sens musculaire hyperesthésié. » (*Annales médico-psychologiques*, 3ᵉ série, t. IV, p. 434.)

conception actuelle de l'étendue. Supposez qu'un grand nombre de ces sensations localisées se produisent simultanément, et que les points auxquels nous les rapportons nous semblent à la fois distincts et continus; composée de sensations partielles, coexistantes, distinctes et continues, c'est-à-dire telles qu'entre l'emplacement de l'une et l'emplacement de l'autre nous n'en imaginions aucune intermédiaire, la sensation totale nous paraîtra *étendue*. — Que le lecteur veuille bien s'observer lui-même; il verra que tel est le cas pour les sensations de chaleur et de froid qui nous semblent occuper tout un membre, pour la sensation de contact et de pression que nous éprouvons en posant à plat notre main sur une table, pour la sensation de couleur que nous éprouvons en maintenant l'œil fixe et immobile sur une feuille verte placée à six pieds de nous. Dans tous ces cas, la sensation semble étendue. C'est qu'elle consiste en une quantité de sensations simultanées que l'éducation du toucher fait apparaître comme situées en des points distincts et continus. — C'est là une double erreur, d'abord parce que, comme on l'a vu, les sensations sont situées dans les centres sensitifs et non dans les extrémités nerveuses, ensuite parce que, comme le montrent les physiologistes, les axes ou cylindres nerveux dont l'ébranlement provoque nos sensations forment, par leurs terminaisons, des lignes et des surfaces discontinues. L'étendue de notre sensation est donc à double titre une illusion.

De cette illusion en naît une autre. A propos de nos sensations localisées en des points de notre corps, nous concevons et nous affirmons des objets situés au delà de notre corps, c'est-à-dire extérieurs, et nous déterminons leur situation par la situation de la sensation qui nous les révèle. Par exemple, il me vient une sensation d'odeur, et là-dessus je conçois et j'affirme une rose comme située dans le voisinage de mon nez. J'éprouve une sensation de chaleur que je rapporte à la jambe gauche ; là-dessus, je conçois et j'affirme quelque objet chaud, un courant d'air chaud, un poêle, un foyer, comme situé près de ma jambe gauche. — Plus l'emplacement de ma sensation est déterminé et précis, plus je détermine avec précision l'emplacement de l'objet. C'est ce qui arrive pour les sensations de contact, notamment à la superficie de la peau, et particulièrement aux lèvres, au bout de la langue, à la main, aux doigts, au bout des doigts [1]; là, le discernement est très-délicat, et deux points séparés par une ligne ou même une demi-ligne donnent deux sensations distinctes. Au moyen de sensations pareilles, nous pouvons très-exactement situer l'objet; leur emplacement est très-précis ; partant, l'emplacement de l'objet ne l'est pas moins. — Cet emplacement est bien plus précis encore s'il s'agit de sensations de couleur ; partant, en ce cas, l'emplacement de l'objet l'est encore bien davantage. — A présent, considérons une portion nettement circonscrite de ces surfaces si sensibles, et admettons que, tous les points nerveux qui peuvent nous donner une sensation distincte étant ébranlés à la fois, nous ayons une sensation en apparence étendue et continue; nous concevrons et nous affirmerons l'objet extérieur comme étendu et continu. C'est là aujourd'hui notre procédé

---

1. Voir les mesures de Weber (Mueller, *Manuel de physiologie*, I, 652, deuxième édition).

ordinaire. Voilà comment, par une sensation totale composée de sensations partielles et simultanées, nous percevons comme étendu et continu le sol sur lequel notre pied s'appuie, la portion de table sur laquelle s'étale notre main, l'objet éloigné que désigne notre sensation de couleur. Nous partons de l'étendue et de la continuité de notre sensation, pour attribuer à l'objet une étendue et une continuité semblables; or, les premières n'étant qu'apparentes, les secondes non plus ne peuvent être qu'apparentes. Partant, l'étendue et la continuité des corps ne sont que des illusions; et, de fait, les physiciens arrivent à concevoir les atomes, s'ils existent, comme séparés par des intervalles énormes, en sorte que, dans une surface qui nous paraît continue, le vide l'emporte de beaucoup sur le plein; plus profondément encore, ils définissent le corps comme un système de points mathématiques par rapport auxquels les effets croissent ou décroissent selon la distance. — En tout cas, rien ne prouve que les corps soient véritablement étendus et continus; à cet égard, notre assertion est entièrement gratuite. Ainsi, l'étendue que nous attribuons aux corps est une propriété apparente de notre sensation, propriété que, par une illusion naturelle, nous transportons dans les corps. Mais ce transport n'est pas, comme dit Kant, l'effet d'une structure d'esprit innée et inexplicable; il est l'effet d'une disposition acquise, instituée en nous par l'expérience, et nous avons pu montrer, l'un après l'autre, tous les pas de cette acquisition.

D'autres conséquences suivent. Par la position et l'étendue que nous attribuons à nos sensations, notre être lui-même nous semble situé, étendu, circonscrit dans une enceinte. L'enceinte s'attache à la personne, et désormais l'idée que j'ai de moi est inséparable de l'idée que j'ai de mon corps. En effet, ce corps est le seul qui m'accompagne partout. Il est le seul qui réponde à mon attouchement par une sensation de contact. Il est le seul que ma volonté mette directement en mouvement. Il est le seul en qui je loge les sensations que je m'attribue. A tous ces titres, il m'apparaît tellement lié et confondu avec moi-même, que, lorsque je rapporte une sensation à un point quelconque de la surface nerveuse, c'est mon être et ma personne qui me semblent situés pour cet instant à l'endroit affecté. Tel est l'état actuel. — Il suit de là que, lorsque aujourd'hui je touche une table, l'objet touché doit m'apparaître non-seulement comme autre que moi, mais encore comme en dehors de moi et de ma superficie sensible. Il s'oppose ainsi non-seulement à moi, mais encore à l'enclos où je situe ma personne, et de cette façon, pour la première fois, il est véritablement *extérieur*.

En effet, c'est ce caractère qui nous frappe lorsque aujourd'hui nous percevons un corps. Nous le concevons comme un *au-delà ;* sur ce premier trait, les autres s'appliquent. — Ma main promenée dans l'obscurité rencontre sur une table un obstacle inconnu ; à propos de cette sensation, je conçois et j'affirme au delà de ma main un *au-delà* qui provoque en moi une sensation continue et étendue de résistance, et qui, pouvant, à ce que je suppose, la provoquer tout à l'heure et plus tard, en d'autres comme en moi-même, possède ainsi la propriété permanente et générale d'être résistant et étendu. En même temps, les nuances de ma sensation et les sensations accompagnantes de contact uniforme, de froid, de son, ajoutent à ma conception l'idée d'une forme conique, d'une substance métallique et sonore; c'est une sonnette. — Ainsi déterminé et qualifié par le groupe de sensations qu'il provoque, cet *au-delà* s'oppose au moi comme un dehors à un dedans. — La séparation s'opère encore plus aisément quand la perception se fait par les yeux; et notez qu'aujourd'hui c'est là notre procédé le plus usité. On a montré comment, dans la vue, la sensation de la rétine se trouve projetée en apparence hors de notre surface sensible, pour être incorporée à l'objet qui la provoque, en sorte que la couleur, qui est un évènement de notre être, nous semble une qualité de l'objet. Quand à trois pas de moi j'aperçois cette sonnette d'argent, la tache blanchâtre et luisante au centre qui m'apparaît à trois pas de moi est une sensation de la rétine transportée hors de son siège par l'éducation de l'œil. Dans ce cas, notre sensation elle-même nous apparaît comme un au-delà; partant, l'objet auquel nous l'attribuons et que, sous le nom de couleur, elle semble revêtir, s'oppose comme un dehors plus ou moins éloigné à notre moi et à son enceinte. — Des sensations projetées en apparence au delà de la surface nerveuse où nous situons notre personne, logées en un point déterminé de cet au-delà, détachées de nous par cette projection, constituées à part comme des évènements étrangers à nous, érigées en qualités permanentes par la continuité et l'uniformité de leur répétition, érigées en qualités d'un corps solide par la possibilité présumée, à l'endroit où nous les situons, d'une sensation de contact et de résistance : tels sont les fantômes visuels, effectivement internes, qui, lorsque nous ouvrons les yeux, nous semblent des objets externes, et l'on comprend maintenant sans peine pourquoi, étant composés de la sorte, ils nous apparaissent non-seulement comme autres que nous, mais comme situés *hors* de nous.

VIII. Voilà bien des apparences, et il est temps de chercher si quelque chose de réel correspond à tant d'illusions. Nous avons trouvé que les objets que nous nommons corps ne sont que des fantômes internes, c'est-à-dire des fragments du moi, détachés de lui en apparence et opposés à lui, quoique au fond ils soient lui-même sous un autre aspect ; qu'à proprement parler ce ciel, ces astres, ces arbres, tout cet univers sensible que perçoit chacun de nous, est son œuvre, mieux encore son émanation, mieux encore sa création, création involontaire et spontanément opérée sans qu'il en ait conscience, épandue à l'infini autour de lui, comme l'ombre d'un petit corps dont la silhouette, à mesure qu'elle s'éloigne, va s'élargissant et finit pour couvrir de son immensité tout l'horizon. — Nous avons trouvé ensuite que nulle de nos sensations n'est située à l'endroit du corps où nous la plaçons, que plusieurs d'entre elles, quoique étant nôtres, nous apparaissent comme étrangères à nous, que, parmi celles-ci, quelques-unes nous semblent les qualités permanentes d'un être autre que nous ; tandis qu'elles sont en effet des moments passagers de notre être. — Ainsi l'illusion s'est montrée dans tous nos jugements, à propos du monde extérieur comme à propos du monde interne, et nous ne sommes plus étonnés de voir le philosophe bouddhiste réduire le réel aux évènements momentanés de son moi. Mais l'analyse, après avoir détruit, peut reconstruire, et, en remarquant la façon dont se forment nos illusions, nous avons déjà démêlé comment elles nous mènent à des vérités.

Prenons d'abord les sensations que nous continuons à nous attribuer, mais que nous projetons hors de leur siège cérébral, pour les situer dans les organes et, en général, en un point de notre superficie nerveuse, celles de saveur, d'odeur, de contact, de pression, de contraction musculaire, de douleur, de chaud et de froid. Sans doute, elles ne sont pas à l'endroit où elles nous semblent logées ; mais à cet endroit se trouve ordinairement le commencement de l'ébranlement nerveux qui les provoque. Car, en règle générale, chaque variation dans cet ébranlement et dans sa position réelle se traduit par une variation proportionnée dans la sensation et dans sa position apparente, de sorte qu'en règle générale notre faux jugement aboutit au même effet qu'un jugement vrai. Il nous sert autant ; il nous suggère les mêmes prévisions. Si l'ébranlement nerveux qui provoque la sensation de pression devient plus fort, la sensation de pression devient plus forte. Si l'ébranlement nerveux qui provoque la douleur change effectivement de place, la douleur semble changer de place ; les différences d'emplacement que le jugement ordinaire suppose à tort entre deux sensations sont précisément les différences d'emplacement que l'expérience physiologique établit avec raison entre les points de départ des deux ébranlements nerveux correspondants. — Ainsi notre esprit touche juste en visant mal, et ce que nous disons par erreur de nos sensations *s'applique* avec une exactitude presque absolue et presque constante à l'ébranlement nerveux qui leur est lié. Sauf les cas rares dans lesquels les troncs et les centres nerveux entrent spontanément en excitation, cette application est toujours juste. C'est qu'elle est l'œuvre non d'une rencontre, mais d'une harmonie. En fait, la sensation est presque toujours liée à l'ébranlement du bout nerveux ; et il a fallu cette liaison presque constante pour établir en moi la constante association d'images par laquelle je situe aujourd'hui la sensation aux environs du bout nerveux. Par conséquent, si d'un côté cette liaison m'induit toujours en erreur en me faisant toujours loger ma sensation à faux, d'un autre côté elle répare presque toujours son erreur en déterminant presque toujours un ébranlement du bout nerveux. Elle a deux suites, l'une immanquable et indirecte, mon illusion mentale, l'autre directe et presque immanquable, l'ébranlement du bout nerveux ; ce sont deux ruisseaux partis de la même source ; voilà pourquoi ils se correspondent. Si presque toujours à l'illusion mentale correspond l'ébranlement du bout nerveux, c'est que tous les deux naissent en vertu de la même loi.

Même remarque à propos des sensations que nous projetons au delà de notre enceinte sensible et que nous considérons comme des évènements étrangers à nous, par exemple les sons, ou comme des qualités d'objets étrangers à nous, par exemple les couleurs. — Sans doute, c'est à tort que tel son qui est une sensation de mes centres acoustiques me semble flotter là-bas et là-haut, à vingt pas sur ma droite ; mais à ce son régulier ou irrégulier correspond, élément pour élément, une vibration de l'air qui se propage à partir de cette hauteur, de cette distance et dans cette direction. — Sans doute encore, c'est à tort que des raies blanches et bleues, qui sont des sensations de mes centres optiques, me semblent étendues sur le papier qui tapisse ma chambre ; mais à ces raies de couleur correspondent, élément pour élément, des différences de structure dans la surface du papier, et, par suite, des différences d'aptitude pour absorber ou renvoyer les divers rayons lumineux. Sauf les cas rares où l'œil et l'oreille ont des sensations subjectives, la correspondance est parfaite. Ainsi, cette fois encore, notre jugement, toujours faux en soi, est presque toujours juste par contre-coup et concordance. Ce que nous affirmons à tort de nos sensations se trouve vrai d'une autre chose ; les variations et les différences de l'objet coïncident avec les variations et les différences de nos sensations. — C'est que nos sensations se sont ajustées aux choses et l'ordre interne à l'ordre externe. Ici comme tout à l'heure, l'illusion du sens vient de son éducation, et son éducation vient des lois qui lient la naissance de telle sensation à la présence presque constante de telle condition extérieure ; de sorte qu'aujourd'hui, quand l'illusion se produit, presque toujours la condition extérieure est présente. La loi qui a fini par susciter en nous l'illusion amène d'ordinaire hors de nous la condition. Mécanisme admirable qui nous trompe pour nous instruire et nous conduit par l'erreur à la vérité.

L'ébranlement du bout d'un petit filet blanchâtre, la vibration des particules d'un gaz, la structure spéciale d'une surface éclairée, tels sont les équivalents réels qui se rencontrent sous l'illusion qui déplace et défigure nos sensations. Mais ces équivalents eux-

CHAP. II. L'ÉDUCATION DES SENS

mêmes sont des corps considérés au point de vue d'un mouvement qu'ils subissent ou d'une qualité qu'ils ont. — Il nous reste donc à démêler le sens et la valeur d'une illusion plus profonde, celle qui constitue la perception extérieure, et par laquelle nous affirmons qu'il y a des corps. Y a-t-il quelque chose de réel qui corresponde à ce fantôme que la sensation suscite en nous et que nous appelons un corps? Nous avons dit que la perception extérieure est une hallucination véridique. En quoi diffère-t-elle de l'hallucination proprement dite, qui est trompeuse? — L'analyse a déjà répondu. A ce fantôme intérieur et passager qui apparaît comme chose permanente et indépendante correspondent ordinairement, trait pour trait, une Possibilité et une Nécessité permanentes et indépendantes, la possibilité de telles sensations sous telles conditions, la nécessité des mêmes sensations sous les mêmes conditions plus une condition complémentaire. Ce que je puis poser à bon droit et avec vérité, quand je touche cette bille d'ivoire, c'est un groupe de rapports entre telles conditions et telles sensations; en vertu de ces rapports, tout être sentant qui, en un moment quelconque du temps, se mettra dans les conditions où je suis, aura la sensation que j'ai et les autres sensations que j'imagine. La loi est générale, indépendante de ma présence, de mon absence, de mon existence. Sa permanence me fait imaginer une entité métaphysique qui est la substance. Son efficacité me fait imaginer une entité métaphysique qui est la force. Ce sont là des symboles commodes, mais qu'il faut laisser à l'état de symboles. Pris dans ce sens, on peut dire qu'à notre fantôme correspond une substance indépendante de nous, permanente, douée d'une force efficace, capable de provoquer en tout être sentant tel groupe de sensations, plus généralement encore capable de provoquer et de subir un évènement que nous avons reconnu comme l'équivalent de nos sensations les plus importantes, à savoir le mouvement ou changement de lieu.

Mais, tout en nous servant de ces locutions, nous gardons soigneusement le souvenir de leur sens intime. Nous nous rappelons que notre perception extérieure, réduite à ce qu'elle contient de vrai, n'est qu'une assertion générale, l'énonciation d'une loi, une sorte de *prédiction*, valable pour le passé comme pour l'avenir, la prédiction de tels évènements, sensations ou équivalents de sensations, comme possibles à telles conditions, comme nécessaires aux mêmes conditions plus une condition complémentaire. Nous annonçons que tout être sentant, qui touchera ou aura touché la bille, aura ou aura eu le groupe de sensations musculaires, tactiles, visuelles que nous avons nous-mêmes ; que tout corps qui viendra ou sera venu choquer la bille perdra ou aura perdu une portion de son mouvement. Il y a hallucination proprement dite, lorsque l'annonce ne s'accomplit pas, lorsque la forme blanche et sphérique, qui me semble située à trois pas de moi, ne provoque pas en moi ni en d'autres les sensations musculaires et tactiles sur lesquelles je comptais, lorsqu'un corps, qui passe par l'endroit où elle semble être, ne subit, malgré mon attente, aucune diminution de son mouvement. Mais ce cas est fort rare, et la concordance est presque constante entre l'annonce préalable et l'effet ultérieur. — C'est qu'en fait, entre la sensation visuelle de cette rondeur blanchâtre d'une part, et tel groupe de sensations tactiles et musculaires d'autre part, la liaison est presque constante ; la première est l'indice du second ; la sensation étant donnée, presque toujours le groupe est possible ; la première étant donnée, presque toujours si l'on ajoute la condition complémentaire, le transport de la main jusqu'à l'endroit requis, le second devient nécessaire. Or ma prédiction constante est en moi le fruit de cette liaison presque constante. Partant, la naissance infaillible de la prédiction suppose la présence presque infaillible du groupe, et le cours des évènements, qui, par sa régularité, a formé mon attente, trouve, dans sa régularité même, les moyens de la justifier.

Tout ce mécanisme est admirable, et le lecteur voit maintenant la longueur de l'élaboration, la perfection de l'ajustement qui nous permettent de faire, avec effet et réussite, une action aussi ordinaire, aussi courte, aussi aisée que la perception extérieure. L'opération ressemble à la digestion ou à la marche ; en apparence, rien de plus simple ; au fond, rien de plus compliqué. — Il y a devant moi, à trois pieds de distance, un livre relié en cuir brun, et j'ouvre les yeux. Dans mes centres optiques naît une certaine sensation de couleur brune ; dans d'autres centres naissent des sensations musculaires provoquées par l'accommodation de l'œil à la distance, par le degré de convergence des deux yeux, par la direction des deux yeux convergents ; celles-ci varient en même temps que la sensation de couleur brune, à mesure que l'œil, en se mouvant, suit le contour et les portions diversement éclairées du livre. Deux séries de sensations dont l'emplacement est dans la boîte du crâne : voilà les matériaux bruts. — Tout le travail ultérieur consiste en un accolement d'images. Grâce à l'image associée des sensations musculaires qui conduiraient le toucher explorateur jusqu'au livre et tout le long du livre, la sensation de couleur, qui est nôtre, cesse de nous sembler nôtre et nous paraît une tache étendue située à trois pieds de notre œil. — Grâce à l'image associée des sensations de contact et de résistance qu'éprouverait alors le toucher explorateur, la tache nous semble une étendue solide. — Grâce à l'image associée des sensations qu'éprouverait en tout temps tout être semblable à nous, qui recommencerait la même expérience, il nous semble qu'il y a à cet endroit un quelque chose permanent, indépendant, capable de provoquer des sensations, et que nous appelons matière. — Ainsi naît le simulacre interne, composé d'une sensation aliénée et située à faux, d'images associées, et, en outre, chez l'homme réfléchi, d'une interprétation et d'un nom qui isolent et posent à part un caractère permanent inclus dans le groupe. — Ce simulacre change à chaque instant avec les sensations qui lui servent de support. Sur chaque support nouveau, les images ajoutées construisent un nouveau simulacre, et l'esprit se remplit d'hôtes innombrables, population passagère à laquelle, pièce à pièce, correspond la population fixe du dehors.

LIVRE TROISIÈME

LA CONNAISSANCE DE L'ESPRIT

CHAPITRE PREMIER

LA CONNAISSANCE DE L'ESPRIT

SOMMAIRE.

I. Rôle de l'idée du moi dans la vie mentale. — Sa présence presque incessante. — Le moi comparé à ses évènements
II. Idées dont se compose l'idée du moi. — Entre autres idées, elle comprend l'idée d'un être permanent lié à tel corps organisé. — Ce que nous entendons par cette liaison. — Idées plus précises dont se compose l'idée du moi. — Idée d'un groupe de capacités ou facultés.
III. Ce que nous entendons par les mots de capacité et de faculté. — Ils ne désignent que la possibilité de certains évènements sous telles conditions et la nécessité des mêmes évènements sous les mêmes conditions, plus une condition complémentaire. — Ces possibilités et nécessités sont permanentes. — Importance capitale que nous leur attachons. — Illusion métaphysique que leur idée provoque. — Les seuls éléments réels de notre être sont nos évènements.
IV. Le caractère distinctif, commun à tous ces évènements, est d'apparaître comme internes. — Exemples. — Mécanisme de la rectification. — Toute représentation, conception ou idée, à son second moment, est obligée d'apparaître comme interne. — Nos émotions et volitions ne sont que la face affective et active de nos idées. — D'où il suit qu'elles doivent aussi apparaître comme internes. — Les sensations que nous localisons dans notre corps apparaissent comme internes. — Les sensations que nous localisons hors de notre corps apparaissent comme des évènements étrangers à nous ou comme des propriétés de corps étrangers à nous.

V. Nos évènements passés, aussi bien que nos évènements présents, apparaissent comme internes. — La série de ces évènements apparaît comme une chaîne. — Mécanisme de la mémoire qui les attache entre eux chaînon à chaînon. — Par la loi de la renaissance des images, l'image d'un de nos évènements évoque celles du précédent et du suivant. — — Procédés abréviatifs par lesquels nous remontons ou nous descendons vite et loin dans la série totale. — Exemples. — Points éminents de notre vie passée. — Nous sautons d'éminence en éminence. — Effet de ce parcours rapide. — Dégagement d'un caractère commun à tous les éléments successifs de la série. — Idée d'un dedans stable. — Cette idée est l'idée du moi. — Achèvement de cette idée par celle des capacités et facultés permanentes. — Opposition finale du moi et de ses évènements.

VI. A quel composé réel correspond effectivement l'idée du moi. — Elle est le produit d'une élaboration longue et complexe. — Opérations préalables requises pour la former. — Partant, elle est susceptible d'erreur. — Diverses classes d'erreurs au sujet du moi. — Cas où des évènements étrangers sont introduits dans l'idée du moi. — Exemples divers. — Point de départ de l'illusion. — Chez les romanciers. — Chez les esprits incultes. — En rêve. — Chez les fous. — Dans l'hypnotisme. — Cas où des évènements qui appartiennent au moi sont attribués à autrui. — Aliénation normale de nos sensations de son et de couleur. — Hallucinations psychiques. — Locutions intellectuelles des mystiques. — Histoire de Blake. — Autres exemples. — Point de départ et progrès de l'illusion. — Passage de l'hallucination psychique à l'hallucination sensorielle. — Cas où la série totale de nos évènements passés, présents et possibles est remplacée par une série étrangère. — Point de départ de l'illusion. — Suggestions dans l'hypnotisme. — Expériences des docteurs Tuke et Elliotson. — Exemples chez les monomanes. — Malades persuadés qu'ils sont une autre personne, qu'ils sont changés en animaux ou en corps inanimés, qu'ils sont morts. — Croyances analogues dans le rêve. — Mécanisme de l'idée du moi à l'état normal. — Mécanisme de l'idée du moi à l'état anormal. — Analogie du travail mental et du travail vital.

VII. Véracité générale du souvenir. — Étant donné le mécanisme du souvenir, son jeu est ordinairement sûr. — A l'image actuelle, nette et circonstanciée, correspond presque toujours une sensation antécédente, dont l'image est le reliquat. — A l'emplacement apparent de l'image refoulée correspond presque toujours l'emplacement réel de la sensation antécédente. — Véracité générale de la notion que nous avons de nos facultés. — L'expérience incessante la contrôle, la rectifie et la consolide. — Cohésion de ses éléments. — Il faut des circonstances exceptionnelles pour les disjoindre ou y en insérer d'étrangers. — Raison générale de la concordance de nos pensées et des choses.

VIII. Comment, d'après l'idée de notre esprit, nous nous formons l'idée des autres esprits. — Analogie des autres corps vivants et du nôtre. — Cette analogie nous suggère par association l'idée d'un esprit semblable au nôtre. — Vérifications diverses, nombreuses et constantes de cette induction spontanée.

IX. Résumé général et vues d'ensemble. — Dans toutes les opérations précédentes, une image ou un groupe d'images est soudé à une sensation ou à un groupe de sensations, à une image ou à un groupe d'images, en vertu des lois de réviviscence et d'association des images. — Complication croissante du composé mental. — Complication énorme du composé qui constitue l'idée d'un individu. — Tout composé mental est un couple, et, à ce titre, il est une connaissance. — Quand le premier terme du couple est répété par la sensation actuelle, le second terme devient une prévision. — Mécanisme de la prévision et projection du second terme dans l'avenir. — Dans la majorité des cas, notre prévision concorde avec l'évènement prévu. — Correspondance ordinaire de la loi mentale avec la loi réelle — Deux états du couple mental. — Il agit avant d'être démêlé. — Opposition de la pensée animale à la pensée humaine. — Passage de la première à la seconde. — Après les idées des choses individuelles naissent les idées des choses générales.

I. Nous voici arrivés au centre inétendu, sorte de point mathématique, par rapport auquel nous définissons le reste et que chacun de nous appelle *je* ou *moi*. A chaque instant de notre vie nous y revenons; il faut une contemplation bien intense, presque une extase, pour nous en arracher tout à fait et nous le faire oublier pendant quelques minutes; alors même, par une sorte de choc en retour, nous rentrons avec plus d'énergie en nous-mêmes; nous revoyons en esprit toute la scène précédente, et, mentalement, vingt fois en une minute, nous disons : « Tout à l'heure j'étais là, j'ai regardé de ce côté, puis de cet autre, j'ai eu telle émotion, j'ai fait tel geste, et maintenant je suis ici. » — En outre, l'idée de nous-mêmes est comprise dans tous nos souvenirs, dans presque toutes nos prévisions, dans toutes nos conceptions ou imaginations pures. — De plus, toutes nos sensations un peu étranges ou vives, notamment celles de plaisir ou de douleur, l'évoquent, et souvent nous oublions presque complètement et pendant un temps assez long le monde extérieur, pour nous rappeler un morceau agréable ou intéressant de notre vie, pour imaginer et espérer quelque grand bonheur, pour observer à distance, dans le passé ou dans l'avenir, une série de nos émotions. — Mais ce *nous-mêmes*, auquel, par un retour perpétuel, nous rattachons chacun de nos évènements incessants, est beaucoup plus étendu que chacun d'eux. Il s'allonge à nos yeux avec certitude, comme un fil continu, en arrière, à travers vingt, trente, quarante années, jusqu'aux plus éloignés de nos souvenirs, au delà encore, jusqu'au début de notre vie, et il s'allonge aussi en avant, par conjecture, dans d'autres lointains indéterminés et obscurs. A chaque maille nouvelle que nous lui ajoutons, nous en revoyons un fragment plus ou moins long, une minute, une heure, une journée, une année, parfois un morceau énorme, en un clin d'œil, et comme en un raccourci d'éclair. C'est pourquoi, comparé à nos évènements passagers, ce moi prend à nos yeux une importance souveraine. — Il nous faut chercher quelle idée nous en avons, de quels éléments cette idée se compose, comment elle se forme en nous, pourquoi elle est évoquée par chacun de nos évènements, quelle chose lui correspond, et par quel ajustement cette correspondance de la chose et de l'idée s'établit.

II. Qu'entendons-nous par un moi, en d'autres termes, par une personne, une âme, un esprit? Quand nous concevons tel homme vivant, Pierre, Paul, ou nous-mêmes, quelle idée y a-t-il en nous, et de quels éléments se compose cette idée? — Ce que nous affirmons, c'est d'abord un quelque chose, un être; j'emploie exprès les mots les plus vagues, pour ne rien préjuger. Mais, en prononçant ces mots, nous n'affirmons rien de lui, sinon qu'il est; nous ne disons rien de ce qu'il est; la question est réservée. — Ce que nous affirmons en second lieu, c'est qu'il est un être permanent; il y a en lui quelque chose qui dure et demeure le même. Je suis aujourd'hui, mais j'étais déjà hier et avant-hier; de même pour Pierre et pour Paul. Si à certains égards, eux et moi, nous avons changé, à d'autres égards, eux et moi, nous n'avons pas changé, et je conçois en eux comme en moi quelque chose qui est resté fixe. Mais, en disant cela, je ne fais qu'affirmer la permanence de quelque chose en eux et en moi; je ne dis pas ce qu'est ce quelque chose; je pose sa durée, non sa qualité; la question est réservée encore. — Ce que nous affirmons en troisième lieu, c'est que ce quelque chose est lié à tel corps organisé; j'ai le mien, Pierre et Paul ont chacun le leur; et nous voulons dire par là que, en règle générale, certains changements de mon corps provoquent directement en moi telles sensations, et que certains évènements en moi, émotions, volitions, provoquent directement dans mon corps tels changements ; même règle pour Pierre, Paul et leurs corps. Mais cette règle ne fait que poser un rapport constant entre certains changements de tel corps et certains états du quelque chose inconnu; il reste toujours à chercher ce qu'il est; la question est réservée une dernière fois. — Après avoir constaté son existence, sa permanence, et sa principale relation, il nous faut trouver les qualités qui le déterminent.

Ces qualités, ce sont ses capacités et facultés. Je suis capable de sentir, de percevoir les objets extérieurs, de me souvenir, d'imaginer, de désirer, de vouloir, de contracter mes muscles, et, à cet égard, Pierre, Paul et les autres hommes sont comme moi. De plus, outre ces capacités communes à tous les hommes, j'en ai qui me sont particulières; par exemple, je suis capable de comprendre un livre latin; ce portefaix est capable de porter un sac de trois cents livres; voilà des attributions précises qui déterminent le quelque chose inconnu. Réunissons en un groupe et en un faisceau toutes les capacités et facultés, communes ou propres, qui se rencontrent en lui, et nous saurons ce qu'il est, en sachant ce qu'il contient. L'esquisse vague et vide, que nous avions du moi ou de la personne, se délimite et se remplit.

III. Nous voilà donc conduits à chercher ce que nous entendons par ces capacités et facultés. J'ai la capacité ou faculté de sentir; cela signifie que je puis avoir des sensations, des sensations de diverses espèces, d'odeur, de saveur, de froid, de chaud, et par exemple de son. En d'autres termes, des sensations de son qui, si elles naissent, seront miennes, sont possibles. Elles sont possibles, parce que leur condition, qui est un certain état de mon appareil acoustique et de mes centres sensitifs, est donnée ; si cette condition cessait d'être donnée, elles cesseraient d'être possibles ; je ne serais plus capable d'entendre des sons ; je serais sourd. — Pareillement, un homme a la faculté ou pouvoir de percevoir les corps extérieurs, notamment par la vue ; cela signifie que des perceptions de la vue qui, si elles naissent, seront siennes, sont possibles. Elles sont possibles à deux conditions : il faut que son appareil optique et cérébral soit dans l'état requis, et que l'éducation de la vue ait associé chez lui aux sensations optiques l'image de certaines sensations musculaires ; comme ces deux conditions sont données, ses perceptions sont possibles ; si l'une ou l'autre étaient supprimées, ses perceptions cesseraient d'être possibles ; il perdrait ou n'aurait plus qu'incomplètement la faculté de voir. — Il en est de même dans tous les autres cas, que l'on considère une faculté commune à tous les hommes ou une faculté propre à un individu. J'ai le pouvoir ou faculté de mouvoir mes membres et de faire persister mes idées. Cela signifie que ce mouvement de mes membres et cette persistance de mes idées sont possibles ; ce mouvement est possible, parce que sa condition, un certain état de mon appareil musculaire et nerveux, est donnée ; cette persistance est possible, parce que sa condition, un certain équilibre de mes images, est donnée. — J'ai la faculté de comprendre un livre latin, et mon voisin le portefaix a la faculté de porter un sac de trois cents livres ; cela signifie que, si je lis un livre latin, je le comprendrai ; que, si le portefaix a sur le dos un sac de trois cents livres, il le portera.

La première action est possible pour moi, parce que sa condition, l'intelligence des mots latins, est donnée ; la seconde est possible pour le portefaix, parce que ses conditions, le développement des muscles et l'habitude de l'exercice corporel, sont données. Supprimons une de ces conditions, la possibilité disparaît, et la faculté périt, jusqu'au rétablissement de la condition manquante. Amollissez et amoindrissez les muscles du portefaix par une diète d'un mois, il n'aura plus la force de soulever son sac. Qu'une paralysie engourdisse les nerfs de mon bras, je ne pourrai plus mouvoir ce bras. Qu'une hallucination empêche mes centres sensitifs de recevoir l'impression produite sur ma rétine par les rayons émanés de la table, tant que durera l'hallucination, je ne pourrai plus percevoir la table par la vue. — Par contre, guérissez l'hallucination, la paralysie, et fortifiez les muscles appauvris, les possibilités et, avec elles, les facultés suspendues renaîtront telles qu'auparavant.

Ainsi faculté, capacité, sont des termes tout relatifs, et nous retombons ici dans une analyse semblable à celle que nous avons pratiquée sur les propriétés des corps. Tous ces mots équivalent à celui de *pouvoir;* et, quel que soit le pouvoir, celui d'un chien qui peut courir, celui d'un mathématicien qui peut résoudre une équation, celui d'un roi absolu qui peut faire couper des têtes, ce mot ne fait jamais que poser comme présentes les conditions d'un évènement ou d'une classe d'évènements. — Rien de plus utile que la connaissance de pareilles conditions; elle nous permet de prévoir les évènements, ceux d'autrui comme les nôtres. Partant, nous attachons une grande importance à ces pouvoirs; ils sont pour nous le principal et l'essentiel des choses ; nous sommes tentés d'en faire des entités distinctes, de les considérer comme un fonds primitif, un dessous stable, une source indépendante et productrice d'où s'épanchent les évènements. — La vérité est pourtant qu'en soi un pouvoir n'est rien, sauf un point de vue, un extrait, une particularité de certains évènements, la particularité qu'ils ont d'être possibles parce que leurs conditions sont données. Si ces évènements sont miens ou une suite des miens, le pouvoir m'appartient. En disant que j'ai tel pouvoir, je ne fais qu'annoncer comme possible tel évènement, sensation, perception, émotion, volition, qui fera peut-être partie de mon être, tel autre évènement, contraction musculaire, transport d'un fardeau, exécution d'un ordre, qui suivra, de près ou de loin, un état possible de mon être. Mais ces évènements et ces états sont supposés et non donnés ; ils ne font partie que de mon être possible, ils ne font pas partie de mon être réel. Un seul d'entre eux naîtra à chaque moment ; les autres, en nombre illimité, ne naîtront pas. Ils resteront à la porte ou sur le seuil ; l'autre, l'unique, le privilégié, entrera seul et fera seul partie de moi-même. En fait d'éléments réels et de matériaux positifs, je ne trouve donc, pour constituer mon être, que mes évènements et mes états, futurs, présents, passés. Ce qu'il y a d'effectif en moi, c'est leur série ou trame. Je suis donc une série d'évènements et d'états successifs, sensations, images, idées, perceptions, souvenirs, prévisions, émotions, désirs, volitions, liés entre eux, provoqués par certains changements de mon corps et des autres corps, et provoquant certains changements de mon corps et des autres corps. Et comme, visiblement, tous mes évènements passés, futurs ou possibles sont plus ou moins analogues aux évènements quotidiens que je puis saisir au moment ou presque au moment où ils se produisent, ce sont ceux-ci, les plus nets et les plus prochains de tous, que je vais étudier pour savoir ce qui constitue le moi.

IV. Considérons donc un de ces évènements ou groupe d'évènements présents, telle sensation de douleur ou de plaisir, de contact, de température, de saveur ou d'odeur, telle sensation tactile et musculaire, telle image prépondérante, tel mot mental prépondérant, telle émotion, désir, volition. — En ce moment, je souffre de la migraine, ou je goûte un bon fruit, ou je me délecte à chauffer mes membres au coin du feu ; j'imagine ou je me souviens, je suis contrarié ou égayé par une idée, je me décide à faire une démarche. Voilà les évènements que je trouve en moi ; actifs ou passifs, volontaires ou involontaires, quelles que soient leurs nuances, il n'importe ; ils constituent mon être présent, et je me les attribue. Or, tous les évènements que je m'attribue ont un caractère commun ; ils m'apparaissent comme *intérieurs*.

Prenons d'abord les plus fréquents, c'est-à-dire les représentations, idées, conceptions que nous avons des objets et notamment des corps extérieurs : par exemple, je me représente la vieille pendule à colonnes qui est dans la chambre voisine. Meubles, intérieurs d'appartement, figures humaines ou animales, arbres, maisons, rues, paysages, ce sont des représentations de ce genre dont la série compose le courant ordinaire de notre pensée. Par un mécanisme qu'on a décrit, leur tendance hallucinatoire est enrayée ; elles sont affectées d'une contradiction qui les nie comme objets externes ; elles s'opposent ainsi aux objets externes ; en d'autres termes, elles apparaissent comme internes. — Il en est ainsi de toute idée, sensible ou abstraite, simple ou composée. Car une idée est toujours l'idée de quelque chose, et, partant, comprend deux moments, le premier, illusoire, où elle semble la chose elle-même ; le second, rectificateur, où elle apparaît comme simple idée. Cette transformation qu'elle subit oppose l'un à l'autre les deux moments qui la constituent ; nous exprimons ce passage en disant que nous rentrons en nous-mêmes et que, de l'objet, nous revenons au sujet ; c'est donc le même évènement ou groupe d'évènements qui, selon ses états successifs, constitue d'abord l'objet apparent et ensuite le sujet actuel. — Ainsi l'opération rectificatrice, par laquelle une idée apparaît comme idée, est en même temps la réflexion par laquelle cette idée apparaît comme chose interne, et la contradiction qui la nie comme fragment du dehors la pose du même coup comme fragment du dedans.

Maintenant, remarquez que toute idée, conception, représentation a une double face. D'un côté, elle est une connaissance ; de l'autre côté, elle est une émotion. Elle est agréable, pénible, surprenante, effrayante, tendre, consolante. Son énergie, ses affaiblissements, ses intermittences sont justement l'énergie, l'affaiblissement, les intermittences de l'émotion. Il n'y a là qu'un seul et même fait à deux faces, l'une intellectuelle, l'autre affective et impulsive. — On vous annonce que telle personne que, la veille, vous avez quittée bien portante, est morte subitement, et cette idée vous bouleverse. On vous annonce qu'un de vos proches est très-malade, et cette idée vous afflige. Elle provoque une secousse générale ou une sorte d'élancement aigu qui va s'affaiblissant, et cela fait un désordre qui dure. Rien d'étonnant si ce long trouble, qui part d'une idée et dure à travers une série d'idées, nous semble interne comme les idées, si les désirs et les volitions qui en dérivent sont rapportés de la même façon au dedans, si les suites et les caractères des idées s'opposent, comme les idées, au dehors et ne peuvent être logés en aucun lieu.

Reste à chercher pourquoi les sensations que nous logeons dans notre corps nous apparaissent aussi comme internes et sont rapportées par nous à nous-mêmes. — Pour en trouver la raison, il suffit de les comparer à celles qui nous appartiennent également et que pourtant nous ne nous attribuons point, celles de couleur et de son. On a vu le mécanisme qui les projette en apparence hors de notre corps ; si elles nous sont aliénées, c'est parce qu'elles sont projetées hors de notre enceinte. C'est donc parce que les autres, celles de contact, de pression, de température, d'effort musculaire, de douleur locale, de saveur et d'odeur, ne sont point projetées hors de notre corps, qu'elles ne nous sont point aliénées ; leur emplacement est la cause de leur attribution ; nous nous les rapportons, parce que notre corps, comparé aux autres, a des caractères singuliers et propres. — En effet, c'est par son entremise que nous percevons les autres corps et que nous agissons sur eux. Que l'action vienne de nous ou d'eux, il est toujours entre eux et nous. Pour que nous les connaissions, il faut d'abord qu'un de ses organes soit ébranlé ; pour que nous leur imprimions un mouvement, il faut d'abord qu'un de ses muscles soit contracté. Il est notre premier moteur et notre premier mobile ; par rapport aux autres, il est toujours *en deçà* ; par rapport à lui, ils sont toujours *au delà*. Il est notre enceinte immédiate, en sorte que, si on le compare aux autres, il est un *dedans* et ils sont un *dehors*. — C'est pourquoi, bien que logées par nous dans les organes, les sensations dont on a parlé nous apparaissent comme internes et se rattachent au moi. — Telle est notre conception du sujet actuel ; voilà tous les faits présents et réels qu'elle renferme. Ce que je suis actuellement, ce qui constitue mon être réel, c'est tel groupe présent et réel de sensations, idées, émotions, désirs, volitions ; ma conception de mon être actuel ne comprend que ces évènements, et, à l'analyse, ces évènements présentent tous ce caractère commun qu'ils sont déclarés internes, soit parce qu'à titre d'idées et de suites d'idées ils sont opposés aux objets et privés de situation, soit parce que leur emplacement apparent se trouve dans notre corps.

V. Or, au moment précédent, le sujet, étant tout semblable, ne contenait que des évènements du même genre ; même remarque pour chacun des moments antérieurs. Et, de fait, quand par le souvenir nous considérons quelqu'un de ces moments, nous les trouvons tous pareils au moment présent ; tout à l'heure, quand j'étais dans l'autre chambre, j'avais une sensation de froid, je marchais, je regardais l'heure, je prévoyais, je désirais, je voulais, comme en ce moment. Par conséquent, mes évènements passés, comme mes évènements présents, ont tous ce caractère qu'ils apparaissent comme internes. — A ce titre, ils forment une chaîne dont les chaînons, tous du même métal, apparaissent à la fois comme unis et comme distincts. Car, selon le mécanisme que nous avons décrit et expliqué, d'un côté, l'image qui constitue un souvenir semble projetée en arrière et recule au delà des sensations ou images répressives, ce qui la sépare d'elles; et, de l'autre côté, la même image, se situant avec précision, semble se souder par son extrémité postérieure à l'extrémité antérieure des images ou sensations répressives, ce qui la joint à elles; en sorte que nos évènements nous apparaissent comme une *ligne continue d'éléments contigus*. Nous passons sans difficulté d'un chaînon à un autre; selon la loi bien connue qui régit la renaissance des images, les images de deux sensations successives tendent à s'évoquer mutuellement; partant, quand l'image d'un de nos moments antérieurs ressuscite en nous, l'image du précédent et celle du suivant tendent à ressusciter par association et contre-coup.

Non-seulement nous allons par ce moyen d'un de nos moments au moment adjacent; mais, par des abréviations qui rassemblent en une image une longue série de moments, nous allons d'une période de notre vie à une autre période de notre vie. En effet, si, pour nous souvenir d'un de nos évènements un peu lointains, il nous fallait évoquer les images de toutes nos sensations intermédiaires, l'opération serait prodigieusement longue; à parler exactement, elle emploierait autant de temps qu'il y aurait de temps écoulé entre cet évènement et le moment présent. Car tout le détail et toute la durée des sensations intermédiaires se retrouveraient dans les images qui nous conduiraient en arrière jusqu'à cet évènement; il nous faudrait donc vingt-quatre heures pour nous rappeler une sensation de la veille. A cela la nature a remédié par l'effacement que subissent les images [1] et par la propriété qu'ont certaines images éminentes d'être les substituts abréviatifs du groupe où elles sont incluses. — Par exemple, ce matin, je suis allé dans telle rue et dans telle maison; en ce moment, si je rappelle cette promenade, quantité de détails manquent; beaucoup des sensations que j'ai eues ne renaissent plus. Je ne revois pas les différentes figures de maisons, de voitures, de passants que j'ai vues; neuf sur dix se sont effacées définitivement et pour toujours; de toutes ces impressions, il n'y a plus qu'un reliquat qui soit capable de renaître. Encore, presque toujours, dans la vie ordinaire, je ne lui en laisse pas le temps; il me faudrait insister, chercher dans ma mémoire. C'est seulement quand je cherche, que je revois certains détails précis, telle boutique, telle physionomie intéressante, tel tournant de rue plus frappant. Si je n'appuie pas, si je ne chasse pas les impressions et les distractions survenantes, si je ne laisse pas à mes souvenirs le temps de se préciser et de se compléter, ils restent presque tous à l'état latent; ce qui survit et ce qui émerge, c'est un fragment sur dix mille, la représentation vague de ma marche à tel moment dans la rue, ou de mon arrivée

---

1. Première partie, livre II, ch. II.

dans la maison, ou de l'attitude de l'ami que je suis allé voir. — Mais cela suffit; ce lambeau conservé me tient lieu du reste; je sais par expérience que, en concentrant sur lui mon attention, j'en ressusciterais plusieurs semblables de la même série; il est dorénavant pour moi la représentation sommaire du tout.

— Il en est de même pour le déjeuner que j'ai fait auparavant, pour la lecture qui a employé les premières heures de ma matinée; de sorte qu'avec trois substituts abréviatifs je remonte en un clin d'œil jusqu'à mon lever, c'est-à-dire jusqu'à un incident séparé par dix heures du moment où je suis.

Plus l'évènement est antérieur, plus l'effacement des images est grand; plus cet effacement est grand, plus le substitut abréviatif résume de choses. — Ma journée d'hier ou d'avant-hier ne subsiste en moi que par un évènement saillant, telle visite que j'ai reçue, tel accident domestique auquel il a fallu parer. Si je recule plus loin, je n'aperçois, dans le naufrage et l'engloutissement irrémédiable de mes innombrables sensations antérieures, que de rares images surnageantes, mon arrivée dans la maison de campagne où j'habite, les premières pousses vertes du printemps, une soirée d'hiver chez telle personne, tel aspect d'une ville étrangère où j'étais il y a un an. Je puis ainsi remonter très-loin et très-vite, en sautant de cime en cime, atteindre en un instant à dix, vingt années de distance. — Joignez à cela le calendrier, les chiffres, tous les moyens que nous avons et qui manquent aux enfants, aux sauvages, pour mesurer cette distance. Grâce à une association d'images, nous logeons nos évènements dans la série des jours et des mois que fournit l'almanach, dans la série des années que fournit la chronologie. Cela fait, nous précisons, par ces atlas auxiliaires, l'emplacement que nos divers évènements occupent dans la durée les uns par rapport aux autres, et nous pouvons non-seulement revoir en une seconde nos évènements les plus lointains, mais encore évaluer l'intervalle qui les sépare du présent.

Par cette opération plus ou moins perfectionnée, nous embrassons de très-longs fragments de notre être en un instant et pour ainsi dire d'un seul regard. Les évènements distincts dont la succession l'a constitué pendant cet intervalle cessent d'être distincts; ils sont effacés par les abréviations et la vitesse ; rien ne surnage du parcours, sinon un caractère commun à tous les éléments parcourus, la particularité qu'ils ont d'être internes. Il nous reste donc l'idée d'un quelque chose interne, d'un *dedans* qui, à ce titre, s'oppose à tout le dehors, qui se rencontre toujours le même à tous les moments de la série, qui, par conséquent, dure et subsiste, qui, à cause de cela, nous semble d'importance supérieure et qui se rattache, comme des accessoires, les divers évènements passagers. Ce dedans stable est ce que chacun de nous appelle *je* ou *moi* [1]. — Comparé à ses évènements qui passent tandis qu'il persiste, il est une substance ; il est désigné par un substantif ou un pronom, et il revient sans cesse au premier plan dans le discours oral ou mental. — Dès lors, quand nous réfléchissons sur lui, nous nous laissons duper par le langage ;

1. Selon les uns, le mot je (ich, ego, aham) vient de la racine *ah*, respirer, et désigne le souffle intérieur; selon les autres, il vient de la racine *gha, ha*, qui signifie *celui-ci*, et par laquelle on se désigne soi-même à l'interlocuteur. (Max Mueller, *Science du langage*, II, 67, trad. Harris et Perrot.)

nous oublions que sa permanence est apparente; que, s'il semble fixe, c'est qu'il est incessamment répété; qu'en soi il n'est qu'un extrait des évènements internes; qu'il tire d'eux tout son être; que cet être emprunté, détaché par fiction, isolé par l'oubli de ses attaches, n'est rien en soi et à part. Si nous ne sommes pas détrompés par une analyse sévère, nous tombons dans l'illusion métaphysique; nous sommes enclins à le concevoir comme une chose distincte, stable, indépendante de ses modes et même capable de subsister après que la série d'où il est tiré a disparu.

Une autre illusion métaphysique vient compléter son être et achever son isolement. Nous avons classé ses évènements et les faits que ses évènements provoquent selon leurs ressemblances et leurs différences, et nous avons logé chaque groupe dans un compartiment distinct et sous un nom commun, ici les sensations, là les perceptions extérieures, là-bas les souvenirs, plus loin les volitions, les mouvements volontaires, et ainsi de suite. Considérant notre état présent, nous savons ou nous supposons que les conditions de ces évènements sont présentes, en d'autres termes, que ces évènements sont possibles; ce que nous exprimons en disant que nous avons le pouvoir, la capacité ou faculté de sentir, percevoir, de nous souvenir, de vouloir, de contracter nos muscles. Outre ces pouvoirs communs à tous les hommes, chacun de nous découvre en lui-même, par une expérience semblable, les pouvoirs particuliers qui lui sont propres. Or, quand nous considérons ces pouvoirs, nous les trouvons tous plus ou moins permanents. Ils précèdent les évènements, et d'ordinaire ils leur survivent. Ils durent intacts pendant de longues années, quelques-uns pendant toute notre vie. Ils font ainsi contraste avec les évènements qui sont transitoires, et ils semblent la portion essentielle de l'homme. A ce titre, leur notion s'attache à la notion du moi persistant; dès lors, ce moi cesse de nous apparaître comme un simple *dedans ;* il se garnit, se qualifie, se détermine; nous le définissons par le groupe de ses pouvoirs, et, si nous nous laissons glisser dans l'erreur métaphysique, nous le posons à part comme une chose complète, indépendante, toujours la même sous le flux de ses évènements.

VI. Telle est donc la notion du moi. Illusoire au sens métaphysique, elle ne l'est pas au sens ordinaire; on ne peut pas la déclarer vide; quelque chose lui correspond, quelque chose d'assez analogue à ce qui, d'après notre analyse, constitue la substance des corps. Ce quelque chose est la possibilité permanente de certains évènements sous certaines conditions, et la nécessité permanente des mêmes évènements sous les mêmes conditions plus une complémentaire, tous ces évènements ayant un caractère commun et distinctif, celui d'apparaître comme internes. A ce titre, en maintenant exactement le sens des mots, nous pouvons dire que le moi, comme les corps, est une force, une force qui, par rapport à eux, est un dedans, comme par rapport à elle ils sont un dehors. Ces trois mots, force, dedans, dehors, n'expriment que des rapports, rien de plus ; à tous les moments de ma vie, je suis un dedans qui est capable de certains évènements sous certaines conditions, et dont les évènements sous certaines conditions sont capables d'en provoquer d'autres en lui-même ou en autrui. Voilà ce qui dure en moi et ce qui, à tous les instants de ma durée, sera toujours le même. — Il est manifeste que ce n'est pas là une notion primitive. Elle a des précédents, des éléments, une histoire, et l'on peut compter tous les pas de l'opération involontaire qui aboutit à la former.

Il faut d'abord que nous ayons des souvenirs et des souvenirs exacts. Il faut de plus que, par l'emboîtement de nos souvenirs, nos évènements nous apparaissent comme une file continue. Il faut ensuite que, grâce aux abréviations de la mémoire, les particularités de nos évènements s'effacent, qu'un caractère commun à tous les éléments de la file prédomine, se dégage, s'isole et soit érigé par un substantif en substance. Il faut en outre que nous acquérions l'idée des pouvoirs, capacités ou facultés de cette substance ; partant, que nous classions nos évènements selon leurs diverses espèces ; que, par l'expérience plus ou moins prolongée, nous démêlions leurs conditions externes et internes ; que, constatant ou présumant la présence des conditions, nous concevions ces évènements comme possibles, et enfin que, isolant cette possibilité, nous nous l'attribuions sous le nom de pouvoir, capacité ou faculté. — L'idée du moi est donc un produit; à sa formation concourent beaucoup de matériaux diversement élaborés. Comme tout composé mental ou organique, elle a sa forme normale ; mais, pour qu'elle l'atteigne, il lui faut certains matériaux et une certaine élaboration ; pour peu que les éléments soient altérés et que le travail soit dérangé, la forme dévie et l'œuvre finale est monstrueuse. Par conséquent, l'idée du moi peut dévier et se trouver monstrueuse ; et, si voisins que nous soyons de nous-

CHAP. I. CONNAISSANCE DE L'ESPRIT 219

mêmes, nous pouvons nous tromper en plusieurs façons à propos de notre moi.

En premier lieu, certains matériaux étrangers peuvent s'introduire dans l'idée que nous avons de lui. Il y a des circonstances où une série d'évènements imaginaires s'insère dans la série des évènements réels ; nous nous attribuons alors ce que nous n'avons pas éprouvé et ce que nous n'avons pas fait. — A l'état de veille, la chose est rare ; elle n'arrive guère qu'aux hommes dont l'imagination est surexcitée. J'ai cité l'histoire de Balzac qui décrit un jour, chez Mme de Girardin, un cheval blanc qu'il veut donner à son ami Sandeau et qui, plusieurs jours après, persuadé qu'il l'a donné effectivement, en demande des nouvelles à Sandeau. Il est clair que le point de départ de cette illusion est une fiction volontaire ; l'auteur sait d'abord qu'elle est fiction, mais finit par l'oublier. Chez les peuples barbares, dans les âmes incultes et enfantines, beaucoup de souvenirs faux prennent ainsi naissance. Des hommes ont vu un fait très-simple ; peu à peu, à distance, en y pensant, ils l'interprètent, ils l'amplifient, ils le munissent de circonstances, et ces détails imaginaires, faisant corps avec le souvenir, finissent par sembler des souvenirs comme lui. La plupart des légendes, surtout les légendes religieuses, se forment de la sorte. — Un paysan dont la sœur était morte hors du pays m'assura qu'il avait vu son âme, le soir même de cette mort ; examen fait, cette âme était une phosphorescence qui s'était produite dans un coin, sur une vieille commode où était une bouteille d'esprit-de-vin. — Le guide d'un de mes amis à Smyrne disait avoir vu une jeune fille apportée en plein jour à travers le ciel par la force d'un enchantement ; toute la ville avait été témoin du miracle ; après quinze heures de questions ménagées, il fut évident que le guide se souvenait seulement d'avoir vu ce jour-là un petit nuage dans le ciel. — En effet, ce qui constitue le souvenir, c'est le recul spontané d'une représentation qui va s'emboîter exactement entre tel et tel anneau dans la série des évènements qui sont notre vie. Quand ce recul et cet emboîtement sont devenus involontaires, quand nous ne nous souvenons plus qu'ils ont d'abord été purement volontaires, quand enfin nulle autre représentation projetée au même endroit ne surgit pour leur faire obstacle, le souvenir faux est tenu pour vrai.

Toutes ces conditions se rencontrent dans le rêve ; c'est pourquoi nous avons en songe non-seulement des perceptions extérieures fausses, mais encore des souvenirs faux [1]. J'en ai noté plusieurs sur moi-même : dernièrement encore, je me figurais être dans un salon, où je feuilletais un album de paysages ; le premier de ces dessins représentait la mer polaire, une grande eau bleue, entourée de blocs de glace. A ce moment, je m'aperçois que l'auteur est debout devant moi, et je me sens obligé de louer tout haut la beauté de l'œuvre ; je tourne les pages, et les paysages me semblent de plus en plus mauvais, et tout d'un coup je me rappelle que l'année précédente j'ai eu déjà l'album entre les mains ; que même j'en ai parlé dans un journal ; que mon article, très-peu louangeur, était de trente ou quarante lignes à la troisième

---

[1]. 28 septembre 1868. M. Maury cite plusieurs souvenirs faux qu'il a eus en rêve. *Le Sommeil et les Rêves*, p. 211 et p. 70. — Voyez dans la première partie, liv. II, ch. I, p. 117, l'histoire du vieillard qui s'attribuait les voyages qu'il avait lus comme ceux qu'il avait faits.

colonne de la deuxième page ; devant ce souvenir, je me trouvai si penaud que je m'éveillai. Notez que tout ce rêve était un roman ; mais le recul et l'emboitement s'étaient faits spontanément sans rencontrer de représentation contradictoire, en sorte que l'article imaginé se trouvait affirmé.

Pareillement, rien de plus fréquent que les souvenirs faux, chez les fous, surtout chez les monomanes. Ils se forment un roman conforme à leur passion dominante, et ce roman inséré dans leur vie finit par composer à leurs yeux tout leur passé. — Une femme que j'ai vue à la Salpêtrière racontait, avec une précision et une conviction parfaites, une histoire d'après laquelle elle était noble et riche. Son vrai nom était Virginie Silly, et elle se disait Eugénie de Sully. A l'en croire, ses parents l'avaient perdue exprès sept ou huit fois, et sa mère avait fini par la vendre à des saltimbanques chez qui elle était restée deux ans. Avant 1848, elle avait des entretiens avec Louis-Philippe et lui faisait des rapports sur le Casino, la Chaumière, le Ranelagh et les hôpitaux. « J'étais, dit-elle, commissaire rapporteur de Sa Majesté, et le roi me donnait de grandes sommes. » Plus tard, quand elle fut dans son logement de la rue Poissonnière, l'Empereur vint l'écouter derrière une cloison, et la fit enfermer. Un de ses oncles, marchand d'esclaves au Chili, lui a laissé six millions ; elle a encore 250,000 francs à la caisse des dépôts et consignations. Mais on lui a enlevé ses papiers et ses parchemins, et on a mis à la place un faux extrait de naissance qui la fait roturière et pauvre [1]. — Une autre femme placée dans le ser-

---

[1]. Notes d'après le cours de M. Baillarger, à la Salpêtrière, 1856. Le professeur interrogeait les folles devant les élèves.

vice de M. Métivier, jeune, jolie, fille du concierge d'un ministère, s'imagina que le ministre la regardait souvent et affirma qu'il lui avait envoyé une entremetteuse. Là-dessus, son fiancé, qui était un employé, se retira. Elle épousa un ouvrier, devint grosse, accoucha, et, sur ces entrefaites, le ministre mourut ; elle déclara alors que le ministre, par testament, lui avait laissé 200,000 francs. Ses souvenirs faux étaient si nets, que son fiancé était parti et que son mari la croyait presque [1]. — Dans le somnambulisme et l'hypnotisme, le patient, qui est devenu très-sensible à la *suggestion*, est sujet à de semblables illusions de mémoire ; on lui annonce qu'il a commis tel crime, et sa figure exprime aussitôt l'horreur et l'effroi. Les souvenirs ordinaires ne se présentent plus ou sont trop faibles pour exercer la répression ordinaire ; faute du contrepoids normal, la conception simple devient conception affirmative, et il se souvient à faux de meurtres qu'il n'a point faits.

D'autres cas présentent l'illusion inverse. Cette fois, nous ne nous trompons plus par addition, mais par retranchement ; au lieu d'insérer dans notre série des évènements qui ne nous appartiennent pas, nous projetons hors de notre série des évènements qui nous appartiennent. — Telle est l'erreur dans laquelle nous tombons à propos des couleurs et des sons ; on en a décrit le mécanisme. En soi, ce sont des sensations comme celles de chaleur ou de saveur ; mais, comme elles sont repoussées hors de notre superficie nerveuse, elles nous semblent détachées de nous ; par cette aliénation, le son nous apparaît comme un évène-

---

1. Leuret, *Fragments psychologiques*, histoire analogue d'un fou nommé Benoît, p. 64.

ment étranger et la couleur comme une qualité d'un corps autre que nous-mêmes. — Cette erreur est normale, et nous avons montré en quoi elle est utile. Mais il en est d'autres qui sont maladives et portent le trouble dans toute notre conduite ; ce sont les hallucinations dites psychiques ; dans ce cas, le malade aliène et rapporte à autrui des pensées qui sont à lui [1] ; il entend par la *pensée*, il écoute des « voix secrètes, intérieures » ; on lui parle « à la muette » ; il voit « invisiblement ». La femme d'un major anglais à Charenton parlait d'un sixième sens par lequel elle entendait les voix ; c'était « le sens de la pensée ». — Quand on interroge les malades, ils répondent que le mot de voix dont ils se servent est très-impropre, et qu'ils l'emploient par métaphore, faute d'un meilleur ; la voix n'a pas de timbre, elle ne semble point partir du dehors comme à l'ordinaire ; les mystiques ont déjà fait cette distinction, et opposé les « locutions et voix intellectuelles » que leur âme saisit sans l'intermédiaire des organes, aux voix corporelles qu'ils perçoivent de la même façon que dans la vie courante. Blake, le poète et le dessinateur [2] qui évoquait les morts illustres, causait avec eux « d'âme à âme » et, comme il disait, « par intuition et magnétisme ». — On reconnaît aisément que ces idées qu'ils attribuent à autrui leur appartiennent. L'interlocuteur de Blake le pria de demander à Richard III s'il prétendait justifier les meurtres qu'il avait commis pendant sa vie. « Votre demande, répondit Blake, lui est déjà parvenue..... Nous n'avons pas besoin de paroles ; voici sa réponse un peu plus longue qu'il ne me l'a donnée ;

---

1. Baillarger, *Des Hallucinations*, 1ʳᵉ partie.
2. Brière de Boismont, *Traité des hallucinations*, p. 90.

vous ne comprendriez pas le langage des esprits. —
Il dit que ce que vous appelez meurtre et carnage
n'est rien ; que, en égorgeant quinze ou vingt mille
hommes, on ne leur fait aucun mal, que la partie immortelle de leur être non-seulement se conserve,
mais passe dans un meilleur monde, que l'homme
assassiné qui adresserait des reproches à son assassin
se rendrait coupable d'ingratitude, puisque ce dernier
n'a fait que lui procurer un logement plus commode
et une existence plus parfaite. Laissez-moi ; il pose
très-bien maintenant, et, si vous dites un mot, il s'en
ira. » Il est clair que Blake imputait à Richard III ses
théories et ses rêves ; son personnage était un écho
qui lui renvoyait sa propre pensée. — Une folle jouait
incessamment à pair impair avec un personnage
absent qu'elle croyait le préfet de police ; avant de
jouer, elle regardait toujours les pièces de monnaie
qu'elle mettait dans sa main et savait ainsi leur
nombre ; partant, le préfet devinait toujours mal et ne
manquait jamais de perdre ; plus tard, elle négligea
son examen préable ; alors le préfet tantôt perdait et
tantôt gagnait. — Il est clair que, dans la première
période, elle fabriquait elle-même, sans s'en douter,
l'erreur qu'elle prêtait au préfet.

Le point de départ de ces illusions n'est pas difficile
à démêler ; on le trouve dans le procédé d'esprit de
l'écrivain dramatique, du conteur, de toute imagination vive ; au milieu d'un monologue mental, une
apostrophe, une réponse jaillit ; une sorte de personnage intérieur surgit et nous parle à la deuxième personne : « Rentre en toi-même, Octave, et cesse de te
plaindre. » — Maintenant, supposez que ces apostrophes, ces réponses, tout en demeurant mentales,

soient tout à fait imprévues et involontaires ; cela arrive souvent. Supposez qu'elles renferment des idées étranges, parfois terribles, que le malade ne puisse les provoquer à son choix, qu'il les subisse, qu'il en soit obsédé [1]. Supposez enfin que ces discours soient bien liés, indiquent une intention, poussent le malade dans un sens ou dans un autre, vers la dévotion ou vers le vice. Il sera tenté de les attribuer à un interlocuteur invisible, surtout si la religion environnante et sa croyance propre l'autorisent à s'en forger un. La série totale qui constitue le moi se scinde alors en deux, parce que les deux séries partielles qui la composent présentent des caractères distincts ou même opposés. Parfois, lorsque la seconde n'a rien d'extraordinaire, le malade se l'attribue encore et se croit double. « Je suis porté à croire, écrivait un halluciné, qu'il y a toujours eu en moi une double pensée, dont l'une contrôlait les actions de l'autre. » « Il y a, dit un second malade, comme un autre moi-même qui inspecte toutes mes actions, toutes mes paroles, comme un écho qui redit tout. » Un troisième, convalescent après une fièvre, « se croyait formé de deux individus, dont l'un était au lit, tandis que l'autre se promenait ; quoiqu'il n'eût pas d'appétit, il mangeait beaucoup, ayant, disait-il, deux corps à nourrir [2]. » — D'autres fois, la seconde série est rapportée à un autre, surtout lorsque les idées qu'elle contient sont hors de proportion avec celles qui com-

---

[1]. Voir toute l'autobiographie de Bunyan, l'auteur du *Pilgrim's Progress*. — De même les conversations éloquentes et sublimes du Tasse avec son génie familier, rapportées par Manso. — De même encore les avertissements que donnait à Socrate une voix intérieure.

[2]. Griesinger, 93, et Baillarger, *Des Hallucinations*, passim.

posent la première série. Ainsi se sont formés le démon de Socrate et le génie familier du Tasse. — D'ordinaire, au bout d'un temps, l'hallucination sensorielle vient compléter l'hallucination psychique. Les voix intérieures et mentales deviennent des voix physiques et extérieures. « Au début, selon les malades, c'était quelque chose d'idéal, et comme un esprit qui parlait en eux ; maintenant, ils entendent réellement parler ; » les voix sont claires ou sourdes, graves ou aiguës, mélodieuses ou criardes. J'ai déjà raconté le cas de Théophile Gautier et comment, un jour qu'il passait devant le Vaudeville, une phrase imprimée sur l'affiche se cloua dans son souvenir ; comment, malgré lui, il se la répétait incessamment ; comment, au bout de quelque temps, elle cessa d'être simplement mentale et sembla proférée par un gosier corporel, avec un timbre et un accent très-nets ; elle revenait ainsi par intervalles, à l'improviste ; cela dura plusieurs semaines. Supposez un esprit prévenu et assiégé de craintes ; admettez que la voix prononce, non pas une phrase unique et monotone, mais une suite de discours menaçants et appropriés ; c'est le cas de Luther à la Wartbourg, lorsqu'il discutait avec le diable. Les paroles mentales ont provoqué dans les centres sensitifs de l'encéphale les sensations de l'ouïe correspondantes, et désormais, détachées du moi à un double titre, elles sont imputées à un interlocuteur.

Ce ne sont là que des illusions partielles ; il y en a de totales, où, la série de nos évènements étant remplacée par une série étrangère, Pierre se croit Paul et agit conformément à sa croyance. Là aussi, le point de départ de l'erreur est dans un procédé d'esprit bien connu, celui du romancier ou de l'auteur qui se met à la place de ses personnages, épouse leurs passions, éprouve leurs émotions. — Nulle part on ne voit si nettement l'opération que dans l'hypnotisme ; l'attention du patient, limitée et concentrée, ne porte alors que sur une suite d'idées ; celle-ci se déroule seule ; toutes les autres sont engourdies et, pour un temps, incapables de renaître ; partant, les souvenirs ordinaires manquent et n'exercent plus de répression ; l'illusion qui, dans l'auteur et le romancier, se trouve défaite à chaque instant, n'est plus enrayée et poursuit son cours [1]. « A. B... fut prié de dire son nom ; il répondit raisonnablement, sans hésiter. Quand il fut hypnotisé et dans le coma vigil (il était alors capable de se tenir debout et en apparence bien éveillé, mais avec un air étrange et égaré comme dans le somnambulisme), il lui fut fortement suggéré qu'il s'appelait Richard Cobden. Au bout de quelques instants, on lui demanda son nom. Il répondit aussitôt et sans hésiter : Richard Cobden. — En êtes-vous bien sûr ? — Oui, répliqua-t-il. — La même expérience de noms différents tentée à diverses autres reprises eut toujours les mêmes résultats. — Pendant l'état de veille normal, les sujets de l'expérimentation donnaient leur véritable nom aussitôt qu'on le leur demandait. Au contraire, si, durant la période convenable du sommeil hypnotique, on leur suggérait le nom d'un roi, non-seulement ils étaient poussés à dire que c'était le leur, *mais ils sentaient et agissaient d'une manière qui témoignait de leur conviction qu'ils étaient rois.* »

[1]. *Annales médico-psychologiques*, quatrième série, tome VI, 428. — *De la Folie artificielle*, par le docteur Hack Tuke.

Au lieu d'être passager, cet état peut être fixe ; il est fréquent dans les hospices, et on le rencontre souvent dans les époques d'exaltation religieuse. — Un quartier-maître dans l'armée de Cromwell, James Naylor, se crut Dieu le Père, fut adoré par plusieurs femmes enthousiastes, jugé par le Parlement et mis au pilori. — Dans les asiles, on trouve des fous qui se croient Napoléon, ou la Vierge Marie, ou le Messie, ou tel autre personnage. L'un d'eux, nommé Dupré et traité par Leuret, se croyait et se disait à la fois Napoléon, Delavigne, Picard, Andrieux, Destouches et Bernardin de Saint-Pierre. — Une femme citée par Leuret, et qui s'appelait Catherine, n'est plus elle-même ; elle ne s'appelle plus Catherine ; il y a rupture entre son passé et son présent ; elle ne parle de soi qu'à la troisième personne, en disant : « la personne de moi-même. » — D'autres étaient transformés en animaux. « En 1541, à Padoue, dit Wier, un homme qui se croyait changé en loup courait la campagne, attaquant et mettant à mort ceux qu'il rencontrait. Après bien des difficultés, on parvint à s'emparer de lui. Il dit en confidence à ceux qui l'arrêtèrent : Je suis vraiment un loup, et si ma peau ne paraît pas être celle d'un loup, c'est parce qu'elle est retournée et que les poils sont en dedans. — Pour s'assurer du fait, on coupa le malheureux aux différentes parties du corps, on lui emporta les bras et les jambes. » — Si, par hypnotisme ou maladie, le patient éprouve de fausses sensations, il peut arriver à se faire les idées les plus étranges de son corps et, partant, de sa personne. « Parmi plusieurs femmes hypnotisées, dit le docteur Elliotson, l'une s'imaginait qu'elle était de verre, et elle tremblait qu'on ne vînt à la briser ; une autre, qu'elle n'était pas plus grosse qu'un grain de blé ; une autre, qu'elle était morte. » Pareillement, certains fous sont persuadés que leur corps est en cire, en beurre, en bois, et agissent en conséquence. Leuret cite des hommes qui se croyaient changés en femmes et des femmes en hommes. — Un soldat dont la peau était insensible se croyait mort depuis la bataille d'Austerlitz, où il avait été blessé. « Quand on lui demandait des nouvelles de sa santé, il répondait : Vous voulez savoir comment va le père Lambert ? Mais il n'y a plus de père Lambert, un boulet de canon l'a emporté à Austerlitz ; ce que vous voyez là n'est pas lui ; c'est une mauvaise machine qu'ils ont faite à sa ressemblance ; vous devriez bien les prier d'en faire une autre. — En parlant de lui-même, il ne disait jamais *moi*, mais toujours *cela* [1].

Bref, la conception qu'à un moment donné j'ai de moi-même est un nom abréviatif et substitut, tantôt mon nom, tantôt le mot *je* ou *moi*, l'un et l'autre prononcés mentalement. Si j'insiste dessus à l'état normal, ce nom évoque en moi, par association, son équivalent, à savoir la série de mes évènements actuels et antérieurs, jointe aux nombreuses séries d'évènements possibles dont je suis effectivement capable. Mais cette association principale, étant acquise, peut être défaite ; il en est de même des associations secondaires qui soudent ensemble dans mon esprit les divers fragments de la série totale. Si alors un

[1]. Illusions analogues dans le rêve : M. Charma rêva une fois qu'il était l'aide de camp de Henri IV, une autre fois qu'il était Voltaire. — Le docteur Macnish rêva qu'il était un pilier de pierre et voyait tout ce qui se passait autour de lui. — De Quincey, le fumeur d'opium, rêva qu'il était l'idole d'un temple brahmanique, etc.

fragment étranger ou une série étrangère vient s'intercaler dans la place vide, le patient se méprendra sur lui-même. — Nous venons de voir les conditions principales de cette transposition. Tantôt l'énergie des associations normales est moindre, comme dans le sommeil et l'hypnotisme ; l'attache qui joint mon nom au mot *je* est affaiblie ; partant, une suggestion insistante peut substituer à mon nom celui d'un autre; désormais celui-ci, avec toute la série des évènements dont il est l'équivalent, est évoqué en moi sitôt que le mot *je* revient mentalement, et désormais, à mes yeux, je suis cette autre personne, Richard Cobden ou le prince Albert. — Tantôt l'énergie des associations normales est vaincue par une force plus grande. La conception pure qui, réprimée par la série des souvenirs, avait d'abord été enrayée dans son évolution, achève de se développer selon sa tendance hallucinatoire. Répétée incessamment, chaque jour plus vive, entretenue par une passion maîtresse, par la vanité, par l'amour, par le scrupule religieux, soutenue par de fausses sensations mal interprétées, confirmée par un groupe d'explications appropriées, elle prend l'ascendant définitif, annule les souvenirs contradictoires ; n'étant plus niée, elle se trouve affirmative ; et le roman, qui d'abord avait été déclaré roman, semble une histoire vraie. — Ainsi notre idée de notre personne est un groupe d'éléments coordonnés dont les associations mutuelles, sans cesse attaquées, sans cesse triomphantes, se maintiennent pendant la veille et la raison, comme la composition d'un organe se maintient pendant la santé et la vie. Mais la folie est toujours à la porte de l'esprit, comme la maladie est toujours à la porte du corps ; car la combinaison normale n'est qu'une réussite ; elle n'aboutit et ne se renouvelle que par la défaite continue des forces contraires. Or, celles-ci subsistent toujours ; un accident peut leur donner la prépondérance ; il s'en faut de peu qu'elles ne la prennent ; une légère altération dans la proportion des affinités élémentaires et dans la direction du travail formateur amènerait une dégénérescence. Morale ou physique, la forme que nous appelons régulière a beau être la plus fréquente, c'est à travers une infinité de déformations possibles qu'elle se produit. — On peut comparer la sourde élaboration dont l'effet ordinaire est la conscience à la marche de cet esclave qui, après les jeux du cirque, traversait toute l'arène un œuf à la main, parmi les lions lassés et les tigres repus ; s'il arrivait, il recevait la liberté. Ainsi s'avance l'esprit à travers le pêle-mêle des délires monstrueux et des folies hurlantes, presque toujours impunément, pour s'asseoir dans la conscience véridique et dans le souvenir exact [1].

VII. Comment se fait-il que l'esclave arrive si souvent au terme ? D'où vient que nos souvenirs présents correspondent presque toujours à des sensations passées ; que presque toujours la place assignée à ces sensations soit celle qu'effectivement elles ont occupée ; que presque jamais la chaîne de nos évènements n'aliène un de ses chaînons propres ou ne reçoive un chaînon étranger ; que presque toujours le groupe des évènements passés, présents et possibles dont nous composons notre personne soit en effet le groupe des évènements qui nous sont arrivés, qui se

1. Voir la note à la fin du volume.

passent en nous et qui peuvent nous advenir? Par quel ajustement s'établit la concordance presque constante de notre pensée et de notre être? — Bien entendu, nous n'entreprenons point ici de démontrer la véracité de la mémoire ; la chose est impossible. En effet, la preuve serait un cercle vicieux ; car, si la mémoire est véridique, c'est en vertu de certaines lois qui accommodent le souvenir à son objet ; or ces lois ne peuvent être extraites par nous que des faits que nous observons et dont nous nous *souvenons* pour les comparer ; en sorte que, pour prouver l'exactitude du souvenir, il faudrait d'abord admettre l'exactitude du souvenir. Nous l'admettons et sans grand scrupule. sinon sur une démonstration directe, du moins d'après un cortège de confirmations innombrables et comme une hypothèse que justifie tout l'ensemble de l'expérience, des vérifications et des prévisions humaines. — Cela posé, il nous suffit de l'expliquer, et nous n'avons qu'à regarder le mécanisme décrit pour comprendre la justesse presque infaillible de son jeu.

En premier lieu, ce qui constitue le souvenir, c'est une image présente qui paraît sensation passée et qui, par la contradiction répressive des sensations actuelles, se trouve contrainte à un recul apparent. Or, on a vu que la sensation, après qu'elle a cessé, a la propriété de renaître par son image ; en règle générale, presque toute image nette et circonstanciée suppose une sensation antécédente ; de sorte que, si notre jugement est toujours faux en soi, il est presque toujours vrai par contre-coup. Nous nous trompons toujours en prenant l'image actuelle pour une sensation distante ; mais, d'ordinaire, la sensation distante s'est produite. Si l'image par sa présence provoque d'un côté une illusion constante, qui est le souvenir, d'un autre côté elle *compense* cette illusion par son origine, qui est presque toujours une sensation antérieure ; si j'ose ainsi parler, elle rectifie, d'une main, l'erreur où, de l'autre main, elle nous induit.

En second lieu, ce qui situe avant telle sensation l'image refoulée, c'est la présence de cette sensation ou le rappel de cette sensation par son image. Or, ainsi qu'on l'a vu en constatant les lois qui régissent la renaissance des images, ma sensation présente tend à évoquer l'image de la précédente qui lui est contiguë ; et, en général, les images des sensations qui ont été contiguës tendent à s'évoquer ; d'où il suit que l'image d'une sensation passée tend à évoquer les images des sensations antérieures et postérieures qui lui ont été contiguës. Par suite, l'image abréviative d'une longue série de sensations, opérations et actions, c'est-à-dire d'un fragment notable de ma vie, tend à évoquer les images abréviatives du fragment antérieur et du fragment postérieur. — Mais nous avons montré que la sensation postérieure, soit par elle-même, soit par son image, exerce sur l'image de la sensation précédente une contradiction qui cesse lorsque son commencement rencontre la fin de son antagoniste, d'où il arrive que l'image refoulée semble soudée par sa fin au commencement de l'image ou sensation refoulante. Partant, lorsque l'image d'une sensation passée évoque l'image de la sensation postérieure et l'image de la sensation antérieure, elle est refoulée par la première, elle refoule la seconde, elle se soude par sa fin au commencement de la première, par son commencement à la fin de la seconde, et *s'emboîte* ainsi entre les deux. Il suffit que les trois images viennent chevaucher l'une sur l'autre, pour que les deux refoulements s'opèrent dans le sens indiqué ; le mécanisme qui les situe joue pour les aligner aussitôt que la loi d'évocation mutuelle les éveille ensemble. Elles contractent ainsi, l'une par rapport à l'autre, un ordre apparent qui correspond à l'ordre réel des sensations dont elles sont le reliquat. Contiguïté de deux sensations, l'une précédente, l'autre suivante, éveil réciproque de l'image de l'une par l'image de l'autre, soudure apparente des deux images et soudure telle que, toutes deux apparaissant comme sensations, la première paraisse antérieure à la seconde : voilà tous les pas de l'opération ; d'où l'on voit que la *date réelle* d'une sensation détermine la *date apparente* de son image. Ici encore, la concordance s'établit par un contre-coup.

Règle générale, non-seulement toute image précise et détaillée suppose une sensation antécédente, mais toute image précise et détaillée, qui, en apparence, en soude une autre derrière elle, suppose que la sensation d'où elle dérive était soudée de la même façon, mais cette fois réellement, à la sensation que l'autre répète. Donc, si par son accolement elle provoque toujours une illusion en forçant l'autre à lui paraître antérieure, presque toujours elle répare cette erreur par son origine, qui est la sensation postérieure à la sensation dont l'autre est l'écho.

Ainsi se forme dans notre mémoire la file de nos évènements ; à chaque minute, nous en revoyons un morceau ; il ne se passe pas de journée où nous ne remontions plusieurs fois assez avant, et même fort avant, dans la chaîne, parfois, grâce aux procédés abréviatifs, jusqu'à des évènements séparés du moment présent par plusieurs mois et par plusieurs années. Les associations ainsi répétées deviennent toujours plus tenaces ; notre passé est une ligne que nous ne nous lassons pas de repasser à l'encre et de rafraîchir. — Parmi ces évènements, des classes s'établissent ; ils se groupent spontanément selon leurs ressemblances et leurs différences ; les plus usités, marcher, saisir avec la main, soulever un poids, sentir, toucher, flairer, goûter, voir, entendre, se souvenir, prévoir, vouloir, s'assemblent chacun sous un nom ; nous les concevons comme possibles pour nous, et ces possibilités, incessamment vérifiées et limitées par l'expérience, constituent nos pouvoirs ou facultés. Il n'en est pas une dont la présence, la portée et les bornes ne nous soient manifestées à chaque heure, de sorte que son idée est associée à l'idée du moi par des anneaux à chaque heure reforgés et fortifiés. — Ajoutez au souvenir de mes évènements et à l'idée de mes pouvoirs une dernière idée également renouvelée et affermie à chaque instant par l'expérience, celle de ce corps que j'appelle mien et qui se distingue par des caractères tranchés de tous les autres, étant le seul qui réponde à mon attouchement par une sensation de contact, le seul dont les changements puissent sans intermédiaire provoquer en moi des sensations, le seul en qui ma volonté puisse sans intermédiaire provoquer des changements, le seul en qui les sensations que je m'attribue me semblent situées. Tout ce groupe d'idées vraies et de souvenirs exacts forme un réseau singulièrement solide. Il faut donc une grande accumulation de forces pour lui arracher à tort quelque fragment qui lui appartient ou pour insérer en lui quelque pièce qui lui est étrangère. — En effet, ces transpositions sont rares ; on les rencontre surtout lorsqu'un changement organique, comme le sommeil ou l'hypnotisme, relâche les mailles du réseau ; lorsqu'une passion invétérée, dominatrice, fortifiée par des hallucinations psychiques ou sensorielles, finit par user un fil du tissu, lui substituer un autre fil, et, gagnant de proche en proche, mettre une toile factice à la place de la toile naturelle. Mais, telle qu'elle s'ourdit dans les conditions ordinaires, la toile est bonne, et ses fils, par leur présence, par leurs diversités, par leurs dates apparentes, par leurs attaches, correspondent à la présence, aux diversités, aux dates réelles, aux attaches des faits réels ; c'est que les faits réels eux-mêmes les ont tissés. L'esprit ressemble à un métier ; chaque évènement est une secousse qui le met en branle, et l'étoffe qui finit par en sortir transcrit, par sa structure, l'ordre et l'espèce des chocs que la machine a reçus.

VIII. Lorsque, par les expériences du toucher, de la vue instruite et des autres sens, nous avons acquis une idée assez précise et assez complète de notre corps, et qu'à cette idée s'est associée celle d'un dedans ou sujet, capable de sensations, souvenirs, perceptions, volitions et le reste, nous faisons un pas de plus. Parmi les innombrables corps qui nous entourent, il y en a plusieurs qui, de près ou de loin, ressemblent au nôtre. En d'autres termes, si nous les explorons, ils provoquent en nous des sensations de contact, de résistance, de température, de couleur, de forme et de grandeur tactile et visuelle, à peu près analogues à celles que nous éprouvons lorsque par l'œil et la main nous prenons connaissance de notre propre corps. Ainsi le groupe d'images par lequel nous nous figurons ces corps est fort semblable au groupe d'images par lequel nous nous représentons le nôtre. — Par conséquent, selon la loi d'association des images, lorsque le premier groupe surgit en nous, il doit, comme l'autre, évoquer l'idée d'un *sujet* ou *dedans*, capable de sensations, perceptions, volitions et autres opérations semblables. Telle est la suggestion ou induction spontanée ; elle se confirme et se précise peu à peu par des vérifications nombreuses. — En premier lieu, nous remarquons que ce corps se meut, non pas toujours de la même façon, par le contre-coup d'un choc mécanique, mais diversement, sans impulsion extérieure, vers un terme qui semble un but, comme se meut et se dirige le nôtre, ce qui nous porte à conjecturer en lui des intentions, des préférences, des idées motrices, une volonté comme en nous [1]. — En second lieu, surtout si c'est un animal d'espèce supérieure, nous lui voyons faire quantité d'actions dont nous trouvons en nous les analogues, crier, marcher, courir, se coucher, boire, manger, ce qui nous conduit à lui imputer des perceptions, idées, souvenirs, émotions, désirs semblables à ceux dont ces actions sont les effets chez nous. — En dernier lieu, nous soumettons notre conjecture à des épreuves. Ayant démêlé en nous les précédents et les suites de la peur, de la douleur, de la joie et,

---

[1]. L'enfant s'irrite contre un ballon ou un duvet qui vole capricieusement et ne se laisse pas saisir. — Aux époques primitives, l'homme considéra le soleil, les fleuves, comme des êtres animés. — Le sauvage prend une montre qui fait tic-tac et dont l'aiguille marche, pour une petite tortue ronde. — Le mouvement, en apparence spontané, surtout s'il semble avoir un but, suggère toujours l'idée d'une volonté.

en général, de tel ou tel état interne, nous reproduisons pour lui ces précédents ou nous constatons chez lui ces suites, et nous concluons que l'état interne et intermédiaire, qui, visible chez nous, est invisible chez lui, a dû se produire chez lui comme chez nous. Nous savons qu'un coup de bâton est pour nous le précédent d'une douleur, et qu'un cri en est la suite. Nous frappons un chien, et aussitôt nous l'entendons crier ; entre cette condition de douleur et ce signe de douleur perçus tous deux avec certitude, nous insérons, par conjecture, une douleur semblable à celle que nous aurions ressentie en pareil cas. — Grâce à ces suggestions et à ces vérifications continues, l'univers extérieur, qui n'était encore peuplé que de corps, se peuple aussi d'âmes, et le moi solitaire conçoit et affirme autour de lui une multitude d'êtres plus ou moins pareils à lui.

IX. Toutes ces connaissances sont composées des mêmes éléments soudés ensemble selon la même loi. Qu'il s'agisse d'un corps, de nous-mêmes, d'un autre être animé, que l'opération s'appelle perception extérieure, acte de conscience, souvenir, induction, conception pure, toujours notre opération est un bloc dont les molécules sont des sensations et des images jointes à des images, celles-ci agglutinées en groupes partiels qui s'évoquent mutuellement. — Un couple s'est formé par l'agrégation de deux molécules ; à celui-là s'est attaché un autre couple, à leur tout un autre tout, et ainsi de suite, tant qu'enfin ce vaste composé que nous appelons l'idée d'un individu, l'idée de cet arbre, de moi-même, de ce chien, de Pierre ou de Paul, s'est établi. — Soit une bille d'ivoire à deux pieds de nous. Il se produit en nous une certaine sensation brute de la rétine et des muscles de l'œil, laquelle évoque l'image des sensations musculaires de locomotion qui conduiraient notre main à deux pieds de là, selon tel contour ; le composé est une tache de couleur figurée et située en apparence à deux pieds de nous. — Nous avançons la main, et nous palpons la bille ; il se produit en nous une certaine sensation brute de froid, de contact uni, de résistance, laquelle évoque l'image des sensations tactiles et visuelles que nous aurions, si nous regardions ou nous touchions notre main droite ; le composé est une sensation de contact uni, de résistance et de froid en apparence située dans notre main droite. — Or, toutes les fois que nous avons répété l'expérience, chacun de ces deux composés a toujours accompagné l'autre. Par conséquent, dans un intervalle de temps, si long et si divisé qu'il soit, nous ne pouvons imaginer un moment où, l'un des deux composés étant donné, l'autre ne puisse et ne doive être aussi donné, en sorte que la possibilité et la nécessité de l'un et de l'autre durent sans discontinuité, pendant tous les moments de l'intervalle ; ce que nous exprimons en disant qu'il y a là un quelque chose stable, qui d'une manière permanente est tangible, résistant et revêtu de couleur. — A ce composé ainsi accru s'ajoute l'image des sensations visuelles distinctes que, selon les différences de l'éclairage et de la distance, la bille provoquerait en nous ; de toutes ces apparences liées se forme le simulacre interne qui aujourd'hui jaillit en nous en présence de la bille. — Joignez-y deux autres composés, l'image des sensations par lesquelles nous constatons les changements qu'à certaines conditions elle subit elle-même, et l'image des sensations par lesquelles nous constatons les changements qu'à certaines conditions elle provoque dans tel autre corps. — Tel est le vaste ensemble d'atomes intellectuels soudés un à un et groupe à groupe, dont tous les groupes surgissent ou sont prêts à surgir en nous, lorsque la sensation visuelle brute de la forme blanche ou la sensation tactile brute du contact lisse, du froid et de la résistance se produit en nous.

A présent, supposez que la sensation cesse, qu'il n'en subsiste que l'image avec les appendices, c'est-à-dire une représentation de la bille, et admettez qu'une sensation différente naisse en même temps avec son cortège propre. Par cet accolement d'une sensation contradictoire, la représentation de la bille paraît chose interne, évènement passé ; et, à ce titre, elle éveille d'autres représentations analogues, parmi lesquelles elle s'emboîte pour constituer avec elles une file d'évènements internes ; cette file s'oppose aux autres groupes, parce que tous ses éléments présentent un caractère constant qui, étant toujours répété, semble persistant, à savoir la particularité d'être un *dedans* par opposition au dehors : ce qui fournira plus tard à la réflexion et au langage la tentation de l'isoler sous le nom de sujet et de moi. — Dans cette chaîne immense, chaque classe d'évènements internes, sensations, perceptions, émotions, chaque espèce de perceptions, de sensations et d'émotions a son image associée avec celle de ses conditions et de ses effets internes et externes ; et cela forme une infinité de couples nouveaux, dont les deux anneaux se tirent l'un l'autre à la lumière ; en sorte que nous ne pouvons pas imaginer telle douleur, sans en imaginer la

condition qui est telle lésion nerveuse, et sans en imaginer l'effet qui est telle contraction ou telle plainte.
— Maintenant, par une suggestion forcée, lorsqu'un corps extérieur nous présente les conditions et les effets du nôtre, le groupe de sensations qui le représente évoque en nous un groupe d'images analogues à celles par lesquelles nous nous représentons nos propres évènements ; ce qui fait un dernier composé, le plus vaste de tous, puisqu'il comprend un corps et une âme, avec toutes leurs attaches mutuelles et toutes les attaches qui soudent leurs évènements aux évènements d'autrui. — Ainsi, dans notre esprit, tout composé est couple : couple d'une sensation et d'une image ; couple d'une sensation et d'un groupe ou de plusieurs groupes d'images ; couples plus compliqués dans lesquels une sensation, jointe à son cortège d'images, contredit une représentation ou groupe d'images ; couples encore plus vastes dans lesquels une sensation, présente avec son cortège d'images, refoule dans le passé les images abréviatives d'un grand fragment de notre vie ; couples les plus compréhensifs de tous, où, par des abréviations encore plus sommaires, la sensation et les images qui nous représentent toutes les propriétés d'un corps évoquent le groupe d'images qui nous représentent toutes les propriétés d'une âme. Chaque couple, s'il est bien fait dans notre esprit, correspond à un couple dans les évènements, et chaque couple mental, quand son premier terme est répété exactement par la sensation présente, a pour second terme une *prévision*.

Quel est le mécanisme de cette opération finale, la plus voisine de la pratique, et la plus importante de toutes, puisque c'est par elle que nous pouvons agir ?

— Nous prévoyons que le soleil se lèvera demain, qu'il décrira telle courbe dans le ciel, qu'il se couchera à tel endroit, à telle heure, et même, avec l'aide des sciences, que dans tant d'années, à telle minute, il subira une éclipse de telle grandeur. Ici, comme dans le souvenir, une image semble projetée hors du présent ; seulement, au lieu d'être projetée en arrière sur la ligne du temps, elle est projetée en avant. Quand, aujourd'hui soir, je prévois que le soleil se lèvera demain, ce que j'ai actuellement dans l'esprit, c'est la représentation plus ou moins expresse du soleil à son lever, d'un cercle d'or surgissant au bord oriental du ciel, de rayons presque horizontaux qui éclairent d'abord la tête des collines, tout cela résumé dans un mot, dans un lambeau ressuscitant de sensation visuelle, en d'autres termes, dans une image présente. Celle-ci apparaît comme sensation future et s'emboîte par son bout antérieur avec le bout postérieur de la sensation d'obscurité que j'ai maintenant, ce qui la situe en un point déterminé de la ligne de l'avenir. Voilà le fait brut ; pour se l'expliquer, il suffit de se reporter aux opérations de la mémoire. — Il y a deux sensations qui n'ont jamais manqué de se succéder en nous : d'un côté, celle d'une obscurité de plusieurs heures ; de l'autre côté, celle d'un globe lumineux surgissant au bord oriental du ciel. Si loin que nous remontions dans notre passé, la première ne s'est jamais présentée sans être suivie de la seconde, ni la seconde sans être précédée de la première. En quelque point de notre passé que nous les considérions, nous les trouvons toujours soudées l'une à l'autre dans le même ordre. La répétition constante a créé l'habitude tenace qui a produit la tendance énergique, et désormais, quand nous nous représentons le couple, le premier terme nous apparaît forcément comme antérieur au second et le second comme postérieur au premier. — Or, en ce moment, le premier est une sensation présente ; donc le second doit nous apparaître comme postérieur à la sensation présente, c'est-à-dire comme futur. De cette façon, notre prévision est la fille de notre mémoire. Étant donné un couple de souvenirs dans lequel le second terme apparaît comme postérieur au premier, si le premier se trouve répété par la sensation actuelle, le second ne peut manquer d'apparaître comme postérieur à la sensation actuelle, et de se situer d'autant plus avant et plus loin par rapport à elle, qu'il y a plus d'intervalle entre les deux termes du couple primitif.

Toutes nos prévisions et, par suite, toutes nos conjectures sont construites de la sorte. Je veux mouvoir mon bras, et je prévois qu'il se mouvra ; je secoue une sonnette, et je prévois qu'elle rendra un son clair ; j'allume du feu sous la chaudière d'une locomotive, et je prévois que la vapeur dégagée poussera le piston ; je lis et relis avec attention un morceau de poésie, et je prévois que tout à l'heure je pourrai le répéter par cœur ; j'adresse une question à mon voisin, et je prévois qu'il me répondra. Dans tous ces cas, deux anneaux successifs du passé, tout en gardant leur situation réciproque, sont transportés hors de leur emplacement primitif, pour se poser, le premier sur le présent, et le second sur un point de l'avenir, parce que nous constatons ou croyons constater une ressemblance parfaite entre le premier et notre état présent.

Or, en fait, la majorité de ces prévisions concorde avec les évènements prévus, et, dans la vie courante ;

notre attente n'est presque jamais déçue. Nous ne faisons pas une action sans compter au préalable sur un effet, et cet effet ne manque presque jamais de se produire. J'ai prévu, avant de les faire, tous les mouvements du corps et des membres que je fais, et, cent mille fois contre une, ils se font tels que je les ai prévus. J'ai prévu, avant de les avoir, les sensations de résistance, de forme, d'emplacement, de température que me donneront les objets un peu familiers et point trop lointains que je perçois par la vue, et, cent mille fois contre une, ils me la donnent telle que je l'ai prévue. Je prévois, avant de les constater, les changements que telle modification de tel corps ordinaire provoquera dans tel autre corps ordinaire, et, cent mille fois contre une, ces changements naissent tels que je les ai prévus. Boire, manger, dormir, marcher, lire, écrire, parler, chanter, manier les corps, exercer un art, une profession, un métier, aucune de nos actions usuelles ne s'accomplit sans l'intervention d'une multitude innombrable d'attentes forcément justes. Animal ou homme, l'être intelligent ne pourvoit à ses besoins, ne conserve sa vie, n'améliore sa condition que par l'accord exact de sa prévision présente et de l'avenir prochain ou même lointain. — Si parfois cette harmonie manque, c'est quand il s'agit d'objets ou de circonstances sur lesquels l'observation antérieure n'a pas fourni assez d'indices. Mais, pour les objets usuels, le désaccord est rare, et, si l'expérience préalable a été suffisante, il disparaît entièrement. — Il y a donc une quantité prodigieuse de cas où l'évènement justifie la prévision, et, dans tous ces cas, le couple que forment nos pensées est la contre-épreuve exacte du couple que forment les faits.

Par conséquent, la loi mentale qui lie nos deux pensées est générale comme la loi physique ou morale qui lie les deux faits.

Mais ce n'est pas dès l'abord que nous la savons générale ; primitivement, elle agit en nous, sans que nous démêlions son caractère ou que nous sondions sa portée. L'enfant et l'animal prévoient que cette eau les désaltérera, que ce feu les brûlera ; il suffit pour cela que l'expérience et l'habitude aient accouplé dans leur esprit telle sensation et telle représentation ; à présent, chez eux, la vue de l'eau éveille toujours l'image de la soif éteinte, et la vue du feu éveille toujours l'image de la brûlure. Rien de plus ; ce qui occupe en ce moment tout leur esprit, c'est telle perception visuelle jointe à l'image de telle sensation future. Il en est de même pour la plupart de nos prévisions ordinaires ; l'homme adulte et réfléchi est enfant et animal dans toutes ses actions habituelles et machinales, et cela lui suffit pour la conduite et la pratique. — Mais il peut dépasser cet état ; et en effet, petit à petit, il le dépasse. Non-seulement la loi mentale est en lui, mais il remarque qu'elle est en lui. Non-seulement il la subit dans le cas présent, mais il constate qu'elle vaut pour tous les cas présents, passés et futurs. Au moyen de signes, il extrait, note et lie les deux termes abstraits d'eau et de soif éteinte, les deux termes abstraits de feu et de brûlure. Cela fait, aidé d'une formule, il considère leur couple en soi, exclusion faite de tous les cas particuliers où ils se rencontrent. Soumis à cette opération, les couples qui composent notre pensée animale prennent un nouvel aspect, et, sous le flot des évènements passagers et compliqués, nous apercevons le monde des lois simples et fixes.

LIVRE QUATRIÈME

LA CONNAISSANCE DES CHOSES GÉNERALES

CHAPITRE PREMIER

LES CARACTÈRES GÉNÉRAUX ET LES IDÉES GÉNÉRALES

SOMMAIRE.

Les caractères généraux. — Exemples. — Ils sont l'objet des idées générales.

§ I. — Idées générales qui sont des copies.

I. Rôle des caractères généraux dans la nature. — Un groupe de caractères généraux communs à tous les moments d'une série d'évènements constitue l'individu. — Un groupe de caractères généraux communs à plusieurs individus constitue la classe. — Les caractères généraux sont la portion fixe et uniforme de l'existence. — Ils ne sont pas de pures conceptions ou fictions de notre esprit. — Leur efficacité dans la nature. — Ils sont plus ou moins généraux. — Plus ils sont généraux, plus ils sont abstraits.

II. A ces extraits généraux correspondent en nous des idées générales et abstraites. — Ces idées sont des noms accompagnés ordinairement d'une vague représentation sensible. — Exemples. — La représentation sensible est un résidu de plusieurs souvenirs émoussés et confondus. — Le nom est un son significatif, c'est-à-dire lié à ce que toutes les perceptions et représentations sensibles des individus de la classe ont de commun, et à cela seulement. — A ce titre, il est le correspondant mental de leur portion commune et se trouve idée générale. — Mécanisme de cette liaison exclusive. — Observations sur les enfants. — Analogie de l'invention enfantine et de l'invention scientifique. — En quoi l'intelligence humaine se distingue de l'intelligence animale. —

Comment, chez l'enfant, les noms transmis deviennent des noms significatifs. — Indications fournies par ses barbarismes. — Observations du Dr Lieber. — L'enfant reçoit les mots, mais crée leur sens.

III. Adaptation graduelle des idées générales aux choses. — La recherche scientifique. — Aux caractères généraux dont le groupe constitue une classe nous en ajoutons d'autres. — Cette addition n'a pas de terme. — Corrections apportées à notre idée générale par nos additions. — Exemples en zoologie et en chimie. — Perfectionnement de nos classifications.

IV. Caractères généraux qui appartiennent aux éléments des individus classés. — Idée de la feuille en botanique. — Idée du plan anatomique en zoologie. — Idée de l'action électrique. — Idée de la gravitation. — Dégagement des caractères les plus universels et les plus stables. — Retranchement des caractères accessoires et passagers. — Résumé. — L'idée générale s'ajuste à son objet d'abord par addition, puis par soustraction.

§ II. — Idées générales qui sont des modèles.

I. Idées générales dont les objets ne sont que possibles. — Nous les construisons. — Idées de l'arithmétique. — Notion de l'unité. — La propriété d'être une unité n'est que l'aptitude à entrer comme élément dans une collection. — Tous les faits ou individus présentent cette propriété. — Nous l'isolons au moyen d'un signe qui devient son représentant mental. — Inventions successives de diverses sortes de signes pour représenter les séries d'unités abstraites. — Première forme du calcul. — Les dix doigts. — Les petits cailloux. — Addition et soustraction au moyen des doigts et des cailloux. — Les noms de nombre, substituts des doigts et des cailloux. — Commodité, petit nombre et combinaisons simples de ces nouveaux substituts. — Derniers substituts, les chiffres. — Ils sont les plus abréviatifs de tous. — Nous formons ainsi des collections d'unités mentales sans songer à les adapter aux collections d'unités réelles. — Ultérieurement et à l'expérience, toute collection d'unités réelles se trouve adaptée à une collection d'unités mentales. — Exemples. — Nos nombres sont des cadres préalables.

II. Toutes les idées générales que nous construisons sont des cadres préalables. — Idées de la géométrie. — Notions de la surface, de la ligne, du point. — Leur origine. — La surface est la limite du corps sensible, la ligne est la limite de la surface, le point est la limite de la ligne. — Symboles commodes par lesquels nous représentons ces caractères généraux. — Surface de tableau ou du papier, lignes et points à l'encre ou à la craie. — Analogie de ces substituts et des doigts ou des cailloux de l'arithmétique. — Dernière idée générale introduite dans la géométrie, l'idée du mouvement. — Son origine. — Tour nouveau qu'elle donne aux premières idées géométriques. — La ligne est la série continue des positions successives du point en mouvement. — La surface est la série continue des positions successives de la ligne en mouvement. — Le solide est la série continue des positions successives de la surface en mouvement. — Si l'on substitue au point, à la ligne et à la surface leurs symboles, ces constructions deviennent sensibles. — Autres constructions. — La ligne droite. — La ligne brisée. — La ligne courbe. — L'angle. — L'angle droit. — La perpendiculaire. — Les polygones. — La circonférence. — Le plan. — Les trois corps ronds. — Les sections coniques. — Nombre indéfini de ces constructions. — Aux plus générales de ces constructions mentales correspondent des constructions réelles. — Il y a dans la nature des surfaces, des lignes et des points, au moins pour nos sens. — Il y a dans la nature des surfaces, des lignes et des points en mouvement. — Aux moins générales de ces constructions mentales correspondent approximativement des constructions réelles. — Pourquoi cette correspondance n'est-elle qu'approximative. — Exemples. — La construction réelle est plus compliquée que la construction mentale. — Des deux constructions, l'une en se compliquant, l'autre en se simplifiant, s'ajuste à l'autre. — Utilité des cadres préalables.

III. Idées de la mécanique. — Notions du repos, du mouvement, de la vitesse, de la force, de la masse. — Leur origine et leur formation. — Les lignes, les chiffres et les noms sont leurs symboles. — Diversité et nombre indéfini des composés construits avec ces éléments. — Aux plus simples de ces constructions mentales correspondent des constructions réelles. — Tendance des corps en repos ou doués d'un mouvement rectiligne uniforme à persévérer indéfiniment dans leur état. — A celles de ces constructions mentales qui sont moins simples correspondent encore certaines constructions réelles. — Hypothèse de la vitesse uniformément accrue; cas des corps pesants qui tombent. — Mobile animé d'un mouvement rectiligne uniforme et d'un autre mouvement dont la vitesse est uniformément accrue; cas des planètes. — Comment les cadres préalables doivent être construits pour avoir chance de convenir aux choses. — Trois

conditions. — Leurs éléments doivent être calqués sur les éléments des choses. — Leurs éléments doivent être le plus généraux qu'il se pourra. — Leurs éléments doivent être combinés le plus simplement possible.
IV. Autres constructions mentales. — Nous pouvons en faire pour toutes les classes d'objets. — Hypothèses physiques et chimiques. — Parmi ces cadres, il y en a auxquels nous souhaitons que les choses se conforment. — Construction mentale de l'utile, du beau et du bien. — Ces cadres, ainsi construits, deviennent des ressorts d'action.

Jusqu'ici, nous n'avons considéré que les choses particulières et la connaissance que nous en prenons ; il nous reste à considérer les choses générales et les idées que nous en avons. Car il y a des choses générales : j'entends par là des choses communes à plusieurs cas ou individus ; ce sont des caractères ou groupes de caractères. Observez par exemple ce que désigne le mot *eau* ou le mot *boire* ; *eau* désigne un groupe de caractères qui se rencontre toujours le même dans une infinité de liquides, dans celui des puits, des fleuves, des sources, de la mer ; *boire* désigne un groupe de caractères qui se rencontre toujours le même dans une infinité d'actions, dans toutes celles par lesquelles un homme ou un animal fait couler un liquide dans sa bouche et dans son estomac. Il en est de même pour les autres mots du dictionnaire ; chacun d'eux désigne un caractère ou groupe de caractères qui se présente ou peut se présenter dans plusieurs cas ou individus naturels. Voilà un nouvel objet de connaissance. De même qu'il y a en nous des pensées qui correspondent aux cas et individus particuliers, de même il y a en nous des pensées qui correspondent aux caractères généraux ; on les nomme idées générales ; elles forment en nous des couples, des séries, des assemblages de diverses sortes, bref, un vaste édifice compliqué. Nous allons examiner de quels éléments cet édifice mental se compose, comment il se construit, par quel équilibre il se soutient, et à quelles conditions il correspond à l'édifice réel et naturel des choses.

§ I. — Idées générales qui sont des copies.

I. C'est un grand rôle que celui des caractères généraux dans la nature. D'abord, et si fort que soit ce paradoxe apparent, il faut un caractère général pour constituer un individu, une chose particulière qui dure. Soit un corps ou un esprit, cette pierre ou cet homme ; il y a un caractère qui relie ses divers moments successifs, un caractère commun qui dans tous se retrouve le même. Pour cette pierre, c'est, à toute seconde et pendant toute la durée de son existence, la possibilité de provoquer en nous les mêmes sensations de contact, de résistance, de forme, et de subir les mêmes changements de position ou de structure dans les mêmes circonstances, bref la présence incessamment renouvelée des mêmes caractères sensibles et physiques. Pour cet homme, c'est la possession constante des mêmes aptitudes et des mêmes inclinations, ou, si l'on veut, l'action continue de la même cervelle. — On l'a déjà vu, ce qu'il y a au fond de l'idée du moi, c'est l'idée d'un dedans par opposition au dehors, tous nos évènements ayant ce caractère commun de nous apparaître comme internes par opposition aux autres qui nous apparaissent comme externes. Pareillement, ce qu'il y au fond de l'idée de tel corps, c'est l'idée de telles sensations toujours les mêmes, qui, à telles conditions, peuvent à tout moment être obtenues. — En somme, pour peu que l'on pousse l'analyse, on s'aperçoit que l'existence est, de sa nature, fragmentaire, perpétuellement répétée, composée d'un nombre indéfini de portions successives, semblable à la flamme d'une bougie, qui est une suite de vibrations éthérées, ou au cours d'un fleuve, qui est un écoulement d'eaux toujours nouvelles. Dans cet immense flux d'évènements qui est le monde, les séries qui tranchent fortement sur les séries environnantes et dont les éléments sont très-semblables entre eux, font ce que l'on nomme les êtres particuliers et individuels. Chacun de ces êtres est une sorte de tourbillon distinct; sa répétition continue simule la permanence; de fait, rien n'est permanent en lui, sinon sa forme, c'est-à-dire le groupe des caractères communs à tous ses moments. Mais, dans l'évanouissement et dans la diversité incessante de tous ses évènements constitutifs, le groupe de ses caractères fixes prend une importance capitale, et nous le considérons à bon droit comme la portion essentielle de l'individu.

A présent, comparons un grand nombre d'individus entre eux. Chose remarquable, malgré les séparations du temps et de l'espace, dans un nombre indéfini d'individus, certains caractères se retrouvent toujours les mêmes. Il y a six mille ans, les plantes et les animaux de l'Égypte étaient pareils à ceux d'aujourd'hui; plusieurs espèces de plantes et d'animaux n'ont pas varié à travers les énormes intervalles des périodes géologiques; d'un bout à l'autre de la terre, de nos jours et à des époques séparées de notre temps par des myriades de siècles, le petit mollusque dont la coquille forme la craie a la même structure et la même vie. — Bien plus, beaucoup de nos corps chimiques, l'hydrogène, le fer, le sodium, d'autres encore, se rencontrent dans le soleil, à trente-cinq millions de lieues de notre terre, au delà encore dans des étoiles si éloignées qu'il faut plusieurs années à leur lumière pour arriver jusqu'à nous, ou que leur distance échappe à toutes nos mesures. — A cette distance prodigieuse, les astres restent pesants comme notre terre; on s'en est assuré par les mouvements des étoiles doubles. Leur lumière se comporte comme celle des corps que nous brûlons; on s'en est assuré par l'étude des raies du spectre. — Enfin, d'après les lois de la conservation de la force, aucun savant ne doute que le mouvement n'ait toujours existé et ne doive exister toujours. — Ainsi, de même qu'il y a des caractères communs dont la présence continue relie entre eux les divers moments de l'individu, de même il y a des caractères communs dont la présence multipliée et répétée relie entre eux les divers individus de la classe. Ces caractères sont la portion uniforme et fixe de l'existence dispersée et successive, et cela seul suffirait à faire comprendre l'intérêt que nous avons à les dégager et à les saisir.

Mais leur importance se marque encore mieux par un autre trait. Ce n'est pas nous qui les arrangeons pour la commodité de notre pensée; ils ne sont pas de simples moyens de classer, des instruments de mnémotechnie. Non-seulement ils existent en fait, hors de nous, et souvent bien au delà de la courte portée de nos sens et de nos conjectures; mais encore ils sont efficaces. Chacun d'eux, par lui-même et par lui seul, en entraîne avec soi un autre qui est son compagnon, son antécédent ou son conséquent, et fait avec lui un couple qu'on appelle une loi. Ainsi, chez un animal quelconque, la présence des mamelles amène celle des vertèbres. Chez toute plante qui a deux cotylédons, la tige arborescente est formée de couches concentriques. Dans toutes les couches d'air qui se refroidissent au delà d'un certain degré, la vapeur incluse se dépose en rosée. Toutes les fois que deux corps pesants sont en présence, ils s'attirent en raison directe de leur masse et en raison inverse du carré de leur distance. Si une vapeur de sodium brûle, son spectre lumineux présente, à un endroit déterminé, une raie jaune. — On voit par tous ces exemples que les caractères généraux sont non-seulement les habitants les plus répandus, mais encore les acteurs les plus importants de la nature ; outre la plus large place, ils ont sur la scène de l'être le premier rôle et la plus décisive action.

Maintenant il faut remarquer qu'ils ne sont point tous également généraux. Les uns le sont davantage, les autres moins ; chacun d'eux est d'autant plus général qu'il est moins complexe et d'autant moins complexe qu'il est plus général. — En effet, considérons d'abord le groupe de caractères qui persiste dans un être particulier, dans tel homme, à travers les moments successifs de sa vie. Ce groupe est fort abondant ; on s'en aperçoit à la multitude des détails qu'on est obligé de donner quand on essaye de décrire une figure et une âme humaines. Mais d'autre part ce groupe ne convient qu'à cet homme et ne dure comme lui qu'un court intervalle de temps. — A présent, de l'individu, passez à la race ; c'est l'inverse qui arrive ;

sans doute ici, les caractères communs sont beaucoup plus répandus dans l'espace et durent bien davantage dans le temps, puisqu'ils se rencontrent dans un nombre indéfini d'individus contemporains et se répètent à travers un nombre indéfini de générations successives. Mais, en revanche, ils sont eux-mêmes beaucoup moins nombreux, puisque forcément tous les traits qui distinguaient chaque individu des autres ont été laissés de côté et puisque le type général obtenu par ce retranchement n'est qu'un reste. — Même observation si, de la race ou variété, c'est-à-dire du nègre ou de l'Indo-Européen, on passe à l'espèce, c'est-à-dire à l'homme. — Continuez et suivez les classifications de l'histoire naturelle de l'espèce au genre, puis à la famille, puis à l'ordre, jusqu'à l'embranchement et au règne. A chaque échelon de cette échelle, le type, appauvri d'un côté, enrichi d'un autre, perd quelques-uns de ses caractères précédents et acquiert des représentants nouveaux ; ses éléments sont plus restreints, mais son domaine est plus large ; son contenu décroît, en même temps que son extension croît. — Par exemple, l'espèce est moins durable que le genre. Telle espèce d'animaux, celle des mégalosauriens, a péri, après avoir occupé une période géologique, et le genre auquel elle appartient subsiste encore dans d'autres espèces qui sont nées depuis ou qui ont survécu ; mais les caractères du genre ne sont qu'un fragment de ceux de l'espèce, et le genre qui survit dans les sauriens modernes ne présente qu'une portion des caractères de l'espèce qui a disparu. — Partout la règle est la même. Si, de la matière organisée et vivante, nous arrivons à la matière minérale et brute, puis à la matière mécanique, nous voyons le groupe des caractères communs aux divers corps, d'une part, se réduire jusqu'à ne plus consister qu'en une ou deux qualités presque absolument simples, d'autre part, s'appliquer jusqu'à comprendre tous les corps imaginables et réels. — Ainsi les caractères généraux s'ordonnent par étages, les uns au-dessus des autres, et, à mesure qu'on trouve leur présence plus universelle, on trouve leur contenu moindre. Au bas est le fait momentané, absolument singulier et distinct qui est l'élément du reste; chaque moment, acte, état ou fait est ainsi une donnée prodigieusement complexe, différente de toute autre, et qui a sa nuance propre. Cette nuance retranchée, il reste un faisceau de caractères communs à toute une série de faits et dont la persistance fait l'individu. Si dans ce faisceau on omet tous les traits personnels, le reliquat est la race, c'est-à-dire un caractère présent dans cet individu et dans beaucoup d'autres. Un extrait de ce reliquat est l'espèce, c'est-à-dire un caractère présent dans plusieurs races. Un extrait de cet extrait est le genre, c'est-à-dire un caractère présent dans plusieurs espèces ; et ainsi de suite. — Par cette série de suppressions, on va, d'un reliquat écourté, à un reliquat plus écourté, et, en même temps, d'une donnée générale à une donnée plus générale. A tous les degrés, le caractère général est un caractère abstrait, d'autant plus abstrait qu'il est plus général, et d'autant plus général qu'il est plus abstrait.

II. A ces extraits ou reliquats, présents en plusieurs points du temps et de l'espace, correspondent en nous des pensées d'une espèce distincte et que nous appelons idées générales et abstraites. — On a déjà dit en

CHAP. I. LES IDÉES GÉNÉRALES

quoi consistent ces idées [1]. Une idée **générale et abstraite** est un nom, rien qu'un nom, le *nom significatif et compris* d'une série de faits semblables ou d'une classe d'individus semblables, ordinairement *accompagné* par la représentation sensible, mais vague, de quelqu'un de ces faits ou individus. L'analyse est des plus délicates, et nous l'avons déjà faite ; mais en pareil sujet on ne peut amasser trop d'exemples, et je prie le lecteur de répéter l'examen sur lui-même, en choisissant une idée bien frappante dont il ait fait récemment l'acquisition. — En voici une des miennes dont je me rappelle très-nettement la naissance. Il y a quelques années, en Angleterre, à Kew-Gardens, je vis pour la première fois des araucarias, et je marchais le long des parterres en regardant ces étranges plantes, aux tiges rigides, aux feuilles compactes, courtes, écailleuses, d'un vert sombre, dont la forme abrupte, toute hérissée et barbare, tranchait sur l'herbe molle et doucement soleillée du frais gazon. Si en ce moment je cherche ce que cette expérience a laissé en moi, j'y trouve d'abord la représentation sensible d'un araucaria ; en effet, j'ai pu décrire à peu près la forme et la couleur du végétal. Mais il y a une différence entre cette représentation et les sensations anciennes dont elle est l'écho actuel. Le simulacre interne, d'après lequel je viens de faire ma description, est vague, et mes sensations passées étaient précises. Car, certainement, chacun des araucarias que j'ai vus a provoqué alors en moi une sensation visuelle distincte ; il n'y a pas deux plantes absolument semblables dans la nature ; j'ai regardé peut-être vingt ou

---

1. Première partie, liv. I, ch. II.

trente araucarias; sans aucun doute, chacun d'eux différait des autres en grandeur, en grosseur, par les angles plus ou moins ouverts de ses branches, par les saillies plus ou moins fortes de ses écailles, par le ton de son tissu ; partant, mes vingt ou trente sensations visuelles ont été différentes. Mais aucune d'elles n'a survécu complètement dans son écho ; les vingt ou trente résurrections se sont émoussées les unes les autres ; ainsi délabrées, agglutinées par leur ressemblance, elles se sont confondues, et ma représentation actuelle n'est que leur résidu. Voilà le produit, ou plutôt le débris, qui se dépose en nous, lorsque nous avons parcouru une série de faits ou d'individus semblables. De nos expériences nombreuses, il nous reste le lendemain quatre ou cinq souvenirs plus ou moins distincts, qui, oblitérés eux-mêmes, ne laissent en nous à demeure qu'une représentation unique, décolorée et vague, dans laquelle entrent comme composants diverses sensations ressuscitantes, toutes affaiblies, inachevées et avortées. — Mais cette représentation n'est pas l'idée générale et abstraite. Elle n'en est que l'accompagnement, et, si j'ose ainsi parler, la gangue. Car la représentation, quoique mal esquissée, est une esquisse, l'esquisse sensible d'un individu distinct ; en effet, si je la fais persister et que j'insiste sur elle, elle répète telle sensation visuelle particulière ; je vois mentalement tel contour qui ne convient qu'à tel araucaria, et, partant, ne peut convenir à toute la classe ; or mon idée abstraite convient à toute la classe ; elle est donc autre chose que cette représentation d'un individu. — De plus, mon idée abstraite est parfaitement nette et déterminée ; maintenant que je l'ai, je ne manque jamais de reconnaître un araucaria entre les diverses plantes qu'on me présente; elle est donc autre chose que la représentation confuse et flottante que j'ai de tel araucaria particulier.

Qu'y a-t-il donc en moi de si net et de si déterminé qui correspond au caractère abstrait commun à tous les araucarias, et ne correspond qu'à lui ? — Un nom de classe, le nom d'araucaria, prononcé ou entendu mentalement, c'est-à-dire un son *significatif,* lequel est *compris,* et qui, à ce titre, est doué de deux propriétés. D'une part, sitôt qu'il est perçu ou imaginé, il éveille en moi la représentation sensible, plus ou moins expresse, d'un individu de la classe ; cette attache est exclusive ; il n'éveille point en moi la représentation d'un individu d'une autre classe. D'autre part, sitôt que je perçois ou imagine un individu de la classe, j'imagine ce son lui-même, et je suis tenté de le prononcer ; cette attache aussi est exclusive ; la présence réelle ou mentale d'un individu d'une autre classe ne l'évoque point dans mon esprit et ne l'appelle pas sur mes lèvres. — Par cette double attache, il fait corps avec toutes les perceptions et représentations sensibles que j'ai des individus de la classe et ne fait corps qu'avec elles. Mais il n'est attaché d'une façon particulière à aucune d'elles ; indifféremment, il les évoque toutes ; indifféremment, il est évoqué par toutes. Partant, si elles l'évoquent, c'est grâce à ce que toutes ont en commun, et non grâce à ce que chacune d'elles a de propre ; partant encore, s'il les évoque, c'est grâce à ce que toutes ont de commun, et non grâce à ce que chacune d'elles a de propre ; par conséquent enfin, il est attaché à ce que toutes ont de commun et à cela seulement. — Or ce quelque chose est justement le caractère abstrait, le même pour tous les individus de la classe. C'est donc à ce caractère seul que le nom, mentalement entendu ou prononcé, correspond ; ce qu'on exprime en disant que le nom désigne et signifie le caractère. De cette façon, le nom équivaut à la vue, expérience ou représentation sensible que nous n'avons pas et que nous ne pouvons avoir du caractère abstrait présent dans tous les individus semblables. Il la remplace et fait le même office. — Ainsi nous pensons les caractères abstraits des choses au moyen de noms abstraits qui sont nos idées abstraites, et la formation de nos idées n'est que la formation des noms qui sont des *substituts*.

Comment naît en nous un nom général et abstrait, et par quel mécanisme contracte-t-il avec nos représentations sensibles et nos perceptions particulières cette double attache exclusive qui lui donne sa signification et sa vertu ? — Il n'y a là, comme on l'a vu plus haut, qu'une association d'un certain genre. On montre un chien à un très-jeune enfant, et on lui dit, dans le langage des nourrices, en imitant, tant bien que mal, l'aboiement de la bête : « C'est un *ouaoua*. » Ses yeux suivent le geste indicateur ; il voit le chien, entend le son, et, après quelques répétitions qui sont son apprentissage, les deux images, celle du chien et celle du son, se trouvent, d'après la loi d'association des images, associées à demeure dans son esprit. En d'autres termes, quand il revoit ce chien, il imagine ce son, et, par instinct imitatif, après quelques tâtonnements, il le profère. Si le chien aboie, il rit, il est enchanté, il est doublement tenté de prononcer lui-même le son animal très-frappant et tout nouveau dont il n'a encore entendu qu'une contrefaçon humaine. — Jusqu'ici, rien d'original ni de supérieur ; tout cerveau de mammifère est capable d'associations pareilles ; un renard qui saisit un lapin, a certainement imaginé d'avance le cri aigu et sec que pousse le lapin ; un chien de chasse qui entend le rappel d'une perdrix, imagine certainement la forme visuelle de la perdrix dans l'air, et, quant à la reproduction instinctive du son entendu, on connaît les perroquets et plusieurs autres espèces d'animaux imitateurs.

Mais il y a ceci de particulier dans l'homme, que le son associé chez lui à la perception de tel individu est ensuite évoqué, non pas seulement par la vue d'individus absolument semblables, mais encore par la présence d'individus notablement différents, quoique compris à certains égards dans la même classe. En d'autres termes, des analogies qui ne frappent pas l'animal frappent l'homme. — L'enfant dit *oua-oua* à propos du chien de la maison ; au bout d'un peu de temps, il dit *oua-oua* à propos des caniches, des carlins et des terre-neuve de la rue. — Un peu plus tard, ce que ne fait jamais un animal, il dit *oua-oua* à propos d'un chien en carton qui aboie par le jeu intérieur d'une mécanique, puis à propos d'un chien en carton qui n'aboie pas, mais qui marche sur des roulettes, puis à propos d'un chien de bronze immobile et muet sur l'étagère du salon, puis à propos d'un petit cousin qui marche à quatre pattes dans la chambre, puis enfin à propos d'un dessin qui représente un chien. — Dans ces dernières circonstances, j'ai vu un petit garçon de deux ans répéter le mot *oua-oua*, quarante à cinquante fois de suite, avec un étonnement, un entrain, une joie extraordinaire. On le tenait dans les bras, et il regardait un abat-jour posé sur une bougie, où des figures de chiens, bien éclairées, se dessinaient en noir. A mesure qu'on tournait l'abat-jour et qu'une nouvelle figure apparaissait, il criait *oua-oua* d'un air de triomphe : c'était l'enthousiasme de la découverte; tous les jours, il fallait recommencer. Je voulus compter ses exclamations ; un soir, en moins de trois quarts d'heure, il cria *oua-oua* cinquante-trois fois de suite, et sa curiosité n'était jamais lasse. — Si, aidés par les philologues, nous observons en latin, en grec, en allemand, surtout en hébreu et en sanscrit, le sens primitif de la plupart des noms [1], nous trouvons à leur origine une opération tout à fait pareille : une analogie très-lâche, c'est-à-dire une ressemblance très-petite entre deux données, suffit pour que le nom attribué à la première soit appliqué à la seconde. — Aujourd'hui encore, nos découvertes les plus importantes se font de même. Lorsque Oken, rencontrant un squelette de mouton, imagina que le crâne est un composé de vertèbres élargies et soudées, lorsque Gœthe, observant des étamines pétaloïdes, supposa que tous les organes de fleur sont des feuilles transformées, lorsque Newton, voyant une pomme tomber, conçut la lune comme un corps pesant qui tend aussi à tomber sur la terre, ils répétaient l'opération mentale et retrouvaient le ravissement du petit garçon qui, voyant des chiens sur l'abat-jour, criait *oua-oua*. — Entre une vertèbre et le crâne, entre la feuille verte et un pistil ou une étamine, entre la pomme qui tombe et la lune qui chemine dans le ciel, entre le chien de chair et aboyant

---

[1]. Renan, *de l'Origine du langage*, p. 125, 136. Max Mueller, 412, I, *la Science du langage*.

et la petite figure de l'abat-jour, la dissemblance est énorme ; il semble que les deux représentations diffèrent du tout au tout. Et cependant elles ont un trait commun ; grâce à cette communauté, le nom évoqué par la première l'a été aussi par la seconde, et désormais il correspond à un caractère très-général et très-abstrait. — Tout ce qui distingue l'homme de l'animal, les races intelligentes des races bornées, les esprits compréhensifs et délicats des esprits vulgaires, se ramène à cette faculté de saisir des analogies plus fines, à cette contagion par laquelle le nom d'un individu s'attache à un individu plus différent, à la propriété qu'ont des représentations ou perceptions plus dissemblables d'évoquer mentalement le même nom. Car, plus les points de ressemblance sont rares, plus la classe contient d'individus ; plus elle contient d'individus, plus le caractère auquel correspond l'idée, c'est-à-dire le nom, est général et abstrait ; plus ce caractère est général et abstrait, plus il occupe de place et relie d'individus dans la nature. — Découvrir des rapports entre des objets très-éloignés, démêler des analogies très-délicates, constater des traits communs entre des choses très-dissemblables, former des idées très-générales, isoler des qualités très-abstraites, toutes ces expressions sont équivalentes, et toutes ces opérations se ramènent à l'évocation du même nom par des perceptions ou représentations dont les ressemblances sont très-minces, à l'éveil du signe par un stimulant presque imperceptible, à la comparution mentale du mot *sous un minimum d'appel.*

Grâce à cette aptitude, l'enfant de quinze mois apprend, en deux ou trois ans, les principaux mots de la langue usuelle et familière. — Notez la différence profonde qui sépare cette acquisition de l'acquisition parallèle que pourrait faire un perroquet. L'enfant invente et découvre incessamment et de lui-même ; il n'y a pas d'époque dans sa vie où son intelligence soit si créatrice. Les noms que lui suggèrent ses parents et les personnes environnantes ne sont que des points de départ pour ses innombrables élans : de là sa joie et son sérieux. — Une fois qu'un nom transmis s'est associé chez lui à la perception d'un objet individuel, son esprit agit comme dans l'exemple précédent ; il applique le nom aux objets plus ou moins semblables qu'il reconnaît comme pareils. Cette reconnaissance toute spontanée lui appartient tout entière ; un perroquet n'applique pas le nom qu'on lui a appris ; dans sa cervelle d'oiseau, il reste isolé ; dans un cerveau d'enfant, il s'associe à la présence d'un caractère général, qui désormais n'a qu'à reparaître pour l'évoquer. C'est ainsi que l'enfant fait avec les mots transmis des *mots significatifs*. Il n'est pas même besoin toujours que les mots soient transmis, de propos délibéré, et par une bouche humaine : parfois l'enfant les prend dans les sons involontaires qu'il profère ou dans les sons accidentels qu'il surprend [1]. « Un membre de ma propre famille, dit M. Lieber, montra dans sa première enfance une tendance particulière à former de nouveaux mots. Tantôt il les empruntait à des sons qu'il saisissait au passage ; par exemple, pour *arrêter* (to stop), il disait *ohoer* (to woh), ayant entendu les charretiers dire oho ! (woh), quand ils crient à leurs chevaux d'arrêter. Tantôt il tirait ses expres-

[1]. Smithsonian Institute, tome II, p. 15, Mémoire du docteur Lieber.

sions des onomatopées qu'il proférait lui-même. »
Ainsi, tout petit, il faisait *mm* pour exprimer son
plaisir quand il voyait arriver la bouillie. Un peu plus
tard, ses organes s'étant exercés, il fit *um* et *im ;* puis
ce fut *nim*, syllabe plus facile à prononcer la bouche
fermée. « Mais bientôt l'esprit, grandissant, com-
mença à généraliser, et *nim* en vint à signifier toute
chose mangeable; il y ajoutait, selon l'occasion, tantôt
le mot *bon*, tantôt le mot *mauvais*, qu'il avait appris
en même temps, et disait ainsi : *nim bon* et *nim
mauvais*. Une autre fois, il s'écria : *Fi! nim* (Fie!
nim), pour dire *mauvais, répugnant à manger*. — Il
est certain que le verbe *nimer* (to nim), signifiant
manger, se serait développé en lui, si son esprit en
mûrissant n'avait adopté la langue courante qui s'of-
frait à lui toute faite. » — L'initiative de l'enfant se
manifeste encore par l'usage incorrect qu'il fait de nos
mots en leur donnant un sens qu'ils n'ont point pour
nous et qu'il invente. Ce même petit garçon ayant
appris les mots *bon garçon* les mettait toujours ensemble. « Quand il voulait exprimer cette idée *bonne
vache*, il disait *bon garçon vache*. De même, une petite
fille, pour gronder le médecin qui la contrariait,
disait : *Docteur méchante fille....* » — On peut résumer tout l'apprentissage de l'enfant en disant qu'il
reçoit les mots, mais qu'il crée leur sens, et qu'il
faut une série de rectifications continues pour que le
sens qu'il leur attribue coïncide avec le sens que nous
leur attribuons.

III. Supposons ce travail achevé et l'enfant arrivé
au seuil de l'âge adulte. Ici commence une nouvelle
série de remaniements, additions et corrections, celle-

ci indéfinie, qui se poursuit de génération en génération et de peuple en peuple, je veux parler de la recherche scientifique. — Cette fois, il s'agit de faire coïncider nos idées générales non plus avec les idées générales d'autrui, mais avec les caractères généraux de choses. Sitôt que nous sommes pris de ce désir, un premier besoin se déclare ; il y a des lacunes dans nos idées ; il faut combler ces lacunes. — Par exemple, la notion qu'un homme ordinaire a du corps humain est fort pauvre et incomplète ; il ne le connaît qu'en gros ; pour lui, c'est une tête, un tronc, un cou, quatre membres, de telle couleur et de telle forme ; cela lui suffit pour la pratique. Mais il est clair que les caractères propres au corps humain sont infiniment plus nombreux ; une telle notion en représente cinq ou six, et des plus extérieurs ; accroissons-la de tous ceux que l'observation prolongée et variée pourra découvrir. — L'anatomiste arrive avec l'envie de voir le détail et le dedans ; il dissèque, note, décrit et dessine. Le manuel qu'il livre aux commençants a mille pages, et il faudrait je ne sais combien d'atlas et de volumes pour contenir la figure et l'énumération de toutes les parties qu'à l'œil nu il a constatées. — S'il arme son œil du microscope, ce nombre se multiplie au centuple ; Lyonnet n'a pas eu trop de vingt ans pour décrire la chenille du saule. — Au delà de notre microscope, des instruments plus puissants accroîtraient encore notre connaissance ; il est visible que dans cette voie la recherche n'a pas de terme. — Pareillement, voici un corps inorganique, de l'eau ; l'idée que j'en ai est celle d'un liquide, sans odeur ni couleur, transparent, bon à boire, qui peut devenir glace ou vapeur ; rien de plus ; du groupe énorme des caractères ou propriétés physiques et chimiques qui s'accompagnent et constituent l'eau, je ne sais pas autre chose. Les physiciens et les chimistes viennent avec leurs balances, leurs thermomètres, leurs machines électriques, leurs instruments d'optique, leurs cornues, leurs réactifs, et, entre leurs mains, les cinq ou six mailles qui composaient mon idée se multiplient jusqu'à former un vaste réseau. Mais ce réseau, si agrandi qu'on l'imagine, n'aura jamais autant de mailles qu'il y a de caractères dans l'objet auquel il correspond; car il suffira toujours de trouver un corps nouveau pour lui en ajouter une. Au commencement du siècle, la découverte du potassium et du sodium a montré qu'au contact de certains métaux l'eau se décompose à froid; c'était là un caractère nouveau. Si nous avions en main les corps simples inconnus que les raies du spectre nous indiquent aujourd'hui dans les étoiles, et si nous pouvions soumettre l'eau à leur action, très-certainement l'eau manifesterait des propriétés inconnues qu'il faudrait ajouter à sa liste. — En attendant, pour tout objet, cette liste, en vain allongée, reste toujours ouverte; et l'idée que nous avons d'une espèce, d'un genre, bref d'une file quelconque de caractères généraux, ne comprend jamais et ne peut jamais comprendre qu'un fragment limité de leur chaîne illimitée.

Néanmoins, cette addition de nouveaux chaînons suffit pour introduire dans nos idées des changements considérables. Telles que nous les fournissait l'expérience vulgaire, elles étaient le plus souvent trop larges ou trop étroites; l'expérience scientifique vient les resserrer ou les étendre, pour ajuster leurs dimensions corrigées aux dimensions réelles des objets. —

Tant que l'examen se faisait en gros et ne portait que sur le dehors, nous réunissions, sous un seul nom et sous une seule idée, les poissons proprement dits et le narval, le dauphin, le cachalot, la baleine. Après une observation plus minutieuse et plus pénétrante, il se trouve que cette idée était trop large : il n'y a pas dans la nature de type qui lui corresponde ; les organes de circulation et de respiration, le squelette, les membres, ne sont pas les mêmes chez les poissons proprement dits et chez le narval, le cachalot, le dauphin, la baleine ; ceux-ci sont des mammifères ; il faut les retirer et les placer à part ; cette opération faite, mon idée, ramenée à de justes bornes, concorde avec un groupe naturel de caractères effectivement liés et qui se rencontrent toujours ensemble, ceux du poisson. — Par contrecoup, mon idée du mammifère s'agrandit ; elle était trop étroite, puisqu'elle ne contenait que des animaux terrestres, à quatre pieds, qui allaitent ; j'y fais rentrer les cétacés qui nagent et les cheiroptères qui volent ; dorénavant, élargie et proportionnée à l'extension du type, elle s'applique à toutes les espèces qui présentent le même groupe de caractères, quelles que soient leurs différences d'apparence extérieure et d'habitation.

Il en est de même dans toutes les provinces de la nature. Sitôt que l'analyse approfondie et prolongée constate dans une espèce d'objets un caractère ignoré et important, cette espèce tend à quitter son compartiment pour entrer dans un autre. Il a fallu brûler le diamant pour savoir qu'il est du carbone ; et c'est depuis cent ans seulement que la chimie instituée a pu classer les corps bruts. — Grâce à ces procédés, on a pu, dans chaque département de la nature, former les êtres en classes de plus en plus naturelles, ordonner comme une armée, en compagnies, en bataillons, en régiments, en divisions, l'énorme multitude des individus, toutes les formes animales, toutes les formes végétales, les cent vingt mille espèces de plantes, les deux cent soixante mille espèces d'animaux, et, dans la plupart des cas, démêler le type réel et constant qui fait chaque espèce, chaque genre, chaque famille, chaque ordre, chaque embranchement. — On n'y a point toujours réussi ; plusieurs de nos démarcations demeurent artificielles, et ne sont que commodes ; d'autres, provisoires, attendent des recherches ultérieures [1] pour devenir définitives. En minéralogie notamment, il n'y a pas encore de classification véritable. — Mais pour la plupart des espèces et des genres d'animaux et de plantes, pour les familles végétales de Jussieu, pour les ordres et pour les trois embranchements supérieurs de Cuvier, l'idée générale acquise correspond à une chose effectivement générale, c'est-à-dire à un groupe de caractères qui s'entraînent ou tendent à s'entraîner l'un l'autre, quels que soient les individus et les circonstances dans lesquelles l'un d'eux est donné.

IV. A présent, par delà ces caractères généraux, il y en a de plus généraux encore, qui appartiennent aux *éléments* des individus classés et qui, universellement répandus sous des déguisements divers, sont, par leur ascendant, les régulateurs du reste. — Il suit

1. Par exemple l'embranchement des zoophytes, la classe des infusoires, celle des entozoaires.

de là que, entre toutes les idées générales, celles qui leur correspondent sont de beaucoup les plus précieuses. — On atteint ces caractères, comme les autres, en prenant un type général déjà connu, duquel on retranche par degrés beaucoup de caractères accessoires, pour ne conserver que les plus stables et les plus universels. — Telle est l'idée de la feuille en botanique [1]. On sait aujourd'hui que les divers organes d'une plante ne sont que des feuilles transformées. Développées en spirale sur la tige, elles se resserrent au sommet en verticilles horizontaux superposés, dont les divers étages sont les diverses parties de la fleur. L'appauvrissement de la végétation finale les a resserrées, et d'autres circonstances les ont soudées et déformées. Tantôt une d'entre elles a avorté; tantôt deux ou plusieurs d'entre elles sont devenues monstrueuses. Mais le type original se manifeste par des rapports fixes, par des retours subits, par mille traits incontestables, et l'idée de la feuille, dégagée de toutes les impressions sensibles, épurée, portée par l'abstraction énergique bien loin au-dessus de l'expérience vulgaire, n'est plus que l'idée presque géométrique d'un cycle d'éléments végétaux qui, à travers toutes les formes et tous les emplois imaginables, gardent leur ordre primordial. — Pareillement, chez les animaux, à travers toutes les diversités de structure et d'office, on trouve dans toute la classe des mammifères un même plan de squelette, dans toute la classe des crustacés, comme dans toute celle des insectes, un même plan des segments, de la bouche et des membres; et ce plan est si tenace que,

---

[1]. Auguste Saint-Hilaire, *Morphologie végétale*, p. 10 et suivantes.

chez plusieurs espèces, on voit subsister ou apparaître, pour témoigner de sa présence, des dispositions ou des pièces inutiles ; une suture, une dentition, un ongle, un bourrelet osseux, des organes passagers ou rudimentaires le rendent visible en présentant son mémorial transitoire ou son reliquat survivant.

D'autres caractères ou groupes de caractères, encore plus généraux, se rencontrent, sous le nom de propriétés chimiques et physiques des corps, non-seulement dans le monde vivant, mais aussi dans le monde inorganique. Ici encore, le procédé qui forme l'idée correspondante est le même. — L'expérience vulgaire a découvert quelque propriété d'un corps, par exemple le pouvoir qu'a l'ambre d'attirer à lui les petits objets très-légers. L'expérience multipliée et précisée précise et multiplie les circonstances et les cas de cette attraction. Peu à peu, nous laissons tomber ses caractères variables pour ne recueillir que ses caractères fixes. Nous isolons ainsi un mode d'action universel qui est l'action électrique, et notre idée déterminée, épurée, étendue, coïncide avec une force qui opère ou peut opérer dans tous les corps. — Pareillement, avant les recherches des savants de la Renaissance, notre idée d'un corps pesant était celle d'un corps qui tend vers le bas et imprime en nous, quand nous le soulevons, la sensation d'effort musculaire. Au fur et à mesure des découvertes, cette idée devient plus abstraite. — D'abord, il n'est pas nécessaire que ces corps donnent à la main qui les soulève la sensation de résistance ; car l'air qui fait monter le mercure du baromètre est pesant. De plus, ce n'est pas seulement vers le bas qu'ils tombent:

car, la terre étant ronde, ils tombent aux antipodes dans un autre sens que chez nous. Ainsi, tout ce qui est dans notre atmosphère tombe, et tombe vers le centre de notre planète. — Mais, pour qu'un **corps** tombe, il n'est pas nécessaire qu'il soit compris **dans** notre atmosphère; des deux mouvements qui composent le mouvement total de la lune, l'un est une **chute** vers nous. — Encore deux pas, et l'épuration de notre idée s'achève. Ce ne sont pas seulement les **corps** disposés autour de la terre qui tendent à tomber sur elle : tous les corps de notre système solaire tendent à tomber l'un vers l'autre. Ce ne sont pas seulement les grosses masses célestes qui s'attirent mutuellement ; toutes leurs molécules, les plus éloignées comme les plus rapprochées, s'attirent entre elles suivant la même loi, en raison directe de leur masse et en raison inverse du carré de leur distance. — La pesanteur ainsi définie est un caractère si persistant, qu'il semble indestructible; chaque corps conserve la sienne, toujours égale et intacte, à travers tous les changements d'état qu'on peut lui faire subir et **dans** toutes les combinaisons chimiques où il peut entrer.

Tel est le progrès par lequel nos idées générales se forment et s'ajustent aux choses générales. Ces idées passent par deux états. D'abord l'idée naît avec le signe ; ensuite elle est rectifiée par degrés. En effet, telle qu'on la trouve dans le langage courant et telle que la fournit l'expérience vulgaire, elle correspond mal à son objet. — D'une part, elle est incomplète et vague ; en d'autres termes, les caractères généraux qu'elle note ne sont ni assez précis ni assez nombreux. Par l'observation plus attentive et par l'expérience plus variée, nous déterminons les caractères constatés et nous leur ajoutons une file de caractères nouveaux. — D'autre part, elle n'est pas assez épurée et abstraite ; en d'autres termes, parmi les caractères qu'elle note, il y en a d'accessoires et d'accidentels qu'elle amalgame avec les caractères importants et fixes. Par l'expérience étendue et par la comparaison multipliée, nous expulsons les caractères parasites et passagers pour ne conserver que les caractères intrinsèques et stables. — Notre idée s'est adaptée à son objet, d'abord par *addition*, ensuite par *soustraction*.

§ 2. — Les idées générales qui sont des modèles.

I. Une autre classe d'idées générales présente d'autres traits et se forme par un autre procédé. Ce sont celles qui composent l'arithmétique, la géométrie, la mécanique et, en général, toutes les sciences qui, comme les mathématiques, traitent du possible et non du réel. Nous formons ces idées sans examiner s'il y a dans la nature des objets qui leur correspondent, et pour cela nous les *construisons*.

Suivons le détail de cette construction, et voyons avec quels éléments nous fabriquons ces nouvelles idées. — Les plus simples de toutes sont celles de l'arithmétique, et elles ont pour objets les nombres. Or, chacun sait que tout nombre est formé par l'unité ajoutée à elle-même ; c'est donc la notion d'unité que nous allons examiner en premier lieu. — Elle ne renferme rien de mystérieux, et sa provenance n'a rien d'étrange. Il ne s'agit point ici de l'unité absolue et métaphysique qui est la propriété d'être indivisible, ou mieux, sans parties, et que posséderait, par exemple, une monade de Leibnitz. Il s'agit simplement de l'office qu'un objet quelconque peut remplir, de la fonction qu'il exécute, du rôle qu'il joue en contribuant avec d'autres semblables à faire une collection. C'est à ce point de vue seulement qu'on le considère ; partant, vingt tas de pierres le long d'une route font, en ce sens, vingt unités au même titre que vingt monades. L'unité de chaque tas n'est que son aptitude à entrer comme facteur dans le total des vingt tas et dans tout autre total analogue plus petit ou plus grand. Par conséquent, elle n'est, comme toute aptitude, propriété et capacité, qu'un caractère général de l'objet, et ce caractère peut être dégagé, retiré, mis à part par les procédés ordinaires, c'est-à-dire au moyen d'un nom, et, en général, au moyen d'un signe. — Bien mieux, il n'y en a pas de plus facile à mettre à part ; car tous les objets et tous les évènements le présentent, puisque chaque objet et chaque évènement contribue avec d'autres semblables à faire une collection qui est sa classe. Les matériaux desquels nous pouvons extraire la notion d'unité sont donc en surabondance, et ce premier pas de l'arithmétique se fait sur tous les terrains.

Observons donc une série d'objets ou d'évènements, en ayant soin de ne considérer en chacun d'eux que sa capacité d'entrer comme composant dans une collection. Pour cela, omettons de parti pris tous ses autres caractères; après ce retranchement, une file de peupliers, une suite de sons, toute autre file ou suite cesse d'être une file de peupliers, une suite de sons, une suite ou file d'objets ou d'évènements déterminés; elle n'est plus qu'une suite, file ou série *d'uns* ou d'*unités*. Or, à ce point de vue, tous les uns sont le même un, et toutes les séries d'uns sont la même série ; car, les caractères qui distinguent les individus les uns des autres et les séries les unes des autres ayant été exclus, les individus ne peuvent plus être distingués les uns des autres, et les séries ne peuvent plus être distinguées les unes des autres. Voilà donc une série abstraite composée d'unités abstraites. — Pour l'observer plus commodément, les hommes lui ont substitué une série sensible d'objets très-maniables, tantôt de petits cailloux, tantôt les dix doigts des deux mains [1]. Il n'y a rien de plus facile que de lever, un à un, tour à tour, les doigts de la main fermée, ou de baisser, un à un, tour à tour, les doigts de la main ouverte. Il n'y a rien de plus facile que d'ajouter des cailloux, un à un, de manière à en faire un tas, ou d'ôter des cailloux, un à un, de manière à défaire le tas. Et comme, en ôtant ou en ajoutant un ou plusieurs cailloux, en baissant ou en levant un ou plusieurs doigts, nous pouvons altérer *visiblement* le total des cailloux ramassés ou des doigts levés, il nous est aisé non-seulement de fabriquer ainsi divers totaux *visibles*, mais encore de remarquer *avec nos yeux* comment ces totaux se font et se défont [2]. Nous les faisons progressivement, celui des cailloux en ajoutant un autre caillou au premier caillou, et ainsi de suite, celui des doigts en levant un autre doigt

1. Calcul vient de *calculus*, petit caillou. Les chiffres romains I, II, III, V, X sont des dessins représentant un ou plusieurs doigts, une seule main, ou les deux mains. — Notre système de numération par dizaines a pour origine cette circonstance que nous avons dix doigts.
2. Voir l'analyse très-élégante et très-délicate de ce procédé d'esprit dans *la Langue des calculs* de Condillac.

après le premier doigt, et ainsi de suite. Nous les défaisons progressivement, celui des cailloux en retirant un premier caillou, et ainsi de suite, celui des doigts en baissant un premier doigt, et ainsi de suite. — Tels sont les substituts primitifs ; chaque doigt ou caillou visible remplace une unité abstraite ; les différents groupes de cailloux ou doigts visibles remplacent les différents groupes d'unités abstraites, et, à mesure qu'un doigt ou caillou visible s'ajoute au groupe des doigts ou cailloux visibles, une unité pure s'ajoute au groupe des pures unités.

A présent, à ces substituts déjà fort commodes, nous substituons d'autres remplaçants plus maniables encore, les divers sons qui constituent nos noms de nombre. Pour un doigt levé, nous disons un ; pour deux doigts levés, deux ; pour trois doigts levés, trois, et ainsi de suite jusqu'à dix. De cette façon, le nom *un* remplace un doigt levé et partant une unité abstraite. Pareillement, chacun des noms suivants remplace un groupe de doigts levés et partant un groupe d'unités abstraites. Pareillement enfin, quand on passe d'un nom de nombre au nom suivant, un doigt se lève pour s'ajouter au groupe précédent des doigts levés, une unité abstraite s'ajoute au groupe précédent des unités abstraites, et le nom de nombre énoncé remplace, avec une unité de plus, le groupe d'unités qui remplaçait le précédent. En d'autres termes, chaque nom de nombre équivaut au groupe désigné par le précédent, plus un [1]. — Pour ne pas encombrer notre

---

[1]. Sur le sens primitif de nos noms de nombre, voyez Bopp, *Grammaire comparée*, traduction Bréal, II, 221. *Tri* (trois) signifie « dépassant » (les deux nombres inférieurs). — Quatre signifie probablement « trois plus un » ; cinq, « quatre plus un » ; dix,

mémoire, nous réduisons ces noms au strict nécessaire. Au delà de dix, nous disons dix-un, dix-deux [1], dix-trois [2], et ainsi de suite jusqu'à dix-neuf. — Au delà de dix-neuf, les langues bien faites, observant que le nombre suivant équivaut à deux fois dix, reprennent le mot deux en le modifiant d'une façon convenable [3], et modifient de la même façon les noms de nombre qui expriment les dizaines suivantes, afin de leur faire exprimer trois fois dix, quatre fois dix et la suite des dizaines jusqu'à dix fois dix [4]. Les dizaines forment ainsi des unités du second ordre, capables, comme les unités simples, d'être comptées jusqu'à dix. — Arrivés là, nous donnons à leur total le nom de cent, et ce nouveau total forme une unité du troisième ordre, capable à son tour d'être répétée jusqu'à dix fois, ce qui nous conduit à dix fois cent, ou mille, unité du quatrième ordre. — La première opération, répétée sur cette nouvelle unité, nous mène jusqu'à dix mille, puis de là à cent mille, puis de là à un million, et ainsi de suite, en sorte qu'avec onze noms, rangés dans un certain ordre, nous pouvons représenter exactement tel groupe énorme, par exemple la collection de deux millions trois cent vingt-sept mille six cent quarante-huit unités.

« deux fois cinq ». — Cent signifie certainement « dix fois dix ». — Mille signifie probablement « beaucoup, grand nombre ».

1. En latin, undecim, duodecim.
2. En latin, tredecim. En anglais, twelve, thirteen, dérivés de two, three. En allemand, zwölf, dreizehn, dérivés de zwei, drei.
3. En anglais, twenty; en allemand, zwanzig, dérivés de two et de zwei.
4. En anglais, thirty, forty, fifty, etc. En latin, triginta, quadraginta, quinquaginta, etc. Dans l'ancien français, septante, octante et nonante.

Une pareille expression est un substitut fort abréviatif, car elle peut être prononcée en moins d'une seconde; on n'en a pas trouvé de plus courte en fait de sons. Mais, si on l'écrit pour les yeux, elle occupe une ligne et demie et exige cinquante-cinq caractères; c'est beaucoup, et, à cet égard, on peut l'améliorer. — Aux noms écrits, on substitue des caractères plus simples, qui, au lieu de remplacer directement les noms de nombre et indirectement les nombres, remplacent directement les nombres. Ces caractères sont appelés chiffres; on convient qu'un chiffre placé à la gauche d'un autre désigne des unités de l'ordre immédiatement supérieur, c'est-à-dire dix fois plus grandes; on compose une liste de neuf chiffres distincts pour représenter les neuf premiers nombres; on ajoute à cette liste un zéro pour représenter l'absence d'unité ou de nombre, et désormais, au lieu de cinquante-cinq caractères, on n'en emploie plus que sept pour représenter une collection de 2 327 648 unités.

Grâce à ces notations abréviatives, nous fabriquons une quantité prodigieuse de composés qui sont les nombres. Il nous suffit pour cela d'aligner des chiffres ou de proférer des noms, en nous rappelant le sens que notre convention leur a donné. — A présent, remarquons les caractères de l'idée ainsi faite. Quand nous lisons et que nous comprenons un de ces groupes de signes, par exemple 2 327 648, nous n'examinons point si la nature fournit un objet qui corresponde à notre idée. Y a-t-il quelque part un groupe d'unités réelles auquel s'adapte, trait pour trait, ce groupe d'unités mentales? C'est là une question réservée; nous n'en prenons point souci; notre idée a été construite pour elle-même. — Et cependant il y a chance pour que la construction mentale coïncide avec quelque construction réelle. Car aux éléments dont mon idée est faite correspondent des éléments inclus dans les choses. En effet, ce que j'ai appelé unité, c'est l'aptitude à entrer dans une collection. Or il n'y a pas d'individu naturel ni d'évènement effectif qui n'y puisse entrer ; qu'il s'agisse d'un corps ou d'un esprit, d'un changement externe ou interne, sitôt que nous apercevons une chose ou un fait, nous le mettons dans sa classe, c'est-à-dire avec d'autres semblables ; bien mieux, dès que l'objet est pensé par nous, il évoque spontanément en nous, sans que nous le voulions et par la seule loi d'association des idées, d'autres objets plus ou moins semblables. Tous ensemble forment un groupe de données plus ou moins pareilles, chacune d'elles ayant ce caractère qu'elle est une donnée distincte parmi plusieurs autres analogues. A ce titre et dans ce sens étroit, elle est une unité parmi plusieurs autres unités. — Il y a donc des collections d'unités dans la nature, comme il y a des collections d'unités dans l'esprit. En effet, il y a un certain nombre de planètes autour du soleil. Il y a en ce moment un certain nombre d'hommes, d'animaux, de plantes qui vivent sur la terre. Depuis un an, la terre ou toute autre planète s'est avancée de tant de kilomètres dans son orbite. Depuis un an, tant de personnes sont mortes en France. Pendant que mon esprit fait ses additions ou ses soustractions, la nature fait les siennes. Je fabrique d'avance une longue série de moules distincts, échelonnés d'après leur ampleur croissante ; elle fabrique ou a fabriqué avec ses diverses argiles ce qu'il faut pour les remplir ; et le contenu s'ajuste au contenant, d'abord parce que les éléments mentaux de l'un sont calqués sur les éléments réels de l'autre, ensuite parce que la structure artificielle du contenant se trouve d'accord avec la structure naturelle du contenu

II. Tel est le caractère commun de toutes les idées que nous construisons : elles sont des *cadres préalables;* quand nous en faisons un, nous n'avons point en vue une chose réelle à laquelle nous tâchions de conformer notre pensée ; et néanmoins notre pensée se trouve conforme à une ou plusieurs choses réelles encore inconnues, qui, lorsqu'elles seront connues, manifesteront cette conformité.

Non pas que l'adaptation soit toujours exacte ; il y a des cas où elle n'est qu'approximative. De cette espèce sont les idées géométriques. Cherchons d'abord les éléments avec lesquels nous les construisons; tout le monde sait qu'ils sont en petit nombre, et on voit aisément de quelles expériences nous les extrayons. — Soit un corps quelconque observé par les sens, cette pierre, ce morceau de bois. Il a pour limite un ou plusieurs dehors qui enclosent son dedans ; et ces dehors par lesquels il finit sont ses surfaces. Mais chacune de ces surfaces finit elle-même par une ou plusieurs limites qu'on appelle lignes, et chacune de ces lignes finit elle-même par deux limites qu'on nomme points. — Jusqu'ici, nulle difficulté ; chacune de ces limites, surface, ligne ou point, est un caractère du corps, caractère isolé par abstraction, considéré à part, et, de plus, général, c'est-à-dire commun à beaucoup de corps, ou, pour mieux dire, universel, c'est-à-dire commun à tous les corps. Nous le détachons et nous le notons au moyen de symboles, qui tantôt sont les noms de surface, ligne et point, tantôt sont une classe d'objets sensibles, fort maniables, choisis pour tenir lieu de tous les autres, la surface réelle d'un tableau noir ou d'un papier blanc, le mince tracé d'un trait de craie ou d'encre, la très-petite tache que laisse sur le papier ou sur le tableau l'attouchement momentané de la plume ou du crayon. — La tache étant exiguë, nous sommes tentés de ne point faire attention à sa longueur ni à sa largeur, qui sont réelles; par cette omission, nous en faisons involontairement abstraction, et nous n'avons pas de peine à traiter la tache comme un point. — Le tracé étant fort effilé, nous sommes disposés à ne point nous inquiéter de sa largeur, qui est réelle; par cette omission, nous la retranchons, et, sans efforts, nous en venons à considérer le trait comme une ligne. — Le tableau et le papier étant tout à fait plats et unis pour notre œil et notre main, nous n'éprouvons aucune sensation qui nous avertisse de leur épaisseur; par cette omission, nous la supprimons, et nous sommes tout portés à regarder le tableau et le papier comme de vraies surfaces. — De cette façon, le tableau, le trait étroit, la petite tache de craie deviennent des substituts commodes. Ce sont des choses sensibles et particulières, mais qui remplacent des limites tout à fait abstraites et générales, de même que tout à l'heure en arithmétique des cailloux et des doigts remplaçaient de pures unités.

A ces éléments ainsi représentés, ajoutez-en un autre, le mouvement; il se rencontre aussi dans la plupart des corps que nous percevons; on peut donc l'en détacher. Une fois ces données extraites, il suffit de les combiner de diverses façons pour obtenir tous les composés géométriques. Bien mieux, par une réduction plus profonde, il se trouve que le point et le mouvement suffisent pour reconstituer les deux autres sortes de limites que nous avons nommées la ligne et la surface, et, en outre, ce corps solide duquel nous avons tiré, avec les idées de surface et de ligne, celles de point et de mouvement. — En effet, supposez un point, c'est-à-dire la limite d'une ligne, et admettez qu'il se meuve ; la série continue des positions qu'il occupe fait une ligne. Admettez que cette ligne se meuve ; la série continue des positions qu'elle occupe fait une surface. Admettez que cette surface se meuve ; la série continue des positions qu'elle occupe fait un corps solide, *au moins au point de vue géométrique*. Et les substituts que nous avons adoptés pour le point, la ligne et la surface nous rendent cette construction sensible. En prolongeant cette petite tache de craie, nous voyons naître un tracé mince. En faisant mouvoir d'un bloc tout le tracé, nous voyons naître une surface plus ou moins grande. En reculant par la pensée la surface du tableau noir, nous voyons naître tout le tableau solide. — De cette construction générale, passons aux particulières. Soient deux points ; si le premier se meut vers le second et vers le second seulement, la ligne qu'il décrit est droite. — S'il se meut pendant une fraction appréciable de son mouvement vers le second point et ensuite pendant une autre fraction également appréciable vers un troisième, un quatrième, etc., la ligne qu'il décrit est brisée ou composée de droites distinctes. — Si à chaque instant de son mouvement il se meut vers un point différent, la ligne qu'il décrit est courbe.

Voilà pour les différentes espèces de lignes. — A présent, si deux droites parties du même point vont chacune vers un point différent, elles s'écartent l'une de l'autre, et cet écartement plus ou moins grand s'appelle un angle. Si les deux angles que la seconde fait à gauche et à droite sont égaux, on les appelle droits, et on dit qu'elle est perpendiculaire à la première. Voilà pour les angles. — Avec des droites qui se coupent deux à deux, en formant certains angles, on construit tous les triangles, tous les quadrilatères, et, en général, tous les polygones. — Si l'on impose à une courbe l'obligation d'avoir tous ses points à égale distance d'un autre point intérieur, on a la circonférence. — « La surface plane, ou plan [1], est engendrée par une droite perpendiculaire à une autre et tournant autour d'elle en passant toujours par un même de ses points. » Avec des plans terminés par certains polygones et formant certains angles par leur inclinaison l'un sur l'autre, on construit tous les polyèdres. — Avec la révolution du demi-cercle autour de son diamètre, du rectangle autour d'un de ses côtés, du triangle rectangle autour d'un des côtés de l'angle droit, nous fabriquons la sphère, le cylindre, le cône ; avec des sections du cône, l'ellipse, la parabole et l'hyperbole ; avec des combinaisons diverses des éléments primitifs et de ces premiers composés, toutes les espèces possibles de lignes, de surfaces et de solides, parfois si compliquées que l'imagination ne peut les exécuter et que, si la nature ou l'art en fournissent des exemples, l'œil même attentif ne parvient pas à en démêler exactement tous les traits.

1. Duhamel, *de la Méthode dans les sciences de raisonnement*, deuxième partie, p. 12.

Y a-t-il dans la nature des constructions physiques conformes à ces constructions mentales? — Et d'abord, y a-t-il dans la nature des surfaces, des lignes et des points? Oui, certainement, au moins pour nos sens; car, pour nos sens, un corps a ses surfaces, qui sont les limites où il semble contenu ; une surface a ses lignes, qui sont les limites par lesquelles elle semble circonscrite; une ligne a ses points, qui sont les limites par lesquelles elle semble se terminer ou par lesquelles on peut l'interrompre. — Y a-t-il dans la nature des surfaces, lignes et points qui se meuvent? Oui, puisque les corps se meuvent et que leurs limites les accompagnent dans leur mouvement. — A présent, y a-t-il dans la nature des points, des lignes, des surfaces, qui en se mouvant, en se combinant, se conforment en toute rigueur aux conditions énoncées dans nos constructions? En d'autres termes, y a-t-il des lignes droites, des angles droits, des carrés, des cercles, des plans, des polyèdres, des corps ronds qui soient parfaits? — Autant que nous pouvons en juger, la nature n'enfournit pas. Quand nous armons notre œil d'un microscope puissant, nous constatons des inflexions dans les lignes qui nous semblaient les plus droites, des rugosités dans les plans qui nous semblaient les plus unis, des irrégularités dans les formes qui nous semblaient les plus régulières. Un boulet semble avancer en ligne droite ; la théorie montre qu'il commence à descendre au sortir du canon. Les planètes semblent décrire une ellipse ; l'observation et le calcul de leurs perturbations prouvent que cette ellipse n'est pas exacte. — Bref, quand nous comparons l'œuvre de la nature et l'œuvre de l'esprit, nous vérifions que leur conformité n'est pas entière ; la première se rapproche de la seconde ; rien de plus. D'ordinaire, cette coïncidence n'est qu'assez lointaine ; mais, même dans les cas les plus favorables, elle manque sur quelque point ; on dirait que la substance réelle essaye de se mouler sur la forme mentale, mais que l'imperfection de son argile l'empêche de copier rigoureusement le contour prescrit.

Il y a une cause à cette impuissance ; et, si nous prenons les cas dont la théorie est faite, nous pouvons nous l'expliquer. Le boulet de canon avancerait toujours en ligne droite, si la pesanteur ne le faisait pas descendre vers le sol. La planète décrirait une ellipse parfaite, si la proximité variable des autres corps planétaires ne venait pas altérer la régularité de sa courbe. Si le boulet dévie de sa ligne droite et la planète de son ellipse, c'est qu'à la direction simple que suit le boulet, aux deux directions simples selon lesquelles chemine la planète, s'ajoutent d'autres directions perturbatrices. Par conséquent, si la construction réelle ne s'ajuste qu'à peu près à la construction mentale, c'est que la première est plus compliquée et la seconde plus simple. Débarrassée de ses éléments accessoires et réduite à ses éléments principaux, la première copierait exactement la seconde ; et, de fait, elle s'en rapproche d'autant plus que ses éléments ultérieurs ou accessoires, plus faibles, laissent plus d'ascendant à ses éléments primitifs ou principaux. — Ainsi, en géométrie, comme tout à l'heure en arithmétique, nos cadres préalables ont un office et un prix. Quoique construits pour eux-mêmes, ils ont un rapport avec les choses. A un certain point de vue, ils sont exacts, et, après une opération complémentaire, ils peuvent le devenir. L'écart que l'on remarque entre eux et les faits peut disparaître et disparaît en effet de deux façons. — Il vient de disparaître par une abstraction, c'est-à-dire par l'omission mentale de certains éléments des faits ; de cette façon, les faits *réduits* se sont ajustés aux cadres. — Il pourra disparaître aussi par un travail inverse, c'est-à-dire par l'introduction dans les cadres des éléments que la construction préalable y avait omis ; à la considération des directions primitives ou principales, on ajoutera alors celle des directions perturbatrices, soit ultérieures, soit accessoires, et, de cette façon, les cadres *complétés* s'ajusteront aux faits.

III. D'autres éléments, calqués comme les précédents sur des caractères généraux des objets naturels, se combinent avec les précédents pour faire de nouveaux cadres. On peut considérer le mouvement non pas seulement comme ayant pour effet de décrire une ligne, mais en lui-même. Sous nos yeux et tous les jours, une quantité prodigieuse de corps sont en repos ou en mouvement, de sorte qu'à ce point de vue l'expérience nous fournit tous les matériaux nécessaires pour que nous puissions isoler les deux idées élémentaires de *repos* et de *mouvement*.

Soit un corps en mouvement ; il va d'un point à un autre en décrivant une ligne ; nous avons beaucoup d'occasions de remarquer que, selon les circonstances, cette même ligne est décrite en plus ou moins de temps, et nous tirons de là une nouvelle idée élémentaire, celle de *vitesse*. — Soit un corps qui passe du repos au mouvement ; la plupart du temps, nous découvrons que quelque autre chose a changé en lui ou dans ses alentours, et, après un certain nombre

CHAP. I. LES IDÉES GÉNÉRALES

d'expériences, nous constatons ou nous croyons constater que ce changement interne ou externe est toujours suivi par le mouvement du corps. Quelle que soit cette condition de mouvement, choc d'un autre corps, attraction d'un aimant, répulsion électrique, qu'elle semble résider dans le corps mû ou dans un autre, il n'importe ; on l'appelle *force*, sans préjuger quoi que ce soit de sa nature, et on n'entend rien de plus par ce nom qu'une condition dont la présence suffit à provoquer le mouvement, condition qui se rencontre dans une infinité de circonstances diverses et qui, dégagée, isolée par une fiction de l'esprit, devient ainsi tout à fait générale et abstraite. A cet état de pureté, elle n'est définie que par son rapport avec le mouvement qu'elle provoque. Partant, s'il y a dans le mouvement qu'elle provoque un caractère capable de grandeur, elle sera capable de grandeur; or on vient de voir que ce caractère est la vitesse. A ce point de vue, nous parlons d'une force double, triple, etc., d'une autre; et nous n'entendons rien par là, sinon une condition dont la présence suffit pour provoquer de la part du même corps entouré des mêmes circonstances un mouvement deux, trois, etc., fois plus rapide que le premier.

Cela posé, nous pouvons faire un pas de plus. Parmi les corps que nous examinons, il y en a qui nous semblent homogènes, c'est-à-dire composés de particules toutes parfaitement semblables, sauf la différence des emplacements qu'elles ont dans le corps; tel est un litre d'eau bien pure, un morceau d'or affiné. Sur cette indication de l'expérience, nous n'avons pas de peine à concevoir un mobile absolument homogène, analogue à un pur solide géométrique, partant divisible en deux moitiés composées chacune du même nombre de particules toutes exactement semblables. Maintenant, soit une force qui imprime une certaine vitesse au bloc formé par la moitié de ces particules ; comme, par définition, les deux moitiés sont absolument semblables et peuvent être substituées sans inconvénient l'une à l'autre, il faudra une force absolument semblable et capable d'être substituée sans inconvénient à l'autre, c'est-à-dire enfin une force égale pour imprimer la même vitesse au bloc formé par l'autre moitié, par conséquent deux forces égales, chacune à la première, c'est-à-dire une force double pour imprimer la même vitesse au bloc formé par les deux moitiés. Ainsi naît notre dernière idée élémentaire, celle de la *masse*, qui se trouve être une quantité comme la vitesse, et désormais nous mesurons la force de deux façons, soit par la grandeur de la masse à qui elle imprime telle vitesse, soit par la grandeur de la vitesse qu'elle imprime à telle masse. — Avec ces éléments, notés au moyen de lignes, de chiffres et de mots, nous pouvons construire une infinité de composés mentaux différents, concevoir d'abord un mobile en repos auquel ne s'applique aucune force, puis un mobile en repos auquel s'applique une force, ensuite, par une complication plus grande, imaginer un mobile auquel s'appliquent deux ou plusieurs forces égales ou inégales, qui le dirigent sur la même ligne dans un même sens ou dans des sens contraires, ou qui le dirigent sur des lignes différentes, etc. Par cette opération, la mécanique acquiert des cadres semblables à ceux de la géométrie, et les faits se conforment aux cadres dans le premier cas de la même manière et au même degré que dans le second.

Une des plus simples parmi ces combinaisons intellectuelles est celle d'un mobile en repos qui demeure en repos indéfiniment ; car de cette façon on n'y introduit l'idée d'aucun état nouveau. — Une autre qui lui fait pendant, et qui est presque également simple, est celle d'un corps en mouvement qui se meut selon une ligne droite avec une vitesse uniforme, et cela indéfiniment ; car il suffit, pour former cette conception, d'un minimum d'éléments mentaux. En premier lieu, il n'y a pas de ligne plus simple que la ligne droite, puisque, étant donné le point de départ, elle ne requiert pour être déterminée qu'un second point unique, tandis que toute autre ligne, brisée ou courbe, en requiert plusieurs ou une infinité. En second lieu, il est plus simple que la vitesse, une fois donnée, subsiste toujours avec la même grandeur ; car de cette façon nulle grandeur nouvelle n'est introduite. En dernier lieu, il est plus simple que le mouvement, une fois donné, subsiste indéfiniment ; car de cette façon aucun état nouveau n'est introduit.

Or, chose admirable, les corps de la nature, si différents qu'ils soient, si différentes que soient les forces réelles par lesquelles ils sont mis en mouvement ou les circonstances réelles dans lesquelles ils se trouvent en repos, tendent tous à se conformer à cette double conception ; on s'en est assuré par l'expérience ; la matière réelle est inerte, indifférente au repos et au mouvement. Pour qu'un corps en repos se meuve, il faut l'intervention d'une force ; si cette intervention manque, il demeure indéfiniment en repos, et sa tendance à persister dans son état est si bien inhérente à toutes ses particules, que, selon sa masse plus ou moins grande, il faut une force plus ou moins grande pour lui imprimer la même vitesse. — D'autre part, pour qu'un corps en mouvement s'arrête, ou change sa vitesse, ou dévie de la ligne droite, il faut aussi l'intervention d'une force. Cette pierre que je lance en l'air, ce boulet chassé du canon par l'explosion de la poudre, continueraient leur chemin, l'une vers les étoiles, l'autre selon une tangente à la terre, indéfiniment, en ligne droite, avec la vitesse initiale, si la pesanteur et la résistance de l'air ne venaient infléchir cette droite, diminuer cette vitesse et à la fin arrêter ce mouvement. Autant que nous en pouvons juger par l'observation, il n'y a pas de parcelle de matière en repos ou en mouvement qui, prise en elle-même, et abstraction faite des sollicitations perturbatrices, ne s'adapte à cette conception.

A présent, introduisons dans notre composé mental une condition nouvelle, la plus simple qu'il se pourra ; supposons que la force initiale, au lieu d'agir seulement au premier instant, continue à agir pendant toute la durée du mouvement et que, par suite, la vitesse du mouvement croisse uniformément. Par une coïncidence presque aussi belle que la précédente, il se trouve que ce mode de mouvement est celui de tous les corps pesants [1]. — Imaginons enfin un corps

---

[1]. « Quand une pierre tombe, écrit Galilée, si nous considérons la chose attentivement, nous trouvons que la manière la plus simple d'accroître la vélocité, c'est de l'accroître toujours de la même manière, c'est-à-dire d'y ajouter des accroissements égaux dans des temps égaux. » De cette conjecture, Galilée conclut que les espaces parcourus depuis le commencement du mouvement doivent être comme les carrés du temps, puis, admettant que les lois de la chute d'une boule sur un plan incliné doivent être les mêmes que celles d'un corps qui tombe librement, il vérifia son hypothèse par l'expérience. Whewell, *History of the inductive sciences*, tome II, 30.

soumis à ce mode de mouvement et, en outre, au mouvement rectiligne uniforme. La rencontre n'est pas moins surprenante ; à notre construction intellectuelle correspond un mouvement réel, composé de la même façon à tous les points de vue, au point de vue de la courbe tracée, au point de vue des vitesses alternativement croissantes et décroissantes, celui des planètes autour du soleil. C'est ainsi que le mathématicien prépare d'avance des moules que le physicien viendra plus tard remplir. — Trois conditions sont requises pour que ces moules aient chance de convenir aux choses. Il faut d'abord que les éléments mentaux avec lesquels ils sont fabriqués soient calqués exactement sur les éléments des choses réelles ; car alors les éléments de notre moule se retrouveront dans la nature. — Il faut ensuite qu'ils soient très-généraux et, s'il se peut, universels ; car, plus ils sont généraux, plus le nombre d'individus ou cas où ils se retrouveront est considérable, et, s'ils sont universels, ils se retrouveront dans tous. — Il faut enfin que la combinaison que nous leur donnons soit aussi simple que possible ; car il y a plus de chance pour que nous la retrouvions dans la nature, puisqu'il suffit alors, pour la produire, d'un minimum d'éléments et de conditions.

IV. On comprend que ce procédé peut s'appliquer à toutes les classes d'objets, puisque, dans toutes les classes d'objets, nous rencontrons et nous isolons des caractères généraux capables d'être combinés les uns avec les autres. En effet, nous supposons des solides parfaits, c'est-à-dire absolument durs et tels que, toutes leurs parties étant unies indissolublement, l'une ne puisse être déplacée sans déplacer toutes les autres, en sorte que jamais leur situation réciproque ne soit altérée. De même, nous admettons des liquides parfaits ou absolument fluides, tels qu'aucune de leurs parties n'ait la moindre adhérence avec sa voisine, et que toutes puissent se mouvoir avec une liberté entière les unes sur les autres. De même enfin, nous concevons de l'eau ou de l'oxygène absolument purs, du platine ou du plomb exempts de tout alliage, sans être sûrs qu'en aucun cas la nature les fournisse ou que l'art les obtienne tels que nous les concevons. — Parmi les types mentaux ainsi fabriqués, il y en a qui nous intéressent plus particulièrement ; ce sont ceux auxquels nous *souhaitons* que les choses se conforment, et dans ce cas le besoin de conformité devient pour nous un ressort d'action. Nous construisons l'utile, le beau et le bien, et nous agissons de manière à rapprocher les choses, autant que possible, de nos constructions. — Par exemple, étant données des pierres éparses et brutes, nous les supposons équarries, transportées, empilées à l'endroit où nous voulons habiter, et, conformément à l'idée du mur ainsi construit, nous construisons le mur réel qui nous préservera du vent. — Étant donnés les hommes qui vivent autour de nous, nous sommes frappés d'une certaine forme générale qui leur est propre ; nous remarquons à un plus haut degré, tantôt chez l'un, tantôt chez l'autre, les signes extérieurs de telle qualité ou disposition bienfaisante pour l'individu ou pour l'espèce, agilité, vigueur, santé, finesse ou énergie [1] ; nous recueillons par de-

---

1. J'ai fait cette analyse en détail dans *la Philosophie de l'art* et dans *l'Idéal dans l'art.*

grés tous ces signes ; nous souhaitons contempler un corps humain en qui les caractères que nous jugeons les plus importants et les plus précieux se manifestent par une empreinte plus universelle et plus forte, et, s'il se trouve un artiste chez qui ce groupe de conditions conçues aboutisse à une image expresse, à une représentation sensible, à une demi-vision intérieure, il prend un bloc de marbre et y taille la forme idéale que la nature n'a pas su nous montrer. — Enfin, étant donnés les divers motifs qui poussent les hommes à vouloir, nous constatons que l'individu agit le plus souvent en vue de son bien personnel, c'est-à-dire par intérêt, souvent en vue du bien d'un autre individu qu'il aime, c'est-à-dire par sympathie, très-rarement en vue du bien général, abstraction faite de son intérêt ou de ses sympathies, sans plus d'égard pour lui-même ou pour ses amis que pour tout autre homme, sans autre intention que d'être utile à la communauté présente ou future de tous les êtres sensibles et intelligents. Nous isolons ce dernier motif, nous désirons qu'il ait l'ascendant dans chaque délibération humaine, nous le louons tout haut, nous le recommandons à autrui, nous faisons parfois effort pour lui donner l'empire chez nous-mêmes. Nous avons fabriqué ainsi l'idée d'un certain caractère moral, et, de fait, à l'occasion, de bien loin, nous accommodons à ce modèle notre caractère effectif. — Ainsi naissent les œuvres d'industrie, d'art et de vertu, pour combler ou diminuer l'intervalle qui sépare les choses et nos conceptions.

CHAPITRE II

LES COUPLES DE CARACTÈRES GÉNÉRAUX
ET LES PROPOSITIONS GÉNÉRALES

SOMMAIRE.

I. Les caractères généraux forment des couples. — Deux caractères généraux accouplés font une loi. — Penser une loi, c'est énoncer mentalement une proposition générale.
II. Exemples de ces caractères accouplés. — Utilité pratique de leurs liaisons. — Ces liaisons sont de diverses sortes. — Liaisons unilatérales ou simples. — Liaisons bilatérales ou doubles. — Les deux caractères peuvent être simultanés. — Ils peuvent être successifs. — Antécédent et conséquent. — Fréquence de ce dernier cas. — L'antécédent prend alors le nom de cause.
III. En quoi consiste la liaison. — Analyse de Stuart Mill. — Ce mot ne désigne aucune vertu secrète et mystérieuse enfermée dans le premier caractère. — Son sens précis. — Il suffit que le premier caractère soit donné pour que le second soit aussi donné. — Rien d'étrange si les caractères généraux ont, comme les faits particuliers, des antécédents, des compagnons ou des conséquents. — La difficulté est d'isoler les caractères généraux. — Deux artifices de méthode pour tourner la difficulté. — Deux sortes de lois.

§ I. — Lois qui concernent les choses réelles.

I. Premiers jugements généraux de l'enfant. — Mécanisme de leur formation. — Passage du jugement animal au jugement humain. — Les jugements généraux se multiplient. — Ils sont le résumé et la mesure de l'expérience antérieure. — Comment

298 LIV. IV. CONNAISSANCE DES CHOSES GÉNÉRALES

l'expérience ultérieure les rectifie. — Adaptation graduelle de nos couples de caractères mentaux aux couples de caractères réels. — Nous croyons aujourd'hui que tout caractère général est le second terme d'un couple. — Admission provisoire de cette hypothèse. — Elle est le principe de l'induction scientifique.

II. Diverses méthodes de l'induction scientifique. — Étant donné un caractère connu, il suffit que sa condition inconnue soit donnée pour qu'il soit aussi donné. — Recherche de la condition inconnue d'après cet indice. — Méthode des concordances. — Méthode des différences. — Méthode des variations concomitantes. — Divers exemples. — Toutes ces méthodes sont des procédés d'élimination. — Elles sont d'autant plus efficaces qu'elles opèrent des éliminations plus grandes. — Après l'élimination, le reliquat contient la condition inconnue que l'on cherchait. — Méthode complémentaire de déduction. — Exemple. — Théorie de Herschell et de Stuart Mill. — Exemple de ces diverses méthodes dans la recherche de l'antécédent de la rosée.

§ II. — Lois qui concernent les choses possibles.

I. Lenteur des procédés décrits ci-dessus. — Les lois ainsi découvertes ne sont que probables au delà du cercle de notre expérience. — Les plus générales sont découvertes le plus tard.

II. Le caractère des propositions qui concernent les choses possibles est différent. — Vérité universelle des théorèmes mathématiques. — Nous ne pouvons concevoir un cas où ces propositions soient fausses. — Les plus générales sont formées les premières. — Parmi les plus générales, il en est quelques-unes, nommées axiomes, d'où dépendent toutes les autres et qu'on admet sans les démontrer.

III. Deux sortes de preuves pour les théorèmes des sciences dites de construction. — Exemple. — Différence des deux méthodes de preuve. — Les axiomes sont des théorèmes non prouvés. — Ils sont des propositions analytiques. — On se dispense de les démontrer parce que l'analyse demandée est très-facile, ou on évite de les démontrer parce que l'analyse demandée est très-difficile. — Axiomes d'identité et de contradiction. — Axiome d'alternative. — Analyse qui le démontre. — Idées latentes contenues dans les deux membres de la proposition qui l'exprime. — Ces idées non démêlées déterminent notre conviction. — Il y a de semblables idées, latentes et probantes, dans les termes des autres axiomes.

IV. Axiomes mathématiques. — Axiomes sur les quantités égales augmentées ou diminuées de quantités égales. — Preuve expérimentale et inductive. — Preuve déductive et analytique. — Cas des grandeurs artificielles ou collections d'unités naturelles. — Deux de ces collections sont égales quand elles contiennent le même nombre d'unités. — Cas des grandeurs naturelles ou collections d'unités artificielles. — Deux de ces grandeurs sont égales lorsqu'elles coïncident et se confondent en une même grandeur. — Dégagement de l'idée d'identité incluse et latente dans l'idée d'égalité.

V. Principaux axiomes géométriques. — Axiomes qui concernent la ligne droite. — Définition de la ligne droite. — Propositions qui en dérivent. — Deux lignes droites ayant deux points communs coïncident dans toute leur étendue intermédiaire et dans toute leur étendue ultérieure. — Axiomes qui concernent les parallèles. — Définition des parallèles. — Propositions qui en dérivent. — Deux perpendiculaires à une droite sont partout équidistantes. — Démonstration du postulat d'Euclide.

VI. Travail mental sous-jacent qui accompagne l'expérience des yeux et de l'imagination. — Ce travail consiste dans la reconnaissance sourde d'une identité latente. — L'expérience des yeux et de l'imagination n'est qu'un indice préalable et une confirmation ultérieure. — Son utilité. — Cas où cet indice et cette confirmation manquent. — Axiomes de la mécanique. — Leur découverte tardive. — L'expérience ordinaire ne les suggère pas. — Comment l'expérience savante les a découverts. — Opinion qui les considère comme des vérités d'expérience. — Plusieurs d'entre eux sont en outre des propositions analytiques. — Principe de l'inertie. — Énoncé exact de l'axiome. — La différence de lieu et d'instant est sans influence ou nulle, par hypothèse. — Limites de l'axiome ainsi entendu et démontré. — Principe du parallélogramme des vitesses et des forces. — Énoncé exact de l'axiome. — La coexistence d'un second mouvement dans le même mobile est sans influence ou nulle, par hypothèse. — Passage de l'idée de vitesse à l'idée de force.

VII. Axiomes qui concernent le temps et l'espace. — Idée mathématique du temps et de l'espace. — Toute durée ou étendue déterminée a son au-delà. — Analyse de cette conception. — Toute grandeur artificielle ou naturelle déterminée a pareillement son au-delà, et se trouve comprise dans une série infinie. — Exemples. — Un nombre. — Une ligne droite. — Démonstration de l'axiome. — Il est une proposition analytique. — Toute addition effectuée implique une addition effectuable. — Dégagement des idées d'identité et d'indifférence incluses et latentes dans les termes de l'axiome.

— Précautions à prendre dans l'application de nos cadres à la réalité. — Différence possible entre l'espace géométrique et l'espace physique. — Tous les axiomes examinés sont des propositions analytiques plus ou moins déguisées.

VIII. Importance de la question. — Origine, formation, valeur des axiomes et des théorèmes qui en dérivent. — Opinion de Kant. — Opinion de Stuart Mill. — Conclusions de Kant et de Stuart Mill sur la portée de l'esprit humain et sur la nature des choses. — Théorie proposée. — Ce qu'elle concède et ce qu'elle nie dans les deux précédentes. — Il y a une liaison intrinsèque et forcée entre les deux idées dont le couple fait un théorème. — Il y a une liaison intrinsèque et forcée entre les deux caractères généraux qui correspondent à ces deux idées. — Il reste à savoir si ces caractères généraux se rencontrent effectivement dans les choses. — Ils s'y rencontrent partout où les théorèmes s'appliquent.

I. Jusqu'ici, nous n'avons étudié dans les idées générales que les idées générales elles-mêmes et la manière dont elles se forment, tantôt par extraction, tantôt par construction, soit que, dégageant de plusieurs faits ou individus semblables un caractère commun, nous le pensions à part au moyen d'un signe et que, par une série d'additions et de rectifications, nous faisions coïncider le contenu et l'extension de notre idée avec le contenu et l'extension du caractère qu'elle doit noter, soit que, ayant dégagé et pensé à part certains caractères généraux très-simples, nous combinions entre elles les idées ainsi acquises pour en fabriquer des composés mentaux, sortes de moules préalables auxquels les composés réels aient chance de se trouver conformes, sortes de modèles préalables auxquels nous ayons envie de conformer les composés réels. — Il nous reste une seconde recherche à faire. Dans la nature, les caractères généraux ne sont pas détachés les uns des autres; quel que soit celui que nous ayons noté, nous ne manquons jamais de le trouver lié à quelque autre. De fait, l'un entraîne l'autre ou du moins tend à l'entraîner. Tantôt c'est le premier qui entraîne le second, tantôt c'est le second qui entraîne le premier, tantôt c'est chacun d'eux qui entraîne l'autre. Dans tous ces cas, les deux caractères forment un *couple*, et ce couple s'appelle une loi. Penser une loi, c'est lier ensemble deux idées générales; en d'autres termes, c'est former un jugement général ; en d'autres termes encore, c'est énoncer mentalement une proposition générale. Nous allons chercher comment nous parvenons à lier ces idées, à former ces jugements, à énoncer mentalement ces propositions.

II. Considérons d'abord ces couples ou lois en elles-mêmes. Tout morceau de fer exposé à l'humidité se rouille. Tout cristal capable de rayer un autre corps quelconque est un diamant, c'est-à-dire un cristal composé de carbone pur. Tous les corps plongés dans un liquide perdent une portion de leur poids égale au poids du liquide qu'ils déplacent. Dans tous les polygones, la somme des angles internes est égale à autant de fois deux angles droits qu'il y a de côtés moins deux. — Voilà des lois; chacune d'elles consiste en un couple de caractères généraux et abstraits qui sont liés. D'un côté la propriété d'être du fer et d'être exposé à l'humidité, de l'autre la naissance de ce composé chimique qu'on nomme rouille ; d'un côté la suprême dureté, et de l'autre la propriété d'être un cristal de carbone pur; d'un côté la quantité du poids que perd le corps plongé, et de l'autre la quantité égale du poids du liquide déplacé; d'un côté la somme des angles du polygone, et de l'autre la somme égale formée par autant de fois deux angles droits que le polygone a de côtés moins deux : il est visible que toutes ces données sont des caractères généraux, c'est-à-dire communs à un nombre indéfini d'individus ou de cas; que toutes ces données sont des caractères abstraits, c'est-à-dire des extraits considérés à part ; que toutes ces données sont des caractères liés, c'est-à-dire tels que, le premier étant donné, le second est donné aussi. — Rien de plus utile à l'esprit humain que cette structure des choses; on devine tout de suite que notre grande affaire sera de découvrir des liaisons pareilles aux précédentes; car il n'y a pas de meilleur moyen pour étendre et accélérer notre connaissance. Une fois la loi démêlée, le premier caractère se trouve l'indice du second; il me suffira désormais de constater la présence du premier; sans examen et les yeux fermés, je pourrai en plus affirmer la présence du second. Aujourd'hui, en effet, il me suffit de savoir que ce morceau de métal est du fer et qu'il est exposé à l'humidité de l'eau, de la vapeur ou du brouillard, pour prévoir que, dans quelques heures ou dans quelques jours, il sera couvert de rouille. Il me suffit de recueillir l'eau sortie du vase plein et de la peser, pour savoir d'avance le poids qu'a perdu le corps plongé. Il me suffit de compter les côtés du polygone et de doubler leur somme diminuée de deux, pour dire d'avance le nombre d'angles droits compris dans ce polygone. Il me suffit d'observer que le cristal donné raye les corps les plus durs, pour annoncer qu'étant brûlé il fournira de l'acide carbonique. — Grâce à ces liaisons établies, un anatomiste, qui ouvre un corps humain, peut décrire d'avance la couleur, la forme, la structure, la disposition des cellules nerveuses et des lacis artériels que son microscope va lui montrer à tel endroit de tel organe. Grâce à ces liaisons établies, un astronome peut prédire la durée, la minute et la grandeur de l'éclipse qui, dans un siècle, cachera le soleil aux habitants de tel pays.

Ces liaisons si précieuses sont de plusieurs sortes. — Tantôt les deux caractères liés sont *simultanés*. Alors deux cas se présentent. — Ou bien le premier caractère entraîne par sa présence la présence du second, sans que la présence du second entraîne la sienne. Ainsi, quand dans un nombre la somme des chiffres est divisible par 9, le nombre lui-même est divisible par 3, mais la réciproque n'est pas vraie; quand un animal a des mamelles, il a des vertèbres, mais la réciproque n'est pas vraie. Dans ce cas, l'attache qui joint les deux caractères est unilatérale ou simple. — Ou bien le premier caractère entraîne par sa présence la présence du second, et, à son tour, le second caractère par sa présence entraîne la présence du premier. Ainsi, dans tout polygone, trois côtés accompagnent toujours une somme d'angles égale à deux droits, et réciproquement ; dans tout mammifère, des dents en cisaille accompagnent toujours un tube digestif court ainsi que des instincts carnivores, et réciproquement. Dans ce cas, l'attache qui joint les deux caractères est bilatérale et double. — Tantôt, des deux caractères liés, l'un nommé antécédent *précède*, et l'autre nommé conséquent *suit ;* le premier s'appelle encore la cause du second, et le second l'effet du premier. Alors aussi deux cas se présentent. — Ou bien le premier caractère provoque par sa présence la naissance du second, et, à son tour, le second, pour se produire, exige au préalable la présence du premier. Ainsi tout mobile auquel s'appliquent deux forces divergentes dont l'une est continue décrira une courbe ; et tout mobile, pour décrire une courbe, requiert au préalable l'application de deux forces divergentes dont l'une est continue. Dans ce cas, l'attache des deux caractères est bilatérale ou double. — Ou bien le premier provoque par sa présence la naissance du second, sans que le second, pour se produire, exige au préalable la présence du premier. Ainsi, toute suite de vibrations d'une certaine vitesse transmise au nerf auditif par le milieu ambiant provoque en nous la sensation de son ; mais cette sensation peut naître en nous spontanément dans les centres sensitifs, sans qu'au préalable un corps extérieur ou un milieu ambiant ait vibré. Dans ce cas, qui est le plus fréquent, l'attache des deux caractères est unilatérale ou simple ; c'est le plus important, et c'est celui que nous allons examiner avec le plus d'attention ; on peut y ramener les autres, et on l'exprime ordinairement en disant que la cause produit l'effet.

III. Il nous reste à savoir en quoi consiste la liaison de deux caractères. Y a-t-il quelque vertu ou raison secrète qui, résidant dans l'un, entraîne ou provoque l'autre ? C'est là une question réservée ; nous l'examinerons plus tard. En ce moment, les mots de liaison, d'attache, d'entraînement, de provocation, d'exigence, ne sont pour nous que des métaphores abréviatives. Quand nous disons que l'antécédent suscite le conséquent, nous ne songeons ni au lien mystérieux par lequel les métaphysiciens attachent ensemble la cause et l'effet, ni à la force intime et incorporelle que certaines philosophies insèrent entre le producteur et le produit. « La seule notion, dit

Stuart Mill, dont nous ayons besoin à cet endroit, peut nous être donnée par l'expérience. Nous apprenons par l'expérience qu'il y a dans la nature un ordre de succession invariable et que chaque fait y est toujours précédé par un autre fait. Nous appelons cause l'antécédent invariable, effet le conséquent invariable. » Au fond, nous ne mettons rien autre chose sous ces deux mots. Nous voulons dire simplement que, toujours et partout, l'application de la chaleur sera suivie par la dilatation du corps, que toujours et partout la vibration du corps extérieur transmise par le milieu ambiant au nerf auditif sain sera suivie par la sensation de son. « La cause réelle est la série des conditions, l'ensemble des antécédents sans lesquels l'effet ne serait pas arrivé... Il n'y a pas de fondement scientifique à la distinction que l'on fait entre la cause d'un phénomène et ses conditions... De même, la distinction qu'on établit entre le patient et l'agent est purement verbale.... La cause est la somme des conditions positives et négatives prises ensemble, la totalité des circonstances et contingences de toute espèce, lesquelles, une fois données, sont invariablement suivies du conséquent. » Les philosophes se méprennent donc quand ils croient découvrir dans notre volonté un type différent de la cause, et quand ils déclarent que nous y voyons la force efficiente en acte et en exercice. Nous n'y voyons rien de semblable ; nous n'apercevons là comme ailleurs que des successions constantes ; nous ne constatons point là deux faits dont l'un engendre l'autre, mais deux faits dont l'un suit toujours l'autre. « Notre volonté, dit encore Mill, produit nos actions corporelles, comme le froid produit la glace, ou comme une étincelle produit une explosion de poudre à canon. » Il y a là un antécédent comme ailleurs, la résolution, qui est un caractère momentané de notre esprit, et un conséquent comme ailleurs, la contraction musculaire, qui est un caractère momentané d'un ou plusieurs de nos organes ; l'expérience les lie et nous fait prévoir que la contraction suivra la résolution, comme elle nous fait prévoir que l'explosion de la poudre suivra le contact de l'étincelle. — Plus précisément encore, et quels que soient les deux caractères, simultanés ou successifs, momentanés ou permanents, l'attache par laquelle le premier entraîne, provoque ou suppose le second comme contemporain, conséquent ou antécédent, n'est qu'une particularité du premier considéré seul et à part. On entend par là qu'il a, par lui-même, la propriété d'être accompagné, suivi ou précédé par l'autre ; voilà tout. En d'autres termes, il suffit qu'il existe pour que l'autre soit son compagnon, son précurseur ou son successeur. Dès qu'il est donné, aucune autre condition n'est requise ; les circonstances peuvent être quelconques, il n'importe. Qu'il soit donné dans tel ou tel individu, avec tel ou tel groupe d'autres caractères, en tel ou tel lieu ou moment, cela est indifférent ; la propriété qu'il a ne dépend ni des circonstances, ni de l'individu, ni du groupe environnant des autres caractères, ni du lieu, ni du moment ; pris à part et en soi, isolé par l'abstraction, extrait des divers milieux où on le rencontre, il possède cette propriété. C'est pourquoi, en quelque milieu qu'on le transporte, il la garde avec lui. S'il l'a toujours et partout, c'est qu'il l'a de lui-même et par lui seul. S'il l'a sans exception, c'est qu'il l'a sans condition. Si tous les triangles renferment une somme d'angles égale à deux droits, c'est que le triangle abstrait a la propriété de renfermer une somme d'angles égale à deux droits. Si tous les morceaux de fer soumis à l'humidité se rouillent, c'est que le fer pris à part, en lui-même, et soumis à l'humidité prise à part, en elle-même, possède la propriété de se rouiller. Si la loi est universelle, c'est qu'elle est abstraite. — Rien d'étonnant dans cette constitution des choses. Il n'est pas plus étrange de trouver des compagnons, des précurseurs et des successeurs à un caractère général, que d'en trouver à un individu particulier ou à un évènement momentané. Sans doute, dans l'éparpillement infini et l'écoulement irrémédiable de l'être, ces sortes de caractères sont les seuls éléments qui soient partout les mêmes et renaissent toujours les mêmes ; mais ils n'existent point en dehors des individus et des évènements, comme le voulait Platon, ni dans un monde autre que le nôtre ; car ils sont les caractères des évènements et des individus qui composent notre monde. Comme les individus et les évènements, ils sont des formes de l'existence, et ils ne diffèrent des individus et des évènements que parce qu'ils sont des formes plus stables et plus répandues. A ce titre, nous devons nous attendre à leur trouver aussi des contemporains, des précédents, des suites, des particularités, des propriétés personnelles, et, pour y réussir, il n'y a qu'à les observer eux-mêmes à part.

C'est justement en cela que consiste la difficulté. Car comment observer à part un caractère qui, étant un extrait, ne se rencontre et ne peut se rencontrer que dans un cas ou individu particulier, c'est-à-dire dans une compagnie d'autres caractères? Comment faire pour étudier dans la nature le fer en soi exposé à l'humidité en général, et pour constater qu'à cet état d'abstraction il a pour suite la rouille en général? Comment faire pour démêler le triangle abstrait qui n'est ni scalène, ni isocèle, ni rectangle, pour mesurer ses angles abstraits qui ne sont ni égaux ni inégaux, et pour constater qu'en cet état étrange leur somme est égale à deux droits? — De la question ainsi posée sort la réponse. Une fois que l'obstacle est bien déterminé, on peut ordinairement, sinon le supprimer, du moins le tourner. Deux artifices de méthode nous conduisent au but. Nous avons distingué deux sortes de caractères généraux. Les premiers sont réels, et les idées générales qui leur correspondent, par exemple celles du fer, de l'humidité et de la rouille, étant formées par extraction, s'ajustent à eux par degrés; ils sont l'objet des sciences expérimentales, et leurs liaisons sont démêlées par *voie inductive*. Les seconds ne sont que possibles, et les idées générales qui leur correspondent, par exemple celles du triangle, de l'angle, des parallèles, étant formées par combinaison, ne sont que des cadres auxquels certaines choses réelles ont chance de s'ajuster : ils sont l'objet des sciences de construction, et leurs liaisons sont démêlées par *voie déductive*. — Suivons tour à tour ces deux chemins, et tâchons de noter les démarches successives de l'esprit qui les parcourt.

§ 1. — Lois qui concernent les choses réelles.

I. Ici, dans le premier chemin, notre point de départ est l'acquisition déjà expliquée des idées générales. En effet, l'enfant de quinze mois, qui répète et applique déjà quelques noms généraux, n'a qu'à en associer deux pour faire une proposition générale, et c'est le cas lorsqu'un objet qui évoque en lui un nom éveille encore en lui un autre nom. Il ébauche alors ses premières phrases balbutiées et dépourvues de verbe : soupe bonne, chat méchant, etc. Le mécanisme de cette jonction est très-simple, et ici la pensée animale conduit naturellement à la pensée humaine. — Quand un chien voit dans une rigole ou dans un creux un liquide coulant, inodore, incolore et clair, cette perception, en vertu de l'expérience antérieure, suscite en lui par association l'image d'une sensation de froid, et la perception, jointe à l'image, fait chez lui un couple. Chez l'enfant, grâce aux noms appris et compris, la même perception évoque en outre le mot *eau* ; la même image évoque en outre le mot *froid*, et les deux mots *eau, froid,* associés entre eux par contagion, font un second couple surajouté.

Or plus tard, quand l'enfant repasse et insiste sur ces deux mots, il trouve que le premier évoque en lui une série indéfinie d'expériences antérieures, celle de la carafe, du puits, de la fontaine, de la pluie, de la rivière, et que dans chacune de ces représentations le mot *froid* est évoqué aussi bien que le mot *eau.* Il note alors qu'ils font couple à travers tout le défilé et toute la revue ; ce qu'il exprime en disant : Toutes les eaux sont froides. Un peu plus tard encore, il néglige les différences des diverses représentations et ne garde en lui que le couple lui-même ; ce qu'il exprime en disant : L'eau est froide. De cette façon, il énonce mentalement ou tout haut ses premières propositions générales et ses premières propositions abstraites. — Peu à peu, à mesure qu'il avance en âge, il apprend de nouveaux mots ; il les applique aux couples anciens de représentations que l'expérience antérieure a déjà établis en lui, et aux couples nouveaux de représentations que l'expérience incessante établit en lui tous les jours ; ainsi naissent de nouveaux couples de mots compris, c'est-à-dire d'idées. — C'est de dix-huit mois à cinq ou six ans que la majeure partie de ce travail s'accomplit ; plus tard, jusqu'à l'âge adulte, il continue, mais avec des acquisitions moindres. L'enfant porte ainsi une quantité de jugements sur les objets et les faits qui lui sont familiers : « Le sucre est bon. Le feu brûle. Un coup fait mal. Les chats griffent. Les vaches mangent l'herbe. Celui qui fait la grosse voix est en colère. » — Au commencement, étant donné un individu ou évènement d'une certaine classe, il ne portait sur lui qu'un de ces jugements généraux ; bientôt il en porte deux, trois, quatre, puis dix, vingt, cent, et ainsi de suite. Voyant une forme bondissante à laquelle est associé chez lui le nom de chat, il a dit d'abord que le chat griffe ; il dira plus tard qu'il miaule, puis qu'il monte sur les toits, puis qu'il attrape les souris, etc. — Il en est de même pour tous les autres noms de classe ; chacun d'eux finit par évoquer un nombre considérable de jugements généraux, et chacun d'eux peut en évoquer un nombre indéfini. Par son escorte plus ou moins ample, chacun d'eux résume ainsi notre expérience plus ou moins ample, et il en donne la mesure, parce qu'il en est le produit.

Des jugements généraux de cette sorte et de cette provenance suffisent pour la pratique. Il n'y en a guère d'autres chez les enfants, les sauvages, les esprits incultes, et on n'en exprime guère d'autres dans la conversation ordinaire. Beaucoup d'hommes et beaucoup de peuples ne vont pas au delà. Mais nous pouvons aller au delà et, des propositions vulgaires, passer aux propositions scientifiques. L'expérience commencée nous a conduits aux premières ; l'expérience prolongée nous conduit aux secondes. Car, en appliquant à des cas nouveaux le jugement primitif, nous le trouvons inexact. L'enfant a d'abord prononcé que toutes les eaux sont froides ; s'il met les doigts dans une bouilloire retirée du feu, il se déjuge et n'attribue plus la froideur qu'à l'eau prise à certaine température. Un jardinier qui n'est point sorti de sa province estime que tous les cygnes sont blancs ; si on le conduit au Muséum et qu'on lui montre les cygnes noirs de l'Australie, il n'attribuera plus la blancheur qu'à une certaine variété de cygnes. Un étudiant en botanique croit que toutes les plantes dont la tige arborescente est disposée en couches concentriques lèvent avec deux cotylédons ; si on lui fait voir la cuscute et deux ou trois autres espèces, il verra que la loi précédente est presque universelle, mais non universelle. — Peu à peu, grâce à des corrections pareilles, nos jugements généraux s'adaptent aux choses. Au couple d'idées abstraites associées dans notre esprit correspond, trait pour trait, un couple de caractères abstraits associés dans la nature ; désormais, à chaque cas nouveau que nous observons, notre proposition reçoit une justification nouvelle, et la loi énoncée ne rencontre plus d'exceptions. — Au bout d'un temps fort long, après beaucoup de correspondances ainsi vérifiées, les hommes de certaines races et de certaines civilisations, les Européens modernes par exemple, ont fini par croire qu'il en est ainsi dans tous les cas, que telle est la constitution des choses, que toute la nature est régie par des lois, que tout son cours est uniforme, qu'en tout temps et en tout lieu, dans le monde moral et dans le monde physique, tout caractère donné a des conditions dont la présence entraîne sa présence. Cette supposition est-elle vraie? Est-ce là une règle tout à fait universelle? Nous examinerons cela plus tard. — En attendant, nous pouvons, d'après le grand nombre des lois constatées en nous et autour de nous, l'admettre pour notre petit univers, ou tout au moins nous en servir à l'occasion comme d'un instrument de recherche, pour démêler les conditions inconnues dont nous supposons que dépend le caractère connu, sauf à vérifier ensuite dans chaque cas notre succès ou notre défaite par la conformité ou la divergence de la supposition admise et des faits ultérieurs. C'est ainsi que nous cherchons, et nos différentes façons de chercher dans cette voie sont les divers procédés de l'*induction* scientifique.

II. Nous commençons donc par une hypothèse, mais par une hypothèse très-vraisemblable, autorisée par une quantité de précédents, et, de plus, capable d'être infirmée ou confirmée après que nous aurons usé d'elle, partant aussi bien choisie que possible pour nous mettre dans le bon chemin et nous retirer du mauvais, si par hasard elle nous y conduit : c'est à savoir que tout caractère donné est le second terme d'un couple. Certains accompagnements ou antécédents, en d'autres termes, certaines conditions du caractère forment le premier terme du couple, et le premier terme entraîne toujours avec lui ou après lui le second;

peu importe le lieu, le moment, le cas, le sujet; l'influence du premier terme s'exerce à travers toutes ces dissemblances; bref, il suffit que les conditions soient données pour que le caractère soit donné.

Remarquez ce mot *il suffit*. Il est la clef de la porte, car il nous met en main une propriété des conditions inconnues, sorte de marque distinctive au moyen de laquelle nous les démêlerons dans l'amas de particularités où elles sont confondues. Nos inconnues entraînent par leur présence la présence du caractère, et, à son endroit, elles sont influentes : reconnaissons-les à ce signe propre, et, pour cela, écartons d'abord les particularités qui ne le portent pas. Ce sont celles qui peuvent manquer sans que le caractère manque; car, à son endroit, leur absence équivaut à leur présence; leur présence est donc sans influence sur lui; ainsi elles ne sont point nos inconnues; on doit donc les éliminer. — Or telles sont les différences de deux cas qui tous les deux présentent le caractère, car les particularités par lesquelles le premier cas diffère du second manquent dans le second, et les particularités par lesquelles le second diffère du premier manquent dans le premier : ces particularités peuvent donc manquer sans que le caractère manque; partant, à son endroit, leur présence équivaut à leur absence; leur présence est donc sans influence sur lui; on doit donc les éliminer; en d'autres termes, on doit éliminer les différences. Cette élimination faite, reste la portion commune aux deux cas : c'est donc dans cette portion commune que se trouvent nos inconnues. — De là une première méthode nommée par Mill *méthode des concordances*. Nous rassemblons beaucoup de cas qui présentent le caractère connu, et nous les choisissons aussi différents que possible. Plus ces différences seront grandes, plus l'élimination sera vaste. Plus l'élimination sera vaste, plus le reliquat commun sera petit. Or c'est lui qui contient nos inconnues; donc, plus il sera petit, plus nous aurons de facilité à les dégager; et, s'il consiste en un accompagnement ou en un antécédent unique, c'est forcément cet antécédent ou cet accompagnement qui est notre inconnue.

Ainsi, que l'on prenne tous les animaux à mamelles, et notamment les plus différents, la baleine, la chauve-souris, le singe, le cheval, le rat, l'ornithorhynque; qu'on retranche leurs différences. Après cette élimination énorme, il ne restera qu'un petit nombre de caractères communs, la circulation double, la circonscription des poumons par une plèvre, la propriété de pondre ses petits vivants; c'est ce groupe entier ou un élément de ce groupe, entre autres le dernier, qui est visiblement l'accompagnement cherché ; en effet, il accompagne inséparablement la possession des mamelles. — Soit maintenant un conséquent connu et bien dégagé, la sensation de son [1]. Pour trouver son antécédent, nous recueillons beaucoup de cas où une oreille saine perçoit un son, le son produit par une cloche, par une corde qu'on pince ou que frotte un archet, le son d'un tambour que l'on frappe, d'un clairon où l'on souffle, le son de la voix humaine, le son que vous entendez dans l'eau ou en mettant l'oreille contre une poutre que l'on choque légèrement, etc. Après un long examen, on découvre que tous ces cas si différents s'accordent, autant qu'on en

---

[1]. Le son ordinaire, c'est-à-dire provoqué par un antécédent extérieur, et non pas le son subjectif, provoqué par un état spontané de l'organe auditif.

peut juger, en un seul point, qui est la présence d'un mouvement de va-et-vient, en d'autres termes, d'une vibration du corps sonore, comprise entre certaines limites de lenteur et de vitesse, et propagée à travers un milieu jusqu'à l'organe auditif. Cette vibration transmise est donc l'antécédent cherché.

Telle est la première méthode ; par elle, on exclut les différences des cas considérés, ce qui met à part leurs ressemblances. Elle a pour préalable le recueil de beaucoup de cas où le caractère connu soit donné. Elle adopte comme moyen l'élimination des particularités qui peuvent manquer sans que le caractère manque. Elle a pour auxiliaire une dissemblance aussi grande que possible entre les cas. Elle a pour but le dégagement de leurs concordances. Elle a pour effet l'isolement d'un reliquat qui, en tout ou en partie, est la condition cherchée.

Nous n'avons qu'à la retourner pour en posséder une autre, nommée par Mill *méthode des différences*. Soit un caractère connu, et prenons deux cas, le premier où il soit donné, le second où il ne soit pas donné. Ainsi qu'on l'a vu, la condition inconnue se reconnaît à ce signe qu'elle entraîne avec elle le caractère connu ; donc, partout où le caractère est absent, la condition est absente. Voilà un second signe distinctif, au moyen duquel nous pourrons la démêler dans l'amas de particularités où elle est incluse. Choisissons nos deux cas aussi semblables qu'il se pourra. Puisque le caractère connu est présent dans l'un et absent dans l'autre, sa condition inconnue est présente dans le premier et absente dans le second ; partant, elle ne peut être une des particularités par lesquelles les deux cas se ressemblent ;

elle est donc forcément une des particularités par lesquelles les deux cas diffèrent. Ainsi, retranchons tous leurs caractères semblables ; le reliquat sera la somme de leurs dissemblances, et c'est dans ce reliquat que forcément la condition cherchée se trouvera comprise. Mais ce reliquat est très-petit, puisque nous avons choisi nos deux cas aussi semblables que possible. Donc, s'il consiste en un seul accompagnement ou antécédent, cet accompagnement ou antécédent est la condition cherchée.

Ainsi, soit un caractère connu, la suprême dureté, ou capacité de rayer tous les autres corps. Nous prenons deux corps aussi semblables que possible, l'un où le caractère est présent, l'autre où il est absent ; l'un de ces corps est du diamant, qui est du carbone pur ; l'autre est du charbon purifié ; ou, mieux encore, l'un de ces corps est tel diamant, et l'autre est ce même diamant brûlé, réduit à l'état de coke. Propriétés chimiques, poids, molécules composantes, beaucoup de caractères et les plus importants de tous sont dans les deux cas exactement semblables. Nous les éliminons, et nous avons pour reste un groupe de caractères présents dans le diamant, absents dans le morceau de coke, l'éclat, la transparence, la forme octaédrique, la structure cristalline. C'est donc ce groupe entier, ou un élément de ce groupe, notamment le dernier, qui est l'accompagnement cherché ; en effet, les autres ne sont que ses divers aspects, et la structure cristalline accompagne invariablement dans le carbone la suprême dureté. — D'autre part, étant donnée la sensation de son, choisissons deux cas, l'un où elle se produise, l'autre où elle ne se produise point, et choisissons-les si exactement semblables qu'ils ne diffèrent que par un très-petit nombre de caractères et, s'il se peut, par un seul. A cet effet, répétons deux fois le même cas en y introduisant ou supprimant la seconde fois une circonstance unique bien définie; cette circonstance ajoutée ou retranchée, étant la seule différence qui sépare les deux cas, sera la condition cherchée. Par exemple, étant donné le son continu produit par un diapason vibrant, on touche légèrement les petites lames, ce qui arrête leur vibration; aussitôt le son cesse. Étant donné le tintement d'une sonnette heurtée par son battant, on la met sous le récipient d'une machine pneumatique et l'on fait le vide; aussitôt, le son cesse. Étant donné le diapason muet, on tend et on lâche subitement ses petites lames, ce qui leur rend leur vibration; aussitôt, le son recommence. Étant donné le choc muet du battant contre la sonnette, on fait rentrer l'air dans la cloche pneumatique; aussitôt, le son recommence. Ici, la seule circonstance tour à tour introduite ou supprimée parmi les antécédents du son est, pour le diapason, le rapide mouvement de va-et-vient, pour la sonnette la présence d'un milieu élastique. Cette double circonstance est donc la seule particularité par laquelle le cas où le son est présent diffère du cas où le son manque; d'où il suit qu'elle est l'antécédent cherché.

Telle est la seconde méthode; par elle, on exclut les ressemblances des cas considérés, ce qui pose à part leurs différences. Elle a pour préalable le choix de deux cas distingués, l'un par la présence, l'autre par l'absence du caractère connu. Elle adopte comme moyen l'élimination des particularités qui peuvent subsister, quoique le caractère manque. Elle a pour auxiliaire une ressemblance la plus grande possible entre les deux cas. Elle a pour but le dégagement des différences. Elle a pour effet l'isolement d'un reliquat, qui, en tout ou en partie, est la condition cherchée.

Ces deux méthodes en suggèrent une troisième, nommée par Mill *méthode des variations concomitantes*. Aux deux moyens par lesquels nous démêlions la condition inconnue s'en ajoute un troisième. Nous la démêlions, en éliminant les particularités qui peuvent manquer sans que le caractère connu manque, ou les particularités qui peuvent subsister quoique le caractère connu manque. Nous pouvons encore la démêler en constatant dans un des accompagnements ou des antécédents du caractère connu des variations exactement correspondantes aux variations du caractère connu. En plusieurs cas, et notamment dans ceux où nous ne pouvons suivre rigoureusement la méthode des différences, ce troisième moyen est très-utile et nous conduit par une autre voie au même but.

Par exemple, soit un caractère connu, le ralentissement progressif et, par suite, l'extinction finale du mouvement du pendule. Nous ne pouvons pas construire un pendule qui oscille toujours, ni par conséquent trouver un second cas où le caractère connu soit absent. A ce cas impraticable du ralentissement nul, nous substituons plusieurs cas praticables de ralentissement moindre. Nous diminuons de plus en plus les obstacles que rencontre le pendule, et nous trouvons que son ralentissement diminue à proportion. Quand les frottements du point d'attache sont aussi faibles que possible, et quand l'air environnant est aussi rare que possible, il met trente heures, et non plus quelques minutes, à s'arrêter. A mesure que les obstacles approchent du degré où ils seraient nuls, le ralentissement approche du degré où il serait nul. Autant que nous pouvons en juger, entre le premier cas où le pendule cesse d'osciller après quelques minutes et les autres cas où il continue son oscillation pendant un temps de plus en plus long, il n'y a qu'une différence : c'est que, dans le premier cas, les obstacles sont plus grands, et que, dans les autres, ils sont moindres; cette présence d'un surplus d'obstacles est donc l'antécédent d'un ralentissement plus grand. — Mais cela ne prouve pas encore que, si les obstacles étaient nuls, le ralentissement serait nul. Car il pourrait se faire que la diminution de l'antécédent et la diminution du conséquent n'allassent point du même pas; peut-être, à mesure que la résistance diminue de moitié, le ralentissement ne diminue que du quart ou d'une fraction inférieure; ce serait le cas si le ralentissement avait deux causes, l'une qui serait une propriété inhérente au mouvement lui-même, à savoir la tendance à finir au bout d'un certain temps, l'autre qui appartiendrait aux circonstances, c'est-à-dire à la résistance des corps environnants. Dans ce cas, la suppression totale des obstacles ne ferait que diminuer encore le ralentissement, sans le supprimer tout à fait; le pendule oscillerait soixante heures et davantage, mais à la fin il s'arrêterait. — Il faut donc prouver que le ralentissement diminue du même pas que la résistance, et qu'à tout degré ôté ou ajouté à la résistance correspond un degré égal ôté ou ajouté au ralentissement. Ce que l'on fait par les deux méthodes déjà décrites, en cherchant, non plus l'antécédent du ralentissement, mais les antécédents de deux de ses diminutions ou augmentations mesurées d'avance, et en découvrant, par l'extraction des concordances ou des différences, que ces antécédents sont deux diminutions ou augmentations précisément égales introduites dans la somme des résistances que présentent les obstacles environnants. Cela établi, il est prouvé que, lorsque la résistance est nulle, le ralentissement est nul. — Voilà la proposition que tout à l'heure nous n'avons pu établir par l'expérience; mais à présent nous n'avons plus besoin de l'établir par l'expérience; la lacune est comblée; on peut se passer de l'observation; on a son équivalent. Grâce à cet équivalent, on sait maintenant que le cas dans lequel le mouvement se ralentit et le cas dans lequel il ne se ralentit pas ne diffèrent que par un caractère, à savoir, la résistance opposée dans le premier cas par des obstacles; d'où il suit que cette résistance est l'antécédent cherché. — Telle est la troisième méthode, qui, composée de la première et de la seconde, est un substitut de la seconde, et qui leur est souvent supérieure, parce qu'elle détermine non-seulement la qualité, mais encore la quantité de la condition inconnue [1].

Toutes ces méthodes ont recours au même artifice, qui est l'élimination ou exclusion des caractères qui ne sont point la condition cherchée. Soit un caractère connu; il est accompagné ou précédé de dix autres. Lequel ou lesquels de ces dix sont les condi-

---

[1]. Stuart Mill, après avoir décrit cette méthode, en indique une quatrième, qu'il nomme *méthode des résidus*. Elle n'est qu'un autre cas de la méthode de différence et n'a que peu d'emplois. Les trois que nous avons exposées ont eu leur premier point de départ dans les *tables de présence, d'absence et de degrés* de Bacon.

tions de sa présence, en sorte que leur présence entraîne la sienne ? Toute la difficulté et toute la découverte sont là. Pour résoudre la difficulté et pour opérer la découverte, il faut éliminer, c'est-à-dire exclure, parmi les dix, ceux qui, n'ayant point d'influence sur lui, n'entraînent point sa présence. Mais, comme effectivement on ne peut les exclure et que, dans la nature, le caractère cherché est toujours noyé dans une foule d'autres, on assemble des cas qui, par leur diversité, autorisent l'esprit à expulser cette foule. On cherche des indices qui nous permettent de distinguer la condition cherchée et les accessoires parasites. On trouve trois de ces indices, on les applique ; pour plus de sûreté, on les applique tour à tour et tous les trois, afin qu'ils se contrôlent l'un l'autre. L'expulsion faite, il ne reste devant nous que la condition cherchée.

Il y a des cas où ces procédés éliminateurs sont impuissants, et ce sont ceux où le conséquent, quoique produit par un concours d'antécédents, ne peut pas être divisé en ses éléments. Les méthodes d'isolement sont alors impraticables ; et, comme nous ne pouvons plus éliminer, nous ne pouvons plus induire. — Or, cette difficulté si grave se rencontre dans presque tous les cas du mouvement, car presque tout mouvement est l'effet d'un concours de forces, et les effets respectifs des diverses forces se trouvent mêlés en lui à un tel point qu'on ne peut les séparer sans le détruire, en sorte qu'il semble impossible de savoir quelle part chaque force a dans la production de ce mouvement. Prenez un corps sollicité par deux forces dont les directions font un angle ; il se meut suivant la diagonale ; chaque partie, chaque moment, chaque position, chaque élément de son mouvement est l'effet combiné des deux forces sollicitantes. Les deux effets se pénètrent tellement qu'on n'en peut isoler aucun pour le rapporter à sa source. — Pour apercevoir séparément chaque effet, il faudrait considérer des mouvements dirigés dans un autre sens, c'est-à-dire supprimer le mouvement donné et le remplacer par d'autres. Il est le conséquent double d'un antécédent double, et, comme on ne peut isoler l'une ou l'autre de ses deux parties, on ne peut isoler l'une ou l'autre des deux parties de son antécédent. Ni la méthode ordinaire des concordances ou des différences, ni la méthode accessoire des résidus ou des variations concomitantes, qui sont toutes décomposantes et éliminatives, ne peuvent servir pour un cas qui, par nature, se refuse à toute élimination et à toute décomposition. — Il faut donc tourner l'obstacle, et c'est ici qu'apparaît la dernière clef de la nature, la *méthode de déduction*. D'abord, nous empruntons aux sciences de construction un de leurs procédés : nous quittons l'effet, nous nous reportons à côté de lui, nous en étudions d'autres plus simples ; nous examinons divers effets ou conséquents analogues, nous lions chacun d'eux à sa cause ou antécédent par les procédés de l'induction ordinaire ; puis nous faisons une *construction*. Nous assemblons mentalement plusieurs de ces antécédents ou causes, et nous concluons, d'après leurs conséquents ou effets connus, quel doit être leur conséquent ou effet total. Nous vérifions ensuite si l'effet total donné est exactement semblable à l'effet total prédit, et, si cela est, nous l'attribuons à la combinaison de causes que nous avons fabriquée. — Ainsi, pour découvrir les causes du mouvement des planètes, nous établissons, par des inductions simples, d'une part, la loi qui lie le mouvement dirigé selon la tangente à une force d'impulsion initiale, d'autre part, la loi qui lie la chute d'un corps vers un autre à la force accélératrice de la pesanteur. De ces deux lois induites, nous déduisons, par le calcul, les diverses positions et vitesses que prendrait un corps soumis aux sollicitations combinées d'une impulsion initiale et de la pesanteur accélératrice, et, vérifiant que les mouvements planétaires observés coïncident exactement avec les mouvements prévus, nous concluons que les deux forces en question sont effectivement les causes des mouvements planétaires. « C'est à cette méthode, dit Mill, que l'esprit humain doit ses plus grands triomphes ; nous lui devons toutes les théories qui ont réuni des phénomènes vastes et compliqués sous quelques lois simples. » Elle n'est qu'une dérivation des précédentes, car elle part d'une propriété de l'antécédent obtenu par les précédentes. Cette propriété est d'être suffisant, c'est-à-dire de provoquer par sa seule présence un certain conséquent. Partant, s'il est présent, ce conséquent naîtra ; et, si un autre antécédent obtenu de même est présent aussi, son conséquent naîtra pareillement ; en sorte que le conséquent total sera mixte et double. — A présent, si le conséquent total observé coïncide dans toutes ses parties avec le conséquent total prédit, on dira avec certitude que le double antécédent supposé suffit pour le faire naître, et on pourra supposer que, dans le cas en question, ce double antécédent existe en fait. — A la vérité, ce ne sera là qu'une supposition ou hypothèse ; mais elle sera d'autant plus probable que le conséquent total, étant plus complexe et plus multiple, limitera davantage le nombre des hypothèses capables d'en rendre compte ; et elle sera tout à fait certaine lorsqu'on pourra démontrer, ce qui est le cas pour le mouvement des planètes, que nulle autre combinaison de forces ne pourrait le produire, c'est-à-dire que le double antécédent admis est non-seulement possible, mais le seul possible et partant réel.

Ce sont là des formules ; un exemple sera plus clair ; en voici un où l'on va voir toutes les méthodes en exercice ; il s'agit de la théorie de la rosée du docteur Well. Je citerai les propres paroles de sir John Herschel et de Stuart Mill [1]. Elles sont si nettes qu'il faut se donner le plaisir de les méditer : « Il faut d'abord distinguer la rosée de la pluie aussi bien que des brouillards, et la définir en disant qu'elle est l'apparition spontanée d'une moiteur sur des corps exposés en plein air, quand il ne tombe point de pluie ni d'humidité visible. » La rosée ainsi définie, quelle en est la cause et comment l'a-t-on trouvée ?

« D'abord, nous avons des phénomènes analogues dans la moiteur qui couvre un métal froid ou une pierre lorsque nous soufflons dessus, qui apparaît en été sur les parois d'un verre d'eau fraîche qui sort du puits, qui se montre à l'intérieur des vitres quand la grêle ou une pluie soudaine refroidit l'air extérieur, qui coule sur nos murs lorsque après un long froid arrive un dégel tiède et humide. Comparant tous ces cas, nous trouvons qu'ils contiennent tous le phénomène en question. Or, tous ces cas s'accordent en un point, à savoir que l'objet qui se couvre de rosée est plus froid que l'air qui le touche. Cela arrive-t-il aussi

---

1. *Discours sur l'étude de la philosophie naturelle*, p. 159-162. — *System of logic*, I, 458.

dans le cas de la rosée nocturne? Est-ce un fait que l'objet baigné de rosée est plus froid que l'air? Nous sommes tentés de répondre que non, car qu'est-ce qui le rendrait plus froid? Mais l'expérience est aisée : nous n'avons qu'à mettre un thermomètre en contact avec la substance couverte de rosée, et à en suspendre un autre un peu au-dessus, hors de la portée de son influence. L'expérience a été faite, la question a été posée, et toujours la réponse s'est trouvée affirmative. Toutes les fois qu'un objet se recouvre de rosée, il est plus froid que l'air.

« Voilà une application complète de la *méthode de concordance* : elle établit une liaison invariable entre l'apparition de la rosée sur une surface et la froideur de cette surface comparée à l'air extérieur. Mais laquelle des deux est cause, et laquelle effet? ou bien sont-elles toutes les deux les effets de quelque chose d'autre? Sur ce point, la méthode de concordance ne nous fournit aucune lumière. Nous devons avoir recours à une méthode plus puissante : nous devons varier les circonstances; nous devons noter les cas où la rosée manque, car une des conditions nécessaires pour appliquer la *méthode de différence*, c'est de comparer des cas où le phénomène se rencontre avec d'autres où il ne se rencontre pas.

« Or la rosée ne se dépose pas sur la surface des métaux polis, tandis qu'elle se dépose très-abondamment sur le verre. Voilà un cas où l'effet se produit et un autre où il ne se produit point..... Mais, comme les différences qu'il y a entre le verre et les métaux polis sont nombreuses, la seule chose dont nous puissions encore être sûrs, c'est que la cause de la rosée se trouvera parmi les circonstances qui distinguent le verre des métaux polis…. Cherchons donc à démêler cette circonstance, et pour cela employons la seule méthode possible, celle des *variations concomitantes*. Dans le cas des métaux polis et du verre poli, le contraste montre évidemment que la *substance* a une grande influence sur le phénomène. C'est pourquoi faisons varier autant que possible la substance seule, en exposant à l'air des surfaces polies de différentes sortes. Cela fait, on voit tout de suite paraître une échelle d'intensité. Les substances polies qui conduisent le plus mal la chaleur sont celles qui s'imprègnent le plus de rosée ; celles qui conduisent le mieux la chaleur sont celles qui s'en humectent le moins : d'où l'on conclut que l'apparition de la rosée est liée au pouvoir que possède le corps de résister au passage de la chaleur.

« Mais, si nous exposons à l'air des surfaces rudes au lieu de surfaces polies, nous trouvons quelquefois cette loi renversée. Ainsi le fer rude, particulièrement s'il est peint ou noirci, se mouille de rosée plus vite que le papier verni. L'*espèce de surface* a donc beaucoup d'influence. C'est pourquoi exposons la même substance en faisant varier le plus possible l'état de sa surface (ce qui est un nouvel emploi de la méthode des variations concomitantes), et une nouvelle échelle d'intensité se montrera. Les surfaces qui perdent leur chaleur le plus aisément par le rayonnement sont celles qui se mouillent le plus abondamment de rosée. On en conclut que l'apparition de la rosée est liée à la capacité de perdre la chaleur par voie de rayonnement.

« A présent, l'influence que nous venons de reconnaître à la *substance* et à la *surface* nous conduit à considérer celle de la *texture*, et là nous rencontrons une troisième échelle d'intensité, qui nous montre les substances d'une texture ferme et serrée, par exemple les pierres et métaux, comme défavorables à l'apparition de la rosée, et au contraire les substances d'une texture lâche, par exemple le drap, le velours, la laine, le duvet, comme éminemment favorables à la production de la rosée. La texture lâche est donc une des circonstances qui la provoquent. Mais cette troisième cause se ramène à la première, qui est le pouvoir de résister au passage de la chaleur, car les substances de texture lâche sont précisément celles qui fournissent les meilleurs vêtements, en empêchant la chaleur de passer de la peau à l'air, ce qu'elles font en maintenant leur surface intérieure très-chaude pendant que leur surface extérieure est très-froide.

« Ainsi, les cas très-variés dans lesquels beaucoup de rosée se dépose s'accordent en ceci, et, autant que nous pouvons l'observer, en ceci seulement que les corps en question conduisent lentement la chaleur ou la rayonnent rapidement, — deux qualités qui ne s'accordent qu'en un seul point, qui est qu'en vertu de l'une ou de l'autre le corps tend à perdre sa chaleur par sa surface plus rapidement qu'elle ne peut lui être restituée par le dedans. Au contraire, les cas très-variés dans lesquels la rosée manque ou est très-peu abondante s'accordent en ceci, et, autant que nous pouvons l'observer, en ceci seulement que les corps en question n'ont pas cette propriété. Nous pouvons maintenant répondre à la question primitive et savoir lequel des deux, du froid et de la rosée, est la cause de l'autre. Nous venons de trouver que la substance sur laquelle la rosée se dépose doit, par ses seules propriétés, devenir plus froide que l'air. Nous pouvons donc rendre compte de sa froideur, abstraction faite de la rosée, et, comme il y a une liaison entre les deux, c'est la rosée qui dépend de la froideur ; en d'autres termes, la froideur est la cause de la rosée.

« Maintenant, cette loi si amplement établie peut se confirmer de trois manières différentes, et premièrement par déduction, en partant des lois connues que suit la vapeur aqueuse lorsqu'elle est diffuse dans l'air ou dans tout autre gaz. On sait par l'expérience directe que la quantité d'eau qui peut rester suspendue dans l'air à l'état de vapeur est limitée pour chaque degré de température, et que ce maximum devient moindre à mesure que la température diminue. Il suit de là déductivement que, s'il y a déjà autant de vapeur suspendue en l'air que peut en contenir sa température présente, tout abaissement de cette température portera une portion de la vapeur à se condenser et se changer en eau. Mais, de plus, nous savons déductivement, d'après les lois de la chaleur, que le contact de l'air avec un corps plus froid que lui-même abaissera nécessairement la température de la couche d'air immédiatement appliquée à sa surface, et par conséquent la forcera d'abandonner une portion de son eau, laquelle, d'après les lois ordinaires de la gravitation ou cohésion, s'attachera à la surface du corps, ce qui constituera la rosée... Cette preuve déductive a l'avantage de rendre compte des exceptions, c'est-à-dire des cas où, le corps étant plus froid que l'air, il ne se dépose pourtant point de rosée; car elle montre qu'il en sera nécessairement ainsi lorsque l'air sera si peu fourni de vapeur aqueuse, comparativement à sa température, que, même étant un peu refroidi par le contact d'un corps plus froid, il sera encore capable de tenir en suspension toute la vapeur qui s'y trouvait d'abord suspendue. Ainsi, dans un été très-sec, il n'y a pas de rosée, ni, dans un hiver très-sec, de gelées blanches.

« La seconde confirmation de la théorie se tire de l'expérience directe pratiquée selon la méthode de différence. Nous pouvons, en refroidissant la surface de n'importe quel corps, atteindre en tous les cas une température à laquelle la rosée commence à se déposer. Nous ne pouvons, à la vérité, faire cela que sur une petite échelle; mais nous avons d'amples raisons pour conclure que la même opération, si elle était conduite dans le grand laboratoire de la nature, aboutirait au même effet.

« Et, finalement, nous sommes capables de vérifier le résultat, même sur cette grande échelle. Le cas est un de ces cas rares où la nature fait l'expérience pour nous, de la même manière que nous la ferions nous-mêmes, c'est-à-dire en introduisant dans l'état antérieur des choses une circonstance nouvelle, unique et parfaitement définie, et en manifestant l'effet si rapidement que le temps manquerait pour tout autre changement considérable dans les circonstances antérieures. On a observé que la rosée ne se dépose jamais abondamment dans des endroits fort abrités contre le ciel ouvert, et point du tout dans les nuits orageuses; mais que, si les nuages s'écartent, fût-ce pour quelques minutes seulement, de façon à laisser une ouverture, la rosée commence à se déposer et va en augmentant. Ici il est complètement prouvé que la présence ou l'absence d'une communication non interrompue avec le ciel cause la présence ou l'absence de la rosée. Mais, puisqu'un ciel clair n'est que l'absence des nuages, et que les nuages, comme tous les corps entre lesquels et un objet donné il n'y a rien qu'un fluide élastique, ont cette propriété connue, qu'ils tendent à élever ou à maintenir la température de la surface de l'objet en rayonnant vers lui de la chaleur, nous voyons à l'instant que la retraite des nuages refroidira la surface. Ainsi, dans ce cas, la nature ayant produit un changement dans l'antécédent par des moyens connus et définis, le conséquent suit et doit suivre : expérience naturelle conforme aux règles de la méthode de différence. »

§ 2. — Lois qui concernent les choses possibles.

I. On voit que ce procédé est fort long, car il suppose le recueil, le choix et la comparaison de plusieurs cas. En outre, d'ordinaire, plus la loi ainsi découverte est générale, plus il nous faut de temps pour y arriver, car elle suppose la découverte préalable de diverses lois partielles ; Newton, Geoffroy Saint-Hilaire, Dalton, Faraday ne sont venus qu'après beaucoup d'autres, et la loi inductive la plus large que nous connaissions, celle qui pose la conservation de la force, a été trouvée hier [1]. Enfin, si bien établie et vérifiée que soit une de ces lois, si l'on veut l'appliquer hors

---

[1]. Voir sur cet ordre des découvertes l'excellent livre du D' Whewell, *History of the inductive sciences*, 3 vol.

du petit cercle d'espace et du court fragment de durée dans lesquels sont confinées nos observations, elle n'est que probable. Il n'est pas absolument sûr que, par delà les dernières nébuleuses d'Herschell, la loi de la gravitation tienne encore bon. Il n'est pas du tout certain que, dans le soleil, l'hydrogène et l'oxygène gardent l'affinité chimique que nous leur connaissons sur notre terre. Il est possible que dans le soleil la température excessive, par delà les dernières nébuleuses quelques circonstances inconnues, interviennent pour annuler ou altérer la loi. Par conséquent, si l'on considère la proposition qui l'énonce, on trouve, d'une part, que l'acquisition en est tardive, d'autre part, que l'application en est limitée.

II. Tels sont les traits distinctifs des propositions générales dans lesquelles les idées composantes, formées par extraction et graduellement ajustées aux caractères généraux des choses réelles, sont tenues de correspondre à leur objet. — Tout autres sont les traits distinctifs des propositions générales dont les idées composantes, formées par construction, ne sont pas assujetties à une obligation semblable. Ce sont celles de l'arithmétique, de la géométrie, de la mécanique pure, de toutes les sciences mathématiques, et, plus généralement, de toutes les sciences déductives. Les propositions de ces sciences ne sont pas seulement probables, mais certaines au delà de notre petit monde ; en tout cas, nous croyons qu'il en est ainsi, et, de plus, nous ne pouvons ni croire ni même concevoir qu'il en soit autrement. Même par delà les dernières nébuleuses, deux faits ou objets ajoutés à trois faits ou objets de la même classe font cinq faits ou objets de la même classe ; s'il s'y trouve un triangle, la somme de ses angles est, comme chez nous, égale à deux droits ; si un corps y est mû par deux forces dont les directions font un angle, il suivra comme chez nous la diagonale. Du moins, quelque effort que nous fassions pour concevoir le contraire, nous n'y parvenons pas; une fois bien entendues, les deux idées qui composent la proposition font dans notre esprit un couple indissoluble dont les termes, par eux-mêmes, répugnent à toute séparation. — En outre, parmi ces propositions, ce sont les plus générales qui sont découvertes les premières, car c'est par elles qu'on prouve les moins générales. Au point de vue géométrique, l'idée de solide est moins générale que celle de surface, et celle de surface moins générale que celle de ligne, puisque le solide est construit avec des surfaces et la surface avec des lignes, d'où il suit que, sinon dans la nature, du moins dans l'esprit, la surface se rencontre sans le solide, et la ligne sans la surface, mais non le solide sans la surface, ni la surface sans la ligne ; ce qui donne à la surface un cas de plus qu'au solide et à la ligne un cas de plus qu'à la surface. Or chacun sait que, pour établir les propositions qui concernent les solides, il faut d'abord établir celles qui concernent les surfaces, et que, pour établir les propositions qui concernent les surfaces, il faut d'abord établir celles qui concernent les lignes. — Enfin, parmi les plus générales de ces propositions, il en est quelques-unes, nommées axiomes, qu'on ne démontre point, et par lesquelles on démontre le reste. On les plante en tête de chaque science, comme des crampons pour y accrocher toutes les autres. Celles-ci sont autant d'anneaux qui font une ou plu-

CHAP. II. LES JUGEMENTS GÉNÉRAUX

sieurs chaînes ; chaque anneau y est suspendu au précédent et soutient le suivant ; mais les points d'appui qui portent le tout sont deux, trois, quatre propositions expresses ou tacites, placées au sommet. Si on ne les démontre point, c'est qu'on les déclare évidentes par elles-mêmes ; du moins il semble au lecteur attentif que, pour les admettre, il n'a pas besoin de preuve ; il lui suffit de les comprendre. Sitôt que les deux idées dont la proposition est composée sont nettes dans son esprit, elles s'attachent l'une à l'autre et y font couple ; cette soudure réciproque est instantanée ; chacun voit du premier coup que, parmi toutes les lignes menées d'un point à un autre point, la ligne droite est la plus courte. Pareillement, dans chaque autre science déductive, il y a certaines idées primitives qui, une fois présentes dans l'esprit, s'engrènent ensemble aussi vite, par une attache aussi invincible, avec une autorité aussi incontestée. Voilà certes des propositions formées d'une façon étrange, et ce sont elles que nous allons d'abord examiner.

III. Il y a, pour ces sortes de propositions, deux sortes de preuves, l'une expérimentale, inductive, approximative et lente, l'autre analytique, déductive, exacte et courte ; c'est la dernière dont on se sert dans toutes les sciences de construction. — Pour mieux marquer les caractères et les contrastes de ces deux preuves, que le lecteur me permette une supposition. Soit une proposition très-voisine des axiomes, cette vérité de la géométrie élémentaire que dans tout triangle la somme des angles est égale à deux droits. J'imagine un homme qui n'est pas géomètre et qui, par la structure de son cerveau, est incapable de le devenir, mais très-patient, très-exact et très-habile à induire ; je lui mets en main un demi-cercle divisé en minutes et en secondes pour la mesure des angles ; je trace devant lui une quantité de triangles, je lui enseigne à en tracer d'autres, et je le prie de chercher si, dans tous ces triangles, la somme des angles n'égale pas une certaine somme d'angles droits. — Pendant plusieurs journées, il applique son demi-cercle aux angles de trois ou quatre cents triangles ; pour chacun d'eux, il regarde sur son demi-cercle les trois valeurs des trois angles, et, additionnant ces valeurs, il trouve toujours que leur somme est de 180 degrés ou de deux droits. Cela l'intéresse, et il tâche de démêler les lois partielles dont cette loi, obtenue par le recueil des concordances, est le total. — Il prend d'abord des triangles chez lesquels un angle est droit ; la somme des deux autres angles est alors égale à un droit, et il lui sera plus aisé de trouver la circonstance qui provoque cette égalité. Reprenant son demi-cercle, il constate que, toutes les fois que le premier de ces deux angles se rapproche de la valeur de l'angle droit, le second s'en écarte, en sorte que la diminution de l'un est compensée par l'augmentation de l'autre, et que, grâce à cette compensation perpétuelle, la somme des deux angles est toujours égale à un droit. — Il prend ensuite des triangles quelconques et chez lesquels un angle est de même grandeur ; puis, mesurant cet angle, il calcule par une soustraction la valeur que doivent avoir ensemble les deux autres angles pour former avec lui une grandeur égale à deux droits. Appliquant encore une fois son demi-cercle, il constate que, toutes les fois que le premier de ces deux angles s'approche davantage de la valeur requise, le second s'en écarte davantage, en sorte que, la perte égalant le gain, la somme des deux angles est toujours égale à la valeur requise. — Ainsi dans tous les triangles, un angle étant donné, les diminutions ou augmentations qu'un des deux angles restants peut éprouver sont compensées par des augmentations ou diminutions égales de l'autre, et compensées de telle sorte que la grandeur totale des deux angles restants soit la valeur requise pour former avec l'angle donné une somme d'angles égale à deux droits. — Cela fait, notre chercheur a trouvé une liaison fixe entre les valeurs du deuxième et du troisième angle, une autre liaison fixe entre la somme de ces valeurs et la valeur du premier angle, et, par ces deux liaisons, il s'explique la valeur totale des trois angles. Mais il est à bout, il ne peut aller plus loin. Bien plus, après tant de mesures, d'additions, de soustractions et de récapitulations, il a des motifs de doute ; il doit se demander si ses triangles tracés sont absolument parfaits, si les divisions de son demi-cercle sont rigoureusement égales, si, en appliquant son demi-cercle aux angles, il fait coïncider exactement les lignes des divisions avec les côtés des angles. Qu'il prenne un fort microscope ; en bien peu de cas il trouvera ces conditions remplies, et il doit supposer que, si le microscope était plus fort, il ne les trouverait remplies en aucun cas. Partant, tout ce qu'il peut affirmer, c'est que, dans des triangles sensiblement parfaits, la somme des trois angles est sensiblement égale à deux droits. — A présent, faisons intervenir le géomètre; il ne trace qu'un triangle ; encore n'est-ce point de celui-ci qu'il s'occupe ni d'aucun autre triangle tracé ; son objet est un triangle quelconque ; il nous en avertit expressément ; la figure sensible n'est pour lui qu'un moyen de faire plus aisément une construction mentale ; ses yeux suivent sur le papier ou sur le tableau des lignes idéales auxquelles le tracé physique ne correspond qu'à peu près. Il complète sa construction mentale et sa figure sensible, en conduisant, par le sommet du triangle et parallèlement à la base, d'une part une ligne idéale, d'autre part un tracé physique entre lesquels il y ait aussi une correspondance grossière. La construction mentale achevée, il reprend ses définitions du triangle et des parallèles, il en note les éléments, il suit du doigt ces éléments dans le tracé approximatif, il rencontre en l'un ou plusieurs d'entre eux la propriété cherchée, et prouve ainsi le théorème par l'analyse de ses définitions.

Les axiomes sont des théorèmes analogues, mais qu'on se dispense de prouver, soit parce que la preuve en est très-facile, soit parce que la preuve en est très-difficile. En d'autres termes, ce sont des propositions *analytiques*, où le sujet contient l'attribut soit d'une façon très-visible, ce qui rend l'analyse inutile, soit d'une façon très-masquée, ce qui rend l'analyse presque impraticable. De là deux espèces d'axiomes, lesquelles confinent l'une à l'autre par des transitions.

Au bas de l'échelle, il y en a qui semblent insignifiants ; c'est que l'analyse demandée y est toute faite ; les termes de l'attribut se trouvent par avance dans les termes du sujet ; le lecteur ne trouve point la proposition instructive ; il juge qu'on lui dit deux fois la même chose. Tels sont les fameux axiomes métaphysiques d'*identité* et de *contradiction*. — Le premier peut s'exprimer ainsi : si dans un objet telle donnée est présente, elle y est présente. — Le second peut recevoir cette formule : si dans un objet telle donnée est présente, elle n'en est point absente ; si dans un objet telle donnée est absente, elle n'y est point présente. — Comme les mots *présent* et *non absent*, *absent* et *non présent* sont synonymes, il est clair que, dans l'axiome de contradiction aussi bien que dans l'axiome d'identité, le second membre de la phrase répète une portion du premier; c'est une redite; on a piétiné en place. — De là un troisième axiome métaphysique, celui d'*alternative*, moins vide que les précédents; car il faut une courte analyse pour le prouver; on peut l'énoncer en ces termes : dans tout objet, telle donnée est présente ou absente. — En effet, supposons le contraire, c'est-à-dire que dans l'objet la donnée ne soit ni absente ni présente. Non absente, cela signifie qu'elle est présente ; non présente, cela signifie qu'elle est absente ; les deux ensemble signifient donc que dans l'objet la donnée est à la fois présente et absente, ce qui est contraire aux deux branches de l'axiome de contradiction, l'une par laquelle il est dit que, si dans un objet telle donnée est présente, elle n'en est pas absente, et l'autre par laquelle il est dit que, si dans un objet telle donnée est absente, elle n'y est pas présente. — Maintenant, reprenons l'axiome d'alternative, et observons l'attitude de l'esprit qui le rencontre pour la première fois. Il est sous-entendu dans une foule de propositions ; c'est parce qu'on l'admet implicitement qu'on les admet explicitement. Par exemple, quelqu'un vous dit : Tout triangle est équilatéral ou non; tout vertébré est quadrupède ou non. Sans examiner aucun triangle ni aucun vertébré, vous reconnaissez que forcément ces propositions sont vraies : l'alternative est inévitable; vous ne pouvez vous y soustraire. Et cependant, d'ordinaire, vous n'avez pas de preuve en main. Vous n'avez pas fait l'analyse précédente ; vous ne sauriez montrer, comme nous venons de le faire, la série des liaisons par lesquelles la proposition se rattache à l'axiome de contradiction. Vous n'avez point dégagé et suivi comme nous les idées très-abstraites qui, par leur filière délicate et continue, soudent ensemble les deux membres de la proposition. Qu'est-ce à dire, sinon qu'à défaut de la vue claire vous avez le sentiment confus de cette soudure, et que la jonction existe entre les deux membres de votre pensée, sans que vous puissiez montrer précisément les points de jonction ? — Tous les jours, nous voyons cette efficacité des idées latentes ; nous sentons que telle personne n'a pu agir ainsi, que telle démarche serait inopportune, que tel acte est honnête ou blâmable ; et le plus souvent nous ne saurions dire pourquoi ; néanmoins il y a en nous un pourquoi, une raison secrète ; cette raison est une idée, une idée incluse dans la conception totale que nous nous sommes faite de cette personne, de cette démarche, de cet acte ; elle existe dans la conception totale comme un segment non tracé dans un cercle, comme un gramme de plomb dans un poids de plomb ; elle y est active au même titre que ses associées ; toutes ensemble font un bloc qui, au contact d'un autre, manifeste tantôt une affinité qui aboutit à l'union, tantôt une répugnance qui aboutit à la séparation. Plus tard, à la réflexion, nous désagrégeons ce bloc ; au moyen de mots abstraits, nous isolons ses idées composantes ; nous en trouvons une qui nous explique la jonction involontaire ou l'incompatibilité insurmontable de nos deux conceptions. — Qu'il y ait des idées probantes incluses dans les termes de l'axiome précédent, on ne peut en douter, puisque nous venons de les démêler et de les arranger en preuve. Que des idées non démêlées puissent et doivent agir à l'état latent pour unir ou dissocier deux conceptions où elles sont incluses, cela est certain, puisque journellement nous sommes témoins du fait. Nous pouvons donc conclure que les soudures et les répulsions mentales constatées à propos de l'axiome précédent ont pour cause la présence dissimulée des idées latentes que nous avons démêlées tout à l'heure, et conjecturer que, dans tous les axiomes semblables, c'est la même cause qui produit le même effet.

IV. Il serait trop long et, de plus, inutile de les analyser tous. Attachons-nous à ceux qui sont le plus fructueux et qui servent à construire des sciences entières. — En tête de l'arithmétique, de l'algèbre et de la géométrie, on inscrit les deux axiomes suivants : si, à deux grandeurs égales entre elles, on ajoute deux grandeurs égales entre elles, les sommes sont encore égales; si, de deux grandeurs égales entre elles, on ôte deux grandeurs égales entre elles, les restes sont encore égaux. — Certainement nous pouvons former ces deux propositions par l'induction ordinaire, et, très-probablement, c'est de cette manière qu'elles s'établissent d'abord dans notre esprit. Voici deux troupeaux de moutons, chacun de vingt dans son enclos ; ils peuvent être accrus ou diminués ; ce sont donc des grandeurs. Je fais entrer quinze moutons dans le premier enclos et quinze autres dans le second ; je compte ensuite les deux troupeaux ainsi accrus, et je trouve que, dans chaque parc, il y en a trente-cinq. Je fais sortir alors dix-sept moutons du premier enclos et dix-sept autres moutons du second ; puis je compte les deux troupeaux ainsi diminués, et je trouve que, dans chaque parc, il y en a dix-huit. — Toutes les fois que, sur un troupeau d'animaux quelconques, ou, plus généralement, sur une collection d'objets ou de faits distincts quelconques, j'ai pratiqué dans des conditions semblables des opérations semblables, j'ai vérifié que l'issue était semblable. Même remarque si la collection se compose, non plus d'individus naturels, comme un mouton, un caillou, ou de faits naturellement distincts, comme un son, un choc, une sensation, mais d'individus artificiels, comme un mètre, un litre, un gramme, ou de faits artificiellement distingués, comme les parties successives d'un mouvement continu. Par exemple, voici deux vases dans chacun desquels il y a six litres d'eau ; je verse trois litres d'eau dans le premier et trois litres d'eau dans le second ; je mesure ensuite les deux quantités d'eau ainsi accrues et je trouve que dans chaque vase il y a neuf litres d'eau. Je retire alors cinq litres d'eau du premier vase et cinq litres d'eau du second, puis je mesure les deux quantités d'eau ainsi diminuées, et je trouve que dans chaque vase il reste quatre litres d'eau. — Chacun de ces cas est une expérience. Un enfant en fait de semblables avec des jetons ; si, ayant compté deux gros tas égaux, il leur ajoute deux petits tas pareillement comptés et aussi égaux, et que, comptant ensuite les deux totaux, il les trouve égaux, ce sera pour lui une découverte, et je crois qu'il en sera aussi heureux qu'un physicien qui remarque pour la première fois un phénomène inconnu. — Après beaucoup d'expériences semblables, nous pouvons induire, par la méthode des concordances, que des grandeurs égales ajoutées à des grandeurs égales donnent des sommes égales, et que des grandeurs égales diminuées de grandeurs égales donnent des restes égaux. Car, si parfois, comme dans l'expérience pratiquée sur les vases d'eau, les sommes ou les restes ne sont pas rigoureusement égaux, nous pouvons à bon droit attribuer cette inégalité à l'inexactitude de nos mesures préalables ou à la maladresse de notre manipulation ultérieure, puisque, plus nos mesures deviennent exactes et notre manipulation adroite, plus l'inégalité devient petite. — En outre, pour fortifier notre conclusion, nous avons en main une autre méthode inductive, celle des différences. Sitôt que nous supprimons l'égalité des grandeurs primitives ou des grandeurs ajoutées, l'égalité des *totaux* obtenus disparaît. Sitôt que nous supprimons l'égalité des grandeurs primitives ou des grandeurs retranchées, l'égalité des *restes* subsistants disparaît. Ces deux premières égalités sont donc l'antécédent de la troisième, comme la troisième est le conséquent des deux premières ; et nous avons un couple dans lequel les deux termes obtenus, comme le refroidissement et la rosée, sont, comme le refroidissement et la rosée, liés sans exception ni condition.

Mais les deux axiomes ainsi formés peuvent encore être formés d'une autre façon. En effet, laissons là l'expérience, fermons les yeux, et renfermons-nous dans l'enceinte de notre propre esprit ; examinons les termes qui constituent nos propositions ; tâchons de savoir ce que nous entendons par les mots de grandeur et d'égalité, et voyons quelles constructions mentales nous faisons, lorsque nous fabriquons l'idée d'une grandeur égale à une autre. — Ici, il faut distinguer entre les grandeurs artificielles où les unités sont naturelles, et les grandeurs naturelles où les unités sont artificielles. Examinons-les tour à tour, et d'abord les grandeurs artificielles, qu'on nomme aussi collections.

Soit une collection d'individus semblables, tel troupeau de moutons, ou une collection d'unités abstraites, tel groupe mental d'unités pures, figurées aux yeux par un même signe tracé plusieurs fois. Nous appelons ces collections des grandeurs ; et, si nous leur donnons ce nom, c'est que, tout en gardant leur nature, elles peuvent devenir plus grandes ou moins grandes ; nous voulons dire par là que, en fait ou par la pensée, on peut au troupeau ajouter un ou plusieurs moutons, ajouter au groupe une ou plusieurs unités, ôter au troupeau un ou plusieurs moutons, ôter au groupe une ou plusieurs unités. A présent, comparons une de ces collections avec une autre collection analogue [1], et faisons correspondre, par la pensée ou autrement, un premier objet de la première avec un premier objet de la seconde, un second avec un second, et ainsi de suite, jusqu'à ce qu'une des deux soit épuisée. Deux cas se présentent. — Ou bien les deux collections sont épuisées ensemble ; alors le nombre des moutons est le *même* dans le premier et dans le second troupeau, le nombre des unités est le *même* dans le premier et dans le second groupe ; auquel cas on dit que les deux grandeurs sont *égales*. Égalité signifie donc présence du même nombre. — Ou bien l'une des deux collections est épuisée avant l'autre ; alors le nombre des mou-

1. Duhamel, *De la Méthode dans les sciences de raisonnement*, tome I, p 3.

CHAP. II. LES JUGEMENTS GÉNÉRAUX

tons est différent dans le premier et dans le second troupeau, le nombre des unités est différent dans le premier et dans le second groupe ; en ce cas, on dit que les deux grandeurs sont inégales. Inégalité signifie donc présence de deux nombres *différents*.

Maintenant, pour ces sortes de grandeurs, nous pouvons prouver l'axiome. Soient deux grandeurs égales auxquelles on ajoute des grandeurs égales. Selon l'analyse précédente, cela signifie que la première collection contient un certain nombre d'individus ou d'unités, qu'on lui en ajoute un certain nombre, que la seconde collection contient le *même* nombre d'individus ou d'unités que la première, qu'on lui en ajoute le *même* nombre qu'à la première, que, dans les deux cas, le même nombre est ajouté au même nombre, et que, partant, les deux collections finales contiennent le même nombre ajouté au même nombre, c'est-à-dire le *même nombre total* d'individus ou d'unités, d'où il suit, d'après la définition, que les deux sommes ou grandeurs finales sont des grandeurs égales. — Pareillement, soient deux grandeurs égales, desquelles on ôte deux grandeurs égales : selon la même analyse, cela signifie que la première collection contient un certain nombre d'individus ou d'unités, qu'on lui en ôte un certain nombre, que la seconde collection contient le *même* nombre d'individus ou d'unités que la première, qu'on lui en ôte le *même* nombre qu'à la première, en sorte que dans les deux cas le même nombre est diminué du même nombre, et que, partant, les deux collections finales contiennent le même nombre diminué du même nombre, c'est-à-dire le *même nombre restant* d'individus ou d'unités ; d'où il suit toujours, d'après la définition, que **les deux** restes ou grandeurs finales sont des grandeurs égales.

Des grandeurs artificielles, passons aux grandeurs naturelles. Parmi celles-ci, les plus importantes sont les géométriques, parce qu'elles servent de mesure pour toutes les autres, durées, vitesses, forces, masses, etc. Ces grandeurs géométriques sont les lignes, les surfaces, les solides ; et, si nous les appelons des grandeurs, c'est parce qu'elles peuvent devenir plus grandes ou moins grandes ; nous voulons dire par là qu'en fait ou mentalement on peut ajouter ou ôter une ligne à la ligne, une surface à la surface, un solide au solide. A présent, comparons une ligne à une ligne, ou une surface à une surface, et, par la pensée ou autrement, transportons la seconde sur la première, en ayant soin dans ce transport de ne rien changer à la seconde. Deux cas se présentent, comme tout à l'heure. — Ou bien la seconde coïncide exactement et complètement avec la première, de manière à se confondre absolument avec elle : auquel cas les deux lignes ne font plus qu'une seule et *même* ligne ; on dit alors que les deux grandeurs sont égales. Dire que deux grandeurs sont égales, c'est donc dire qu'après le transport, en d'autres termes, omission et abstraction faites des deux emplacements distincts, les deux lignes, surfaces, etc., sont les *mêmes*. — Ou bien la seconde ligne ne coïncide pas exactement et complètement avec la première : auquel cas les deux lignes, ne se confondant pas, restent *différentes* ; on dit alors que les deux grandeurs sont inégales. Dire que deux grandeurs sont inégales, c'est donc dire qu'après le transport, c'est-à-dire omission et abstraction faites de leurs emplacements distincts, les deux lignes, surfaces, etc., sont différentes.

Maintenant, pour ces sortes de grandeurs, nous pouvons aussi prouver l'axiome. Soient deux grandeurs égales ajoutées à deux grandeurs égales. Selon l'analyse précédente, cela signifie qu'une certaine ligne, surface, etc., primitive, est donnée, qu'on lui en ajoute une complémentaire, qu'une seconde ligne primitive, omission faite de son emplacement distinct, est la *même* que la première, qu'on lui en ajoute une complémentaire, la *même*, sauf son emplacement distinct, que l'autre complémentaire, que dans les deux cas, abstraction faite des emplacements distincts, la même ligne est ajoutée à la même ligne, et que, partant, les deux lignes complétées sont la même ligne ajoutée à la même ligne, c'est-à-dire la *même ligne totale*, d'où il suit, d'après la définition, que les deux sommes ou grandeurs totales sont égales. — Pareillement, soient deux grandeurs égales ôtées de deux grandeurs égales. Selon la même analyse, cela signifie qu'une certaine ligne, surface, etc., primitive, est donnée, qu'on en retranche une portion, qu'une seconde ligne primitive, omission faite de son emplacement, est la *même* que la première, que l'on en retranche une portion, qui, sauf son emplacement distinct, est la *même* que l'autre portion retranchée, que, dans les deux cas, abstraction faite des emplacements distincts, la même ligne est ôtée de la même ligne, et que, partant, les deux lignes diminuées sont la même ligne diminuée de la même ligne, c'est-à-dire la *même ligne* restante, d'où il suit, d'après la définition, que les deux restes ou grandeurs finales sont égales. — On démontrerait de la même façon un troisième axiome, qui est vrai des grandeurs naturelles aussi bien que des grandeurs artificielles, à savoir que deux grandeurs égales à une troisième sont égales entre elles.

Que le lecteur prenne la peine d'examiner l'artifice de cette preuve. Par la pensée, et avec la confirmation auxiliaire des faits sensibles, nous faisons correspondre, membre à membre, deux grandeurs artificielles, ou nous faisons coïncider, élément à élément, deux grandeurs naturelles; si cette correspondance ou cette coïncidence sont absolues, l'idée d'égalité naît en nous. Nous venons d'assister à sa naissance et nous démêlons son fonds; elle renferme un élément plus simple et se ramène à l'idée du *même*; en effet, à un certain point de vue, omission faite de ce qu'il faut omettre, les deux grandeurs deviennent la *même*. Par suite, au point de vue inverse, addition faite de ce qu'il faut ajouter, la même grandeur se transforme en deux grandeurs *égales*. Retranchez aux deux grandeurs leurs traits distinctifs, aux deux grandeurs artificielles égales la propriété d'appartenir à deux collections distinctes, aux deux grandeurs naturelles égales la propriété d'avoir des emplacements distincts; elles deviennent la *même grandeur*. Réciproquement, prenez deux fois la même grandeur, et attachez-la tour à tour à deux collections distinctes ou à deux emplacements distincts; elle se transformera en *deux grandeurs égales*. Sous le mot *égal* réside le mot *même*; voilà le mot essentiel; telle est l'idée latente incluse dans l'idée d'égalité. Dégagée et suivie à travers plusieurs propositions intermédiaires, elle ramène l'axiome à une proposition analytique. Par elle, nous relions l'attribut au sujet; nous la voyons présente dans les deux; mais, avant de l'y voir, nous l'y pressentions; elle y était et témoignait de sa présence par la contrainte qu'elle exerçait sur notre affirmation ; quoique non démêlée, elle faisait son office. Nous sentions bien que les deux grandeurs égales pouvaient, par cela même, être substituées l'une à l'autre, que, partant, l'augmentation ou la diminution subies par la seconde pouvaient être substituées à l'augmentation ou à la diminution correspondantes subies par la première. Nous devinions avec certitude, mais sans pouvoir préciser les choses, que, dans les deux données et dans les deux opérations, il y avait du *même ;* l'analyse n'a fait qu'isoler ce même et nous montrer à l'état distinct la vertu qu'il avait en nous à l'état latent.

V. Il y a douze axiomes de ce genre au commencement de la géométrie d'Euclide ; plusieurs se réduisent aux précédents ; d'autres, qui renferment les idées de tout, de partie, de moins grand, de plus grand, se démontrent aisément par la définition préalable des termes [1]. Les derniers enfin, plus importants, méritent d'être étudiés à part ; ce sont ceux qui concernent la ligne droite et les parallèles. Observons d'abord que la définition ordinaire de la ligne droite est mauvaise ; on dit qu'elle est la plus courte qui puisse être menée d'un point à un autre. Ce n'est pas là une propriété primitive, mais une propriété dérivée ; on n'assiste point, en la pensant, à la génération de la ligne ; on ne possède pas les éléments de la

---

[1]. Lire à ce sujet Duhamel, *ibid.*, tome II, p. 3 et 6. — Les angles égaux se définissent par la coïncidence de leurs côtés ; la perpendiculaire, par l'égalité des deux angles adjacents qu'elle forme ; l'angle droit, par les perpendiculaires qui sont ses côtés.

construction mentale ; on ne tient qu'une de ses suites. D'ailleurs [1], « cette définition ramène une notion à d'autres que l'on n'a pas et qui sont beaucoup moins simples que la première. Qu'entend-on en effet par une ligne moins courte ou plus grande qu'une autre ? C'est celle qui se compose d'une partie *égale* à la première et d'un reste quelconque. Or, deux lignes égales sont celles qui peuvent coïncider, et, par conséquent, l'égalité ne peut être conçue entre deux lignes dont la figure ne se prête pas à la superposition », ce qui est le cas pour la ligne droite rapportée aux autres lignes, brisées ou courbes, en nombre indéfini, auxquelles il faudrait la comparer pour vérifier qu'elle est plus courte qu'aucune d'elles. Ce n'est point ainsi que les fins et subtils analystes grecs ont défini la ligne droite ; Euclide n'admet pas au début qu'elle soit la plus courte ; il le prouve plus tard, en comparant des triangles dont elle est un côté, ce qui la démontre plus courte qu'aucune ligne brisée, puis en étendant le cas de la ligne brisée à la ligne courbe, qui est sa limite. — Il faut donc lui chercher une définition différente et, selon notre usage, assister à sa construction. Or, nous l'avons construite, en considérant deux points donnés, et en remarquant la ligne que trace le premier point lorsqu'il se meut vers le second et vers le second seulement, par opposition à la ligne qu'il trace lorsque, avant de se mouvoir vers le second, il se meut soit vers un autre ou plusieurs autres points, ce qui donne la ligne brisée, soit vers une série infinie d'autres points, ce qui donne la ligne courbe. On voit ainsi que, dans la ligne droite tracée

---

1. Duhamel, *ibid.*, p. 7.

à partir d'un point, le tracé entier, c'est-à-dire la ligne droite elle-même, étant déterminé uniquement et complètement par son rapport avec un seul second point, tous ses caractères, quels qu'ils soient, connus ou inconnus, dérivent uniquement et complètement du rapport qu'il a avec ce seul second point.

De là deux conséquences, l'une qui concerne la ligne entière, l'autre qui concerne ses diverses portions. — Si, à partir du premier point, on trace une autre ligne qui se meut aussi vers le même second point, et vers celui-là seulement, ce second tracé ne fait que répéter exactement le premier; car tous ses caractères, comme tous ceux du premier, dérivent complètement et uniquement du rapport qu'il a, comme le premier, avec ce seul second point; d'où l'on voit que les caractères des deux lignes, quels qu'ils soient, connus ou inconnus, sont tous absolument les *mêmes*, en d'autres termes, que ces deux lignes se confondent et n'en font qu'une [1] : ce qu'on exprime de différentes façons, en disant qu'entre deux points on ne peut mener qu'une seule ligne droite, que deux points suffisent à déterminer la ligne droite interposée, que deux droites ayant deux points communs coïncident dans toute leur étendue intermédiaire, d'où l'on tire aisément que deux droites qui se coupent ne peuvent enclore un espace [2]. — Voilà pour la ligne entière; considérons maintenant ses diverses portions. Puisque le tracé entier est complètement et uniquement déterminé par son rapport avec le second

1. Une démonstration tout à fait analogue prouve que deux circonférences dont les rayons sont égaux se confondent en une seule.
2. Cette dernière proposition est le douzième axiome d'Euclide.

point et dérive de là tous ses caractères, chacune de ses portions constituantes est uniquement et complètement déterminée par le même rapport et dérive aussi de là tous ses caractères, sauf un, qui est la propriété d'être telle portion et non telle autre, située à tel ou à tel endroit de la ligne, au commencement, à la fin ou au milieu. Par conséquent, si nous faisons abstraction de cette particularité, toutes les portions de la ligne ont exactement les mêmes caractères, en d'autres termes, elles sont les *mêmes*. Effectuons cette abstraction, et, pour cela, supprimons l'emplacement particulier d'un fragment de la ligne, en le retirant de l'endroit où il est, de la fin par exemple, pour le transporter ailleurs, par exemple au commencement, et pour le superposer en ce point à la ligne totale. Il se confondra avec la portion sur laquelle il sera appliqué, et les deux fragments n'en feront qu'un. D'où il suit qu'une portion quelconque de la ligne droite, retirée de sa place et superposée en un autre point quelconque à la ligne totale, coïncidera rigoureusement avec la portion sur laquelle on l'aura appliquée [1].

Cela posé, nous connaissons le rapport d'une portion *quelconque* de la ligne droite à une autre portion *quelconque* de cette même ligne, et, par suite, nous pouvons, au delà des deux points entre lesquels nous l'avons menée, la suivre jusqu'à l'infini. Soit, en effet, une droite AB; prolongeons-la tant que l'on voudra au delà du point B, mais de façon qu'elle reste droite, c'est-

[1]. Une démonstration analogue prouve que, dans le même cercle ou dans des cercles égaux, un arc quelconque transporté hors de sa place, coïncidera exactement avec la portion de circonférence sur laquelle on l'aura placé. C'est que la circonférence, comme la ligne droite, est une ligne uniforme.

CHAP. II. LES JUGEMENTS GÉNÉRAUX

à-dire, d'après la condition précédente, de façon qu'une quelconque de ses portions puisse coïncider avec une de ses portions quelconques, partant avec toutes celles qui sont comprises dans son prolongement. Maintenant, supposons une seconde droite tracée de A en B et prolongée de même aussi loin que l'on voudra; ainsi qu'on l'a prouvé tout à l'heure, de A en B, elle coïncidera avec la première; mais, en outre, ce que nous allons prouver, au delà de B, si loin qu'on la prolonge, elle coïncidera avec le prolongement de la première. Car, admettons qu'en un point quelconque elle cesse de coïncider, et qu'à partir de C, par exemple, elle diverge au-dessus ou au-dessous de la première; prenons une portion du tracé qui soit commune aux deux lignes, AB par exemple, et appliquons-la sur la première ligne, au point C, de façon qu'elle déborde en deçà et au delà. Puisque la première ligne est droite, cette portion coïncidera, en deçà et au delà de C, avec le fragment de la première ligne sur lequel elle aura été appliquée. Puisque la seconde ligne est censée droite, cette même portion devra coïncider aussi en deçà et au delà de C avec le fragment de la seconde ligne sur lequel elle aura été appliquée. Ce qui est contradictoire, puisque, au delà de C, le second fragment diverge et cesse de coïncider avec le premier. Il y a donc contradiction à ce que la seconde ligne soit droite et cesse de coïncider avec la première. Sa divergence exclut sa rectitude, ou sa rectitude exclut sa divergence. Si elle a cessé de coïncider avec la première, c'est qu'elle a cessé d'être droite; pour qu'elle reste droite, il faut qu'elle continue à coïncider avec la première; pour qu'elle demeure toujours droite, il faut qu'elle continue toujours à coïncider avec la première. Par conséquent, deux droites qui ont deux points communs coïncident dans toute leur étendue, à quelque distance qu'on les prolonge ; ou encore, deux points suffisent à déterminer complètement dans une ligne droite, non-seulement le tracé qui les réunit, mais encore le tracé tout entier prolongé des deux côtés aussi loin que l'on voudra.

« La définition et les propriétés de la ligne droite, disait d'Alembert [1], sont l'écueil et, pour ainsi dire, le scandale des éléments de géométrie. » Si je ne me trompe, on vient de voir que ce scandale peut disparaître, et que les axiomes admis sont des théorèmes capables de preuve. Selon d'Alembert, les parallèles présentent une difficulté analogue. Sans doute, il est téméraire d'aborder un obstacle que de grands esprits et des savants spéciaux déclarent invincible ou invaincu ; mais heureusement il s'agit moins ici de découvrir une démonstration que d'analyser une construction ; nous faisons œuvre de psychologue et non de géomètre ; nous cherchons simplement le procédé intime et secret par lequel, sous le témoignage accessoire et insuffisant des yeux, se forme la conviction inébranlable de l'esprit. — Comment construisons-nous la notion de deux parallèles ? Le moyen le plus ordinaire est, sur une droite donnée dans un plan, d'élever une perpendiculaire par un point et une autre perpendiculaire par un autre point ; ces deux perpendiculaires sont dites parallèles l'une à l'autre. Mais il est une construction plus simple encore, ou du moins plus naturelle, et qui nous permet d'assister à la génération de nos deux

---

1. *Mélanges.* — *Éclaircissements sur les éléments de philosophie.* Tome V, 207.

CHAP. II. LES JUGEMENTS GÉNÉRAUX

perpendiculaires. Soit une droite AB, et concevons qu'elle remonte en demeurant inflexible, sans changer de forme ni de grandeur. Suivons d'abord des yeux, puis de l'esprit, les différentes façons dont elle peut remonter. — Visiblement, elle peut remonter en traçant par ses divers points des lignes *inégales,* ce qui arrive, par exemple, lorsqu'elle tourne autour de A comme centre et que ses divers points décrivent des arcs de cercle d'autant plus grands qu'ils sont eux-mêmes plus éloignés de A. Mais elle peut remonter d'une façon toute différente, en traçant par tous ses points des *droites égales,* et, visiblement, cette ascension peut s'opérer en une infinité de façons, vers la gauche ou vers la droite, par des droites plus ou moins inclinées sur AB. Visiblement enfin, entre tous ces cas, il en est un où le point A, en remontant, n'incline ni vers la gauche ni vers la droite, et, par conséquent, trace une perpendiculaire sur AB. — A présent, cette opération, que les sens déclarent possible, est-elle possible effectivement? Le composé mental que nous fabriquons ainsi d'après une suggestion de nos yeux ne renferme-t-il pas quelque contradiction interne? Les conditions que nous avons assemblées, l'ascension d'une droite, l'obligation pour tous les points de cette droite de tracer par leur ascension des droites égales entre elles, la possibilité pour le point A de tracer une perpendiculaire, ces trois conditions peuvent-elles être remplies ensemble? N'y en a-t-il point une, la première, la seconde ou la troisième, qui répugne aux deux autres ou à l'une des deux autres? — Nous n'en savons rien ; tout ce que nous pouvons dire, c'est que notre expérience et notre imagination ne découvrent dans cette construction rien d'impossible. Mais cela nous suffit ; car il en est ainsi de toutes les constructions mentales qui, étant très-simples, engendrent le premier-né d'une famille nouvelle et distincte. Telle était notre construction précédente à propos de la ligne droite ; elle engendrait la plus simple des lignes et, avec le point en mouvement, créait la première dimension. Telle est notre construction présente ; elle engendre la plus simple des surfaces et, avec la droite en mouvement, crée la seconde dimension. Telle serait une dernière construction analogue, qui engendrerait le plus simple des solides et, avec notre surface en mouvement, créerait la troisième dimension. Chacune de ces constructions est en son genre une supposition primitive ; il n'y en a pas d'antérieure en son genre à laquelle on puisse la comparer pour vérifier si elle y répugne. Ainsi nous n'avions pas à prouver que le point peut se mouvoir, ni qu'il peut se mouvoir, pendant tous les moments de son mouvement, vers un seul et unique autre point. Pareillement, nous n'avons pas à prouver que la droite peut remonter, ni qu'elle peut remonter en traçant par tous ses points des droites égales, ni qu'en faisant ce tracé elle peut tracer une perpendiculaire par son extrémité A. A tout le moins, notre combinaison mentale a la valeur de ces formules algébriques par lesquelles l'analyse construit d'avance des courbes et des surfaces, sans se préoccuper de savoir si géométriquement elles sont réalisables ou non. Une fois la formule posée, on en déduit les conséquences ; peu importe que les conséquences répugnent à la structure de notre espace visible et tangible ; elles sont des déductions légitimes et aboutissent à des théorèmes prouvés ; on a construit une géométrie entière en supposant que le postulat d'Euclide n'est pas vrai, et cette géométrie est aussi rigoureuse que celle d'Euclide. — Prenons donc notre combinaison pour ce qu'elle est, c'est-à-dire pour un pur assemblage de conditions, desquelles on ne sait pas si elles sont compatibles avec la structure de notre espace, ni si dans notre espace elles sont compatibles entre elles. Bien mieux, considérons comme réservée la question de savoir si, prises à part et en soi, elles sont compatibles ou incompatibles entre elles. Sur ce dernier article, le développement des théorèmes répondra; si l'une répugne à l'autre, comme la forme carrée répugne au cercle, au bout de quelques déductions on démêlera dans le composé mental que forme leur assemblage une contradiction interne pareille à celle que tout de suite on découvre dans la notion d'un cercle carré.

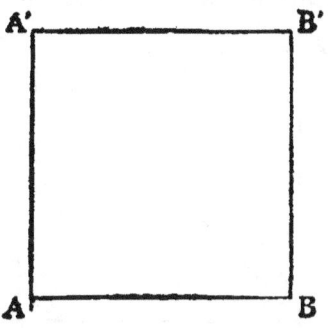

Cela admis, reprenons notre construction. Nous supposons que la droite AB, tout en demeurant la même, remonte en traçant par tous ses points des droites égales ; rien de plus ; seulement, parmi les innombrables angles que le point A, en traçant sa droite, peut faire avec AB, nous choisissons l'angle droit. — A présent, il est aisé de prouver [1]

---

1. Voici le détail de la démonstration. A'B' est une position quelconque de la droite ascendante AB, et les données sont les suivantes : AB = A'B', AA' = BB', l'angle A est droit.

1° Menons A'B. Les deux triangles ainsi formés sont égaux comme ayant leurs trois côtés égaux chacun à chacun ; car

que, si AA' est perpendiculaire sur AB, A'B' est aussi perpendiculaire sur BB'; que partant ces deux verticales sont, partout et si loin qu'on les pro-

AB = A'B', AA' = BB', et A'C est commun. Mais A est droit, donc B' est droit. Donc A'B' est perpendiculaire sur B'B et

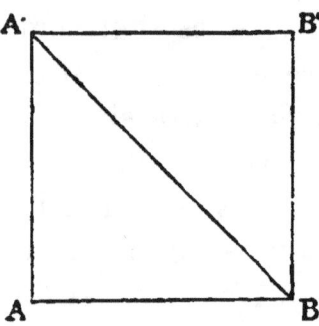

mesure la distance des deux verticales au point A'. Mais A'B' = AB, et, si loin qu'on prolonge les deux verticales, A'B', en vertu du même raisonnement, sera toujours égal à AB. Donc les deux verticales sont partout équidistantes, et leur distance est AB.

2° Même démonstration pour les deux horizontales. Puisque B' est droit, BB' est perpendiculaire sur A'B' et mesure la distance des deux horizontales au point B. Mais BB' = AA', et. si loin qu'on prolonge les deux horizontales, BB', en vertu du même raisonnement, sera toujours égal à AA'. Donc les deux horizontales sont partout équidistantes, et leur distance est AA'.

3° Menons AB'. Les deux triangles sont égaux, puisque, comme dans la figure précédente, ils ont les trois côtés égaux

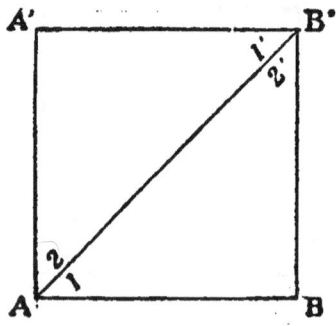

chacun à chacun. Donc l'angle 1 = l'angle 1' et l'angle 2 = l'angle 2'. Mais 1 + 2 = un droit, donc 1 + 2' = un droit, et 2 + 1' = un droit. D'autre part, 1 et 1', 2 et 2', respectivement compris entre des droites équidistantes ou parallèles, sont respectivement alternes internes; d'où il suit, comme chacun sait, que dans tout triangle la somme des trois angles est égale à deux droits.

— Donc, dans le triangle ABB', où la somme des angles 1 et 2' égale un droit, le troisième angle B égale un droit, et B'B est perpendiculaire sur AB. Pareillement, dans le triangle AA'B', où la somme des angles 2 et 1' égale un droit, le troisième angle A' égale un droit, et AA' est perpendiculaire sur A'B'. — Ainsi les deux verticales équidistantes sont perpendiculaires sur AC, et les deux horizontales équidistantes sont perpendiculaires sur AA'.

longe, équidistantes; que cette distance est AB; que les deux horizontales sont, partout et si loin qu'on les prolonge, équidistantes ; que cette distance est AA'; que de plus BB' est perpendiculaire sur AB ; qu'ainsi la droite ascendante engendre par ses extrémités deux perpendiculaires ; et l'on comprend que, si les deux perpendiculaires sont partout équidistantes, c'est que la droite qui les engendre demeure pendant toute son ascension la mesure de leur écartement.

A mon avis, telle est la secrète opération mentale qui éclaire et soutient le témoignage de nos yeux lorsque nous voyons remonter la droite qui trace par tous ses points des droites égales entre elles. Nous sentons que, puisque la droite reste *la même* et que tous les tracés doivent être *les mêmes*, tous les points doivent remonter dans *le même* sens ; que, si l'un remonte vers la gauche ou la droite, les autres doivent *de même* remonter vers la gauche ou la droite ; que, si l'un ne remonte ni vers la droite ni vers la gauche, les autres doivent *de même* ne remonter ni vers la droite ni vers la gauche ; en d'autres termes, que, si l'un trace une perpendiculaire, les autres doivent *de même* tracer des perpendiculaires ; qu'en ce cas la droite ascendante qui, dans sa première position, est perpendiculaire à la première verticale, doit être *de même*, dans la seconde position, perpendiculaire à la seconde verticale ; qu'à ce titre, dans sa seconde position, elle mesure la distance des deux verticales ; que, dans ces deux positions, elle est toujours *la même*, et que partant, quelle que soit sa position, elle crée et constate toujours *la même* distance entre les deux verticales. A mesure que la droite visible remonte, cette série d'identités se déroule plus ou moins nettement dans l'esprit ; un anneau de la chaîne en tire un autre ; nous avons vaguement conscience qu'au commencement, à la fin et à tous les moments intermédiaires de l'opération, la droite ascendante non-seulement demeure intacte, mais demeure toujours la mesure de la distance qu'elle établit entre les verticales qu'elle trace par ses deux extrémités ; que non-seulement elle reste invariablement *la même*, mais qu'elle fait invariablement *le même* office. Voilà la réminiscence sourde qui s'ajoute à la suggestion des yeux et devance les vérifications de l'équerre, pour rendre inutile l'emploi de l'équerre et pour autoriser, par une évidence plus forte, le témoignage insuffisant des yeux.

A présent, la seconde proposition de la théorie ordinaire, je veux dire le postulat d'Euclide, ne présente plus de difficulté. Car nous avons prouvé non-seulement que nos deux verticales ne se rencontreront jamais, mais encore qu'elles seront toujours équidistantes, et telle est maintenant notre définition des parallèles. Or le postulat consiste à dire que, si une oblique AB rencontre la première parallèle, elle rencontrera aussi la seconde, et l'on voit aisément la condition nécessaire et suffisante de cette rencontre. Il faut et il suffit que l'oblique prolongée au-dessous de B s'écarte assez de la première parallèle pour qu'une perpendiculaire CD élevée en un point C de l'oblique égale la distance des deux parallèles. L'oblique s'écartera-t-elle assez pour cela ? — On démontre aisément que son écartement va croissant à mesure

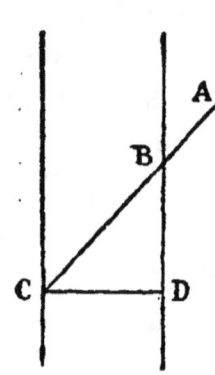

qu'elle se prolonge ; car si, à un moment quelconque, cet écartement diminuait ou cessait de croître, deux points pris sur elle à partir de ce moment seraient à égale distance de la première parallèle, et, comme deux points suffisent pour déterminer une droite, l'oblique se confondrait avec une troisième parallèle qui passerait par ces deux points, ce qui est impossible, puisque, par la proposition précédente, deux parallèles ne peuvent se rencontrer, et puisque, par hypothèse, notre oblique rencontre la première parallèle. Donc, à mesure que l'oblique se prolonge, elle s'écarte davantage de la première parallèle, et la perpendiculaire qui mesure cet écartement est une grandeur qui va toujours croissant. — Mais notre question subsiste toujours. En effet, cette grandeur croissante croîtra-t-elle assez pour égaler une grandeur très-grande, et notamment une grandeur aussi grande que l'on voudra, comme peut l'être la distance des deux parallèles choisies ? Ramenée à ces termes précis, la proposition nous laisse une certaine inquiétude ; sans doute, au premier aspect, voyant une oblique sensiblement inclinée et deux parallèles médiocrement distantes, nous avons jugé que l'oblique, après avoir rencontré la première, rencontrerait la seconde ; c'est que le point de rencontre n'était pas loin ; nous l'apercevions avec les yeux, ou nous le marquions d'avance par l'imagination ; sur ces indices, nous avons induit avec vraisemblance que, si petite que fût l'inclinaison et si grande que fût la distance, la proposition serait toujours vraie. Mais, si nous supposons la distance égale à la ligne qui joint une étoile fixe à la terre, en même temps que l'inclinaison réduite à un cent-millionième de seconde, nos yeux ne nous renseignent plus, notre imagination défaille, nous sommes troublés. Nous le sommes davantage encore, si nous nous rappelons que nous pouvons agrandir la distance et diminuer l'inclinaison beaucoup au delà de ces chiffres énormes, et cela indéfiniment. Nous devenons encore plus inquiets, si nous remarquons que certaines grandeurs croissent indéfiniment, sans jamais pouvoir atteindre une certaine limite ; que, vainement grossies et enflées, elles restent toujours au-dessous d'une grandeur donnée ; que $1 + \frac{1}{2} + \frac{1}{4} + \frac{1}{8} + \frac{1}{16}$, etc., reste toujours au-dessous de 2, et que peut-être notre perpendiculaire est dans ce cas. — Il faut donc employer une analyse plus délicate, c'est-à-dire chercher la façon dont croît l'écartement de l'oblique par rapport à la première parallèle ; quand nous connaîtrons sa façon de croître, nous saurons si cette croissance a une limite. Pour cela, d'un point quelconque C de la portion de l'oblique située entre les deux parallèles, abaissons une perpendiculaire CD sur la première parallèle; sur le prolongement de l'oblique, prenons une longueur CE égale à BC, et enfin de E abaissons une perpendiculaire EO sur la première parallèle. On démontrera aisément que CBO, EBO sont des triangles semblables, que par conséquent leurs côtés homologues sont proportionnels, d'où il suit que, si BE = 2 BC, EO = 2 CD. En d'autres termes, à mesure que l'oblique double en longueur, la perpendiculaire qui mesure son écartement par rapport à la première parallèle double aussi en longueur. Sa croissance se fait donc en doublant toujours, et partant n'a point de limite. Bien mieux : nous pouvons dire maintenant à quel point l'oblique rencontrera la seconde parallèle. Soit CD par rapport à la perpendiculaire qui mesure la distance des deux parallèles comme 1 est à 10, 100, 1000, etc., ou, plus généralement, comme 1 est à x; l'oblique rencontrera la seconde parallèle, quand sa longueur sera BC $\times$ 10, 100, 1000, etc., ou, plus généralement, BC $\times$ x. Mais, comme BD, BO sont aussi des côtés homologues, la correspondance se maintient si à BC on substitue BD. En conséquence, on pourra marquer d'avance le point où l'oblique rencontre la seconde parallèle : il suffira de prendre sur la première parallèle une longueur BN égale à BD $\times$ x; la perpendiculaire à BN élevée jusqu'à la rencontre de la seconde parallèle rencontrera cette dernière au point où l'oblique l'atteindra.

VI. Le lecteur voit maintenant comment se forment les axiomes. Non-seulement l'expérience faite avec les yeux ou avec l'imagination n'est qu'un indice, mais de plus cet indice, en certains cas, peut manquer; tout à l'heure, ni avec l'œil externe, ni avec l'œil interne, je ne pouvais suivre le prolongement des deux parallèles au delà d'une certaine distance; pareillement, on peut citer telle figure, le myriagone régulier, que je n'ai jamais vue tracée, que par l'imagination je ne puis tracer, et sur laquelle pourtant je puis porter avec clarté des jugements certains. Sous le travail de l'œil externe ou interne, il y a un sourd travail mental, la reconnaissance répétée ou continue d'une circonstance qui, supposée dans la construction primitive, persiste ou reparaît toujours *la même* aux divers moments successifs de notre opération. Quand, après avoir élevé mes deux perpendiculaires sur une base, je les suis indéfiniment par l'imagination sans pouvoir admettre qu'en un point quelconque du trajet elles se rapprochent, c'est qu'involontairement et sans le savoir j'emporte avec elles la portion de base interceptée par leurs pieds, et qu'à tous les moments du parcours cette base, toujours la même dans mon esprit, se fait vaguement reconnaître à mon esprit comme toujours la même. — Mais, quoique la raison soit le véritable ouvrier de la conviction finale, l'indice que fournissent les sens est très-précieux. Car les témoignages de l'œil et de l'imagination devancent et confirment les conclusions de l'analyse; nous sommes conduits à l'axiome par une suggestion préalable, et nous y sommes maintenus par une vérification ultérieure. L'évidence sensible sert d'introduction et de complément à l'évidence logique, et c'est grâce à cette concordance que l'arithmétique, la géométrie et même l'algèbre, ayant trouvé tout de suite leurs axiomes, ont été si précoces. — Il n'en est pas de même de la mécanique. Dans cette science, les axiomes ne concordent pas avec les inductions de l'expérience; du moins ils ne concordent pas avec les inductions de l'expérience ordinaire. Par exemple, les axiomes disent que la matière est inerte, incapable de modifier spontanément son état, de passer du repos au mouvement si elle est en repos, et du mouvement au repos si elle est en mouvement. Or tous les jours nous voyons des corps passer du mouvement au repos ou du repos au mouvement, à ce qu'il semble, spontanément, et sans l'intervention appréciable d'une condition nouvelle. Une pierre lancée, un pendule qui oscille finissent par s'arrêter, et on est tenté de croire qu'ils s'arrêtent d'eux-mêmes; un mélange détone, une pomme tombe de son arbre, sans que nos sens démêlent la circonstance nouvelle qui, s'ajoutant à l'ancien état, a provoqué le nouveau. Pendant toute l'antiquité et tout le moyen âge, les philosophes ont admis des tendances au repos ou au mouvement, diverses chez les divers corps, la tendance vers le bas pour la pierre qui tombe, la tendance vers le haut pour l'air et le feu qui montent, la tendance au mouvement parfait ou circulaire pour les astres qui tournent, l'horreur du vide, etc. C'est seulement à la Renaissance, avec Stevin et Galilée, que la mécanique a commencé; et, très-probablement, la cause de ce long retard est le désaccord de l'induction ordinaire et de la raison pure. Au lieu de mener à l'axiome, l'expérience en détournait; au lieu de le confirmer, elle le démentait. On n'avait pas d'aide pour le former, et, si on l'eût formé, l'observation, telle qu'on la pratiquait, aurait suffi pour le défaire. Nous avons fini par le former, et l'expérience mieux conduite se trouve aujourd'hui d'accord avec lui. Même elle a été si bien conduite, et en certains cas, comme celui du pendule de Borda, elle se trouve si concluante, que, selon plusieurs auteurs, l'induction est la seule preuve valable de l'axiome; ils considèrent les principes de la mécanique comme des propositions analogues au principe de l'attraction, établies comme lui par l'induction pure, limitées comme lui au petit cercle et à la petite durée du monde que notre observation peut atteindre, incapables comme lui d'être appliquées au delà, sinon par conjecture, et tout à fait douteuses comme lui, quand notre témérité veut étendre leur empire à toutes les portions de l'espace ou à tous les moments du temps.

Pour nous, avec Leibnitz et d'Alembert, nous inclinons à penser que, parmi les principes de la mécanique, plusieurs sont non-seulement des vérités d'expérience, mais aussi des propositions *analytiques*. Afin de le montrer, examinons de près nos constructions. Avant de construire les mouvements composés, il faut construire le mouvement simple, puisque les mouvements composés ne sont que des combinaisons du mouvement simple. Or tout mouvement qui n'est pas uniforme et rectiligne est composé; seul, celui-ci est simple. Car, au point de vue du temps, sa forme est simple, puisque, à tous les moments, sa vitesse est la même; et, au point de vue de l'espace, sa direction est simple, puisque la ligne qu'il décrit, étant droite, se trouve la plus simple des lignes. A ce double titre, il est l'élément dont les combinaisons constituent les autres mouvements, et, de ses propriétés, dérivent forcément leurs propriétés. — Soit donc un mobile qui se meut d'un mouvement uniforme et rectiligne pendant une certaine durée et en parcourant un certain espace; cette durée sera aussi courte et cet espace aussi petit que l'on voudra. Voilà ce qu'on peut nommer son mouvement initial ou primitif; continuera-t-il à se mouvoir et, en ce cas, quel sera son mouvement ? — Si courte qu'ait été la durée d'abord écoulée, par exemple un millionième de seconde, et si petit qu'ait été l'espace d'abord traversé, par exemple un millième de millimètre, on peut considérer tour à tour deux moitiés dans cette durée et deux moitiés dans cet espace. Comme, d'après notre supposition, le mouvement a été rectiligne, le second demi-millième de millimètre décrit s'ajuste au premier en ligne droite. Comme, d'après notre supposition, le mouvement a été uniforme, l'espace parcouru pendant le deuxième demi-millionième de seconde est le même en grandeur que l'espace parcouru pendant le premier. De là suivent deux conséquences. Ni la direction, ni la vitesse du corps n'ont été altérées. La direction qu'il avait dans la première fraction d'espace est restée *la même* pendant la deuxième. La vitesse qu'il avait pendant la première fraction de durée est restée *la même* pendant la deuxième. Que la fraction soit la deuxième ou la première, il n'importe pas; ce caractère qui fait leur différence n'a pas eu d'influence sur le mouvement : par rapport au mouvement, ce caractère a été *indifférent* et, si j'ose ainsi parler, *nul*. — Mais, parmi les fractions semblables de l'espace ultérieur et de la durée consécutive, on peut en concevoir une qui suive immédiatement notre deuxième fraction, après le deuxième demi-millième de millimètre de l'espace parcouru, un troisième, après le deuxième demi-millionième de la durée employée, un troisième. Ce troisième, pris en lui-même et comparé au deuxième, n'en diffère que comme le deuxième diffère du premier; il vient après le deuxième comme le deuxième vient après le premier; rien de plus. D'où il suit que, puisque le caractère par lequel le deuxième diffère du premier, à savoir la propriété de venir ensuite, n'a pas eu d'influence sur le mouvement, le caractère par lequel le troisième diffère du second, à savoir la propriété de venir ensuite, n'aura pas d'influence sur le mouvement; par rapport au mouvement, ce caractère sera aussi *indifférent* et *nul*, et, de même que pendant le deuxième moment le corps a continué son mouvement uniforme et rectiligne, de même pendant le troisième moment, sauf introduction d'un nouveau caractère influent, il continuera son mouvement uniforme et rectiligne. Même raisonnement pour le quatrième, le cinquième moment, et ainsi de suite à l'infini.

Réduite à ces termes, la preuve est rigoureuse. Elle est fondée tout entière sur deux remarques : l'une est que deux portions égales et contiguës de l'espace, comme deux portions égales et successives du temps, sont exactement les mêmes, sauf cette différence que la seconde est après la première ; l'autre est que, si cette différence, posée une première fois, n'a pas eu d'effet sur le mouvement, cette même différence, posée une seconde fois, n'aura pas non plus d'effet sur le mouvement, à condition que la seconde fois elle soit absolument *la même*, et que nulle autre différence influente et nouvelle ne soit intervenue. A quoi l'on pourvoit en supposant que la troisième fraction de durée et d'espace répète la seconde absolument et à tous égards ; que, nul caractère perturbateur ne s'étant rencontré dans la seconde, nul caractère perturbateur ne se rencontrera dans la troisième ; que dans le troisième lieu et le troisième instant, comme dans le second lieu et le second instant, nulle circonstance étrangère et influente ne s'est adjointe pour arrêter, dévier, presser ou ralentir le mouvement ; que, le petit espace d'abord parcouru étant vide, l'espace infini qui reste à parcourir est vide aussi ; que, la courte durée d'abord employée n'ayant présenté aucun évènement modificateur, la durée infinie qui reste à employer n'en présentera non plus aucun. Bref, nous concluons d'un lieu à un lieu différent et d'un instant à un instant différent, avec autorité et certitude, lorsque cette différence, ayant manifesté son manque absolu d'influence, peut être considérée par rapport au mouvement comme nulle, et que, toute autre différence influente étant exclue par hypothèse, les deux lieux et les deux instants deviennent rigoureusement *les mêmes* par rapport au mouvement.

Le lecteur voit sans difficulté qu'un raisonnement analogue et plus simple encore s'applique au corps en repos ; car, dans ce cas, on n'a point à tenir compte de l'espace, mais seulement de la durée. — Soit un corps en repos pendant une durée aussi courte que l'on voudra ; cette durée étant divisible en deux moitiés, on démontrera de même que, le corps étant demeuré pendant la seconde moitié dans le même état que pendant la première, le caractère par lequel la seconde moitié diffère de la première, c'est-à-dire la propriété qu'elle a de venir ensuite, n'a pas eu d'influence sur cet état ; d'où il suit qu'un troisième fragment égal, découpé dans la durée consécutive, n'aura pas non plus d'influence, à moins qu'on n'y fasse intervenir quelque circonstance nouvelle influente, quelque évènement étranger efficace. C'est pourquoi, tant que cette exclusion sera maintenue, le repos primitif se maintiendra, et le corps en repos, comme le corps animé d'un mouvement uniforme et rectiligne, si bref que soit leur état initial, tendront à persévérer indéfiniment dans cet état.

L'axiome, ainsi démontré et entendu, notez sa portée restreinte. Il n'établit aucunement qu'un corps choqué par un autre prendra un mouvement rectiligne et uniforme, ni qu'un corps animé d'un mouvement rectiligne et uniforme pourra le perdre sous l'action d'un choc et demeurer alors indéfiniment en repos ; ces vérités sont affaire d'induction et d'expérience. Nous sommes ailleurs, dans la pure région des vérités abstraites ; nous ne savons plus si, en fait, il y a des mobiles en repos ou en mouvement ; nous ne faisons qu'extraire et suivre les conséquences incluses dans une supposition ou construction initiale. — C'est pourquoi la simple analyse nous a suffi jusqu'ici et nous suffit encore pour démontrer deux autres propositions capitales de la mécanique. Soit une droite inflexible AB ; supposons qu'elle remonte tout entière et de façon à rester toujours parallèle à sa première position ; au bout d'un certain temps elle devient A′B′ parallèle à AB, et nous convenons que

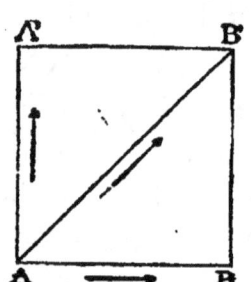

ce laps de temps est une seconde. A présent, supposons que, pendant ce mouvement de la droite totale, un mobile, situé en A, s'est dirigé lui-même en ligne droite vers le point B, de façon à parcourir aussi en une seconde, c'est-à-dire dans le *même* laps de temps, la droite AB. Nous admettons ainsi pour A deux mouvements simultanés et différents, l'un qui lui est commun avec tous les autres points de la droite AB, l'autre qui lui est propre. — Remarquez que nous ne savons pas si les choses se passent ainsi dans la nature. Rien ne prouve que notre combinaison mentale ait ou même puisse avoir sa contre-partie dans les combinaisons réelles. On pourrait imaginer un état de choses dans lequel, par cela seul qu'un corps se mouvrait dans un sens, une portion de ce corps répugnerait à se mouvoir en même temps dans un autre sens. Mais nous n'avons pas à nous inquiéter de ce que permettent ou interdisent les lois des choses réelles ; nous supposons dans notre mobile l'indépendance de deux mouvements simultanés et dirigés en sens différents, sauf à vérifier plus tard par l'expérience si les faits s'ajustent ou ne s'ajustent pas à cette conception. — De nos deux hypothèses, que suit-il ? Par la première, il est admis que la ligne AB, remontant en A'B', devient A'B' au bout d'une seconde, et qu'ainsi au bout d'une seconde B se trouve en B'. Par la deuxième, il est admis que le mobile situé en A se transporte de A en B, aussi en une seconde, sans que l'ascension de AB altère en rien sa propre translation. Cette ascension est donc *indifférente et nulle* par rapport à la translation, et le mobile chemine sur AB en mouvement comme il cheminerait sur AB en repos. D'où il suit qu'au bout d'une seconde il est arrivé à l'extrémité de AB en mouvement, comme il serait arrivé au bout d'une seconde à l'extrémité de AB en repos. Mais, au bout d'une seconde, l'extrémité de AB en mouvement est B' ; donc, au bout d'une seconde, le mobile est en B'. D'où l'on voit que, parti de l'angle du parallélogramme, il est arrivé à l'angle opposé.

Reste à savoir quelle ligne il a tracée dans ce parcours. Deux cas peuvent se présenter, celui du mouvement uniforme et celui du mouvement qui n'est pas uniforme. Nous n'examinerons que le premier, le plus simple de tous ; dans celui-ci, la vitesse de AB pendant toute son ascension est demeurée la même, comme aussi la vitesse du mobile en A pendant toute sa translation. Par conséquent, au bout d'une demi-seconde, AB s'est trouvé exactement au milieu de son parcours total, c'est-à-dire en CD, et, au bout de la même demi-seconde, le mobile A s'est trouvé exactement au milieu de son parcours total, c'est-à-dire en S. Mais comme AB, pendant ce laps de temps, est remonté en CD, le point S' qui lui appartient y est re-

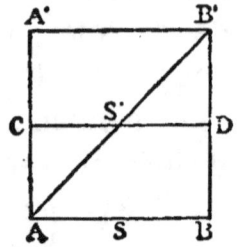

monté du même coup et s'y trouve en S', milieu de CD, comme S est le milieu de AB. Des considérations géométriques fort simples montrent que ce point S' est sur la diagonale, c'est-à-dire sur la ligne droite qui joint A et B'. En subdivisant les divisions de la seconde, on prouverait de même que toutes les autres positions successives du mobile sont pareillement sur la diagonale, d'où il suit que la ligne qu'il trace dans son double mouvement total d'ascension et de translation est la diagonale. — De là une conséquence très-importante : notre mobile qui aurait décrit en une seconde la ligne AB, en une seconde aussi la ligne AA', décrit pareillement en une seconde la diagonale AB'. Donc, puisque les temps employés sont les mêmes et que les espaces parcourus sont différents, la vitesse du mouvement composé ne sera pas la même que celles des mouvements composants ; elle sera représentée par la diagonale, et celles-ci seront représentées par les deux côtés de l'angle, ces trois lignes étant la mesure des espaces parcourus pendant l'unité de temps. Or, nous avons mesuré la force d'après la vitesse plus ou moins grande qu'elle imprime au même mobile. Supposons maintenant deux forces appliquées au mobile précédent, l'une qui, agissant seule, lui ferait parcourir la ligne AB en une seconde, l'autre qui, agissant seule, lui ferait parcourir la ligne AA' aussi en une seconde ; appliquons-les au mobile toutes deux ensemble ; on vient de voir qu'il parcourra la diagonale en une seconde. D'où il suit que la force résultante, évaluée par la vitesse imprimée, est aux forces composantes, évaluées aussi par la vitesse imprimée, comme la diagonale est aux deux côtés de l'angle. Partant, la diagonale mesure la force résultante par rapport aux forces composantes, comme elle a mesuré la vitesse composée par rapport aux vitesses composantes. — Il suffit maintenant de faire entrer, dans la mesure des forces, son second élément, la masse, et nous avons montré comment cette idée se lie à l'idée de vitesse [1]. Cela fait, on possède tous les axiomes essentiels de la mécanique, et on les a formés, comme on forme toute autre proposition analytique, par la simple analyse de la combinaison mentale dans laquelle, à l'état latent, ils étaient inclus.

VII. D'autres axiomes, moins fructueux, méritent aussi d'être démontrés, à cause de leur portée immense et de la prodigieuse envergure qu'ils semblent donner tout d'un coup à la connaissance humaine. Ce sont ceux qui concernent, non plus telle durée comparée à telle durée, tel espace comparé à tel espace, mais la durée tout entière et l'espace tout entier. Par rapport à un moment donné, la durée est infinie en avant et en arrière, et on peut la figurer par une droite qui, des deux côtés d'un point donné, est infi-

---

[1]. Deuxième partie, liv. IV, ch. I, p. 290.

nie. Par rapport à un point donné, l'espace est infini, selon trois aspects : d'abord en longueur, ce que l'on figure en supposant un point qui, se déplaçant en ligne droite, engendre des deux côtés une droite infinie ; ensuite en largeur, ce que l'on figure en supposant que cette droite infinie, se déplaçant perpendiculairement à elle-même, engendre des deux côtés une surface infinie ; enfin en profondeur, ce que l'on figure en supposant que cette surface infinie, se déplaçant perpendiculairement à elle-même, engendre des deux côtés un solide géométrique infini. — Voilà des propositions que nous ne pouvons nous empêcher de tenir pour vraies, et là-dessus notre imagination se donne carrière ; nous nous représentons la durée et l'espace comme deux réceptacles infinis, uniformes, indestructibles. Dans l'un sont inclus tous les évènements réels, dans l'autre tous les corps réels. Si longue que soit une série d'évènements réels, par exemple la suite des changements arrivés depuis la formation de notre système solaire, si vaste que soit un groupe de corps réels, par exemple l'assemblage de tous les systèmes stellaires auxquels nos télescopes peuvent atteindre, le réceptacle déborde au delà ; nous aurions beau accroître la série ou le groupe, il déborderait toujours, et la raison en est qu'il n'a pas de bords. Nous demeurons surpris, et nous nous demandons par quelle merveilleuse opération d'esprit nous avons pu découvrir une propriété si merveilleuse. — Mais l'étonnement diminue si l'on remarque que la même propriété se rencontre dans toutes les grandeurs, et il cesse si l'on constate qu'elle est comprise dans la définition de la grandeur. — Soit la plus simple de toutes les grandeurs, une collection d'indi-

CHAP. II. LES JUGEMENTS GÉNÉRAUX

vidus ou d'unités, aussi petite que l'on voudra, c'est-à-dire contenant deux unités. Pour la construire, j'ai supposé deux unités exactement semblables, c'est-à-dire la même unité répétée; puis j'ai ajouté la seconde à la première, 1 à 1, en supposant qu'avant comme après l'adjonction la seconde unité était la même, en d'autres termes, que le second 1, une fois ajouté, demeurait intact et absolument tel que d'abord. Puisque le second 1 est le même que le premier, je puis, lorsqu'il est seul, faire sur lui l'opération que je viens de faire sur le premier, et partant lui ajouter 1. Puisque le second 1, après son adjonction au premier, demeure absolument tel que d'abord, je puis, lorsqu'il est adjoint au premier, lui ajouter 1 comme lorsqu'il est seul. Je puis donc ajouter 1 à 1 + 1, c'est-à-dire à 2, comme j'ai déjà ajouté 1 à 1. Un raisonnement analogue prouve qu'on peut pareillement ajouter 1 à 3, puis à 4, à 5, à 6, et en général à tout nombre, quel qu'il soit. Ainsi toute adjonction effectuée engendre la possibilité d'une autre adjonction pareille; d'où il suit que la série des nombres est absolument infinie. Il n'y a pas de nombre, si énorme qu'il soit, qui ne soit compris dans cette série; elle est, par rapport aux nombres imaginables, ce que la durée est par rapport aux évènements réels ou imaginables, ce que l'espace est par rapport aux corps réels ou imaginables, un réceptacle sans limites, où tout nombre déterminé ou déterminable vient forcément se loger, tantôt plus haut, tantôt plus bas, mais toujours en un endroit précis, sans que jamais ce nombre, enflé aussi monstrueusement qu'on voudra, cesse d'être débordé par la série, comme un enclos par son *au-delà*.

Voilà pour les collections qui sont des grandeurs

artificielles et discontinues ; même raisonnement pour les durées, les lignes, les surfaces, les solides qui sont des grandeurs naturelles et continues. Prenons un fragment quelconque de ligne droite AC ; les premières notions de la géométrie montrent qu'on peut le diviser en deux droites égales, AB, BC, dont la seconde, transportée telle qu'elle est, intacte et sans altération, coïncidera exactement avec la première ; partant, sauf son emplacement à la suite de la première, elle est *la même* que la première, et de plus, par hypothèse, elle est *la même* avant comme après sa translation. Puisque la seconde droite est la même que la première, je puis, lorsqu'elle coïncide avec la première, faire sur elle la même opération que sur la première, et partant la prolonger, comme la première, par une droite égale. Puisque la seconde droite, avant sa translation, est la même qu'ensuite, je puis, avant de l'avoir transportée, c'est-à-dire lorsqu'elle prolonge encore la première, la prolonger, comme la première, par une droite égale. Je puis donc prolonger ABC par CD comme j'ai prolongé AB par BC. Une démonstration analogue établit qu'on peut pareillement prolonger ABCD par DE, et ainsi de suite, si grande que soit la ligne ainsi constituée. Donc tout prolongement effectué engendre la possibilité d'un autre prolongement égal, d'où il suit que la série des prolongements est absolument infinie. — Le lecteur voit sans difficulté qu'en changeant les mots nécessaires cette analyse s'applique également aux surfaces, aux solides, aux durées, et prouve rigoureusement l'infinité de la durée et de l'espace. — Tout l'artifice de la preuve consiste à observer deux éléments d'une grandeur donnée, à remarquer qu'ils sont *les mêmes,* sauf leur différence de position dans la grandeur; que cette différence elle-même est *indifférente*, c'est-à-dire nulle d'effet et sans aucune influence sur leur nature; que, partant, l'accroissement donné au premier élément par le second peut être donné à leur ensemble par un troisième ultérieur, et en général à tout autre ensemble analogue par un ultérieur. Ce qui crée l'infinité de la série, ce sont les propriétés de ses éléments. Aussi est-ce en comparant entre eux les éléments des séries infinies qu'on compare entre elles les séries infinies. Tel est le procédé par lequel je sais que la série infinie des nombres pairs est égale à la série infinie des nombres impairs et que chacune d'elles est la moitié de la série infinie des nombres. Tel est le procédé par lequel je sais que la surface infinie comprise entre deux perpendiculaires distantes d'un mètre au-dessus d'une droite est égale à la surface infinie comprise entre ces mêmes perpendiculaires prolongées au-dessous de la droite et que ces deux surfaces infinies prises ensemble sont les deux tiers de la surface infinie comprise au-dessus d'une autre droite entre deux perpendiculaires distantes de trois mètres. Ainsi, quand on étudie l'axiome qui affranchit de toute borne l'accroissement possible de toute grandeur, et qui pose cette grandeur accrue à l'infini comme un réceptacle permanent où toute grandeur bornée de la même espèce doit forcément trouver sa place et son *au-delà*, on n'y rencontre, comme dans les autres axiomes, qu'une proposition analytique. Il nous a suffi partout d'examiner avec attention notre construction mentale, pour y démêler des conditions sous-entendues, l'*identité latente* d'une donnée et d'une autre, l'*indifférence latente* d'un caractère qui semblait séparer les deux données, identités et indifférences non aperçues par nous, parce que notre supposition ne les avait pas expressément énoncées, mais qui n'en étaient pas moins incluses tacitement dans notre hypothèse et qui, avant d'être mises à nu, révélaient leur présence secrète par l'inclination invincible qu'elles imprimaient à notre croyance et par l'évidence complète dont elles illuminaient notre jugement.

VIII. Notez bien que ces grands réceptacles, comme les autres cadres, sont de fabrique humaine : ils sont l'œuvre de notre esprit, et la nature existe sans avoir égard à notre esprit. Nous sommes donc tenus de les employer avec précaution quand nous les appliquons à la nature, et, pour les appliquer avec profit, nous devons toujours nous reporter à leur origine. — Par exemple, pour construire l'espace, nous avons d'abord supposé un point qui se meut vers un seul et unique autre point, et nous avons ainsi fabriqué la ligne droite; nous avons ensuite supposé que cette droite se mouvait en traçant par tous ses points des droites égales entre elles, et nous avons ainsi fabriqué la surface plane; nous avons enfin supposé que cette surface se mouvait en traçant par tous ses points des droites égales entre elles, et nous avons ainsi fabriqué le solide géométrique ou l'espace complet. Mais rien ne prouve que ces mouvements supposés par nous soient possibles dans la nature. Si, par quelque nécessité inconnue, les droites qu'on vient d'énumérer étaient et devaient être toujours infléchies, nos constructions mentales n'auraient pas et ne pourraient jamais avoir de correspondantes effectives; l'espace réel aurait une ou plusieurs courbures que notre espace idéal n'a pas, et, pour que la courbure échappât forcément à nos observations, il suffirait qu'elle fût très petite. Tel est peut-être le cas; il n'y aurait alors qu'une ressemblance approximative entre notre espace géométrique et l'espace physique. Nous avons beau connaître la structure du réceptacle hypothétique que nous avons forgé; nous n'en pouvons déduire la structure du réceptacle indépendant dans lequel les corps se meuvent. — De même encore, dans le réceptacle fictif, au delà de la troisième dimension, nous ne pouvons en imaginer une quatrième; cela ne prouve pas que, dans le réceptacle réel, il n'y en ait pas une quatrième. Tout au rebours; il y a même des indices en sens contraire; car, si l'on ne peut imaginer géométriquement une quatrième dimension, on peut l'exprimer algébriquement, grâce à l'analogie des dimensions et des puissances, et la vraie raison que nous avons pour refuser à l'espace réel la quatrième dimension est encore une analogie. Dans l'espace réel, chaque dimension est influente. Placez des corps pesants sur une ligne droite, c'est-à-dire selon la première dimension; ils se meuvent d'une certaine manière. Placez un autre corps pesant hors de la ligne droite, dans le plan, c'est-à-dire selon la seconde dimension; le mouvement des corps situés sur la ligne droite se modifie. Placez enfin un dernier corps hors du plan, c'est-à-dire selon la troisième dimension; le mouvement des corps situés sur le plan se modifie encore. Ayant la même nature, la quatrième dimension aurait la même influence; si elle existait, dans le mouvement des corps pesants observé et calculé selon les trois premières dimensions, nous trouverions des perturbations que nous n'y trouvons pas. — Pareillement enfin, pour constituer le réceptacle imaginaire, nous avons considéré à part la grandeur continue en trois sens, en d'autres termes l'étendue; et, de parti pris, nous avons écarté tout autre point de vue. Si nous cherchons maintenant les éléments d'un fragment quelconque de ce réceptacle, nous ne trouvons, pour le composer, que des étendues moindres, et, pour composer celles-ci, que des étendues encore moindres, et ainsi de suite à l'infini, tellement que les éléments de tout fragment, si petit qu'il soit, sont nécessairement des étendues moindres, d'où il suit que le moindre fragment est nécessairement divisible à l'infini. Rien d'étonnant après le retranchement volontaire que nous avons pratiqué : n'ayant laissé dans le réceptacle mental que l'étendue abstraite et nue, nous n'y pouvons trouver autre chose; il ne reste en lui, et cela de par notre fait, que de pures grandeurs ayant pour éléments de pures grandeurs. Mais cela ne prouve pas que, dans le réceptacle corporel, les atomes occupent chacun une étendue composée d'autres étendues, celles-ci de même et ainsi de suite, ni que les atomes soient étendus, composés de particules elles-mêmes composées de particules, et ainsi de suite. Nous n'en savons rien; nous ne pouvons rien préjuger; là-dessus, toute assertion ou négation serait gratuite; le champ est libre pour les hypothèses, et il appartient à l'hypothèse qui s'accordera le mieux avec les faits observables. — En somme, entre le réceptacle préconçu et le réceptacle observé, la coïncidence est grande; il y a même des chances pour qu'elle soit complète : car, si nous avons créé le fantôme interne, nous l'avons créé avec des éléments empruntés à la réalité externe, avec les éléments les plus simples et combinés de la façon la plus simple. Mais il n'y a là que des chances; au dernier fond et à l'infini, la correspondance cesse peut-être d'être rigoureuse. Bref, hors du cercle où prononce l'expérience, nous n'avons pas le droit de prononcer.

IX. On voit maintenant pourquoi le contraire des axiomes et de leurs suites ne peut être ni cru ni même conçu ; c'est qu'il est contradictoire ; en ce sens, les axiomes et leurs suites sont des vérités nécessaires. Nulle question n'a eu plus d'importance en psychologie, car nulle question n'a des conséquences plus graves en philosophie. En effet, ces sortes de propositions sont les seules qui s'appliquent non-seulement à tous les cas observés, mais à tous les cas, sans exception possible; d'où il suit que de leur valeur dépend la portée de la science humaine. Mais leur valeur dépend de leur origine; il est donc essentiel de savoir d'où elles naissent et comment elles se forment. A ce sujet, deux écoles originales et encore vivantes font deux réponses opposées. Bien entendu, je parle seulement des doctrines qui ont un rôle sur la scène du monde, et des philosophes qui ont construit leurs doctrines sans autre souci que celui de la vérité. — Des deux réponses principales, Kant a fait la première. Selon lui, ces propositions sont l'œuvre d'une force interne et l'effet de notre structure mentale. C'est cette structure qui, entre les deux idées de la proposition, opère l'attache ; si l'idée de ligne droite, c'est-à-dire d'une certaine direction, se soude en moi à l'idée de la moindre distance, c'est-à-dire d'une certaine grandeur, ce n'est pas que cette direction et cette distance soient liées entre elles, c'est que mon intelligence est faite d'une certaine façon et que, étant faite ainsi, elle ne peut s'empêcher d'établir une liaison entre les deux idées qu'elle a de cette distance et de cette direction. En effet, les deux données prises en soi sont d'espèce différente ; il n'y a point de liaison effective entre elles. Par conséquent, l'invincible accroc mutuel que je leur constate chez moi trouve son explication, non dans leur nature intrinsèque, mais dans le milieu mental où elles ont été introduites. Mon esprit n'a pas constaté leur liaison, il l'a fabriquée. Il faut donc admettre que ces propositions nous révèlent une fatalité de notre esprit et non une liaison des choses. Dans le cercle étroit où notre expérience est confinée, nous pouvons bien, par induction, établir qu'approximativement les données sensibles correspondantes sont liées ; mais affirmer qu'en tout lieu et en tout temps ces données abstraites sont liées et liées nécessairement, cela ne nous est pas permis ; nous n'avons pas le droit d'imposer aux faits une soudure qui n'appartient qu'à nos idées, ni d'ériger en loi des objets un besoin du sujet.

Parti du point de vue opposé, Stuart Mill arrive à une conclusion semblable. Selon lui, ces propositions ont pour cause une force externe et sont, comme les autres vérités d'expérience, l'impression résumée que laissent les choses sur notre esprit. Considérant deux lignes sensibles et sensiblement perpendiculaires à une droite, nous vérifions par une infinité de mesures très-promptes qu'elles restent à égale distance l'une de l'autre. En outre, nous remarquons que, plus elles sont exactement perpendiculaires, plus leurs distances sont exactement égales. D'où il suit que, si elles étaient rigoureusement perpendiculaires, leurs distances seraient rigoureusement égales. De ce que ces distances sont égales sur notre papier, nous induisons que, bien au delà de notre papier et à l'infini, elles demeureraient encore égales. Si la supposition contraire est inconcevable, c'est que notre imagination répète exactement notre vision en lui donnant plus de portée ; l'œil interne ne fait qu'ajouter un télescope à l'œil externe ; partant, nous ne pouvons imaginer les deux perpendiculaires autrement que nous les voyons ; donc nous ne pouvons les prolonger mentalement, sans nous les représenter comme encore également distantes. — Il suit de là que les vérités dites nécessaires, ayant la même origine que les vérités d'expérience, sont sujettes aux mêmes restrictions et aux mêmes doutes. Par l'axiome des parallèles comme par la loi du mouvement des planètes, nous constatons l'association constante de deux données qui, en fait, sont constamment associées dans la nature ; mais cette association n'est pas une soudure, elle n'est qu'une rencontre. Prises en soi, les deux données ne sont que des incidents qui coïncident ; il n'y a point en elles de nécessité intérieure qui les assemble en un couple forcé. Peut-être sont-elles disjointes au delà de notre petit monde ; en tout cas, nous n'avons aucun droit d'affirmer qu'elles sont jointes au delà, partout et par soi. Un esprit fabriqué sur un autre modèle que le nôtre concevrait peut-être aisément des distances inégales entre nos deux perpendiculaires. Il se peut que, par delà les nébuleuses d'Herschell, aucune de nos lois ne soit vraie, et que même aucune loi ne soit vraie. — Nous sommes donc chassés irrévocablement de l'infini; nos facultés et nos assertions n'y peuvent rien atteindre; nous restons confinés dans un tout petit cercle; notre esprit ne porte pas au delà de son expérience; nous ne pouvons établir entre les faits aucune liaison universelle et nécessaire; peut être même n'y a-t-il entre les faits aucune liaison universelle et nécessaire. — En suivant cette idée jusqu'au bout, on arriverait à considérer l'ensemble des évènements et des êtres comme un simple monceau. Nulle nécessité intérieure ne produirait leur liaison ni leur existence. Ils seraient de pures données, c'est-à-dire des accidents. Quelquefois, comme dans notre système, ils seraient assemblés de façon à amener des retours réguliers; quelquefois ils seraient assemblés de manière à n'en pas amener du tout. Le hasard, comme chez Démocrite, serait au cœur des choses. Les lois en dériveraient et n'en dériveraient que çà et là. Il en serait des êtres comme des nombres, comme des fractions périodiques par exemple, qui, selon le hasard des deux facteurs primitifs, tantôt s'étalent, tantôt ne s'étalent pas en périodes régulières, et qui engendrent leurs chiffres successifs tantôt en suivant une loi, tantôt sans suivre aucune loi.

Voilà deux conceptions grandioses, et les puissants esprits qui les ont formées sont dignes d'admiration et de respect; mais il faut sonder le fondement sur lequel ils les ont bâties, et, à mon avis, ce fondement n'est pas solide. — Selon Kant, il n'y a pas de connexion nécessaire entre les deux données; s'il y a une connexion invincible entre les deux idées correspondantes, la cause en est non dans la structure des données, mais dans la structure de notre esprit. Avec Kant, nous constatons une liaison invincible entre les deux idées. Mais, entre les deux données que ces idées ont pour objet et auxquelles il refuse toute liaison intrinsèque, nous avons démêlé une liaison intrinsèque; car la première, d'une façon latente, contient la seconde; d'où il suit que, le contenu ne pouvant être séparé du contenant, la liaison qui est insurmontable entre nos idées est indestructible entre leurs objets. — Selon Stuart Mill, qu'il y ait ou non connexion entre les deux données, nous sommes incapables de la connaître; car les deux données ne sont liées que par induction; et l'induction ne peut constater entre elles qu'une rencontre constante, c'est-à-dire une association de fait. Avec Stuart Mill, nous admettons que, à l'origine et dans beaucoup d'esprits, elles ne sont liées que par induction; mais nous avons prouvé qu'elles peuvent l'être encore autrement. On peut se représenter les deux perpendiculaires sur une droite par l'imagination, et on peut les concevoir aussi par la raison. On peut considérer leur image sensible, et aussi, à propos de leur image sensible, leur définition abstraite. On peut les étudier déjà effectuées et engendrées, mais on peut les étudier aussi pendant leur fabrication et leur génération, dans leurs facteurs et dans leurs éléments. On peut assister à leur formation et dégager l'ascension de la base qui les engendre, comme on peut assister à la formation du cylindre et dégager le rectangle en révolution qui le décrit. De cette construction, on extrait les propriétés incluses, et l'on forme ainsi par analyse la proposition qu'on a formée d'abord par induction. — Grâce à ce second procédé, la portée de notre esprit s'accroît à l'infini. Nous ne sommes plus capables seulement de connaissances relatives et bornées; nous sommes capables aussi de connaissances absolues et sans limites; par les axiomes et leurs suites, nous tenons des données qui non-seulement s'accompagnent l'une l'autre, mais dont l'une enferme l'autre. Si, comme dit Mill, elles ne faisaient que s'accompagner, nous serions obligés de conclure, comme Mill, que peut-être elles ne s'accompagnent pas toujours; nous ne verrions point la nécessité intérieure de leur jonction; nous ne la poserions qu'en fait; nous dirions que, les deux données étant de leur nature isolées, il peut se rencontrer des circonstances qui les séparent; nous n'affirmerions la vérité des axiomes et de leurs suites qu'au regard de notre monde et de notre esprit. Mais puisque, tout au rebours, les deux données sont telles que la première enferme la seconde, nous établissons par cela même la nécessité de leur jonction; partout où sera la première, elle emportera la seconde, puisque la seconde est une partie d'elle-même et qu'elle ne peut se séparer de soi. Il n'y a point de place entre elles deux pour une circonstance qui vienne les disjoindre, car elles ne sont qu'une seule chose sous deux aspects. Leur liaison est donc absolue et universelle, et les propositions qui les concernent ne souffrent ni doutes, ni limites, ni conditions, ni restrictions. — A la vérité, ces propositions sont hypothétiques; tout ce qu'elles affirment, c'est que, si la première donnée se rencontre quelque part et notamment dans la nature, la seconde donnée ne peut manquer de s'y rencontrer, par conséquence et contre-coup. Il nous reste donc à constater qu'en fait il y a des grandeurs artificielles et naturelles égales, des droites, des perpendiculaires à une droite, des corps immobiles ou animés d'un mouvement rectiligne uniforme au moins pendant un temps très-court, des mobiles animés en sens différents de vitesses constantes, des substances homogènes exactement divisibles en portions égales, bref des données réelles conformes à nos constructions mentales. Pour le montrer, il faut et il suffit que l'expérience intervienne; en effet, dans beaucoup de cas, en astronomie, en optique, en acoustique, elle constate que certaines choses existantes présentent les caractères requis, ou du moins tendent à les présenter, et les présenteraient si l'on pouvait pratiquer sur elles les éliminations convenables. En tous ces cas, les propositions nécessaires *s'appliquent*, et les données réelles ont la soudure intrinsèque que Kant et Mill leur déniaient. — De là des conséquences très-vastes, et une vue sur le fonds de la nature, sur l'essence des lois, sur la structure des choses qui s'oppose à celles de Mill et de Kant.

CHAPITRE III

LE LIEN DES CARACTÈRES GÉNÉRAUX OU LA RAISON
EXPLICATIVE DES CHOSES

SOMMAIRE.

§ I. — **Nature de l'intermédiaire explicatif.**

I. En plusieurs cas, la liaison de deux données est expliquée. — Ce qu'on demande par le mot pourquoi. — Donnée intermédiaire et explicative qui, étant liée à la première et à la seconde, lie la seconde à la première. — Prémisses, conclusion, raisonnement.
II. Propositions dans lesquelles la première donnée est un individu. — Exemples. — En ce cas, l'intermédiaire est un caractère plus général que l'individu et compris en lui. — Propositions dans lesquelles la première donnée est une chose générale. — Ce cas est celui des lois. — L'intermédiaire est alors la raison de la loi. — Découvertes successives qui ont démêlé la raison de la chute des corps. — Ici encore l'intermédiaire explicatif est un caractère plus général et plus abstrait inclus dans la première donnée de la loi. — Hypothèse actuelle des physiciens sur la raison explicative de la gravitation. — Même conclusion.
III. Lois dans lesquelles l'intermédiaire explicatif est un caractère passager communiqué à l'antécédent par ses alentours. — Loi qui lie la sensation de son à la vibration transmise d'un corps extérieur. — Même conclusion que dans le cas précédent. — L'intermédiaire est alors une série de caractères généraux successifs.
IV. Lois où l'intermédiaire est une somme de caractères géné-

raux simultanés. — **De la composition des causes.** — Loi du mouvement d'une planète. — Lois où la première donnée est une somme de données séparables. — Exemples en arithmétique et en géométrie. — En ce cas, l'intermédiaire est un caractère général répété dans tous les éléments de la première donnée. — Exemple en zoologie. — Loi de la connexion des organes. — L'intermédiaire répété dans chaque organe est la propriété d'être utile. — Ces sortes d'intermédiaires sont les plus instructifs. — Résumé. — La raison explicative d'une loi est un caractère général intermédiaire, simple ou multiple, inclus directement ou indirectement dans la première donnée de la loi.

V. De l'explication et de la démonstration. — La première donnée contient l'intermédiaire qui contient la seconde donnée. — De là trois propositions liées. — Ordre de ces propositions. — En quoi consiste le syllogisme scientifique.

§ II. — Méthodes pour trouver l'intermédiaire explicatif.

I. L'emplacement et les caractères démêlés dans l'intermédiaire donnent le moyen de le trouver. — Méthode dans les sciences de construction. — Avantages qu'elles ont sur les sciences d'expérience. — L'intermédiaire est toujours inclus dans la définition de la première donnée de la loi. — On peut toujours l'en tirer par analyse. — Exemple, la démonstration des axiomes. — Autres exemples. — Théorème de l'égalité des côtés opposés du parallélogramme. — Emboîtement des intermédiaires. — En quoi consistent le talent et le travail du géomètre. — Marche qu'il suit dans ses constructions. — Les composés plus complexes ont des facteurs plus simples. — Les propriétés de ces facteurs plus simples sont les intermédiaires par lesquels les composés plus complexes se relient leurs propriétés. — Le dernier intermédiaire est toujours une propriété des facteurs primitifs. — Cette propriété est la dernière raison de la loi mathématique. — Rôle des axiomes. — Ils énoncent les propriétés des facteurs ou éléments primitifs qui sont les plus généraux et les plus simples de tous. — L'analyse doit donc porter sur les éléments primitifs. — Éléments primitifs de la ligne. — Découverte d'un caractère commun à tous les éléments ou points d'une ligne. — Définition d'une ligne par le rapport constant de ses coordonnées. — La géométrie analytique. — Éléments primitifs d'une grandeur. — Le calcul infinitésimal. — Dans toute loi énoncée par une science de construction, la dernière raison de la loi

est un caractère général inclus dans les éléments de la première donnée de la loi.
II. Méthode dans les sciences d'expérience. — Leurs désavantages. — Insuffisance de l'analyse. — Pourquoi nous sommes obligés d'employer l'expérience et l'induction. — Loi qui lie la rosée au refroidissement. — Intermédiaires emboîtés qui relient la seconde donnée de cette loi à la première. — Selon qu'il s'agit des composés réels ou des composés mentaux, la méthode pour découvrir l'intermédiaire est différente, mais la liaison de la seconde donnée et de la première se fait de la même façon. — Sciences expérimentales tres-avancées. — Analogie de ces sciences et des sciences mathématiques. — Leurs lois les plus générales correspondent aux axiomes. — Elles énoncent comme les axiomes des propriétés de facteurs primitifs. — En quoi ces lois diffèrent encore des axiomes. — Elles sont provisoirement irréductibles.
III. Même ordonnance dans les sciences expérimentales moins avancées. — Leurs lois les plus générales énoncent aussi des propriétés de facteurs primitifs. — Sciences dans lesquelles des facteurs primitifs peuvent être observés. — La zoologie. — Caractères généraux des organes. — Loi de Cuvier. — Loi de Geoffroy Saint-Hilaire. — L'histoire. — Caractères généraux des individus d'une époque, d'une nation ou d'une race. — La psychologie. — Caractères généraux des éléments de la connaissance. — Tous ces caractères généraux sont des intermédiaires explicatifs. — Ils sont d'autant plus explicatifs qu'ils appartiennent à des facteurs primitifs plus généraux et plus simples. — L'explication s'arrête quand nous arrivons à des facteurs primitifs que nous ne pouvons ni observer ni conjecturer. — Limites actuelles de la physiologie, de la physique et de la chimie. — Par delà les facteurs connus, les facteurs inconnus plus simples peuvent avoir des propriétés différentes ou les mêmes. — Selon que l'une ou l'autre de ces hypothèses est vraie, l'explication a des limites ou n'en a pas.
IV. Autre désavantage des sciences expérimentales. — Elles doivent répondre aux questions d'origine. — Portion historique dans toute science expérimentale. — Hypothèse de Laplace. — Recherches des minéralogistes et des géologues. — Idées de Darwin. — Vues des historiens. — Théorie générale de l'évolution. — Lacunes. — Progrès journalier qui les remplit. — La formation d'un composé s'explique par les propriétés de ses éléments et par les caractères des circonstances antécédentes. — L'intermédiaire explicatif est le même dans ce cas et dans les cas précédents.

§ III. — Si tout fait ou loi a sa raison explicative.

I. Convergence de toutes les conclusions précédentes. — Elles indiquent que, dans tout couple de données effectivement liées, il y a un intermédiaire explicatif qui nécessite cette liaison. — Du moins nous croyons qu'il en est ainsi. — Nous prédisons par analogie les traits de l'intermédiaire dans les cas où il nous est encore inconnu. — Exemples. — Nous étendons par analogie cette loi à tous les points de l'espace et à tous les moments du temps.
II. Fondement de cette induction. — De ce que nous ignorons en certains cas la raison explicative, nous ne pouvons conclure qu'elle n'existe pas. — La cause de notre ignorance nous est connue. — Les lacunes de la science s'expliquent par ses conditions. — Exemples. — Présumer que la raison explicative manque est une hypothèse gratuite. — Les présomptions sont pour la présence d'une raison explicative ignorée. — Autres présomptions suggérées par l'exemple des sciences de construction. — Dans ces sciences, toute loi a sa raison explicative connue. — Les lacunes des sciences expérimentales ont pour cause leurs conditions et le tour particulier de leur méthode. — Preuve. — Ce que serait la géométrie si on la faisait par induction. — Les lacunes de la géométrie seraient alors les mêmes que celles de la physique ou de la chimie. — Les sciences de construction sont un modèle préalable de ce que pourraient être les sciences expérimentales. — Analogie des ordonnances. — Identité des matériaux. — La seule différence entre nos composés mentaux et les composés réels, c'est que les premiers sont plus simples. — Emploi des composés mentaux pour l'intelligence des composés réels. — Conséquences. — L'application des lois mathématiques et mécaniques est universelle et forcée. — Réfutation de Stuart Mill. — Tous les nombres, formes, mouvements, forces de la nature physique sont soumis à des lois nécessaires. — Très-probablement tous les changements physiques dans notre monde, et probablement tous les changements au delà de notre monde se réduisent à des mouvements qui ont pour condition des mouvements. — Idée de l'univers physique comme d'un ensemble de moteurs mobiles assujettis à la loi de la conservation de la force.
III. Récapitulation des preuves inductives qui nous font croire au principe de raison explicative. — Inclination naturelle que nous avons à l'admettre. — Emploi qu'en font les savants

CHAP. III. LA RAISON EXPLICATIVE

pour induire. — Opinion de Claude Bernard. — Opinion d'Helmholtz. — Explication de cette croyance par la structure innée de notre esprit. — Autre explication. — Analogie de ce principe et des axiomes précédemment démontrés. — Il est probable qu'il peut être comme eux démontré par analyse. — Démonstration. — Identité latente des termes qui l'énoncent. — Limites de l'axiome ainsi démontré et entendu. — Le principe de l'induction et l'axiome de cause en dérivent. — Conséquences de l'axiome de raison explicative. — Pour qu'il soit appliqué, il faut l'intervention de l'expérience. — Cas où l'on peut se passer de cette intervention. — Comment on peut poser le problème de l'existence. — Possibilité de la métaphysique. — Résumé sur la structure de l'intelligence.

§ I. — Nature de l'intermédiaire explicatif.

I. Lorsque entre deux données possibles ou réelles nous avons constaté une liaison, il arrive souvent que cette liaison s'explique, et nous pouvons alors non-seulement affirmer que les deux données sont liées, mais encore dire *pourquoi* elles sont liées. Entre les deux données qui font couple, il s'en trouve une autre, intermédiaire, qui, étant liée d'une part à la première et d'autre part à la seconde, provoque par sa présence la liaison de la seconde et de la première ; en sorte que cette dernière liaison est dérivée et présuppose, comme conditions, les deux liaisons préalables dont elle est l'effet. En ce cas, nous pensons les deux liaisons préalables par deux propositions préalables qu'on nomme *prémisses*, et nous pensons la liaison dérivée par une proposition dérivée qu'on nomme *conclusion*. — Rien de plus important que cette donnée intermédiaire, puisque c'est elle qui, par son insertion entre les deux données, les soude en un couple. Il faut tâcher de savoir en quoi elle consiste, comment nous la découvrons, où nous devons la chercher. Cela trouvé, il n'y aura point de difficulté à comprendre comment se forment les deux prémisses où elle entre et la conclusion qui en jaillit.

II. Il y a déjà un cas où nous savons tout cela, celui des objets individuels soumis à des lois connues. Par exemple, Pierre est mortel ; ces deux droites tracées sur ce tableau et perpendiculaires à une troisième sont parallèles : voilà des couples de données dans lesquelles le premier membre est un objet individuel, particulier, déterminé, non général. — De plus, ces objets sont soumis à des lois connues ; nous savons que tous les hommes, au nombre desquels est Pierre, sont mortels, que toutes les droites perpendiculaires à une autre, au nombre desquelles sont nos deux droites, sont parallèles. — Or, en ce cas, l'intermédiaire explicatif qui relie à l'objet individuel la propriété énoncée est le premier terme d'une loi générale : si Pierre est mortel, c'est qu'il est homme et que tout homme est mortel ; si nos deux droites sont parallèles, c'est qu'elles sont perpendiculaires à une troisième et que toutes les droites perpendiculaires à une troisième sont parallèles. Mais *homme* est un caractère inclus dans Pierre, extrait de lui, plus général que lui ; de même, *perpendiculaires à une troisième* est un caractère inclus dans nos deux lignes, extrait d'elles, plus général qu'elles. — D'où l'on voit que, dans le cas des objets individuels soumis à des lois connues, l'intermédiaire qui relie à chaque objet la propriété énoncée est un caractère inclus en lui, plus abstrait et plus général que lui, commun à lui et à d'autres analogues, et qui, entraînant par sa présence la propriété énoncée, l'importe avec lui dans chacun des individus auquel il appartient.

Cherchons maintenant en quoi consiste cet intermédiaire, lorsqu'il s'agit, non plus de relier une propriété à un objet individuel, mais de relier une propriété à une chose générale. En d'autres termes, après l'explication des faits, considérons l'explication des lois, et, pour cela, examinons quelque-unes des lois dont aujourd'hui nous avons découvert le pourquoi et la *raison*. — Au dix-septième siècle, après les expériences de Galilée et de Pascal, on savait que tous les corps terrestres tendent à tomber vers la terre, et, depuis Copernic et Kepler, on comprenait que la terre et toutes les autres planètes tendent à tomber vers le soleil. Newton vint et prouva que ces deux tendances sont la même ; la gravitation est commune aux corps célestes comme aux corps terrestres, et, plus généralement, à tous les corps. A partir de ce moment, on sut *pourquoi* les corps terrestres tendent à tomber sur la terre et *pourquoi* les planètes tendent à tomber vers le soleil. La pesanteur des uns et la tendance centripète des autres avaient pour *raison* une propriété commune aux uns et aux autres ; les deux lois n'étaient que deux cas d'une troisième loi plus vaste. Du groupe de caractères qui constituent un corps terrestre, Newton n'en avait conservé qu'un, la propriété d'être une masse en rapport avec une autre masse ; il avait éliminé le reste. Du groupe de caractères qui constituent une planète, il n'en avait conservé qu'un, la propriété d'être une masse en rapport avec une autre masse ; il avait aussi éliminé le reste. Il avait donc dégagé des deux groupes une propriété abstraite et générale, plus abstraite et plus générale que chacun d'eux, contenue dans chacun d'eux comme une partie dans un tout, comme un fragment dans un ensemble, comme un élément dans une somme. Au lieu de lier comme ses devanciers la pesanteur au premier groupe total, et la tendance centripète au second groupe total, il liait la pesanteur et la tendance centripète à un élément qui se trouvait le même dans les deux. — Par cet exemple éclatant, nous voyons en quoi consiste la donnée intermédiaire qui nous fournit la *raison* d'une loi. Étant donné l'objet soumis à la loi, elle est un de ses caractères, un caractère compris dans le groupe des caractères qui le constituent, un caractère inclus en lui, plus abstrait et plus général que lui, bref un extrait à extraire. — Suivons la série des *pourquoi,* et nous verrons que telle est bien la nature et l'emplacement des *parce que* ou raisons alléguées. — Pourquoi cette pierre tend-elle à tomber ? Parce qu'à la surface de la terre toutes les pierres et plus généralement encore tous les solides ou liquides qui opposent à nos muscles quelque résistance tendent à tomber. — Pourquoi tous ces solides ou liquides tendent-ils à tomber ? Parce que toutes les masses à la surface de la terre, quelles qu'elles soient, solides, liquides ou gazeuses, tendent à tomber. — Pourquoi tendent-elles à tomber ? Parce que, non-seulement à la surface de la terre, mais bien plus haut, comme on s'en est assuré pour la lune, dans tout notre système solaire, ce qui est le cas des planètes, de leurs satellites, des comètes et du soleil, bien au delà, comme il arrive aux étoiles doubles, toute masse, dès qu'elle est en rapport avec une autre masse, tend à se rapprocher d'elle. — Pourquoi cette étrange tendance ? En ce moment, des physiciens [1] se demandent si elle ne peut pas se ramener à une poussée continue, à la pression exercée par l'éther. Si l'on parvenait à prouver qu'en fait l'éther existe, et qu'en fait la densité de ses couches étagées autour d'un corps pesant va croissant comme le carré du rayon qui mesure leur distance à ce corps, la supposition présentée deviendrait une vérité démontrée, on aurait un *parce que* de plus ; on dégagerait dans le corps qui gravite un caractère plus abstrait et plus général encore que la gravitation, une propriété toute mécanique, celle par laquelle un corps suit l'impulsion et, à chaque nouvelle impulsion, reçoit une nouvelle vitesse. Or ce dernier caractère explicatif aurait les mêmes traits et la même situation que les autres. Il serait donc comme les autres une portion, un élément, *un extrait du précédent,* et on le trouverait comme les autres dans le précédent où il est inclus.

III. Jetons maintenant les yeux sur les lois où l'intermédiaire explicatif semble au premier aspect d'une tout autre espèce. — Tout corps vibrant dont les vibrations sont comprises entre certaines limites connues de lenteur et de vitesse excite en nous la sensation de son. Pourquoi cela ? Parce que ses vibra-

---

[1]. *L'Unità delle forze fisiche, saggio di filosofia naturale*, par le Père Secchi. — M. Lamé a examiné et adopté une hypothèse analogue. — Voir l'exposé de l'hypothèse totale dans *la Physique moderne,* par M. Saigey, notamment p. 146.

tions ont, entre autres caractères, le pouvoir de se propager à travers le milieu ambiant jusqu'à notre nerf acoustique ; en effet, ôtez-leur cette propriété, ce que l'on fait par la suppression du milieu et en mettant le corps dans le vide : les vibrations continuent ; mais, comme elles cessent de se propager, la sensation ne se produit plus. Ainsi la raison qui rend effectivement sonores ces vibrations initiales, c'est la possibilité où elles sont de se propager, propriété incluse en elles et plus générale qu'elles, puisqu'elle se rencontre ailleurs, par exemple dans les vibrations de l'éther lumineux. Ici encore, les deux données, antécédent et conséquent, sont liées par l'entremise d'un caractère compris dans la première, et c'est la première qu'il faut étudier *avec toutes ses circonstances*, pour en extraire l'élément qui est la raison de la loi. — A présent, pourquoi la vibration du corps, étant propagée par le milieu jusqu'au nerf acoustique, provoque-t-elle en nous la sensation de son ? Parce qu'elle possède, entre autres caractères, le pouvoir de se propager plus loin encore, tout le long du nerf acoustique, jusque dans les centres acoustiques du cerveau ; en effet, retranchez cette propriété, ce qui est tout fait lorsque le sujet est sourd, et ce que l'on fait en paralysant le cerveau par le chloroforme : la vibration se propagera jusqu'aux nerfs acoustiques ou même jusqu'à leur terminaison centrale ; mais, comme elle n'atteint point ou n'ébranle point les centres cérébraux, elle ne provoquera point la sensation de son. Ainsi la raison qui rend effectivement sonores les vibrations propagées jusqu'au nerf acoustique, c'est la possibilité où elles sont de se propager au delà, jusqu'aux centres cérébraux, propriété incluse en elles, et plus générale qu'elles, puisqu'elle se rencontre ailleurs, notamment dans les vibrations lumineuses transmises à la rétine, et, en général, dans tous les ébranlements que les corps extérieurs impriment à nos nerfs sensitifs. Comme tout à l'heure, les deux données, antécédent et conséquent, sont liées par l'entremise d'un caractère compris dans la première, et c'est la première, je veux dire la vibration déjà propagée jusqu'au nerf, qu'il faut étudier *avec toutes ses circonstances,* pour y constater et en dégager la possibilité d'une propagation ultérieure et complète qui est la raison de la loi.

On voit que, dans cette loi, la donnée intermédiaire est un caractère de la première donnée, qui est la vibration ; de même, dans la loi précédente, la gravitation est un caractère de la première donnée, qui est la planète. — A la vérité, entre les deux cas il y a une différence grave. Dans le premier, le caractère explicatif est un des éléments *les moins stables* de l'antécédent ; que la vibration puisse ou non se propager, cela ne dépend point d'elle, mais de plusieurs conditions surajoutées et tantôt présentes, tantôt absentes ; il lui faut la rencontre d'un milieu favorable, d'un nerf intact, d'un cerveau sain ; elle ne peut se propager, si ces alentours lui font défaut ; elle pourra donc exister sans se propager ; il suffira pour cela que le milieu ambiant manque ou que l'état du nerf et des centres cérébraux ne soit pas normal. Dans le second cas, au contraire, le caractère explicatif est un des éléments *les plus stables* de l'antécédent ; quand même la planète se briserait en morceaux et tomberait sur une autre, ses débris tendraient encore vers le soleil et vers toute masse avec laquelle ils seraient en rapport. — Mais cette différence des deux cas n'altère en rien leur ressemblance fondamentale, et, dans le premier comme dans le second, l'intermédiaire explicatif, stable ou instable, est un *caractère plus général*, compris avec d'autres dans l'antécédent, et qu'il faut chercher dans le groupe où il se trouve, c'est-à-dire dans la première des deux données de la loi.

IV. Dans la loi qui associe la sensation à la vibration, l'intermédiaire se compose de deux intermédiaires *successifs*, le pouvoir qu'a la vibration initiale de se propager jusqu'au nerf, et le pouvoir qu'a la vibration propagée de se propager jusqu'au cerveau. Dans d'autres lois, l'intermédiaire est également multiple, mais les intermédiaires dont il se compose sont *simultanés* et non successifs [1]. Outre les cas où la raison est une série de raisons, il y a les cas où elle est un groupe de raisons. — Par exemple, la terre décrit telle orbite autour du soleil. Or la raison qui détermine cette orbite est une somme de raisons distinctes, dont l'une est l'impulsion initiale, ou force tangentielle, avec sa quantité dans le cas en question, dont l'autre est la gravitation ou force centripète, avec sa quantité dans le cas en question, dont la dernière enfin est la distance de la terre au soleil à un moment et en un point fixés. En ces occasions, si l'on demande le pourquoi, la réponse est une somme de *parce que* ; ici notamment, il y a trois raisons réu-

---

[1]. Voir sur tous ces points le beau chapitre de Stuart Mill : *Logique*, tome I, liv. III, ch. XII, *De l'explication des lois de la nature.*

nies, trois caractères explicatifs, trois données intermédiaires qui, chacune prise à part, sont plus générales que l'antécédent total, et qui, incluses en lui, concourent par leurs influences assemblées à lui prescrire la courbe dont il s'agit. — De là une conséquence importante. Supposons une loi dans laquelle la première donnée ne soit qu'un tout, un composé de parties distinctes, un assemblage de données séparables en fait, ou tout au moins séparables pour l'esprit ; il est évident que l'intermédiaire explicatif sera, comme dans le cas précédent, une somme d'intermédiaires que cette fois il faudra chercher et dégager, un à un, dans les diverses données séparables dont notre première donnée est le total.

Tel est le cas des nombres et des composés géométriques. Tout nombre écrit selon notre système de numération ordinaire, et dans lequel la somme des chiffres est divisible par 9, est lui-même divisible par 9. Tout polygone convexe renferme une somme d'angles qui, si l'on y ajoute quatre angles droits, est égale à deux fois autant d'angles droits qu'il a de côtés. Voilà deux lois dans lesquelles la première donnée est un total de données séparables ; en effet, le nombre écrit n'est que le total de ses unités de divers ordres, et le polygone n'est que le total de ses parties ; d'où il suit que les intermédiaires explicatifs doivent être cherchés dans les unités de divers ordres qui composent le nombre et dans les parties qui composent le polygone. — Observons d'abord le nombre ; les unités de divers ordres, qui sont ses éléments, sont déjà toutes dégagées, préparées, offertes à l'analyse, et, pour les démêler, on n'a qu'à considérer les chiffres qui les représentent. Or, il est aisé de remarquer que dans tout nombre la somme des unités du deuxième, troisième, quatrième ordre, etc., est divisible par 9 avec un reste égal au chiffre qui la représente ; que partant la somme de ces sommes est divisible par 9 avec un reste égal à la somme des chiffres qui la représentent ; que par conséquent le nombre lui-même tout entier est divisible par 9 avec un reste égal à la somme totale des chiffres qui le représentent ; d'où il suit que, si la somme totale des chiffres est elle-même divisible par 9, le reste disparaît, et le nombre tout entier, divisé par 9, ne laisse aucun reste. — Ici l'intermédiaire explicatif est un caractère inclus dans tous les éléments du nombre, sauf le premier, et commun à toutes les unités représentées par un chiffre placé à la gauche du premier ; ce caractère ainsi répété oblige tout nombre à se laisser diviser par 9 avec un reste égal à la somme de ses chiffres, et, par suite, le rend divisible par 9, à la seule condition que la somme de ses chiffres soit divisible par 9.

Regardons maintenant le polygone ; quand on nous le donne, les portions de surface qui sont ses éléments ne sont pas encore distinguées et séparées ; nous sommes donc contraints de les créer et, pour cela, de pratiquer des divisions, de tracer des lignes ; une construction doit précéder l'analyse. Nous prenons un point quelconque dans l'intérieur du polygone ; de ce point, nous menons des droites à tous ses angles ; nous remplaçons ainsi le polygone par un groupe de triangles dont le nombre est égal au nombre de ses côtés. Or, dans chacun de ces triangles, les deux angles de la base, plus l'angle du sommet, valent deux angles droits ; partant, si l'on prend tous les triangles et si, additionnant tous les angles de leurs bases, on y ajoute tous les angles de leurs sommets, on aura autant de fois deux angles droits qu'il y a de triangles, c'est-à-dire de côtés, dans le polygone. Mais ces angles des bases sont justement les angles du polygone; de sorte que les angles du polygone, si on leur ajoute les angles du sommet, sont égaux à deux fois autant d'angles droits que le polygone a de côtés. Or on sait d'ailleurs que ces angles du sommet valent ensemble quatre angles droits; d'où il suit que le polygone renferme une somme d'angles qui, si l'on y ajoute quatre angles droits, est égale à deux fois autant d'angles droits qu'il a de côtés. — Ici, l'intermédiaire explicatif est un caractère compris dans tous les éléments du polygone, c'est-à-dire commun à tous les triangles dont il est le total; ce caractère ainsi répété oblige tout polygone à contenir une somme d'angles qui, évaluée en angles droits et accrue d'un nombre constant d'angles droits, est le double du nombre de ses côtés.

Mais ce n'est pas seulement dans les composés arithmétiques et géométriques qu'on trouve des intermédiaires semblables. Soit un carnassier comme le tigre ou un ruminant comme le bœuf. Une quantité de lois précises lient chacun de ses organes et chaque fragment de chacun de ses organes aux autres. Le naturaliste, qui en dissèque un, sait d'avance ce qu'il trouvera dans le reste; d'après l'apparence extérieure, il prédit la structure intérieure et peut dessiner la forme de l'estomac, du cerveau, du cœur, du squelette, avant de les avoir mis à nu. Que si on lui demande pourquoi, dans cet animal, telle pièce construite de telle façon entraîne telle autre pièce, il peut répondre ; depuis Galien jusqu'à Cuvier et Richard Owen, ses prédécesseurs ont dégagé un intermédiaire explicatif qui, commun à toutes ces pièces si diverses, est la raison principale de leur structure et de leurs rapports. Cet intermédiaire est la propriété d'être *utile* ; chaque organe exécute une fonction qui, avec d'autres, contribue à un effet total ; partant, il est approprié à sa fonction ; partant, il est déterminé par elle. Mais cette fonction elle-même est déterminée par les autres qui contribuent avec elle à un effet total ; d'où il suit que les organes se déterminent les uns les autres en vue d'un effet total. En d'autres termes, les organes accordent leurs caractères de manière à accorder leurs fonctions, et ils accordent leurs fonctions de manière à entretenir ce circuit de déperdition et de réparation qui est la vie de l'individu, et cette succession d'individus qui est l'espèce. — Par suite, telle espèce de dents entraîne telle espèce d'intestin, et réciproquement. Si vous rencontrez un intestin propre à digérer de la chair seulement et de la chair récente, l'animal a des mâchoires construites pour dévorer une proie, des griffes propres à la saisir et à la déchirer, des dents propres à la couper et à la diviser, un système d'organes moteurs propres à l'atteindre, des sens capables de l'apercevoir de loin, l'instinct de se cacher pour la surprendre, et le goût de la chair. « De là suit, dit Cuvier, une certaine forme du condyle pour que les mâchoires s'engrènent à la façon des ciseaux, un certain volume dans le muscle crotaphyte, une étendue dans la fosse qui le reçoit, une certaine convexité de l'arcade zygomatique sous laquelle il passe, et une foule de caractères du squelette, des articulations et des muscles moteurs.... La forme de la dent entraîne celle du condyle, celle de l'omoplate, celle des ongles, tout comme l'équation d'une courbe entraîne toutes ses propriétés, et, de même qu'en prenant séparément chaque propriété pour base d'une équation particulière, on retrouverait et l'équation ordinaire et toutes ses autres propriétés quelconques, de même l'ongle, l'omoplate, le condyle, le fémur et tous les autres os, pris séparément, donnent la dent et se donnent réciproquement. » — Cela est si vrai que, dans le même animal, la métamorphose d'un organe entraîne une métamorphose appropriée du reste. Le têtard, qui n'est pas carnivore, ayant besoin d'un très-long canal pour digérer sa pâture, a l'intestin dix fois plus long que le corps ; changé en grenouille carnivore, son intestin n'a plus que deux fois la distance de la bouche à l'anus. La larve vorace du hanneton a un œsophage, un vaste estomac musculeux, entouré de trois couronnes de petits cœcums, un intestin grêle, un gros intestin énorme trois fois plus gros que l'estomac et remplissant tout le tiers postérieur du corps ; devenue hanneton et plus sobre, il ne lui reste qu'un canal assez grêle et dépourvu de renflements. — Par cette découverte de l'intermédiaire explicatif, la face du monde animal est devenue tout autre. Auparavant, nous n'avions qu'une anatomie descriptive ; nous savions qu'en fait tels caractères s'accompagnent ; mais nous ignorions pourquoi ils s'accompagnent. Ils n'étaient que simplement juxtaposés ; à présent, ils sont forcément liés ; par delà leur rencontre constante, nous constatons leur connexion obligatoire.

Chaque organe, bien plus, chaque élément physique ou moral de l'animal vivant, renferme, incluse en soi, une propriété répétée dans tous les autres, à savoir cette particularité qu'il tend à s'accorder avec tous les autres, de façon à concourir avec eux à tel effet final et total ; et cet intermédiaire commun explique dans l'animal non-seulement une prodigieuse quantité de caractères déjà énumérés par l'anatomie descriptive, mais encore une infinité d'autres caractères plus délicats et plus intimes que nos scalpels et nos microscopes, trop grossiers, n'ont pas encore atteints.

Nous pouvons maintenant nous faire une idée de l'intermédiaire. — Soit une loi ou couple de données liées entre elles. Quel est leur lien ? D'où vient leur soudure ? Quelle est la raison, le *parce que*, la condition interposée, qui attache la seconde à la première ? Le lecteur vient de suivre cet intermédiaire et de le retrouver toujours pareil sous ses différentes formes. — Tantôt il est simple ; telle est la force de gravitation qui explique la chute des corps pesants. — Tantôt il est multiple, composé de plusieurs intermédiaires. Alors deux cas se présentent. — Ou bien les composants sont successifs ; tel est pour la vibration sonore le pouvoir de se propager dans le milieu ambiant, et ensuite le pouvoir de se propager le long du nerf jusque dans les centres cérébraux. Ou bien les composants sont simultanés ; tels sont les caractères qui s'assemblent pour conduire la terre sur sa courbe autour du soleil. Ici encore, il faut distinguer. — Tantôt les intermédiaires simultanés sont d'espèce différente ; tels sont, dans le cas précédent, la force tangentielle, la force centripète et la distance donnée de la terre au soleil. Tantôt les intermédiaires simultanés sont de la même espèce et se ramènent au même intermédiaire répété dans tous les éléments de l'objet. Ce dernier cas lui-même se ramifie en deux branches. — Ou bien les éléments dans lesquels l'intermédiaire est répété sont semblables, comme les unités du nombre ou les triangles du polygone, ou bien ils sont dissemblables, comme les organes de l'animal. — Mais, simple ou multiple, composé d'intermédiaires successifs ou d'intermédiaires simultanés, d'intermédiaires différents ou du même intermédiaire répété, du même intermédiaire répété par des éléments semblables ou du même intermédiaire répété par des éléments dissemblables, l'intermédiaire explicatif s'est toujours montré à nous comme un caractère ou une somme de caractères *inclus* dans la première donnée du couple, *plus généraux* qu'elle si on les considère à part, *accessibles* à nos prises, puisqu'ils sont compris en elle, et séparables d'elle par nos procédés ordinaires d'isolement et d'extraction.

V. Une fois que l'intermédiaire est démêlé et représenté dans l'esprit par une idée correspondante, il se fait en nous un travail interne qu'on nomme démonstration. Soit une des lois indiquées plus haut : toute planète tend à se rapprocher d'une masse centrale avec laquelle elle est en rapport, le soleil. Cette loi est un couple de deux données, l'une qui est la planète, l'autre qui est la tendance de la planète à se rapprocher de la masse centrale, et l'intermédiaire qui les lie est une donnée générale commune non-seulement à toutes les planètes, mais à tous les corps situés à leur surface, et à une infinité d'autres corps, je veux dire la propriété d'être une masse, toute masse ayant ce caractère qu'elle tend à se rapprocher de la masse centrale avec laquelle elle est en rapport. Comparons ces trois données l'une à l'autre. — La première, la planète, contient l'intermédiaire, c'est-à-dire la propriété d'être une masse ; elle le contient comme un de ses caractères, parmi beaucoup d'autres ; par rapport à elle, il n'est qu'un extrait. Elle est donc plus complexe que lui, et il est plus abstrait qu'elle, par suite, plus général. D'autre part, cet intermédiaire contient la dernière donnée, à savoir la tendance à se rapprocher de la masse centrale ; il la contient comme un de ses caractères parmi beaucoup d'autres ; par rapport à lui, elle n'est qu'un extrait. Il est donc plus complexe qu'elle, et elle est plus abstraite que lui, par suite, plus générale. — Ainsi la première donnée de la loi contient l'intermédiaire, qui contient la seconde. A un autre point de vue, la première donnée est plus complexe que l'intermédiaire, qui est plus complexe que la seconde. A un autre point de vue encore, la seconde donnée est plus abstraite et plus générale que l'intermédiaire, qui lui-même est plus abstrait et plus général que la première. — Cela posé, associons les trois données deux à deux ; nous aurons trois couples de données ou lois. Toute planète est une masse ; or toute masse tend à se rapprocher de la masse centrale avec laquelle elle est en rapport ; donc toute planète tend à se rapprocher de la masse centrale avec laquelle elle est en rapport, c'est-à-dire du soleil. — De ces trois couples, le premier associe la première donnée et l'intermédiaire ; le second associe l'intermédiaire et la seconde donnée ; le troisième associe la première donnée et la seconde, et se trouve être la loi qu'il fallait démontrer. — Si nous pensons les trois couples dans cet ordre, nous avons trois propositions qui leur correspondent et qui se composent de trois idées associées deux à deux, comme les trois lois se composent de trois données associées deux à deux. De ces trois idées, la première, plus compréhensive que la seconde, contient la seconde, qui, plus compréhensive que la troisième, contient la troisième, et l'esprit passe de la plus compréhensive à la moins compréhensive par l'entremise de celle dont la compréhension est moyenne [1]. De ces trois propositions, les deux premières, étant préalables, se nomment *prémisses*, et la troisième, étant consécutive, se nomme *conclusion*. Les deux prémisses se composent, l'une, de la première idée, la plus compréhensive de toutes, associée à la seconde, dont la compréhension est moyenne ; l'autre, de la seconde idée, dont la compréhension est moyenne, associée à la troisième, la moins compréhensive de toutes ; et enfin la conclusion se compose de la première idée associée à la troisième, c'est-à-dire de l'idée la plus compréhensive associée à l'idée la moins compréhensive. Trois propositions de ce genre assemblées dans cet ordre constituent un syllogisme, et le syllogisme, selon le mot d'Aristote, devient une démonstration scientifique, lorsque, comme dans le cas précédent, 'intermédiaire par lequel il relie deux données est la raison explicative [2] de leur liaison.

1. A mon avis, c'est dans cet ordre, d'après la compréhension et non d'après l'extension, qu'il faut ranger les termes. De cette façon, le raisonnement devient une analyse et non un jeu logique comme le syllogisme ordinaire.

2. Δι' αἰτίων καὶ προτέρων, ̃econas *Analytiques*, liv. I, ch. ɪɪ,

§ II. — Méthode pour trouver l'intermédiaire explicatif.

I. Laissons aux logiciens le soin de poursuivre dans tous les détails les propriétés du syllogisme et les rapports obligés de ses propositions ou de ses termes; ce ne sont là que les curiosités de la science; l'essentiel pour l'esprit est de savoir quels sont les traits propres et l'emplacement exact de l'intermédiaire explicatif, afin de pouvoir le chercher, le trouver et le reconnaître. D'après sa nature et sa situation, telles que nous les avons constatées, on peut dresser une méthode générale d'enquête. Examinons cette méthode tour à tour dans les sciences de construction et dans les sciences d'expérience.

Soit une des lois de l'arithmétique, de l'algèbre, de la géométrie ou de la mécanique pure : on nomme théorème la proposition qui l'exprime; et cette proposition affirme que telle donnée construite par l'esprit, tout nombre de telle espèce, tout multiplicande, tout carré, toute racine carrée, tout triangle, toute sphère, toute ellipse, renferme telle propriété. Il s'agit de démontrer le théorème, c'est-à-dire de démêler dans la première donnée un intermédiaire qui renferme la propriété énoncée. — Il faut donc décomposer la première donnée pour en retirer l'intermédiaire, et c'est cette décomposition que, plus haut, à propos des

---

iv, vi. Αἰτία ne signifie pas seulement la cause, mais le *parce que* demandé. Ces *Seconds Analytiques* d'Aristote sont très-supérieurs aux premiers et méritent encore d'être médités par les savants spéciaux.

axiomes, nous avons appelée *analyse*. Dans les sciences de construction, elle peut toujours aboutir; aucun obstacle intérieur ne s'oppose à ce que nous dégagions l'intermédiaire; il est inclus dans la première donnée, telle que notre esprit l'a construite. En effet, la combinaison que nous avons fabriquée est purement mentale; elle n'est point tenue de correspondre à une combinaison réelle. Elle diffère en cela des autres combinaisons mentales par lesquelles nous concevons les objets réels; elle ne court pas chance, comme celles-ci, de présenter des lacunes, de laisser de côté quelque caractère important inclus dans l'objet réel, d'omettre l'intermédiaire explicatif qui attache à l'objet réel la propriété énoncée; affranchie de cette obligation, elle est exempte de ce risque. Une fois formée, elle est complète, et, quel que soit l'objet idéal, nombre, carré, ligne droite, figure, solide géométrique, vitesse, masse, force, si la définition qu'on en fournit est bien faite, il est [1] entièrement et exactement exprimé par elle. Car, par hypothèse, il n'y a rien de plus en lui que ce qu'on y a mis, et on n'y a mis que certains éléments groupés dans un certain ordre, lesquels, ainsi que leur ordre, sont exprimés par la définition. Donc, si ce groupe a une propriété, c'est par l'entremise de quelque caractère inclus dans ses éléments ou dans leur mode d'assemblage, tels que la définition les exprime; d'où il suit qu'on trouvera l'intermédiaire explicatif et démonstratif qui lie la propriété au groupe, en analysant les termes de la définition.

Telle est en effet la méthode employée dans les

---

1. Voyez deuxième partie, liv. IV, chap. ı, p. 282 et suivantes.

sciences de construction. Tous les théorèmes s'y démontrent par *analyse,* par l'analyse des termes des définitions. On l'a déjà vu pour ces premiers théorèmes qu'on se dispense de démontrer et qu'on nomme axiomes. Nous avons défini les grandeurs égales, la ligne droite, les parallèles, la vitesse, la force, la masse, et il s'est trouvé que les propriétés attribuées à chaque composé primitif par les axiomes lui sont liées par l'entremise de quelque caractère latent, mais inhérent, à la fois enfermé et caché dans sa définition.

Il en est de même pour les théorèmes ultérieurs qui concernent des composés plus complexes. Là aussi, l'intermédiaire explicatif et démonstratif est un caractère, plus souvent une file de caractères, inclus dans la définition du composé. — Tout le monde sait comment on démontre un théorème de géométrie, par exemple celui qui dit que les côtés opposés d'un parallélogramme sont égaux. On se reporte à la définition du parallélogramme, qui est un quadrilatère dont les côtés opposés sont parallèles. Cette double propriété étant incluse dans la définition, on l'en extrait par analyse et on a le premier des intermédiaires cherchés. — On l'analyse, et, en se reportant aux propriétés des parallèles, on découvre que, si l'on trace la diagonale AC, l'angle BAC et l'angle ACD, l'angle DAC et l'angle BCA sont égaux deux à deux comme alternes internes; ce qui donne un second intermédiaire. — Mais, d'autre part, la diagonale, en même temps que des angles, a formé des triangles; on analyse

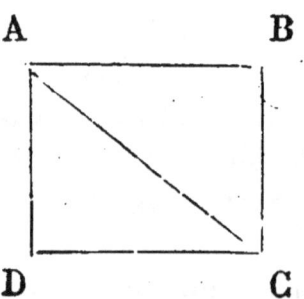

encore ce troisième intermédiaire, et, en se reportant aux propriétés des triangles, on remarque que les deux triangles sont égaux, comme ayant un côté commun, la diagonale, compris entre deux angles égaux chacun à chacun; d'où il suit que AB égale DC et AD, BC. — Ainsi, de la définition on extrait le premier intermédiaire, le parallélisme de chaque couple de côtés opposés; de celui-ci on extrait le second, l'égalité des deux angles alternes internes que la diagonale forme avec chaque couple de parallèles; de celui-ci on extrait le troisième, l'égalité des triangles que la diagonale forme des deux côtés avec les parallèles, et de celui-ci enfin on extrait l'égalité des côtés opposés du parallélogramme. La définition contient donc le premier intermédiaire, qui contient le second, qui contient le troisième, qui contient le quatrième, qui contient la propriété énoncée. Cela fait comme une série de coffres emboîtés les uns dans les autres; le plus large est la définition première, et le plus petit est le dernier attribut; chaque coffret plus grand enferme un coffret plus petit, et nous ne pouvons en toucher un qu'après avoir ouvert tour à tour tous ceux qui l'enferment. — Remarquez le point difficile de l'opération. Chaque intermédiaire, outre le caractère qu'on extrait de lui et qui conduira à la propriété énoncée, en contient plusieurs autres; il ne faut pas se méprendre, omettre le bon, en extraire un autre. En d'autres termes, et pour continuer la comparaison, chaque coffret plus large, à côté du coffret plus petit dans lequel finalement on trouvera la propriété énoncée, en contient plusieurs autres qu'on ouvrirait inutilement; il faut donc mettre la main sur le coffret utile, et, s'il y a, comme dans le cas précédent, cinq coffrets à ouvrir, il faut cinq fois de suite avoir du tact et faire le bon choix. — En outre et d'ordinaire, il y a des coffrets qui ne s'ouvrent pas tout seuls : un tour de clef adroit est nécessaire; nous avons été obligés d'exécuter une construction, d'ajouter une ligne à la figure, de tracer la diagonale. Et ce tour de clef, en ouvrant une serrure, nous en a par contrecoup ouvert une seconde; en effet, cette diagonale si bien choisie n'a pas seulement donné les deux couples d'angles alternes internes; elle a encore donné les deux triangles égaux. En cela consiste le talent du géomètre; il faut que, par un instinct prompt ou par des tâtonnements nombreux, il ouvre coup sur coup, sans se tromper, la série des coffrets utiles, et qu'il invente le tour de clef approprié.

A présent, suivons sa marche : il commence par construire des composés, très-simples, la ligne droite toute seule, la ligne droite qui en coupe une autre, la ligne droite perpendiculaire à une autre, deux lignes droites parallèles. Selon le procédé qu'on vient de voir, et, par un intermédiaire ou un emboîtement d'intermédiaires inclus dans la définition de son composé, il lui relie plusieurs propriétés. — Puis, combinant entre eux ses composés primitifs, il fabrique des composés ultérieurs, le triangle, le quadrilatère, les polygones, avec deux, trois et plusieurs droites qui se coupent deux à deux; le cercle, avec une droite tournante autour d'une de ses extrémités; le plan, avec une perpendiculaire tournante qui en tournant reste perpendiculaire à la droite par rapport à laquelle elle était d'abord perpendiculaire; plus tard, les polyèdres, avec des plans terminés par des polygones; la sphère, avec le demi-cercle tournant autour de son diamètre, etc. A ces composés nouveaux il relie des propriétés nouvelles par des théorèmes nouveaux. Quels sont ici les intermédiaires? — Il suffit d'un coup d'œil pour les reconnaître; ce sont les propriétés déjà démontrées des composés précédents. Le composé plus complexe a pour facteurs des composés plus simples, et les propriétés de ses facteurs, introduites en lui avec ses facteurs, sont les intermédiaires par lesquels on lui relie les propriétés dont lui-même il est muni. Tout à l'heure, on a vu que les propriétés du parallélogramme lui sont rattachées grâce aux propriétés des deux couples de parallèles qui sont ses éléments. On verrait de même que les propriétés de la sphère lui sont rattachées grâce aux propriétés du demi-cercle tournant qui est son générateur, et, en général, que toute propriété d'un composé quelconque lui est rattachée grâce aux propriétés des composés plus simples qui sont ses facteurs. — De cette façon, chaque composé nouveau est un coffre plus grand dans lequel on met plusieurs coffres plus petits, avec tout ce qu'ils contiennent. Dans celui qu'on nomme parallélogramme, on met deux couples de parallèles qui se coupent. Dans celui qu'on nomme cercle, on met une infinité de lignes droites égales, qui ont un point commun. Dans celui qu'on nomme sphère, on met une infinité de demi-cercles égaux qui ont un diamètre commun, et les propriétés de la grosse boîte ainsi construite lui sont attachées grâce aux propriétés des moindres boîtes qu'elle contient avec leur contenu. — Il suit de là que la dernière raison, le dernier *parce que,* le dernier intermédiaire explicatif et démonstratif, qui relie une propriété à un composé géométrique quelconque, recule de boîte en boîte et de contenant en contenu, à mesure qu'on le poursuit, de la sphère au demi-cercle tournant, du demi-cercle tournant à la droite tournante, de la droite tournante à la droite simple, c'est-à-dire du composé à ses facteurs, de ceux-ci à leurs facteurs, et ainsi de suite, pour se laisser à la fin saisir dans les facteurs primitifs, c'est-à-dire dans les petites boîtes élémentaires où il est inclus. Arrivés là, nous tenons en main la dernière raison de la loi géométrique. Dans toutes les sciences de construction, comme en géométrie, les axiomes la donnent; et, si les axiomes la donnent, c'est qu'ils énoncent les propriétés des facteurs primitifs.

Pensons bien à ce mot : la *dernière* raison d'une loi. Les lois qu'on a découvertes dans les sciences de construction sont en nombre énorme, et ce nombre s'accroît tous les jours. Or les intermédiaires derniers qui les expliquent et les démontrent sont les propriétés de cinq ou six facteurs primitifs, énoncées par une douzaine d'axiomes, lesquels ne sont eux-mêmes, comme on l'a vu, que des cas ou applications de l'axiome d'identité. De cette source unique, épanchée en une douzaine de ruisseaux, découlent les innombrables courants et tous les fleuves de la science. Telle est la vertu des facteurs ou éléments primitifs, lorsqu'ils sont aussi simples, aussi abstraits, aussi généraux que possible : de leurs lois dérivent les lois de leurs composés moins généraux et moins abstraits, et ainsi de suite, d'étage en étage, par une descente graduelle, sans que jamais, d'un étage à l'autre et du plus haut flot à la plus basse nappe, la continuité fasse défaut. C'est donc sur les facteurs primitifs que doit se porter le principal effort de la méthode. — De là une nouvelle façon de considérer les grandeurs, et notamment les grandeurs géométriques. Soit une ligne droite, ou des lignes courbes, et principalement, parmi les courbes, celles qu'autrefois on ne pouvait définir que par la nature du solide duquel elles sont extraites, ce qui était le cas pour les sections du cône, à savoir l'ellipse, la parabole, l'hyperbole, et les autres encore plus compliquées. Chacune d'elles a une forme, et, une fois la ligne tracée, nous voyons cette forme en bloc. Mais la ligne est composée de facteurs primitifs ou *éléments* qui sont ses points, et sa forme n'est qu'un ensemble, l'ensemble de toutes les positions distinctes occupées par tous ses points distincts. Il suit de là qu'il y a une raison, un *parce que,* un intermédiaire pour expliquer et démontrer toutes les propriétés qu'on peut constater dans la ligne et dans sa forme, et que cet intermédiaire se rencontre dans les éléments de la ligne et de sa forme, c'est-à-dire dans les divers points doués de positions distinctes dont la ligne et sa forme ne sont que le total. — Or comment détermine-t-on la position d'un point? Entre autres procédés, il en est un fort commode qui consiste à prendre sur un plan deux axes fixes AB, BC, qui se coupent suivant un angle connu, à mener de ces axes des parallèles au point, et à donner la longueur de ces parallèles. Ces deux longueurs, qu'on nomme coordonnées, sont des grandeurs qui, comparées l'une à l'autre, offrent un certain rapport. Voilà donc la position du point définie par le rapport mutuel de deux grandeurs auxiliaires. — A présent, au lieu d'un point unique, supposons une série continue de points, c'est-à-dire une ligne telle, que ce rapport soit le *même* pour tous ses points; la ligne et sa forme seront entièrement définies, et définies par un caractère commun de leurs éléments.

Ainsi, pour ne prendre que les exemples les plus simples, si, les deux axes étant donnés, la ligne en question est la bissectrice de leur angle, tous les points de la bissectrice ont ce caractère commun que, pour chacun d'eux, une des deux coordonnées est égale à l'autre. Si la ligne en question est une circonférence, et que les deux axes, étant perpendiculaires l'un à l'autre, passent par le centre du cercle, tous les points de la circonférence ont ce caractère commun que, pour chacun d'eux, la somme des carrés des deux coordonnées est égale au carré du rayon. Ce rapport constant qui se maintient partout le même à travers tous les couples de coordonnées donne lieu, quand on l'évalue, à une équation; pour la bissectrice, la première coordonnée x plus la seconde y égale $2x$; $x + y = 2x$; pareillement pour la circonférence $x^2 + y^2 = r^2$. — Telle est la formule qu'on nomme l'équation de la ligne; il y en a une pour l'ellipse, pour la parabole, pour l'hyperbole, pour toute courbe, pour toute surface. Il est une portion de la géométrie qui fait ainsi l'analyse d'une ligne ou d'une surface et qui, la décomposant en ses éléments, dégage en eux un caractère algébrique commun à tous; cette science s'appelle géométrie analytique. Du caractère exprimé par une équation, on tire toutes les propriétés de la ligne; en d'autres termes, on trouve, pour rattacher à la ligne ses propriétés, un intermédiaire, une raison, un *parce que* inclus dans l'équation qui est sa définition.

CHAP. III. LA RAISON EXPLICATIVE

On voit combien la considération des éléments est importante ; en effet, il a fallu l'employer pour avoir la véritable notion de grandeur et donner aux mathématiques toute leur portée ; c'est cette étude qui, sous le nom de calcul des infiniment petits, constitue la portion supérieure de la science. Au lieu d'y comparer deux grandeurs prises en bloc, on y compare les accroissements infiniment petits des deux grandeurs, accroissements qui sont leurs facteurs composants et leurs éléments primitifs [1]. « On aurait tort, dit un mathématicien philosophe, de ne voir dans cette seconde manière qu'une abréviation convenue, une forme de langage, apparemment plus commode parce qu'elle est plus usitée. Elle n'est effectivement plus commode que parce qu'elle est l'expression naturelle du mode de génération ou d'extinction des grandeurs, *qui croissent ou décroissent par éléments plus petits que toute grandeur finie.* Ainsi, quand un corps se refroidit, le rapport entre les variations élémentaires de la chaleur et du temps est la vraie raison du rapport qui s'établit entre les variations de ces mêmes grandeurs quand elles ont acquis des valeurs finies. Ce dernier rapport, il est vrai, est le seul qui puisse tomber directement sous notre observation, et, lorsque nous définissons le premier par le second en faisant intervenir l'idée de limite, nous nous conformons aux conditions de notre logique humaine. Mais, une fois en possession de l'idée du premier rapport, nous nous conformons à la nature des choses, en fai-

---

1. Cournot, *Traité de l'enchainement des idées fondamentales*, I, 87, et *Traité élémentaire du calcul infinitésimal*, I, 82. — « Sous ce point de vue, on a pu dire avec fondement que les infiniment petits existent dans la nature.

sant de lui le principe d'explication de la valeur que l'observation assigne au second rapport. C'est pour cette raison que la notation des quantités infinitésimales, imaginée par Leibnitz, constitue une invention capitale qui a si prodigieusement accru la puissance de l'instrument mathématique, et le champ de ses applications à la philosophie naturelle. »

De toutes parts surnage la même conclusion. Dans les sciences de construction, tout théorème énonçant une loi est une proposition analytique. Des deux données dont la liaison constitue la loi, la seconde est reliée à la première, obscurément ou clairement, directement ou indirectement, par une troisième donnée, raison, intermédiaire explicatif et démonstratif, qui, contenu dans la première donnée, contient lui-même une file d'intermédiaires ultérieurs emboîtés les uns dans les autres. Si enfin on cherche quelle est la dernière raison de la loi, le dernier intermédiaire, le dernier *parce que,* après lequel toute question s'arrête parce que la suprême explication est fournie et que la démonstration est complète, on trouve qu'il est un *caractère inclus dans la définition des facteurs ou éléments primitifs,* dont la première donnée n'est que l'ensemble et le total.

II. Nous voici arrivés aux sciences d'expérience. Ici, les ressources sont moindres et les difficultés plus grandes. — Soit une des lois examinées plus haut, à savoir que le refroidissement provoque la rosée, c'est-à-dire la liquéfaction et le dépôt de la vapeur d'eau ambiante dans l'air. — Des deux données, le refroidissement et la liquéfaction, qui par leur couple font la loi, la première, selon la théorie exposée, doit con-

CHAP. III. LA RAISON EXPLICATIVE 419

tenir un caractère explicatif dont l'entremise lui relie la seconde. Il faut donc la décomposer pour retirer d'elle cet intermédiaire. — Mais je ne puis effectuer cette décomposition ; l'analyse qui avait prise entière sur les combinaisons mentales n'a pas une prise égale sur les combinaisons réelles. Ayant construit les premières, je sais tout ce qu'elles contiennent, puisque, par supposition, elles ne contiennent rien que ce que j'y ai mis. N'ayant pas construit les secondes, je ne sais pas tout ce qu'elles contiennent, et, au fragment que j'en possède, il me faut ajouter, par des découvertes ultérieures, tous les fragments que je ne possède pas. — Qu'est-ce que ce refroidissement de la vapeur d'eau? Au moment où par induction j'établis la loi, je l'ignore. Tout ce que je sais de lui, c'est qu'il est un changement d'état qui, se produisant dans la vapeur, éveille en moi la sensation de froid. En lui-même, ce changement m'est inconnu ; je ne sais de lui qu'un de ses effets, je ne le connais que par un signe. Au moyen de ce signe et d'autres indices tels que les variations du thermomètre, il faut maintenant l'étudier, constater en lui des propriétés intrinsèques, et, pour cela, employer de nouveau l'induction. — Or, on découvre par induction que le refroidissement introduit dans un corps gazeux, liquide ou solide, quel que soit son état, *tend* à rapprocher mutuellement ses molécules, et, en effet, les rapproche toujours, sauf quelques cas exceptionnels, où la tendance est neutralisée par certaines tendances contraires que parfois le rapprochement peut développer [1]. Voilà un premier intermédiaire

1. Par exemple, le maximum de densité ou de rapprochement des molécules de l'eau est à + 4 degrés et non pas au-dessous.

explicatif, inclus dans les caractères du corps refroidi, et que l'induction met à part. — A présent, d'autres inductions établissent qu'un corps solide, liquide ou gazeux est un système de molécules espacées et douées les unes par rapport aux autres de forces attractives et répulsives ; que, au fur et à mesure de leur rapprochement mutuel, la proportion mutuelle des forces répulsives et attractives change et se renverse ; que, pendant une première période qui est l'état gazeux, les forces attractives peuvent être considérées comme annulées par l'énormité des forces répulsives, ce qui explique la force de tension des vapeurs et des gaz ; qu'au bout de cette période, lorsque les molécules sont assez rapprochées, il arrive une époque d'équilibre entre les forces répulsives et les forces attractives, époque différente suivant la constitution différente des différents corps ; que, pendant ce stade, la répulsion et l'attraction étant à peu près neutralisées l'une par l'autre, les molécules, qui ne se repoussent ni ne s'attirent mutuellement, se laissent très-aisément disjoindre, n'exercent point d'effort contre leur contenant, se groupent selon une surface parallèle à l'horizon, bref sont coulantes et présentent les caractères sensibles qui constituent l'état liquide, au lieu des caractères sensibles qui constituent l'état gazeux ; que plus bas, au delà de cette seconde période, lorsque les molécules se sont encore rapprochées davantage, il se déclare une époque où les forces attractives ont, non plus l'égalité, mais l'ascendant marqué, époque différente, suivant la constitution différente des différents corps ; que, pendant ce troisième stade, les molécules groupées résistent plus ou moins énergiquement aux forces qui veulent les détacher du système, et, au lieu des caractères sensibles qui constituent l'état liquide, présentent les caractères sensibles qui constituent l'état solide. D'où il suit que, passé une certaine période, le gaz, dont les molécules sont suffisamment rapprochées, doit devenir liquide, et que la vapeur d'eau doit devenir eau. Or on sait d'ailleurs par induction la limite où pour la vapeur d'eau finit cette période ; c'est tel degré du thermomètre pour telle quantité de vapeur d'eau suspendue dans l'air. Voilà le second intermédiaire demandé. — Si le refroidissement provoque la liquéfaction de la vapeur ambiante, c'est qu'il rapproche ses molécules au delà d'une certaine limite ; si, au delà de cette limite, les molécules rapprochées arrivent à l'état liquide, c'est que, passé cette limite, l'excès des forces répulsives sur les forces attractives cesse sans se renverser en sens contraire, et qu'en vertu de cet équilibre les molécules n'ont l'une par rapport à l'autre ni adhérence notable ni répulsion, ce qui est proprement l'état liquide. Rapprochement des molécules, équilibre au delà de tel degré de rapprochement entre les forces attractives et répulsives des molécules, tels sont les deux intermédiaires par lesquels la première donnée de notre loi, le refroidissement, se rattache à la seconde, la liquéfaction. Le rapprochement est une propriété des molécules de la vapeur refroidie. L'équilibre est une propriété de ces molécules suffisamment rapprochées. Et finalement l'état liquide, tel que nos sens le constatent, est une propriété de l'équilibre ainsi atteint.

Ainsi la première donnée de la loi contient parmi ses caractères le premier intermédiaire explicatif, qui contient le second, qui contient la seconde donnée de la loi. Visiblement, cet emboîtement est semblable à celui que nous avons déjà remarqué dans la démonstration des théorèmes. — Sans doute nous n'avons pas obtenu cette fois les intermédiaires par la même voie que ci-dessus. Il ne nous a pas suffi de consulter notre conception d'un corps qui se refroidit ; elle avait trop de lacunes ; elle ne nous apprenait rien, sinon que le corps qui provoque en nous une sensation de froid, et dans le thermomètre un abaissement de l'alcool, subit un changement inconnu. Il a fallu des expériences et une induction pour démêler ce changement, qui est un rapprochement des molécules. Pareillement, il ne nous a pas suffi de consulter notre conception d'un corps dont les molécules se rapprochent : elle aussi, elle avait trop de lacunes ; elle ne nous renseignait pas sur les effets du rapprochement. Il a fallu la grande induction de Newton pour reconnaître que l'attraction des molécules croît en raison inverse du carré de leurs distances, d'où il suit que, passé un certain degré de proximité, les forces attractives doivent faire équilibre aux forces répulsives ; et il a fallu les inductions d'autres physiciens pour reconnaître quel degré de refroidissement amène ce degré de proximité entre les molécules de la vapeur d'eau. — Mais, si les procédés de la découverte ont été différents, la structure des choses s'est montrée la même. Dans la loi expérimentale ainsi que dans le théorème mathématique, la première donnée est un coffre plus grand qui, à travers une série de coffres de plus en plus petits, enferme comme dernier contenu la seconde donnée. Seulement, dans la loi expérimentale, il ne suffit pas, comme dans le théorème mathématique, de mettre la main chaque fois sur le bon coffret et de l'ouvrir ; on ne l'a pas sous la main, dans l'esprit ; il faut sortir de l'esprit, aller le prendre où il est, c'est-à-dire dans la nature, l'en retirer à grand renfort d'expériences et d'inductions. Cela fait, on le transporte dans l'esprit, on l'y loge à sa place dans la boîte où il manquait, et quand, par ces excursions, on s'est procuré ainsi toutes les boîtes nécessaires, il n'y a plus qu'à les ouvrir dans leur ordre, pour passer sans interruption, comme dans un théorème, de la première donnée à la seconde donnée de la loi.

A présent, parmi les sciences expérimentales, considérons celles qui sont fort avancées, la mécanique appliquée, l'astronomie mathématique, l'optique, l'acoustique, dans lesquelles on s'est procuré et on a emboîté beaucoup de ces boîtes. Entre les composés réels dont ces sciences traitent et les composés idéaux dont traitent les sciences de construction, l'analogie est frappante. — Soient quelques-uns de ces composés réels, le mouvement d'un boulet de canon lancé avec telle vitesse initiale sur une tangente à la terre, l'orbite décrite par Vénus ou telle autre planète, telle succession d'ondes sonores ou lumineuses. Chacun de ces composés a ses propriétés, comme le parallélogramme ou la sphère, et la proposition qui lui relie une de ses propriétés, comme le théorème qui relie au parallélogramme ou à la sphère une des siennes, énonce une loi générale. Or, dans ce composé, comme dans le parallélogramme ou la sphère, il y a des facteurs ou composés plus simples qui, introduits en lui, ont apporté avec eux leurs caractères ; et, s'il possède la propriété indiquée par la loi c'est, comme le parallélogramme ou la sphère, grâce aux caractères isolés ou combinés de ses facteurs. Si le boulet a telle portée, décrit telle courbe, et subit telle diminution de vitesse, c'est grâce aux présences combinées de telle impulsion initiale, de l'attraction terrestre, et de la résistance de l'air. Si deux rayons lumineux s'éteignent par places, ou si deux sons continus deviennent muets par moments, c'est grâce aux vitesses des deux séries d'ondes propagées qui, par places ou par moments, interfèrent et s'annulent. — Il suit de là que, dans la loi expérimentale comme dans la loi géométrique, les propriétés d'un composé plus complexe lui sont reliées par l'entremise des propriétés de ses facteurs ou composés plus simples, qu'il en est de même pour chacun de ceux-ci, et que partant, si on cherche les derniers intermédiaires, les dernières raisons, les derniers caractères explicatifs et démonstratifs qui établissent la loi, on les verra reculer, de composé plus complexe en composé plus simple, pour se laisser saisir à la fin dans quelques facteurs très-simples ou éléments primitifs dont ils sont les propriétés.

En effet, dans chacune des sciences que nous avons nommées, il y a quelques lois très-générales qui correspondent aux axiomes; comme les axiomes, elles donnent la dernière raison de la loi établie, et, si elles la donnent, c'est que, comme les axiomes, elles énoncent les propriétés des facteurs primitifs. Tel est dans la mécanique appliquée ce principe que, si un corps perd ou acquiert une certaine quantité de mouvement, la même quantité est acquise ou perdue par un autre corps. Tels sont les deux principes sur lesquels se fonde l'astronomie, l'un qui attribue aux corps planétaires de notre système une tendance à se mouvoir en ligne droite avec une vitesse uniforme sur la tangente de leur orbite, l'autre qui leur attribue une tendance à tomber les uns vers les autres et vers la masse centrale, tendance proportionnelle aux masses et inverse au carré de la distance. Telle est, en acoustique et en optique, l'admission de milieux élastiques où des ondes de telles longueurs se propagent avec telle vitesse dans le sens de l'impulsion primitive, ou selon une perpendiculaire à cette impulsion. — De ces lois comme d'autant d'axiomes découlent une prodigieuse quantité de lois partielles; et la seule différence qui sépare les sciences ainsi faites des sciences mathématiques, c'est que, dans celles-ci, les axiomes étant obtenus par construction, nous pouvons par analyse remonter plus haut qu'eux, jusqu'au principe d'identité qui est leur source commune, tandis que dans celles-là, les lois fondamentales étant obtenues par induction, nous serions obligés, pour remonter plus haut qu'elles, d'employer une fois de plus l'induction, ce que demain nous pourrons peut-être faire, ce qu'aujourd'hui nous ne pouvons pas faire encore, et ce qui nous force à les considérer provisoirement comme primitives, en attendant que des découvertes ultérieures leur superposent des lois plus générales et les fassent passer du premier rang au second.

III. Même ordonnance dans les autres branches moins avancées de la science expérimentale, dans la théorie de la chaleur, de l'électricité, des phénomènes chimiques, vitaux et historiques. Là aussi, les lois particulières que l'on atteint d'abord, et qui énoncent les propriétés des composés plus complexes, trouvent leur explication et leur démonstration dans des lois de plus en plus générales que l'on atteint ensuite, e, qui énoncent les propriétés de facteurs de plus en plus simples. Selon que l'on considère telle ou telle branche, on trouve que l'opération, partout semblable, a été poussée plus ou moins loin ; la science expérimentale tout entière ressemble ainsi à une cathédrale commencée à la fois sur plusieurs points. Ses piliers sont de hauteur inégale, les uns presque achevés, les autres à demi bâtis, les autres enfin à peine munis de leurs premières assises. Mais tous indiquent, par leur amincissement graduel et leur direction convergente, qu'une voûte supérieure doit les réunir.

Or cette direction constante nous montre en quel sens il faut appliquer notre effort, et par quel travail ultérieur doit se continuer l'édifice. On vient de voir que les propriétés d'un composé lui sont reliées par des intermédiaires qui sont les propriétés de ses facteurs, composants ou éléments : telle est la règle universelle. Ce sont donc ces éléments qu'il faut surtout dégager, et ce sont leurs propriétés sur lesquelles nous devons porter toute notre attention. Partant, quand ces éléments tomberont plus aisément sous notre observation, nous expliquerons et nous démontrerons plus aisément les propriétés des composés qui sont leur assemblage. — C'est justement le cas pour les composés les plus complexes de tous, ceux qui sont l'objet des sciences naturelles et des sciences historiques. Aussi, nulle part, j'ose le dire, la partie philosophique et supérieure de la science n'est plus avancée. Un corps vivant, plante ou animal, est une société d'organes ; or, chacun de ces organes est assez gros pour être saisi par nos sens, mesuré par nos instruments, détaillé par nos descriptions, figuré par nos dessins. Il se prête directement à l'étude, et, comparé à ses analogues, il manifeste des propriétés qui, jointes à celles de ses associés, expliquent les caractères du corps dont ils sont les éléments. — Deux propriétés sont communes à tous les organes d'un corps vivant. L'une, mentionnée plus haut [1], et exposée tout au long par Cuvier, est la propriété d'être *utile*, ce qui emporte, pour l'organe, l'obligation d'accorder ses caractères avec ceux de tous les autres organes associés, de manière à opérer tel effet total et final, c'est-à-dire à rendre possible tel genre de vie, carnivore, frugivore, insectivore, dans l'eau, dans l'air ou sur la terre, en présence de telles proies et de tels ennemis, bref dans tel milieu; nous avons indiqué les suites infinies de cette propriété de tout organe; elles sont si nombreuses et si certaines que les anatomistes ont reconstruit des animaux fossiles d'après quelques-uns de leurs fragments. Il y en a une seconde, démêlée par Geoffroy Saint-Hilaire, encore plus féconde en conséquences, la propriété de *tenir sa place dans un plan*. Par la première, l'organe est un instrument qui remplit un office; par la seconde, il est une pièce qui appartient à un type. A ce titre, quelles que soient les modifications secondaires que lui impose son passage d'un animal dans un animal différent, et, par suite, son adaptation à un usage nouveau, il reste au fond le même ; il n'est jamais transposé; on le retrouve toujours à la même place, et il se fait reconnaître, à tra-

---

[1]. Deuxième partie, liv. IV, ch. III.

vers les élongations, les soudures, les appauvrissements, les changements de rôle et même les pertes d'emploi, que, déformé, transformé, atrophié, il a subis. Le même groupe d'articles anatomiques fournit le bras et la main chez l'homme, l'aile chez la chauve-souris, la patte chez le chat, la jambe chez le cheval, la nageoire chez le phoque ; la vessie natatoire du poisson est le poumon respiratoire du mammifère. Au bord de l'aile, on trouve souvent chez les oiseaux un petit os inutile, muni d'un ongle chez quelques jeunes, sans emploi, sauf celui de représenter un doigt dégradé ; le boa qui rampe a des vestiges de membres, et l'on rencontre dans l'orvet une petite épaule, un sternum et un bassin rudimentaire ; ce même orvet, dans le jeune âge, possède deux petits tubercules saillants, reliquats survivants et temporaires des membres postérieurs rabougris. Une pièce a donc la propriété de provoquer par sa présence la présence de tout un système de pièces ordonnées suivant un plan fixe, ce qui donne la grosse charpente de l'animal entier, et, en outre, elle a la propriété de déterminer par sa structure et sa fonction la structure et la fonction des autres pièces, ce qui donne la structure totale et l'ensemble des fonctions de l'animal complet. De cette façon, deux propriétés communes aux éléments de l'ensemble expliquent presque tous les caractères de l'ensemble, et l'anatomie philosophique fournit la raison des lois que l'anatomie descriptive avait constatées.

Pareillement, dans ces sociétés humaines dont les caractères fixes ou changeants sont l'objet de l'histoire, les éléments, aisément saisis, nous font comprendre l'ensemble. Car ces éléments sont les individus humains dont une société à une époque donnée n'est que la collection, et nous n'avons point de peine à démêler leurs traits communs. Grâce aux documents conservés et par des procédés exacts de reconstruction méthodique, nous pouvons aujourd'hui supprimer la distance du temps, nous représenter en spécimens plus ou moins nombreux le Français ou l'Anglais du dix-septième siècle ou du moyen âge, l'ancien Romain, et même l'Indou de l'époque bouddhique, nous figurer sa vie privée, publique, industrielle, agricole, politique, religieuse, philosophique, littéraire, bref, faire la psychologie descriptive de son état moral et mental et l'analyse circonstanciée de son milieu physique et social, puis de ces éléments passer à des éléments plus simples encore, démêler les aptitudes et les tendances qui se retrouvent efficaces et prépondérantes dans toutes les démarches de son esprit et de son cœur, noter les conceptions d'ensemble qui déterminent tout le détail de ses idées, marquer les inclinations générales qui déterminent le sens de toutes ses actions, bref, distinguer les forces primordiales qui, présentes et agissantes à chaque moment de la vie de chaque individu, impriment au groupe total, c'est-à-dire à la société et au siècle, les caractères que l'observation lui a reconnus [1]. Partout où l'on peut ainsi isoler et observer les éléments d'un composé, on peut, par les propriétés des éléments, expliquer les propriétés du composé, et, de quelques lois générales, déduire

---

1. J'ai tâché d'appliquer cette méthode dans plusieurs écrits historiques ; je l'ai exposée dans la préface des *Essais de critique et d'histoire* et dans la préface de l'*Histoire de la littérature anglaise*.

une foule de lois particulières. C'est ce que nous avons fait ici même ; nous sommes d'abord descendus par degrés jusqu'aux derniers éléments de la connaissance, pour remonter ensuite d'étage en étage jusqu'aux connaissances les plus simples, et de là, encore par degrés, jusqu'aux plus complexes ; dans cette échelle, chaque échelon s'est relié ses caractères par l'entremise des caractères qui s'étaient manifestés dans les échelons inférieurs.

C'est pourquoi, lorsque, dans cette décomposition progressive, nous arrivons à des composés dont notre conscience, nos sens et nos instruments ne peuvent démêler les éléments plus simples, l'explication s'arrête et se réduit à des conjectures. Il s'est rencontré sur notre chemin des sensations, celles du toucher, de l'odorat et du goût, dans lesquelles nous n'avons pu distinguer les sensations élémentaires, et tout ce que nous a permis l'analogie, c'est de penser qu'il y en avait. Une limite semblable est posée par une difficulté semblable dans les autres sciences expérimentales. — Au moyen de leur microscope, le physiologiste et l'embryogéniste résolvent les tissus vivants en éléments anatomiques, petits corps qui sont le plus souvent des cellules de diverses formes et diversement groupées ; mais ils ne saisissent pas les éléments de la cellule, ils ignorent leurs propriétés, du moins ils les ignorent aujourd'hui ; dans la pulpe liquide et sans forme qui s'organise en une logette garnie d'un noyau, ils ne peuvent distinguer les particules ni à plus forte raison leurs propriétés. Tout au plus, ils conjecturent qu'elles sont des molécules chimiques extrêmement compliquées et que leurs réactions mutuelles les groupent en une certaine forme visible. — Pareillement, au moyen de leurs expériences, le chimiste et le physicien établissent que les dernières parcelles d'un corps homogène sont des molécules ou petites masses toutes semblables ; que, si le corps est simple comme l'oxygène, chaque molécule est simple et consiste tout entière en oxygène ; que, si le corps est composé comme l'eau, chaque molécule est composée de deux ou plusieurs petites masses élémentaires, l'une qui est de l'oxygène, l'autre qui est de l'hydrogène. Mais ces molécules, personne ne les a vues ni ne peut les voir ; on ignore leur forme, leur poids, leur distance, leur situation mutuelle, la grandeur des forces attractives et répulsives qui les maintiennent en équilibre, l'amplitude et la vitessse des vibrations qu'on leur suppose autour d'un centre d'oscillation supposé. Tout au plus, et d'après des indices, on conclut que, de ces propriétés inconnues, dérivent les propriétés connues du corps total, l'affinité plus ou moins grande qu'il a pour tel autre, la réaction qu'il y provoque ou qu'il en subit, la propriété qu'il a de se combiner avec tel autre en proportions définies et toujours les mêmes, l'équivalence de tel poids du premier et de tel autre poids du second pour se combiner avec un même poids d'un troisième, etc.

Ainsi, vis-à-vis des sensations élémentaires, des cellules vivantes, des molécules chimiques, des atomes éthérés, le savant est comme un myope devant des fourmilières d'espèces différentes ; son regard obtus n'atteint que les effets de masse, les changements d'ensemble, la forme totale de l'édifice ; les petites ouvrières lui échappent ; il ne les voit pas travailler. Il peut prendre le quart ou la moitié d'une bâtisse, la verser sur l'autre avec ses habitants, observer d'abord une agitation, un pêle-mêle, puis un apaisement, un arrangement et un développement nouveau ; rien de plus. Comme il manie très-bien l'expérience et l'induction, il a fini par reconnaître qu'il y a dans chaque monceau des habitants invisibles, et dans chaque monceau différent des habitants différents, que certains mélanges réussissent mieux que d'autres, qu'il y faut toujours garder certaines proportions, qu'après le mélange l'édifice nouveau présente des caractères qui ne se montraient dans aucun des deux tas mélangés. Mais il lui faudrait des yeux bien plus perçants pour découvrir l'économie des deux bâtisses primitives, les instincts de leurs fourmis, les transactions établies entre les deux peuplades associées, et l'économie finale de l'édifice ultérieur qu'elles construisent ensemble. Posez que, dans ces sociétés de molécules qu'on nomme corps, les habitants et les matériaux sont une seule et même chose : la comparaison s'appliquera très-exactement.

Voilà pourquoi, à une certaine limite, notre explication s'arrête, et, quoique, de siècle en siècle, nous la poussions plus avant, il est possible qu'elle vienne toujours s'arrêter devant une limite. Si jamais nous connaissons exactement la forme, la distance, la grosseur, le poids des molécules de l'oxygène ou du sodium, ainsi que l'amplitude et la vitesse de leurs oscillations, nous serons peut-être en face d'un système analogue à notre système solaire, sorte de tourbillon dont les éléments grossièrement semblables réclameront une décomposition ultérieure, et ne laisseront expliquer leurs propriétés que par les propriétés toutes différentes de leurs éléments, ceux-ci de même, et ainsi de suite, par un recul à l'infini. **Car la gran-**

deur est toujours relative; rien n'empêche que nos molécules aient pour éléments des molécules différentes, aussi petites par rapport à elles qu'elles le sont elles-mêmes par rapport à une planète, et ainsi de suite, sans trêve ni fin. En ce cas, les couches successives des facteurs de plus en plus simples seraient différentes comme les chiffres successifs d'une fraction non périodique. — Peut-être, au contraire, à un certain point de décomposition, toute différence cesse entre le composé et les facteurs, et les propriétés du composé ne sont que la somme de celles de ses facteurs, de même que la pesanteur totale d'un corps n'est que la somme des pesanteurs de ses molécules; auquel cas la limite serait atteinte, puisque, connaissant les propriétés du composé, nous connaîtrions par cela même celles de ses derniers éléments. En ce cas, les couches successives des facteurs de plus en plus simples seraient semblables au delà d'une certaine limite, comme le sont au delà d'une certaine limite les chiffres successifs d'une fraction périodique mixte. — Mais, que les propriétés du composé et de ses facteurs soient semblables ou différentes, il n'importe; c'est toujours sur les propriétés des facteurs que nous portons nos observations ou nos conjectures. La structure des choses est donc la même dans les sciences d'expérience que dans les sciences de construction, et, dans les unes comme dans les autres, l'intermédiaire explicatif et démonstratif qui sert de lien entre une propriété quelconque et un composé quelconque est un *caractère ou une somme de caractères*, différents ou semblables, *inclus dans les éléments du composé.*

IV. Reste un surcroît d'exigence qui est particulier aux sciences expérimentales. Quand nous fabriquons par la pensée tel nombre, tel polygone ou tel cylindre, nous n'avons pas à expliquer son origine; il n'existe pas en fait dans la nature; il n'est que possible et non réel. Peut-être même, avec une nature arrangée comme celle que nous observons, n'est-il pas possible; mais cela est indifférent. Nous supposons ses éléments assemblés suivant la façon requise, et nous expliquons par leurs propriétés les propriétés de la construction ainsi faite, sans nous embarrasser de savoir par quelles forces ils ont eux-mêmes été assemblés. Il nous suffit que le composé soit donné; nous ne cherchons pas pourquoi il est donné. — Les choses ne se passent pas ainsi quand il s'agit d'un composé réel. Nous sommes tenus d'expliquer ses propriétés par les propriétés de ses éléments, et, en outre, d'expliquer la rencontre de ses éléments. Alors se posent les questions d'origine, les plus curieuses, mais les plus difficiles de toutes. Car, comme le plus souvent cette rencontre est très-ancienne et n'a pu avoir des témoins, on ne peut l'observer directement ni la connaître par tradition, et on en est réduit à la conjecturer d'après des rencontres présentes, lesquelles ne sont qu'à peu près semblables et parfois manquent tout à fait. Toutes les sciences expérimentales ont ainsi leur chapitre historique, plus ou moins conjectural, selon que des indices plus ou moins précis, des analogies plus ou moins justes, des documents plus ou moins complets, permettent à la reconstruction mentale de remplacer plus ou moins exactement le témoignage absent de notre conscience ou de nos sens.

Par exemple, il s'agit pour l'astronome de chercher

comment se sont formées les diverses planètes, pour le géologue de montrer comment se sont formées les couches étagées de l'écorce terrestre, pour le minéralogiste de découvrir comment se sont formées les différentes roches, pour le naturaliste de savoir comment se sont formées nos espèces végétales et animales, pour l'historien de démêler comment se sont formées les époques successives d'une même société humaine et les différents traits d'un caractère national. Tous partent d'un état antérieur dénoté par des indices convergents ou attesté par des documents transmis, et, de cet état probable ou certain, ils déduisent, d'après les lois actuelles, l'état suivant, puis encore le suivant, et ainsi de suite jusqu'à l'état actuel.

Ainsi Laplace admet que notre système était d'abord une immense nébuleuse épandue autour d'un noyau central [1]; que cette vaste atmosphère, condensée par le refroidissement, s'est divisée en zones de vapeur concentriques semblables aux anneaux de Saturne; que, par une condensation et un refroidissement ultérieurs, ces zones se sont ramassées en planètes gazeuses, puis liquides, puis solides; et, de cette condensation graduelle jointe à la loi de la gravitation, il déduit, par un ajustement merveilleux, les principaux caractères et même les particularités singulières que notre système présente aujourd'hui. — Reprenant la supposition au point où Laplace la laisse, les géologues suivent avec vraisemblance l'épaississement de la croûte terrestre, et, d'époque en époque, avec des lacunes de moins en moins grandes, ils

---

1. *Exposition du système du monde*, t. II 425.

expliquent le dépôt et la superposition des couches, leurs soulèvements partiels, leurs érosions, leurs ruptures, la disposition présente de nos continents et de nos mers, par le jeu prolongé des forces minérales ou organiques au milieu desquelles maintenant encore nous vivons [1]. — A côté d'eux, les minéralogistes et les chimistes, leurs auxiliaires, voient des roches et des amalgames semblables à ceux que présentent les terrains se former sous leurs mains ou sous leurs yeux, par des actions lentes, par un échauffement prolongé, par une compression continue, par des additions moléculaires [2], et, des procédés qu'ils constatent aujourd'hui dans leur petit laboratoire artificiel, ils concluent, avec les précautions convenables, aux procédés analogues par lesquels l'amalgame et la roche se sont faits jadis dans le grand laboratoire naturel.

A ce moment interviennent les naturalistes. Darwin part d'un caractère fondamental commun à toutes les espèces animales et végétales, la difficulté de vivre, d'où suit la destruction de tous les individus moins bien adaptés à leur milieu, la survivance exclusive des individus les mieux adaptés à leur milieu, le privilège qu'ils ont de propager l'espèce, l'acquisition successive des caractères utiles, la transmission aux descendants de tout le trésor accumulé des caractères utiles, par suite enfin la modification progressive de

---

1. Voir à ce sujet Lyell, *Principles of Geology*, 4 vol.
2. On a trouvé à Plombières, dans le béton sur lequel les Romains avaient bâti, des aiguilles de granit que depuis dix-huit cents ans l'infiltration des eaux y avaient formées. — M. Daubrée et M. de Sénarmont ont reproduit dans le laboratoire un grand nombre de composés naturels.

l'espèce, le perfectionnement graduel des organes, et la lente adaptation de l'individu à son milieu définitif. — Muni de cette loi actuelle, il explique, par sa présence ancienne, l'assemblage des organes dont Geoffroy Saint-Hilaire et Cuvier avaient constaté les propriétés. — Par l'une de ces propriétés, l'organe est une pièce dans un plan et dans un type : c'est qu'il est un legs d'un ancêtre commun. Tous les mammifères descendent d'un mammifère [1] « dont les membres étaient construits sur le plan général que nous retrouvons aujourd'hui dans toutes les familles de la classe ». Tous les insectes descendent d'un insecte « qui avait une lèvre supérieure, des mandibules, et deux paires de mâchoires probablement fort simples. » Si le type se retrouve le même à travers tant d'espèces différentes, c'est que toutes ces espèces, en vertu de l'hérédité, répètent les traits de leur progéniteur commun. — Par l'autre de ces propriétés, l'organe est un instrument utile qui accorde sa structure et sa fonction avec celles des autres, de manière que les espèces différentes puissent subsister dans leurs différents milieux : c'est que, grâce à une sélection continue, le plan commun légué par le progéniteur commun s'est modifié ici dans un sens, là-bas dans un autre, pour accommoder ses détails aux différences et aux changements du milieu. Les mêmes pièces du même membre se sont effilées et allongées dans la chauve-souris, raccourcies et soudées dans la baleine afin de pourvoir là-bas

---

1. *De l'Origine des espèces,* traduction de Clémence Royer, p. 529. Voir, sur l'ensemble de la théorie de l'évolution, le livre très-hardi, très-précis, très-*suggestif* de Herbert Spencer, *Principles of biology.*

au vol, ici à la natation. Si le type varie d'espèce à espèce, c'est que les circonstances ont varié de groupe à groupe, et que la variété des circonstances a provoqué la variété des acquisitions. — Cela posé, à travers les immenses durées des périodes géologiques, nous pouvons suivre mentalement, depuis le protococcus et l'amibe jusqu'à l'homme, la formation, l'addition et l'assemblage des pièces qui constituent aujourd'hui un corps organisé. C'est un édifice vivant dans lequel, d'espèce à espèce, et sur un type commun transmis par hérédité, la sélection a superposé les différences utiles. De même, dans une maison, des charpentiers et des maçons construisent d'abord les murs et posent la charpente ; après quoi des menuisiers, des peintres et des tapissiers viennent arranger les appartements. On voit que la seconde escouade a succédé à la première, pour reprendre et compléter en sous-œuvre l'ordonnance commencée. Pareillement, plusieurs lignées d'ancêtres ont travaillé tour à tour pour fabriquer chacune de nos espèces. L'une de ces lignées, la plus ancienne de toutes, primitive, a établi le type le plus général, commun à tous les animaux de tout l'embranchement, l'articulé ou le vertébré. La seconde, postérieure, issue de ce dernier, y a superposé les différences qui constituent la classe, c'est-à-dire l'oiseau, le poisson ou le mammifère. Ensuite est venue la troisième, qui, née du mammifère, a élaboré l'œuvre transmise et fait les familles, à savoir le cétacé, le cheiroptère, le ruminant, le carnassier, le primate. Puis enfin les descendants du primate ont, par leurs développements distincts et leurs divergences croissantes, constitué les genres, le gorille, l'orang-outang, et l'homme, celui-ci distingué entre tous par une conformation spéciale des membres et une structure plus délicate du cerveau.

Ici arrive l'historien : il prend un peuple à un moment donné. Par l'influence combinée de l'état antérieur et des aptitudes et facultés héréditaires, il explique son état social, intellectuel et moral au moment donné ; par l'influence combinée de cet état nouveau et des mêmes aptitudes et tendances héréditaires, il explique son état social, intellectuel et moral au moment postérieur, et ainsi de suite, soit en remontant le cours des temps depuis l'époque contemporaine jusqu'aux plus anciennes origines historiques, soit en descendant le cours des temps depuis les plus anciennes origines historiques jusqu'à l'époque contemporaine. — On conçoit que dans cette prodigieuse évolution, qui s'étend depuis la formation du système solaire jusqu'à celle de l'homme moderne, les lacunes soient grandes et nombreuses ; elles le sont en effet, et souvent nous n'avons pour les combler que des conjectures. Une telle histoire est un livre déchiré, effacé, où quelques chapitres, surtout les derniers, sont à peu près entiers, où, des chapitres précédents, il subsiste çà et là deux ou trois pages éparses, où nous ne retrouvons rien des premiers, sauf les titres. — Mais tous les jours une découverte nouvelle restitue une page, et la sagacité des savants démêle quelque portion de la pensée générale. C'est ainsi que depuis quinze ans l'on a retrouvé les traces et marqué les progrès successifs de la race humaine qui a précédé notre époque géologique ; et une loi toute récente, celle de la conservation de la force, dérive par transformation toutes les forces actuelles des forces primitives que la nébuleuse de Laplace enfermait à son plus ancien état [1].

De tous ces grands fragments d'explication rigoureuse ou approximative, une vérité universelle se dégage : c'est que la question des origines n'est pas plus mystérieuse que celle des caractères. Étant donné un composé, ses caractères s'expliquent par les propriétés de ses éléments réunis. Étant donnée cette réunion, elle s'explique par les propriétés de ces mêmes éléments et par les circonstances antécédentes. Elle n'est qu'un effet comme tant d'autres, et, comme tous les autres, elle a pour raison la présence combinée d'un groupe de conditions fixes et d'un groupe de conditions changeantes. — Pour former la planète, il y avait une condition fixe, la gravitation des molécules gazeuses emportées autour du noyau central, et une condition changeante, le refroidissement progressif, par suite la condensation graduelle de ces mêmes molécules. — Pour former l'espèce, il y avait une condition fixe, la transmission d'un type général plus ancien, et des conditions changeantes, les circonstances nouvelles qui, choisissant les ancêtres ultérieurs, ajoutaient au type les caractères de l'espèce. — Pour former telle époque historique, il y avait une condition fixe, le maintien du caractère national, et une condition changeante, l'état nouveau dans lequel, au sortir de l'époque précédente, la nation se trouvait placée. — Il suit de là que, dans les questions d'origine, il y a un intermédiaire explicatif et démonstratif comme dans les autres ; que la réunion des éléments a sa raison d'être, comme les caractères du composé ont leur raison d'être ; qu'elle

---

[1]. Voir à ce sujet Helmholtz, *Mémoire sur la conservation de la force,* traduit par Pérard, p. 31, 34 et suivantes.

est un produit comme eux, et que toute la différence entre les deux produits consiste en ce que, le premier étant historique et le second n'étant pas historique, le premier enferme un facteur de plus que le second, à savoir l'influence du moment historique, c'est-à-dire des circonstances préalables et de l'état antécédent.

§ III. — Si tout fait ou loi a sa raison explicative.

I. A présent, que le lecteur rassemble et embrasse d'un coup d'œil toutes les conclusions auxquelles nous venons d'aboutir ; il les trouvera convergentes et sera conduit par leur convergence vers une loi universelle et d'ordre supérieur, qui régit toute loi. Soit un couple quelconque de données quelconques ; sitôt qu'elles sont effectivement liées, il y a une raison, un *parce que*, un intermédiaire qui explique, démontre et nécessite leur liaison. — Cela est vrai pour les cas ou couples de données particulières, comme pour les lois proprement dites ou couples de données générales ; il y a une raison pour la chute de cette feuille qui vient de tomber tout à l'heure et pour la gravitation de toutes les planètes vers le soleil, pour la rosée de cette nuit et pour la liquéfaction de toute vapeur, pour le battement de pouls que je constate sur mon poignet en ce moment même et pour la présence d'une fonction ou d'un appareil quelconque dans un être vivant quelconque. — Cela est vrai pour les lois dans lesquelles la première donnée est un composé plus complexe, comme pour les lois dans lesquelles la première donnée est un composé plus simple ; il y a une raison pour les actions totales d'une société humaine et pour les actions individuelles de ses membres, pour les propriétés d'un composé chimique et pour les propriétés de ses substances constituantes, pour les effets d'une machine et pour les effets de ses rouages. — Cela est aussi vrai pour les lois qui concernent les composés mentaux que pour les lois qui concernent les composés réels ; il y a une raison pour les propriétés de l'ellipse ou du cylindre comme pour les propriétés de l'eau ou du granit. — Cela est aussi vrai pour les lois qui régissent la formation d'un composé que pour celles qui lui rattachent ses caractères ; il y a une raison pour la formation comme pour les propriétés d'une planète ou d'une espèce. — Mais le point le plus remarquable, c'est que cela est aussi vrai pour les lois dont l'explication nous manque que pour celles dont nous avons aujourd'hui l'explication. Il y a une raison pour l'attraction que toutes les masses exercent les unes sur les autres, pour les propriétés de l'oxygène, pour la formation d'une cellule vivante, pour la naissance de notre nébuleuse. Du moins nous le croyons. Nous ne pouvons montrer cette raison, mais nous sommes persuadés qu'elle existe ; nous anticipons par une affirmation hardie sur nos découvertes futures, et même sur des découvertes que peut-être nous ne ferons jamais.

Bien mieux, nous indiquons d'avance l'emplacement et les traits principaux de l'intermédiaire qui nous échappe encore. — Nous admettons que, si deux masses s'attirent, c'est en vertu d'un caractère plus simple et plus général, inclus dans le groupe des caractères qui constituent ces masses, tel que serait une impulsion incessamment répétée, laquelle à chaque instant surajouterait un effet à l'effet précédent, ce qu'on exprime en disant que l'attraction est une force dont l'action n'est pas instantanée mais continue, ce qui permet de concevoir la vitesse de la masse tombante comme la somme de toutes les vitesses acquises depuis le premier instant de sa chute, ce qui a conduit quelques physiciens à expliquer l'attraction de deux masses par la poussée continue d'un éther environnant. — Nous admettons que, si l'oxygène présente tels ou tels caractères, c'est en vertu de caractères plus généraux et plus simples qui appartiennent à ses éléments, et qui sont les masses, les distances, les mouvements intestins de ses atomes composants. — Nous admettons que, si un liquide sans forme s'organise en une cellule, c'est grâce aux réactions mutuelles et à l'état antérieur des particules très-compliquées dont il est l'ensemble, et que, si autrefois notre nébuleuse est née, c'est grâce aux forces de ses molécules et à l'influence d'un état antérieur que, même par conjecture, nous ne pouvons nous représenter. — A nos yeux, dans tous ces couples, non-seulement l'intermédiaire explicatif et démonstratif existe, quoiqu'il se dérobe à nos prises ; mais encore il est un caractère plus général et plus simple que la première donnée du couple, il est inclus en elle, il appartient à ses éléments, et les propriétés de cette première donnée, aussi bien que sa naissance, ont pour dernière raison d'être les caractères et l'état antérieur de ses derniers éléments.

Sur ces indices, notre pensée s'emporte jusqu'à étendre cette structure des choses au delà de notre monde et de notre histoire, à travers les deux abîmes du temps et de l'espace, par delà tous les lointains que l'imagination peut atteindre, par delà tous les confins que les nombres ou les quantités, vainement enflées et entassées les unes sur les autres, peuvent désigner à l'esprit pur. Sommes-nous en droit d'agir ainsi? Et quels motifs pouvons-nous alléguer pour autoriser une supposition qui anticipe non-seulement sur toute expérience future, mais sur toute expérience possible, et enveloppe dans l'immensité de sa prophétie l'immensité de l'univers?

II. Deux séries de cas sont en présence, l'une considérable, composée de tous les faits et lois dont nous savons la raison, l'autre prodigieusement disproportionnée, infiniment plus grande, puisqu'elle est infinie et composée de tous les faits et lois dont nous ne savons pas la raison. Ce sont là deux indices, l'un positif, l'autre négatif, l'un qui est favorable à notre supposition, l'autre qui semble lui être défavorable. — Mais cette défaveur n'est qu'apparente. Car, si, de ce que nous connaissons la raison d'un fait ou d'une loi, nous pouvons conclure son existence, nous ne pouvons pas, de ce que nous l'ignorons, conclure son absence. Cette raison peut exister, quoique ignorée, et, de fait, si nous regardons le passé de nos sciences, nous trouvons qu'en mainte occasion, quoique ignorée, elle existait. Tous les jours, à mesure que la science se précise et s'augmente, nous voyons la première série croître aux dépens de la seconde, et l'analogie nous porte à croire que les cas encore compris dans la seconde sont pareils à ceux qui ont cessé d'y être compris. Plus notre expérience étendue recule notre horizon dans le temps et dans l'espace, plus nous ajoutons à notre trésor de raisons explicatives. Il nous suffit d'examiner l'histoire et la nature de la science expérimentale pour reconnaître que, si dans ce trésor il y a eu ou il y a encore des vides, ce n'est jamais parce que la raison explicative a manqué ou manque dans les choses, c'est toujours parce qu'elle a manqué ou manque dans notre esprit. Elle existait dans la nature; mais les savants trop peu instruits ne l'y avaient pas encore découverte. Elle existe aujourd'hui dans la nature; mais nous ne pouvons pas et nous ne pourrons peut-être jamais l'y démêler. La lacune ne vient pas de son absence, mais de notre ignorance ou de notre impuissance, et la faute n'est pas aux choses, mais à nous. — Si, au temps de Kepler, on ne savait pas expliquer le mouvement des planètes, c'est que la gravitation était alors inconnue. Si, aujourd'hui, nous ne pouvons dire pourquoi le carbone pur, selon ses états différents, fournit avec les mêmes molécules des composés aussi différents que le diamant et le graphite, c'est que, ne connaissant pas les vitesses et les masses de ses molécules, nous ne pouvons définir leurs divers états d'équilibre. Pour démêler la raison explicative, telle que nous l'avons définie, certaines conditions sont requises, et, si ces conditions ne sont pas remplies, elle aura beau être présente, nous ne pourrons pas la dégager. Pour démêler la raison qui explique les caractères d'un composé, comme le graphite, il faut que nous connaissions les propriétés de ses éléments, les molécules du carbone. Pour démêler la raison qui explique la naissance du premier composé organique, il faut que nous connaissions, outre les propriétés de ses éléments, les circonstances primordiales dans lesquelles ils se sont assemblés. C'est pourquoi, tant que ces préalables nous manqueront, nous ne pourrons savoir la raison explicative. Aussi longtemps que nous les atteindrons par simple conjecture, nous l'atteindrons par simple conjecture, et nous serons d'autant plus loin ou plus près d'elle que nous serons plus loin ou plus près d'eux. — Il suit de là que jamais notre ignorance n'est un indice de son absence; d'où il suit que jamais, même pour les évènements qui ont précédé la naissance de notre nébuleuse, et nulle part, même par delà les plus lointains des firmaments visibles, nous n'avons le droit de supposer son absence. Que notre science expérimentale ait des lacunes, cela est inconstestable; mais sa structure suffit pour en rendre compte, et il est contre toutes les règles de l'hypothèse d'ajouter arbitrairement et inutilement, pour en rendre compte, une cause non constatée à la cause constatée qui suffit.

Exclues d'un côté, les présomptions sont forcées de se tourner de l'autre. Comme il n'y a pas de choix entre la présence et l'absence de la raison explicative, dès que les chances ne sont plus pour l'absence, elles sont pour la présence, et la balance penche vers le second plateau. — Elle pencherait vers lui bien davantage encore, si l'on pouvait montrer des sciences qui, s'affranchissant des conditions imposées à la science expérimentale, trouvent par cela même à toutes leurs lois une raison explicative. Car un pareil contraste donnerait à croire que les lacunes de la science expérimentale ont **non-seulement** pour cause *suffisante*, mais encore pour cause *unique* les conditions auxquelles elle est assujettie; d'où il suivrait que, délivrée de ces conditions, elle comblerait par cela même toutes ces lacunes, et que la raison explicative, étant partout découverte, existerait partout.

— Or tel est justement le contraste que présentent les sciences de construction comparées aux sciences d'expérience. Chez elles, tous les intermédiaires explicatifs et démonstratifs qui relient une propriété quelconque à un composé quelconque, depuis le premier jusqu'au dernier, sont connus et partant existent ; il n'y a pas une de leurs lois qui n'ait manifesté et, partant, qui ne possède son *parce que* et sa raison. — Il est donc à présumer que, si nous pouvions employer dans nos sciences expérimentales les procédés que nous employons dans nos sciences de construction, nous arriverions aux mêmes découvertes, et que, de même que toute loi a sa raison d'être dans celles-ci, toute loi a sa raison d'être dans celles-là.

Cette probabilité devient encore plus forte, si nous remarquons que, les lois des secondes pouvant être découvertes comme les lois des premières par voie inductive, quand on suit cette voie dans les secondes comme dans les premières, la raison de la loi demeure alors ignorée, quoique présente. Par conséquent, ici le procédé inductif est l'unique cause de notre ignorance, d'où il suit avec toute vraisemblance que hors d'ici, c'est-à-dire dans les sciences expérimentales, il est encore la seule cause de notre ignorance, et que, hors d'ici comme ici, la raison explicative est toujours présente, quoique toujours elle doive se dérober à lui. — En effet, supposez, ainsi que nous avons déjà fait [1], un esprit très-exact, très-patient, très-habile à induire, mais capable seulement d'induire ; prions-le de chercher à combien d'angles droits équivaut la somme des angles d'un quadrilatère quelconque. Admettons cette

1. Deuxième partie, liv. IV, ch. II, p. 333.

fois qu'il a sous la main une quantité de quadrilatères parfaits, que ses intruments de mesure sont parfaits, et qu'il les applique parfaitement. Par une série d'inductions semblables à celles que nous avons décrites, il finira par trouver que la somme des angles de tout quadrilatère, quel qu'il soit, trapèze, parallélogramme, losange, rectangle ou carré, équivaut à quatre droits ; mais sa science des quadrilatères en restera là, c'est-à-dire au point où en sont les parties les plus élevées de notre science expérimentale. Il saura une loi qui sera inexplicable pour lui, comme telle loi physique ou chimique est inexplicable pour nous. Il aura relié à tout quadrilatère une propriété constante, l'équivalence de ses angles et de quatre angles droits, comme nous relions à tout cristal blanc de carbone une propriété constante, la structure octaédrique. Mais il n'aura pas dégagé plus que nous l'intermédiaire qui nécessite la liaison. Dans son cas, cet intermédiaire est une propriété des deux triangles élémentaires dont le quadrilatère est la somme possible. Dans notre cas, cet intermédiaire est une propriété des molécules élémentaires dont le cristal blanc de carbone est la somme réelle. Il manquera donc son intermédiaire, comme nous manquons le nôtre, par un défaut de méthode, auquel on peut remédier chez lui, auquel on ne peut pas remédier chez nous. Nous avons donc tout droit de croire que, si comme lui nous pouvions employer le remède, et si à l'expérience inductive on pouvait chez nous comme chez lui ajouter par surcroît l'analyse déductive, l'intermédiaire atteint manifesterait sa présence chez nous comme chez lui.

On arrive ainsi à considérer les sciences de construction comme un exemplaire préalable, un modèle réduit, un indice révélateur de ce que doivent être les sciences d'expérience, indice pareil au petit édifice de cire que les architectes bâtissent d'avance avec une substance plus maniable, pour se représenter en raccourci les proportions et l'aspect total du grand monument qu'ils sont en train d'élever et que peut-être ils n'achèveront jamais. — En effet, si l'on met en regard le monde idéal et le monde réel, on s'aperçoit que leur structure est semblable. Dans le premier aussi bien que dans le second, il y a des éléments et des composés, des éléments d'éléments et des composés de composés, des objets capables d'être classés, des espèces, des genres et des familles, des familles de lignes et de surfaces rangées les unes au-dessous des autres d'après le degré de leurs équations, des lois moins générales expliquées par des lois plus générales, quantité d'autres traits non moins essentiels et qui leur sont communs. Partant, les deux ordonnances sont analogues. — Mais, de plus, tous les matériaux du premier se retrouvent dans le second. Car on a vu que le nombre, la ligne, la surface, le solide, le mouvement, la vitesse, la force existent non-seulement dans l'esprit, mais encore dans la nature ; c'est dans la nature que l'esprit les trouve, et c'est d'elle qu'il les extrait. Toute son œuvre propre consiste à les combiner à sa façon, sans s'inquiéter de savoir si dans la nature il y a des cadres réels qui s'adaptent à ses cadres mentaux, si quelque sphère ou ellipse effective correspond à la sphère ou à l'ellipse idéale. — Reste donc une seule différence pour séparer nos composés artificiels des composés naturels ; les premiers sont plus simples et les seconds plus compliqués ; la ligne droite d'Euclide est plus simple que la ligne imperceptiblement infléchie que décrit un boulet pendant le premier mètre au sortir du canon ; l'ellipse un peu bosselée que trace une planète est plus compliquée que l'ellipse géométrique. A cause de cela, nous étudions le composé mental avant le composé réel, et la connaissance du premier nous conduit à la connaissance du second. Tout le secret des services que les sciences de construction rendent aux sciences d'expérience est là ; c'est ainsi que les premières ont leur application dans les secondes. Étant donnés deux composés, l'un mental, l'autre réel, ils s'adaptent l'un à l'autre, sauf cette différence que le second, outre les éléments constitutifs du premier, renferme des éléments supplémentaires et perturbateurs, ce qui rend le premier plus simple et le second plus compliqué. Nous tenons compte tour à tour de cette adaptation générale et de cette différence subsidiaire. Nous démêlons par les sciences de construction les propriétés du premier composé, droite ou ellipse géométrique ; alors, en vertu de l'adaptation générale, nous les attribuons provisoirement au tracé du boulet ou à l'ellipse de la planète ; ce qui nous en donne une idée à peu près exacte, mais non pas tout à fait exacte. Cela fait, en vertu de la différence subsidiaire, nous introduisons peu à peu dans notre idée les éléments supplémentaires et perturbateurs qui dans la nature infléchissent le tracé du boulet, ou bosselent l'ellipse de la planète. Ainsi, du tracé et de l'ellipse provisoires, qui, étant trop simples, n'étaient qu'approximatifs, l'esprit passe peu à peu à l'ellipse et au tracé définitifs, qui, en se compliquant, deviennent exacts. Par cette rectification progressive, notre idée, qui d'abord ne s'ajustait rigoureusement qu'au composé mental, finit par s'ajuster rigoureusement au composé réel. C'est dans une science de construction qu'elle a son origine, et c'est dans une science expérimentale qu'elle trouve son emploi.

De là suit cette conséquence capitale, que partout et toujours, hors de notre histoire et de notre monde, comme dans notre histoire et dans notre monde, les théorèmes peuvent s'appliquer. En effet, il suffit pour cela que les composés réels, lointains ou prochains, entrent dans nos cadres mathématiques, et ils y entrent forcément, sitôt qu'ils ont un nombre, une situation, une forme, sitôt qu'ils possèdent un mouvement, une vitesse, une masse, sitôt qu'ils sont soumis à des forces, c'est-à-dire à des conditions quelconques de mouvement. Stuart Mill a donc tort de dire que « dans les portions lointaines des régions stellaires, où les phénomènes peuvent être tout à fait différents de ceux que nous connaissons, ce serait folie d'affirmer le règne d'aucune loi générale ou spéciale, et que, si un homme habitué à l'abstraction et à l'analyse exerçait loyalement ses facultés à cet effet, il n'aurait pas de difficulté, quand son imagination aurait pris le pli, à concevoir qu'en certains endroits, par exemple dans un des firmaments dont l'astronomie stellaire compose à présent l'univers, les évènements puissent se succéder au hasard, sans aucune loi fixe, aucune portion de notre expérience ou de notre constitution mentale ne nous fournissant une raison suffisante ni même une raison quelconque pour croire que cela n'a lieu nulle part. » — Sans doute il est possible que là-bas les corps ne s'attirent pas. Mais, là-bas comme chez nous, si, par l'application d'une force quelconque, un corps prend, pendant un temps aussi court qu'on voudra, un mouvement rectiligne uniforme, il tendra à le continuer indéfiniment ; car, l'axiome étant nécessaire, dès que la première de ses deux données existe en fait, la seconde ne peut manquer d'exister en fait. — Bien plus, quel que soit ce corps et quel que soit son mouvement, si ce mouvement est considéré au pur point de vue mécanique, il sera forcément, là-bas comme chez nous, déterminé tout entier par les grandeurs et les directions des forces dont il sera l'effet; en sorte que, là-bas comme chez nous, il sera trouvé par la solution d'un problème de mécanique, et ne résistera à la solution que si la complication de ses éléments est trop grande pour que nos formules, encore trop peu avancées, puissent l'embrasser. Ainsi non-seulement, comme on l'a vu, les théorèmes des sciences de construction, étant nécessaires, sont universels, mais, par cela même, leur application est universelle. Car, en tant que les composés réels sont formés des mêmes éléments que les composés mentaux, ils sont soumis aux mêmes lois universelles et nécessaires, et la nature, à ce point de vue, n'est qu'une arithmétique, une géométrie, une mécanique appliquées.

Il reste à savoir si elle n'est pas encore autre chose. Or, autant que nous en pouvons juger, et d'après les découvertes récentes, tous les changements d'un corps, physiques, chimiques ou vitaux, se ramènent à des mouvements de ses molécules ; pareillement, la chaleur, la lumière, les affinités chimiques, l'électricité, peut-être la gravitation elle-même, toutes les forces qui provoquent ces changements et provoquent le mouvement lui-même, se réduisent à des mouvements. D'où il suit que dans la nature visible il n'y a que des corps en mouvement, moteurs ou mobiles, tour à tour moteurs et mobiles, moteurs quand leur mouvement préalable est la condition du mouvement d'un autre, mobiles quand leur mouvement consécutif est l'effet du mouvement d'un autre ; ce qui réduit tout changement corporel au passage de telle quantité de mouvement transportée du moteur dans le mobile, opération qui, comme on s'en est assuré, a lieu sans gain ni perte, en sorte qu'à la fin du circuit la dépense est couverte exactement par la recette, et que la force finale se retrouve égale à la force initiale. — Que si cette admirable réduction était vraie, d'abord pour notre monde, et, en outre, partout au delà de notre monde, non-seulement tous nos problèmes physiques, chimiques et physiologiques, mais encore tous les problèmes qui concernent un corps effectif quelconque, seraient au fond de purs problèmes de mécanique [1]. Les composés observables ne différeraient en rien, sauf par leur complication, des composés construits. Partant, de même que la formation, les propriétés, les altérations et les transformations de tout composé mental, arithmétique, géométrique ou mécanique, ont leur raison d'être, de même il y aurait une *raison d'être* pour la formation, les propriétés, les altérations et les transformations de tout composé réel.

III. Ce sont là des vraisemblances considérables, et on peut les résumer en disant que nulle analogie

---

[1]. En rapprochant de cette proposition la note de la page 117 (tome II), on voit que la théorie pourrait s'étendre encore davantage, et qu'en ce cas tous les problèmes concernant un être quelconque, moral ou physique, seraient au fond des problèmes de mécanique.

ne nous autorise à supposer dans aucun cas l'absence de la raison explicative, tandis que beaucoup d'analogies nous portent à supposer sa présence dans tous les cas. Ce ne sont là pourtant que des vraisemblances, et il faut voir si le principe énoncé n'a pas de meilleurs appuis. Au commencement de toute recherche nouvelle, les savants l'admettent; et ils y sont bien obligés; car, sans lui, ainsi qu'on l'a vu, ils ne pourraient induire [1]. Étant donné un phénomène quelconque, ils lui supposent d'avance et toujours des conditions qui sont sa raison d'être et dont la réunion suffit pour le provoquer, en sorte qu'il ne peut manquer dans aucun des cas où elles sont réunies. « Il y a un déterminisme absolu, dit Claude Bernard [2], dans les conditions d'existence des phénomènes naturels, aussi bien pour les corps vivants que pour les corps bruts.... La condition d'un phénomène une fois connue et remplie, le phénomène doit se reproduire toujours et nécessairement à la volonté de l'expérimentateur.... Jamais les phénomènes ne peuvent se contredire, s'ils sont observés dans les mêmes conditions; s'ils montrent des variations, cela tient nécessairement à l'intervention ou à l'interférence d'autres conditions qui masquent ou modifient ces phénomènes. Dès lors, il y aura lieu de chercher à connaître les conditions de ces variations; car il ne saurait y avoir d'effet sans cause. Ce déterminisme devient ainsi la base de tout progrès et de toute critique scientifique. Si, en répétant une expérience, on trouve des résultats discordants ou même contradictoires, on ne devra jamais

---

1. Deuxième partie, liv. IV, ch. II, p. 312.
2. *Introduction à l'étude de la médecine expérimentale*, p. 115 et suivantes.

admettre des exceptions ou des contradictions réelles, ce qui serait antiscientifique ; on conclura uniquement et nécessairement à des différences de conditions dans les phénomènes, qu'on puisse ou qu'on ne puisse pas les expliquer actuellement.... Dès que les lois sont connues, il ne saurait y avoir d'exception.... On doit forcément admettre comme axiome que, dans les conditions identiques, tout phénomène est identique, et qu'aussitôt que les conditions ne sont plus les mêmes, le phénomène cesse d'être identique. » On voit qu'ici les mots *nécessairement, forcément, axiome* sont prononcés. — Helmholtz emploie des expressions équivalentes [1]. Selon lui, nous ne pouvons concevoir le monde autrement. Nos yeux ne peuvent percevoir l'étendue que comme colorée ; de même, notre intelligence ne peut concevoir les faits que comme explicables. Il n'y a de concevable pour nous que ce qui est explicable, comme il n'y a de visible pour nous que ce qui est coloré. L'œil interne, comme l'œil externe, a sa structure innée de laquelle il ne peut s'affranchir et qui impose à toutes ses perceptions un caractère forcé. Ici, Helmholtz semble croire que cette contrainte a pour cause dernière la structure de notre esprit. — Avec lui et avec Claude Bernard, nous reconnaissons en fait la contrainte ; mais nous ne pensons point qu'elle ait pour cause dernière la structure de notre esprit ; car nous avons déjà vu bien des nécessités de croire analogues. Il y en a une pour chacun des axiomes mathématiques ; tous exercent sur notre esprit le même ascendant que l'axiome de raison explicative ; et cependant nous les avons démontrés ;

---

1. *Physiologische optik*, p. 455.

nous avons fait voir qu'ils ont un fondement dans les choses; qu'ils sont valables non-seulement pour nous, mais en soi; que leur empire est absolu non-seulement sur notre intelligence, mais encore sur la nature; que, si les deux idées par lesquelles nous les pensons sont forcément liées, c'est que les deux données qui les constituent sont aussi forcément liées, et que, si la contrainte éprouvée par notre esprit en leur présence a pour cause première notre structure mentale, elle a pour cause dernière l'ajustement de notre structure mentale à la structure des choses. Il est donc probable que ce grand axiome a la même nature que les autres, et que, comme les autres, l'analyse va suffire à le démontrer.

Soit un caractère transitoire ou permanent quelconque d'un objet quelconque, telle propriété d'un minéral, d'une plante ou d'un animal, telle réaction d'un corps chimique simple ou composé, telle pensée d'un individu pensant. Nous supposons par cela même que le caractère est donné avec d'autres qui sont ses précédents ou ses accompagnements, en d'autres termes ses conditions. A présent, imaginons en un autre point de la durée et de l'étendue un groupe exactement semblable de conditions exactement semblables. Cette différence de situation n'introduit dans le groupe aucune condition influente, et, par conséquent, peut être considérée comme nulle. Car, par définition, l'espace pris en lui-même, du moins l'espace tel que nous le concevons, est absolument uniforme, et la durée prise en elle-même, du moins la durée telle que nous la concevons, est absolument uniforme. En d'autres termes, chaque élément de l'espace est rigoureusement substituable aux autres, et chaque élément de la durée est rigoureusement substituable aux autres ; en sorte que, pour le groupe de conditions dont il s'agit, dans l'*espace pur* comme dans la *durée pure*, toute situation est substituable à toute situation [1]. Mais, par définition, le second groupe lui-même est rigoureusement substituable au premier, comme tel triangle à tel autre triangle égal et semblable. Par conséquent, le caractère transitoire ou permanent qui se rencontre dans le premier se rencontrera aussi dans le second. Même raisonnement pour tout autre point de la durée et de l'espace. Ainsi, partout et toujours, dès que le groupe est donné, le caractère est présent ; non-seulement il est présent, mais encore il ne peut pas être absent : car la loi posée est absolue et sans exception ; une fois qu'on l'a énoncée, on ne peut plus, sans la contredire, supposer un cas où le groupe existe sans le caractère qu'on lui a constaté, de même qu'on ne peut, sans se contredire, supposer un cas où le triangle serait donné sans les propriétés qu'on lui a découvertes.

Voilà donc une liaison perpétuelle, universelle, infaillible, entre le groupe et le caractère ; et, pour

1. Au premier aspect, il semble qu'en certains cas le moment et l'emplacement aient de l'influence ; par exemple, à la seconde minute, un corps pesant tombe plus vite qu'à la première ; le même pendule oscille autrement au fond d'une mine et au sommet de la montagne adjacente. Cette difficulté disparaît si l'on remarque que, dans les deux cas, il ne s'agit ni de la durée pure ni de l'espace pur, mais de la durée peuplée et de l'espace rempli. Le corps pesant tombe plus vite pendant la seconde minute, en vertu de la vitesse acquise, c'est-à-dire en vertu de l'influence exercée par sa chute antérieure sur sa chute ultérieure ; cette chute antérieure est une condition supplémentaire qui lui manquait dans la première minute. Pareillement, le pendule oscille autrement, selon qu'il est plus ou moins près du centre du globe terrestre.

qu'elle soit telle, il suffit qu'une seule fois on l'ait constatée en fait. Par cela seul que le groupe est donné, toujours, partout, infailliblement le caractère est donné aussi; en d'autres termes, la présence du groupe entraîne la présence du caractère. A ce titre, le groupe est efficace, efficace à l'endroit du caractère. Qui possède cette efficacité? Est-ce le groupe total ou seulement un de ses fragments? Nous ne le saurons qu'après avoir induit. Il se peut qu'elle appartienne, non au groupe total, mais à quelques-uns ou même à un seul de ses fragments, auquel cas les autres, quels qu'ils soient, précédents ou accompagnements, n'auront aucune efficacité à l'endroit du caractère et, par rapport à lui, seront aussi nuls que les différences de temps et de lieu. Mais, que le groupe efficace soit très vaste ou très restreint, peu importe; par lui-même, il influe, il opère, il amène le caractère. — Ordinairement, le groupe ou fragment efficace est un composé, c'est-à-dire un ensemble d'éléments successifs ou simultanés, ceux-ci de même, et ainsi de suite, jusqu'à ce qu'enfin, d'éléments en éléments, on arrive aux plus simples qui sont les éléments premiers. En ce cas, le composé n'étant que l'ensemble de ces éléments arrangés dans un certain ordre, nous savons d'avance que l'efficacité appartient à ces éléments ou à leur ordre. Que ce dernier fond de la chose nous soit accessible ou non, peu importe; c'est par lui que le caractère s'attache au groupe de ses conditions; en lui réside l'influence inconnue, la raison intime, première et dernière qui explique la liaison de fait constatée entre le caractère et le groupe. — Ainsi se justifie le jugement demi-scientifique, demi-divinatoire par lequel nous affirmons que tout phéno-

CHAP. III. LA RAISON EXPLICATIVE

mène, changement, état, propriété, manière d'être, tout caractère transitoire ou permanent d'un objet quelconque, a sa raison d'être, et que cette raison se trouve incluse dans le groupe de ses conditions. Très-probablement, l'ordre des idées claires par lesquelles on vient de démontrer le principe est aussi l'ordre des idées obscures grâce auxquelles nous l'admettons avant qu'il soit démontré. Ayant constaté dans tel cas tel caractère, nous ébauchons sans le vouloir une construction mentale; nous imaginons vaguement un autre cas absolument semblable et tel que les différences par lesquelles il se distingue du premier, notamment celles de moment et de lieu, soient sans influence sur la production du caractère et, par suite, puissent être considérées comme nulles à cet égard; alors le second cas se confond avec le premier, et nous apercevons la liaison du caractère et de ses conditions, non plus comme un fait fortuit et isolé, mais comme une loi absolue et universelle. Par un travail latent, les identités et les contradictions incluses dans notre construction mentale ont fait leur effet. — D'autre part, à mesure que l'induction opère, le groupe des conditions se resserre. Il était d'abord indéterminé et vague; peu à peu, il devient limité et précis; à la fin, il ne comprend plus qu'un fragment défini de conditions expresses. Cela fait, si nous remarquons que le fragment est un composé, que par ce nom de composé nous désignons des éléments plus simples assemblés dans un certain ordre, nous concluons aisément que, dans son état de réduction extrême et de définition finale, le groupe ne contiendra plus d'autres termes que des éléments premiers assemblés dans un certain ordre, et nous anticipons sur nos découvertes futures en affirmant d'avance la présence d'un intermédiaire explicatif encore inconnu, qui, situé dans les profondeurs du groupe, relie le caractère à ses conditions

L'axiome ainsi démontré et entendu, il est aisé de voir qu'il se borne à énoncer les conséquences d'une construction mentale. De même que les autres axiomes, il développe une pure supposition; il la développe en démêlant *du même* entre les deux données qu'il lie, et il se ramène aux principes d'identité et de contradiction. Pareillement encore, il ne pose aucune donnée comme réelle; il n'établit qu'un cadre auquel pourront s'adapter les données réelles. Il n'affirme point qu'en fait il y ait des caractères permanents ou transitoires, ni que ces caractères soient donnés avec un groupe de précédents ou d'accompagnements. Sur cela l'expérience seule peut nous instruire. Mais quand elle nous a instruits et que, considérant toutes les propositions de nos sciences expérimentales, nous découvrons partout dans la nature des caractères avec des précédents et des accompagnements, alors l'axiome s'applique; démontré comme un axiome de géométrie, il a la même portée, et, comme un axiome de géométrie, il étend son empire, non-seulement sur le fragment de durée et d'étendue accessible à notre observation, mais encore au delà et à l'infini, sur tous les points de la durée et de l'étendue où un caractère quelconque sera donné avec un groupe de précédents et d'accompagnements. En tout point de l'étendue et de la durée, ce caractère est le second terme d'un couple; le premier terme est un groupe plus ou moins nombreux de précédents et d'accompagnements, et il suffit de la présence du premier pour entraîner la présence du second.

De là des conséquences très-vastes, et d'abord la preuve du principe sur lequel repose l'induction. Nous n'avions fait que le supposer vrai, provisoirement et par analogie ; nous avions admis que, parmi les accompagnements et précédents d'un caractère, il y en a qui, par leur présence, entraînent sa présence, que, dès qu'ils sont donnés, il est donné, qu'à son endroit ils sont influents et efficaces. Or on vient de voir que tout caractère, transitoire ou permanent, peut être considéré comme le second terme d'un couple dans lequel le premier terme est le groupe de ses accompagnements et précédents, que, le premier terme étant donné, le second ne peut manquer d'être donné aussi, que la présence du premier entraîne la présence du second, que la loi est universelle et absolue ; elle serait telle, même si le caractère constaté était unique dans la nature ; car elle vaut, non-seulement pour tous les cas réels, mais encore pour tous les cas possibles. Ainsi, dès qu'un caractère est donné, nous sommes sûrs que ses précédents et accompagnements, en d'autres termes ses conditions, ou toutes, ou quelques-unes, ou une seule, influent sur lui et à son endroit sont efficaces. — Or, ainsi qu'on l'a vu, c'est sur la supposition de cette efficacité ou influence que se fondent tous les procédés éliminatifs, toutes les méthodes de concordance, de différence, de variation concomitante, qui composent l'induction.

D'autre part, puisque la présence des conditions suffit pour entraîner la présence du caractère, tant que les conditions persisteront, le caractère persistera. Par suite, si à un moment donné le caractère cesse d'exister, c'est qu'une ou plusieurs de ses conditions auront cessé d'être. Par conséquent, toute suppression, altération, variation, en d'autres termes tout changement du caractère, présuppose une suppression, altération, variation, en d'autres termes un changement dans les conditions ; ce qu'on exprime en disant que tout changement a une cause, et que cette cause est un autre changement. Voilà l'*axiome de causalité*; considéré par rapport à l'axiome de raison explicative, il n'en est qu'une suite et une application.

Celui-ci en a bien d'autres encore : Leibnitz, qui l'avait nommé principe de raison suffisante, construisait d'après lui toute son idée de l'univers. Et, de fait, c'est par lui qu'on s'élève à la plus haute conception d'ensemble, à l'idée d'un tout nécessaire, à la persuasion que l'*existence* elle-même est explicable. Car, puisque l'existence est un caractère, on doit conclure de notre axiome que, comme tout caractère, elle a sa condition, et aussi sa raison explicative, sa nécessité interne. Les mathématiciens admettent aujourd'hui que la quantité réelle est un cas de la quantité imaginaire, cas particulier et singulier, où les éléments de la quantité imaginaire présentent certaines conditions qui manquent dans les autres cas. Ne pourrait-on pas admettre de même que l'existence réelle n'est qu'un cas de l'existence possible, cas particulier et singulier, où les éléments de l'existence possible présentent certaines conditions qui manquent dans les autres cas ? Cela posé, ne pourrait-on pas chercher ces éléments et ces conditions ? — Ici, nous sommes au seuil de la métaphysique. Nous n'y entrons pas ; nous n'avions à étudier que la connaissance ; nous avons voulu seulement indiquer du doigt, là-haut, bien au-dessus de nos têtes et au delà de nos prises actuelles, le point probable où se trouve la clef de voûte de l'édifice. Le lecteur vient de voir comment il se construit en nous, et par quelle adaptation notre connaissance correspond aux choses. — Elle se compose de jugements généraux qui sont des couples d'idées générales. Les idées générales elles-mêmes sont des signes présents dans l'esprit, en d'autres termes, des images mentales ayant la propriété de n'être évoquées que par une certaine classe d'expériences et de n'évoquer qu'une certaine classe de souvenirs. Une image mentale est une sensation spontanément renaissante. Une sensation est un composé de sensations élémentaires plus petites, celles-ci de même, et ainsi de suite, tant qu'enfin, au terme de l'analyse, on est autorisé à admettre des sensations infinitésimales, toutes semblables, lesquelles, par leurs divers arrangements, produisent les diversités de la sensation totale. — Ceci est le point de vue de la conscience, qui est interne et direct; il en est un autre, celui des sens, qui est indirect, externe, et d'après lequel les évènements précédents consistent en mouvements moléculaires des cellules cérébrales. — Par ces décompositions successives, on arrive aux derniers éléments de la connaissance, et dès lors il est aisé de voir comment ils s'assemblent. Constituées par des groupes de sensations élémentaires, les sensations totales des centres sensitifs se répètent dans les lobes cérébraux par leurs images. Ces images, ayant la propriété de ressusciter spontanément, s'associent et s'évoquent entre elles, selon leur tendance plus ou moins grande à renaître, et forment ainsi des groupes. Ces groupes plus ou moins complexes, accolés aux sensations et les uns aux autres, constituent, selon l'espèce et le degré de leur affinité ou de leur antagonisme, des perceptions extérieures, des souvenirs, des prévisions, des conceptions simples, des actes de conscience proprement dits. Enfin les signes qui les résument et les remplacent forment des idées générales et, par suite, des jugements généraux. — Tels sont les matériaux de notre esprit, et telle est la façon dont ils s'ajustent ensemble. De même, dans une cathédrale, les derniers éléments sont des grains de sable ou de silex agglutinés en pierres de diverses formes; attachées deux à deux ou plusieurs à plusieurs, ces pierres font des masses dont les poussées s'équilibrent; et toutes ces associations, toutes ces pressions s'ordonnent en une vaste harmonie.

NOTE

SUR LES ÉLÉMENTS ET LA FORMATION DE L'IDÉE DU MOI

Sous le nom de névropathie cérébro-cardiaque [1], le docteur Krishaber décrit une maladie dans laquelle on voit très-bien comment se fait et se défait l'idée du moi. Selon M. Krishaber, le trait essentiel de la maladie est probablement une contracture des vaisseaux qui nourrissent la région sensitive cérébrale où se produisent les sensations brutes [2]; et probablement il n'y a d'autre contracture que celle-là ; les vaisseaux sanguins des hémisphères restent à l'état normal. Le symptôme visible est une perver-

---

1. *De la névropathie cérébro-cardiaque*, par le Dr Krishaber. Paris, 1873, chez Masson. — L'ouvrage contient trente-huit observations. Grâce à l'obligeance du Dr Krishaber, j'ai pu consulter le journal même de ses observations.
2. Charcot, *Leçons sur les localisations cérébrales*, p. 113. « Si la lésion porte sur le tiers postérieur de la capsule interne d'un pédoncule cérébral, la présence de l'hémianesthésie cérébrale sera pour ainsi dire chose fatale... Les faisceaux qui composent ce tiers postérieur... sont un lieu de passage... un carrefour où les fibres centripètes... se trouvent toutes représentées avant de se diriger vers les parties superficielles du cerveau. Ce tiers postérieur de la capsule interne est probablement le siège de la contracture. »

sion des sensations proprement dites, rien de plus ; cette perversion n'atteint pas le jugement, la raison, le souvenir et les autres opérations qui dépassent la sensation brute ; toutes ces opérations demeurent intactes ; le malade n'est pas fou ; il rectifie les croyances fausses que lui suggère l'étrangeté de ses impressions ; il résiste à ces croyances, il les déclare illusoires ; il n'est point dupe ; ainsi le jeu des hémisphères est normal ; il n'y a de trouble que dans la protubérance et autres centres sensitifs.

Mais, comme presque toujours la maladie arrive brusquement, l'effet est immense ; on ne peut mieux comparer l'état du patient qu'à celui d'une chenille qui, gardant toutes ses idées et tous ses souvenirs de chenille, deviendrait tout d'un coup papillon avec les sens et les sensations d'un papillon. Entre l'état ancien et l'état nouveau, entre le premier moi, celui de la chenille, et le second moi, celui du papillon, il y a scission profonde, rupture complète. Les sensations nouvelles ne trouvent plus de série antérieure où elles puissent s'emboîter ; le malade ne peut plus les interpréter, s'en servir ; il ne les reconnaît plus, elles sont pour lui des inconnues. De là deux conclusions étranges, la première, qui consiste à dire : *Je ne suis pas ;* la seconde, un peu ultérieure, qui consiste à dire : *Je suis un autre.* Tâchons de nous représenter cet état extraordinaire, et nous verrons naître peu à peu, mais très-logiquement, ces conclusions plus extraordinaires encore.

Toutes les sensations, ou presque toutes les sensations sont altérées. Un malade dit [1] que, « lorsqu'il parlait, sa propre voix lui semblait *étrange ;* il ne la

---

1. Observation n° 2.

reconnaissait pas, il ne la croyait pas sienne. Lorsqu'on lui parlait, il se sentait étourdi comme si plusieurs personnes lui parlaient à la fois... Il ne reconnaissait ni le *goût* ni *l'odeur* des mets, et ne distinguait pas les objets au *toucher*, les yeux fermés. En outre, ses sensations musculaires étaient troublées ; il ne sentait pas le sol en marchant, ce qui rendait ses pas incertains et lui donnait la crainte de tomber ; ses jambes étaient mues comme par un ressort étranger à sa volonté ; il lui semblait constamment qu'elles ne lui appartenaient pas... Lorsqu'il causait avec quelqu'un, il lui *voyait* deux têtes incomplètement emboîtées l'une dans l'autre. » En outre, « les objets avaient perdu leur aspect naturel ; tout ce qu'il voyait avait changé de manière d'être. » — « L'étrangeté de ce que je voyais, dit-il, était celle que je me croyais transporté sur une autre planète. » — « Il était constamment *étonné*, il lui semblait qu'il se trouvait en ce monde *pour la première fois*. Il n'y avait dans son esprit aucun rapport, aucune relation entre ce qui l'entourait et son passé. » Ce trouble était plus fort que jamais lorsqu'il entrait dans une maison étrangère. « Je ne pouvais plus, dit-il, m'orienter en la quittant, ou du moins il me fallait faire un long et pénible effort pour me retrouver. — Souvent il lui est arrivé de se trouver à une courte distance de sa demeure et de ne pouvoir reconnaitre son chemin qu'après de longs efforts de réflexion ; deux ou trois fois, il s'assit sur la route, désespérant de retrouver sa maison, et se mit à pleurer à chaudes larmes. »

Un autre malade[1] écrit : « J'avais horreur d'aller à

1. Observation 38, complétée d'après des notes du Dr Krishaber.

Divonne, pays nouveau pour moi. Il fallut qu'un de mes amis s'offrît pour m'accompagner ; sans cela, je ne serais pas parti, et pourtant, à cause de mon hyperesthésie de l'ouïe, je prévoyais l'état affreux où me mettrait le bruit du siège à Paris. Un peu plus tard, à Genève, je m'accrochais avec terreur au bras de mon ami, me sentant perdu s'il me lâchait un instant. C'est que, lorsque je me trouvais seul dans un endroit nouveau, j'étais *comme un enfant nouveau-né*, comme Gaspard Hauser au sortir de sa cave, ne reconnaissant plus rien, incapable de tirer de mes sensations perverties aucune indication pour me conduire. »

Puis, revenant sur l'histoire de sa maladie, il ajoute : « La première sensation que j'aie éprouvée était une bouffée qui me montait à la tête. C'était le 25 novembre 1869. Dans la quinzaine précédente, j'avais des troubles visuels peu accusés. Je me souviens parfaitement d'avoir dit à un ami que les objets me paraissaient *changés d'aspect;* il y avait aussi de l'hyperesthésie de la vue, et je portais depuis quelque temps des lunettes légèrement colorées... Le 25 novembre, aussitôt après avoir eu la sensation de cette bouffée chaude, je fus pris de bourdonnements d'oreille, et j'eus de l'obnubilation intellectuelle. Comme je tenais un journal à la main, je pus immédiatement constater que je n'en comprenais pas le sens. En me mettant debout, j'étais titubant, les objets tournaient autour de moi, et j'eus des lueurs dans les yeux. Je me regardai dans une glace, et je pus constater que je n'avais pas de déviation de la face. D'ailleurs l'idée d'une hémorrhagie cérébrale ne me préoccupait pas beaucoup ; je me crus plutôt empoisonné ; je le crus même si bien, que je traçai à la hâte quelques mots sur une feuille de papier, indiquant ce que j'éprouvais et craignant de ne plus pouvoir donner des renseignements quelques instants après. Mais il me répugnait d'appeler quelqu'un. Je ne sonnai même pas ma domestique, persuadé qu'il n'y avait rien à faire ; je me couchai sur un canapé, et j'attendis. — Il me semblait que quelque chose tendait à m'isoler du monde extérieur ; en même temps, il se faisait comme une atmosphère *obscure* autour de ma personne ; je voyais cependant très-bien qu'il faisait grand jour. Le mot *obscure* ne rend pas exactement ma pensée ; il faudrait dire *dumpf* en allemand, qui signifie aussi bien lourd, épais, terne, éteint. Cette sensation était non-seulement visuelle, mais cutanée. L'atmosphère *dumpf* m'enveloppait ; je la voyais, je la sentais ; c'était comme une couche, un quelque chose mauvais conducteur qui m'isolait du monde extérieur [1]. Je ne saurais vous dire combien cette sensation était profonde ; il me semblait être transporté extrêmement loin de ce monde, et machinalement je prononçais à *haute voix* les paroles : *Je suis bien, bien loin.* Je savais cependant très-bien que je n'étais pas éloigné ; je me souvenais très-distinctement de tout ce qui m'était arrivé ; mais, *entre le moment qui avait précédé et celui qui avait suivi mon attaque, il y avait un intervalle immense en durée, une distance comme celle de la terre au soleil.*

« A partir du premier ou du second jour, il me fut impossible pendant quelques semaines de m'observer et de m'analyser. La souffrance (angine de poitrine) m'accablait ; ce fut seulement vers les

---

[1]. Même impression d'*isolement* chez le malade n° 2.

premiers jours du mois de janvier que je pus me rendre compte de ce que j'éprouvais. Les symptômes étaient continus avec des accès souvent répétés et qui duraient quelques heures. Voici le premier de ceux dont j'ai gardé un souvenir net. J'étais seul, lorsque, atteint déjà de troubles visuels permanents, je fus pris subitement d'un trouble de la vue infiniment plus accusé. Les objets paraissaient se rapetisser et s'éloigner à l'infini : hommes et choses étaient à des distances incommensurables. Moi-même j'étais très-loin. Je regardais autour de moi avec terreur et étonnement ; *le monde m'échappait*. Je sortis et pris une voiture. Je dus faire des efforts surhumains pour me rappeler que j'étais bien dans ma rue, que c'était bien moi qui marchais, qui parlais au cocher ; j'étais extrêmement étonné d'être compris par lui, car je remarquais en même temps que ma voix était extrêmement éloignée de moi, que du reste elle ne ressemblait pas à ma propre voix. Je frappai du pied le sol, et je me rendis compte de sa résistance ; mais cette résistance me semblait illusoire ; il ne me semblait pas que le sol fût mou, mais que le poids de mon corps fût réduit à presque rien. Je ne me sentais pas précisément léger, car j'étais très-fatigué, anéanti ; mais j'avais le sentiment de n'avoir pas de poids. — Ce qu'il y avait de plus remarquable, c'était le trouble visuel. En regardant dans un verre très-concave, n° 2 ou 3 par exemple (j'ai la vue à peu près normale), je ressens quelque chose d'analogue, à cela près que les objets me semblaient moins petits en ce moment-là. Il en est de même en regardant dans une lorgnette par le gros bout ; cette comparaison est même plus juste ; mais il faut la corriger ; aussi je veux dire que les objets me semblaient moins petits, mais beaucoup plus *éloignés*. Voici une autre particularité, au point de vue de la forme. Les objets me paraissaient *plats* ; quand je causais avec quelqu'un, je le voyais comme une image découpée ; son relief m'échappait ; cette dernière sensation a duré extrêmement longtemps, pendant plusieurs mois d'une façon continue, pendant deux ans d'une manière intermittente. Les troubles de l'ouïe étaient absolument constants ; il me semblait que mes oreilles étaient bouchées ; j'étais étonné d'entendre ; mais j'entendais en effet très-distinctement et même beaucoup trop ; car c'est l'hyperesthésie auditive qui constituait un de mes plus grands tourments. Le tact était peu troublé, à part ce que j'ai signalé tout à l'heure; le goût, moins encore ; il y avait une hyperesthésie de l'odorat qui a persisté, mais qui n'a jamais été excessive comme celle de l'ouïe et de la vue. Les lunettes les plus foncées ne me suffisaient plus ; je les mis doubles, et finalement j'eus l'idée de noircir mes lunettes avec du noir de charbon... Constamment il m'a semblé que mes jambes n'étaient plus à moi ; il en était à peu près de même de mes bras ; quant à ma tête, elle me semblait ne pas exister... Il me semblait que j'agissais par une impulsion étrangère à moi-même, automatiquement. Parfois, je me demandais ce que j'allais faire. J'assistais en spectateur désintéressé à mes mouvements, à mes paroles, à tous mes actes. Il y avait en moi un être nouveau et une autre partie de moi-même, l'être ancien, qui ne prenait aucun intérêt à celui-ci. Je me souviens très-nettement de m'être dit quelquefois que les souffrances de ce nouvel être m'étaient indifférentes. Jamais, du reste, je n'ai été réellement dupe de ces illusions; mais mon esprit était souvent las de corriger incessamment les impressions nouvelles, et je me laissais aller à vivre de la vie malheureuse de ce nouvel être. J'avais un ardent désir de revoir mon ancien monde, de redevenir l'ancien moi. C'est ce désir qui m'a empêché de me tuer... J'étais un autre, et je haïssais, je méprisais cet autre ; il m'était absolument odieux ; il est certain que c'était un autre qui avait revêtu ma forme et pris mes fonctions. »

Ici, il faut distinguer. « Dans les premiers temps, et aussitôt après mon attaque, dit l'excellent observateur [1], il m'a semblé que je n'étais plus de ce monde, que je *n'existais plus,* que je *n'existais pas.* Je n'avais pas le sentiment d'être un autre ; non, il me semblait que je *n'existais plus du tout.* Je tâtais ma tête, mes membres ; je les sentais. Néanmoins il m'a fallu une grande contention d'esprit et de volonté pour croire à la réalité de ce que je touchais. Le colonel anglais [2] parfois a cru pour de bon qu'il n'existait plus ; il m'a dit qu'alors il restait des heures entières immobile, comme en extase, sans rien comprendre du monde extérieur. Il faut distinguer cette première et profonde impression de toutes les autres qui vont suivre. » — En effet, dans ce premier stade, les sensations nouvelles étaient trop nouvelles ; elles n'avaient pas été répétées un assez grand nombre de fois pour faire dans la mémoire un groupe distinct, une série cohérente, un second moi ; telle est la chenille dont nous avons parlé, dans le premier

---

1. Observation 38. Notes autobiographiques manuscrites, écrites après la guérison complète.
2 Observation 2.

quart d'heure qui suit sa métamorphose en papillon ; son nouveau moi n'est pas encore formé, il est en train de se former ; l'ancien, qui n'éprouve que des sensations inconnues, est conduit à dire : Je ne suis plus, je ne suis pas. — « Plus tard et dans une seconde période, dit notre observateur, lorsque par un long usage j'eus appris à me servir de mes sensations nouvelles, j'avais moins d'effroi d'être seul et dans un pays que je ne connaissais pas ; je pouvais, quoique avec difficulté, me conduire ; j'avais reformé un moi ; je me sentais exister, quoique autre. » Il faut du temps pour que la chenille s'habitue à être papillon ; et, si la chenille garde, comme c'était le cas, tous ses souvenirs de chenille, il y a désormais un conflit perpétuel et horriblement pénible entre les deux groupes de notions ou impressions contradictoires, entre l'ancien moi qui est celui de la chenille, et le nouveau moi qui est celui du papillon. — Dans le second stade, au lieu de dire : Je ne suis plus, le malade dit : Je suis un autre. Sur ce point, presque tous emploient le même langage : « Je me sentais si complètement changé, qu'il me semblait être devenu un autre [1] ; cette pensée s'imposait constamment à moi sans que cependant j'aie oublié une seule fois qu'elle était illusoire. » — « Quelquefois il me semble n'être pas moi-même, ou bien je me crois plongée dans un rêve continuel. » — « Il m'a littéralement semblé que je n'étais plus moi-même. » — « Je doutais de ma propre existence, et même par instants je cessais d'y croire. » — « Souvent il me semble que je ne suis pas de ce monde ; ma voix me paraît étrangère, et, quand je

---

1. Observations 38, 47.

vois mes camarades d'hôpital, je me dis à moi-même :
« Ce sont les figures d'un rêve. » — Il semble au
malade « qu'il est un automate » ; « il sent qu'il est
en dehors de lui-même. » — Il ne « se reconnaît plus ;
il lui semble qu'il est devenu une autre personne. »

M. Krishaber et le malade guéri de l'observation 38
vont même plus loin : ils pensent que le malade ne
se trompe pas en croyant qu'il est un autre. « Non-
seulement, dit ce dernier, il m'a semblé que j'étais
un autre ; mais j'étais effectivement un autre ; » un
moi différent s'était substitué au premier. En effet, les
sensations constituantes du moi étaient autres, et par
suite les goûts, désirs, facultés, affections morales
étaient différents. Ainsi le moi, la personne morale,
est un produit dont les sensations sont les premiers
facteurs ; et ce produit considéré à différents moments
n'est le même et ne s'apparaît comme le même que
parce que ses sensations constituantes demeurent
toujours les mêmes. Lorsque subitement ces sensations deviennent autres, il devient autre et s'apparaît
comme un *autre ;* il faut qu'elles redeviennent les
mêmes pour qu'il redevienne le même et s'apparaisse
de nouveau comme le même. Ici, l'expérience confirme la théorie. En effet, selon le docteur Krishaber,
« la perturbation particulière en vertu de laquelle le
malade perd jusqu'à un certain point le sentiment de
sa propre personne ne disparaît que lorsque les troubles sensoriels auxquels elle est liée ont disparu [1]. » —
A mon sens, ceci est décisif, et je trouve le petit récit
qu'on vient de lire plus instructif qu'un volume métaphysique sur la substance du moi.

---

[1]. *De la névropathie cérébro-cardiaque,* 181.

TABLE DES MATIÈRES

DEUXIÈME PARTIE

LES DIVERSES SORTES DE CONNAISSANCES

LIVRE PREMIER

MÉCANISME GÉNÉRAL DE LA CONNAISSANCE

CHAPITRE PREMIER

DE L'ILLUSION.

Pages

I. Résumé de la première partie. — Éléments de la connaissance humaine. — Principaux composés que forment leurs combinaisons. — La naissance et la rectification d'une illusion sont les deux procédés par lesquels se forment en nous nos diverses sortes de connaissances.   4

II. Exemples. — Illusion produite par le théâtre. — Illusions d'optique. — Illusion des amputés. — Illusion des hallucinés. — La condition suffisante de la croyance ou jugement affirmatif est la présence de la sensation ordinaire. — Il n'importe pas que la sensation soit pourvue de ses antécédents ordinaires. — Preuves. — Quand la condition du travail mental est donnée, il se poursuit aveuglément, comme le travail vital..................   6

III. Conséquences. — La perception extérieure est une hallucination vraie. — Exemples. — A l'état normal et ordinaire, notre rêve du dedans correspond aux choses du dehors. — Illusion psychologique à propos de la perception extérieure. — Nous sommes tentés de la prendre pour un acte simple et spirituel. — Illusion psychologique analogue à propos des autres actes de connaissance.... 10

IV. Rôle de l'image substitut de la sensation. — Elle provoque le même travail hallucinatoire. — Exemples. — Cas où ce travail aboutit. — Observations de M. Maury sur les hallucinations hypnagogiques. — Hypnotisme et somnambulisme. — Expériences de Braid sur la suggestion. — Cas cité par Carpenter. — Expériences du Dr Tucke. — Prédominance des images et de l'action des hémisphères.. 15

V. Conséquences. — Présence des images dans toutes les représentations sensibles et dans toutes les idées pures. — Dans toutes les perceptions extérieures, souvenirs, prévisions, actes de conscience. — Tendance générale de l'esprit à l'hallucination. — Dans toutes nos opérations mentales, il y a une hallucination, au moins à l'état naissant. — Exemples de son développement. — Phrases mentales qui deviennent des voix externes. — Images effacées qui, en ressuscitant, deviennent hallucinatoires. — Nos diverses opérations mentales ne sont que les divers stades de cette hallucination 23

CHAPITRE II

DE LA RECTIFICATION

I. Exemple de la rectification. — Cas de la rêverie. — Double effet des réducteurs antagonistes. — La représentation faiblit et cesse de paraître objet réel. — Même lorsque la représentation demeure nette et colorée, elle cesse de paraître objet réel. — Mécanisme général de cette dernière rectification. — Elle consiste en une négation. — Elle se fait par l'accolement d'une représentation contradictoire. — Divers points sur lesquels peut porter la contradiction.. 34

II. Applications. — Rectification de l'illusion du théâtre. — Rectification des illusions d'optique. — Rectification par l'amputé de son illusion. — Rectification par l'halluciné de son illusion. — L'illusion est enrayée, soit à son premier stade, soit à un de ses stades ultérieurs......... 37

III. Divers états et degrés de la représentation contredite. — Cas où elle est faible. — Cas où elle est intense. — Cas où elle se transforme en sensation. — Théorie physiologique de ces divers états. — Action persistante des centres sensitifs. — Action en retour des hémisphères sur les centres sensitifs... 40

IV. État anormal et degré maximum de la représentation. — Alors la sensation antagoniste est nulle et la représentation contradictoire n'est pas un réducteur suffisant. — La représentation contradictoire n'est efficace que sur les groupes d'images dont le degré est le même que le sien.. 43

V. État normal de veille. — Exemple. — Premier stade de la rectification, le souvenir. — L'image actuelle paraît sensation passée. — Le souvenir, comme la perception extérieure, est une illusion qui aboutit à une connaissance. — Notre rêve actuel correspond alors à une sensation antérieure. — Illusion psychologique à propos de la mémoire. — Nous sommes tentés de prendre la connaissance de nos états passés pour un acte simple et spirituel.. 46

VI. Mécanisme de la mémoire. — Exemples. — La sensation actuelle nie l'image survivante de la sensation antérieure. — Elle ne la nie que comme sensation contemporaine. — Le travail hallucinatoire ordinaire n'est enrayé que sur un point. — L'image survivante apparaît comme sensation non présente. — Causes de son recul apparent. — Toute image occupe un fragment de durée et a deux bouts, l'un antérieur, l'autre postérieur. — Circonstances qui la rejettent dans le passé. — Circonstances qui la projettent dans l'avenir. — Exemples. — Déplacements successifs et voyages apparents de l'image pour se situer plus ou moins loin dans le passé ou l'avenir. — Elle se situe par intercalation et emboîtement............. 51

VII. Dernier stade de la rectification. — Exemples. — L'image apparaît alors comme pure image actuelle. — Représentations, images, conceptions, idées proprement dites. — Cas où elles sont émoussées et privées de particularités individuelles. — En ce cas, elles ne peuvent se situer nulle part dans le passé, ni dans le présent, ni dans l'avenir. — Cas où elles sont précises et pourvues de particularités individuelles. — La vision pittoresque et poétique. — En ce cas, elles sont promptement exclues de leur place apparente dans le présent, le passé ou l'avenir. — Dans les deux cas, la répression complète est immédiate ou prompte. — Elle est l'œuvre commune de la sensation présente, des souvenirs liés et des prévisions ordinaires. 57

VIII. Illusion psychologique à propos de la conscience. — Nous sommes tentés de prendre la connaissance de notre état actuel pour un acte simple et spirituel. — La représentation, conception ou idée reconnue comme telle n'est que le même fait en ses deux moments, à l'état d'illusion et à l'état d'illusion réprimée. — Procédé commun par lequel s'édifient toutes nos espèces de connaissances.. 63

LIVRE DEUXIEME

LA CONNAISSANCE DES CORPS

CHAPITRE PREMIER

LA PERCEPTION EXTÉRIEURE ET LES IDÉES DONT SE COMPOSE L'IDÉE DE CORPS.

I. Caractère général de la perception extérieure. — Elle est une hallucination vraie. — Détail des preuves. — Son premier moment est une sensation, et cette sensation, par elle-même, suffit pour susciter le simulacre du corps extérieur présent ou absent. — Après la perception, il y a en nous, avec l'image de la sensation éprouvée, un simulacre de l'objet perçu, et cette représentation tend à devenir hallucinatoire. — En beaucoup de cas, l'objet apparent diffère de l'objet réel. — Trois indices du simulacre. — Confondu ou non confondu en totalité ou en partie avec l'objet réel, il suit toujours la sensation...... 71

II. En quoi consiste le simulacre. — Entre autres éléments, il renferme la conception affirmative d'une chose douée de propriétés. — Analyse de cette conception, notion ou idée. — Une chose n'est que l'ensemble de ses propriétés subsistantes. — Un corps n'est qu'un faisceau de propriétés sensibles.. 76

III. Propriétés sensibles des corps. — Corps odorants, sapides, sonores, colorés, chauds ou froids. — Nous n'entendons par ces propriétés que le pouvoir d'exciter en nous telle ou telle sorte de sensation. — Corps solides ou résistants. — Analyse de Stuart Mill. — Primitivement, la résistance n'est pour nous que le pouvoir d'arrêter une série commencée de sensations musculaires. — Corps lisses, rudes, piquants, unis, durs, mous, collants, humides. —

Nous n'entendons par ces propriétés que le **pouvoir de provoquer** tel mode ou modification d'une sensation ou d'une série de sensations musculaires et tactiles......... 78

IV. Propriétés géométriques et mécaniques des corps. — L'étendue, la figure, la situation, la mobilité. — Ces notions jointes à celle de résistance sont l'essentiel de la notion de corps. — Elles sont des composés dont les éléments sont les notions de distance. — Analyse de Bain. — Une sensation musculaire plus ou moins intense nous donne la notion de résistance. — Une série plus ou moins longue de sensations musculaires nous donne la notion de distance plus ou moins grande. — Notion de la distance dans une direction, ou notion de l'étendue linéaire. — Notion de la distance en plus d'une direction ou notion de l'étendue de surface et de volume. — Notion de la position. — Notion de la forme. — Une série totale de sensations musculaires peut être épuisée en plus ou moins de temps. — Notion de la vitesse. — Double mesure sensible de l'amplitude du même mouvement effectué par le même membre. — Notion finale du trajet effectué ou de l'espace parcouru. — Théorie de Stuart Mill. — A quoi se ramène la notion d'espace vide parcouru et d'étendue solide continue. — Toutes les propriétés du corps se ramènent au pouvoir de provoquer des sensations.................... 81

V. Analyse du mot pouvoir. — Il signifie que telles sensations sont possibles à telles conditions et nécessaires à telles conditions. — Toute propriété d'un corps se réduit à la possibilité de telle sensation dans telles conditions et à la nécessité de la même sensation dans les mêmes conditions plus une condition complémentaire. — Confirmation de ce paradoxe. — Ces possibilités et nécessités durent et sont indépendantes. — A ce double titre, elles ont tous les caractères de la substance. — Par degrés, elles s'opposent aux sensations passagères et dépendantes, et semblent des données d'une espèce distincte et d'une importance supérieure. — Développement de cette théorie par Stuart Mill. 90

VI. Addition à la théorie. — Les corps sont non-seulement des possibilités permanentes de sensation, mais encore des nécessités permanentes de sensation. — A ce titre, ils sont des forces. — Ce qu'est un corps par rapport à nous. — Ce qu'est un corps par rapport à un autre corps. — Ce qu'est un corps par rapport à lui-même. — Trois groupes de propriétés ou pouvoirs dans un corps. — Ces pouvoirs ne sont jamais définis que par rapport à des évènements du sujet sentant, du corps lui-même ou d'un autre corps. — Parmi ces pouvoirs, il y en a auxquels se réduisent les autres. — Parmi ces évènements, il y en a un, le mouvement, que l'on peut substituer aux autres. — Idée scientifique du corps comme d'un mobile moteur. — Idée scientifique du solide, du vide, de la ligne, de la surface, du volume, de la force, définis par rapport au mouvement. — Les éléments de toutes ces idées ne sont jamais que des sensations et des extraits plus ou moins élaborés de sensation............ 105

VII. Correction apportée à la théorie. — Les corps ne sont pas seulement des possibilités et des nécessités permanentes de sensations. — Procédé par lequel nous leur attribuons le mouvement. — Ce procédé est légitime. — Analogies et différences de ce procédé et du procédé par lequel nous attribuons aux corps animés des sensations, images, idées et volitions semblables aux nôtres. 111

VIII. Résumé. — Matériaux dont l'assemblage fait la notion ou conception d'un corps. — Portion animale de cette conception. — Portion humaine de cette conception. — Emploi des noms. — Intervention de l'illusion métaphysique. — Premiers éléments du simulacre hallucinatoire.. 118

CHAPITRE II

LA PERCEPTION EXTÉRIEURE ET L'ÉDUCATION DES SENS

I. Nous assignons un emplacement à nos sensations. — Cette opération est distincte de la sensation et exige un certain intervalle de temps pour s'accomplir. — Expériences des physiologistes............................ 125

II. Les sensations du toucher ne sont point situées à l'endroit où nous les plaçons. — Ce qui se produit à cet endroit, c'est, à l'état normal, un ébranlement nerveux qui est un de leurs précédents. — Illusion des amputés. — Observations et expériences de Mueller. — Maladies et compressions des troncs nerveux. — Sensations localisées à faux par les paralytiques insensibles. — Sensations localisées à faux après les opérations d'autoplastie. — Expériences et observations de Weber. — Loi qui régit la localisation. — Nous situons notre sensation à l'endroit où nous avons coutume de rencontrer sa condition ou cause ordinaire... 128

III. Conséquences. — Nous situons nos sensations de son et de couleur hors de l'enceinte de notre corps. — Exemples. — Aliénation de nos sensations de couleur. — Elles nous semblent une propriété des corps colorés. — Mécanisme de cette aliénation. — Preuve que la couleur n'est qu'une sensation provoquée par un état de la rétine. — Couleurs subjectives. — Sensation subjective des couleurs complémentaires. — Figures lumineuses que suscite la compression de l'œil. — Sensation de lumière que provoque la section du nerf optique. — Sensations visuelles que produit l'excitation prolongée ou l'excitation en retour des centres visuels. — Applications diverses de la loi qui régit la localisation. — Rôle du toucher explorateur. — Cas où l'emplacement de la sensation reste vague. — Sensations internes. — Cas où l'emplacement des causes de deux ébranlements nerveux est l'inverse de l'emplacement des deux ébranlements nerveux. — Images renversées sur la rétine. — Deux stades du jugement localisateur. — Pourquoi les sensations de couleur et de son parcourent ces deux stades. — Pourquoi les sensations de contact, de pression, de saveur ne parcourent que le premier. — Position moyenne des sensations d'odeur et de température. — Caractère ambigu de l'odeur, du chaud et du froid qui nous semblent en partie des sensations, en partie des propriétés d'un corps. — Résumé. — Le jugement localisateur est toujours faux. — Son utilité pratique......... 135

IV. Éléments du jugement localisateur. — Exemples. — Il se compose d'images tactiles et musculaires, ou d'images visuelles. — Atlas tactile et musculaire. — Nous pouvons constater sa présence chez les aveugles-nés. — Cas où nous pouvons constater sa présence en nous-mêmes. — Exemples. — Comment fonctionne l'atlas tactile et musculaire. — Il est primitif. — Atlas visuel. — Il est ultérieur. — La localisation d'une sensation s'opère par l'adjonction d'images visuelles ou tactiles et musculaires accolées à cette sensation. — Dans l'instinct, cette adjonction est spontanée. — Chez l'homme, elle est une acquisition de l'expérience............................ 14?

V. Différences des deux atlas. — Formation spontanée de l'atlas tactile et musculaire. — Formation dérivée de l'atlas visuel. — Localisation primitive des sensations visuelles. — Sensations brutes de la rétine. — Ce que l'éducation de l'œil leur ajoute. — Observations faites sur les aveugles-nés après l'opération qui leur rend la vue.

— Cas cités par Cheselden, Ware, Home, Nunnely et Waldrop. — Aux sensations rétiniennes et musculaires de l'œil s'adjoint l'image des sensations musculaires de transport et de locomotion des membres et de tout le corps. — Cette association est un effet de l'expérience. — Opinion d'Helmholtz. — Les sensations rétiniennes et musculaires de l'œil deviennent des signes abréviatifs. — Analogie de ces sensations et des noms. — Elles sont comme eux des substituts d'images. — Ordinairement, ces images restent à l'état latent et ne peuvent pas être démêlées par la conscience. — Procédé comparatif par lequel nous évaluons les grandes distances. — Nous ne comparons plus alors que des signes.................... 154

VI. Première idée de l'étendue visible. — Une série très-courte de sensations musculaires et rétiniennes de l'œil est le substitut d'une série très-longue de sensations tactiles et musculaires du corps et des membres. — Manière dont les aveugles-nés imaginent l'étendue. — Pourquoi nous croyons percevoir simultanément par la vue un grand nombre de points distants et coexistants. — L'atlas visuel est un résumé abréviatif de l'atlas tactile et musculaire. — Commodité plus grande et usage presque exclusif de l'atlas visuel. — Circonstances où l'atlas tactile et musculaire est encore employé. — Il demeure chez nous atrophié et rudimentaire par la prédominance de l'autre. — Cas où l'autre ne peut se développer. — Perfection du toucher chez les aveugles. — Exemples........................ 171

VII. Conséquences de la situation que paraissent avoir nos sensations. — Elles paraissent étendues et continues. — Partant, les corps que nous connaissons par leur entremise nous paraissent étendus et continus. — En quoi cette croyance est trompeuse. — L'idée de l'étendue n'est pas innée, mais acquise. — Idée de notre corps. — Enceinte corporelle du moi. — Idée d'un corps extérieur. — Nous le concevons, par rapport à notre sensation localisée, comme un au-delà, et, par rapport à notre corps, comme un dehors. — Projection des sensations de la vue et de l'ouïe dans ce dehors. — Leur aliénation définitive. — Achèvement du simulacre interne qui aujourd'hui constitue pour nous une perception extérieure. — Pourquoi il nous apparaît comme autre que nous et hors de nous. 183

VIII. En quoi cette hallucination est vraie à l'état normal. — Notre illusion équivaut à une connaissance. — Ce qu'il y a de vrai dans le jugement localisateur. — A l'endroit où semblent situées les sensations du premier groupe se trouve situé le point de départ de l'ébranlement nerveux. — A l'endroit où semblent situées les sensations du second groupe se trouve situé le point de départ de l'ondulation éthérée ou aérienne. — Ce qu'il y a de vrai dans la perception extérieure. — Aux différences qui distinguent les sensations du second groupe correspondent des différences dans le type des ondulations et dans les caractères de leurs points de départ. — A la substance corporelle jugée permanente correspondent une possibilité et une nécessité permanentes de sensations et, en général, d'évènements. — Toute perception extérieure se réduit à l'assertion d'un fait général pensé avec ses conditions. — Concordance ordinaire de la loi réelle et de la loi mentale. — Adaptation générale de l'ordre interne à l'ordre externe. — Établissement spontané, perfection progressive, mécanisme très-simple de cette adaptation.................................. 189

LIVRE TROISIÈME

LA CONNAISSANCE DE L'ESPRIT

CHAPITRE PREMIER

LA CONNAISSANCE DE L'ESPRIT

I. Rôle de l'idée du moi dans la vie mentale. — Sa présence presque incessante. — Le moi comparé à ses évènements.. 201

II. Idées dont se compose l'idée du moi. — Entre autres idées, elle comprend l'idée d'un être permanent lié à tel corps organisé. — Ce que nous entendons par cette liaison. — Idées plus précises dont se compose l'idée du moi. — Idée d'un groupe de capacités ou facultés...... 203

III. Ce que nous entendons par les mots de capacité et de faculté. — Ils ne désignent que la possibilité de certains évènements sous telles conditions et la nécessité des mêmes évènements sous les mêmes conditions, plus une condition complémentaire. — Ces possibilités et nécessités sont permanentes. — Importance capitale que nous leur attachons. — Illusion métaphysique que leur idée provoque. — Les seuls éléments réels de notre être sont nos évènements.. 204

IV. Le caractère distinctif, commun à tous ces évènements, est d'apparaître comme internes. — Exemples. — Mécanisme de la rectification. — Toute représentation, conception ou idée, à son second moment, est obligée d'apparaître comme interne. — Nos émotions et volitions ne sont que la face affective et active de nos idées. — D'où il suit qu'elles doivent aussi apparaître comme internes. — Les sensations que nous localisons dans notre corps apparaissent comme internes. — Les sensations que nous localisons hors de notre corps apparaissent comme des évènements étrangers à nous ou comme des propriétés de corps étrangers à nous.................................. 203

V. Nos évènements passés, aussi bien que nos évènements présents, apparaissent comme internes. — La série de ces évènements apparaît comme une chaîne. — Mécanisme de la mémoire qui les attache entre eux chaînon à chaînon. — Par la loi de la renaissance des images, l'image d'un de nos évènements évoque celles du précédent et du suivant. — Procédés abréviatifs par lesquels nous remontons ou nous descendons vite et loin dans la série totale. — Exemples. — Points éminents de notre vie passée. — Nous sautons d'éminence en éminence. — Effet de ce parcours rapide. — Dégagement d'un caractère commun à tous les éléments successifs de la série. — Idée d'un dedans stable. — Cette idée est l'idée du moi. — Achèvement de cette idée par celle des capacités et facultés permanentes. — Opposition finale du moi et de ses évènements....... 211

VI. A quel composé réel correspond effectivement l'idée du moi. — Elle est le produit d'une élaboration longue et complexe. — Opérations préalables requises pour la former. — Partant, elle est susceptible d'erreur. — Diverses classes d'erreurs au sujet du moi. — Cas où des évènements étrangers sont introduits dans l'idée du moi. — Exemples divers. — Point de départ de l'illusion. — Chez les romanciers. — Chez les esprits incultes. — En rêve. — Chez les fous. — Dans l'hypnotisme. — Cas où des évènements qui appartiennent au moi sont attribués à autrui. — Aliénation normale de nos sensations de son et de couleur. — Hallucinations psychiques. — Locutions intellectuelles des mystiques. — Histoire de Blake. — Autres exemples. — Point de départ et progrès de l'illusion. — Passage de l'hallucination psychique à l'hallucination sensorielle. — Cas où la série totale de nos évènements passés, présents et possibles est remplacée par une série étrangère. — Point de départ de l'illusion. — Suggestions dans l'hypnotisme. — Expériences des docteurs Tuke et Elliotson. — Exemples chez les monomanes. — Malades persuadés qu'ils sont une autre personne, qu'ils sont changés en animaux ou en corps inanimés, qu'ils sont morts. — Croyances analogues dans le rêve. — Mécanisme de l'idée du moi à l'état normal. — Mécanisme de l'idée du moi à l'état anormal. — Analogie du travail mental et du travail vital.................................... 217

VII. Véracité générale du souvenir. — Étant donné le mécanisme du souvenir, son jeu est ordinairement sûr. — A l'image actuelle, nette et circonstanciée, correspond presque toujours une sensation antécédente, dont l'image est le reliquat. — A l'emplacement apparent de l'image refoulée correspond presque toujours l'emplacement réel de la sensation antécédente. — Véracité générale de la notion que nous avons de nos facultés. — L'expérience incessante la contrôle, la rectifie et la consolide. — Cohésion de ses éléments. — Il faut des circonstances exceptionnelles pour les disjoindre ou y en insérer d'étrangers. — Raison générale de la concordance de nos pensées et des choses... 231

VIII. Comment, d'après l'idée de notre esprit, nous nous formons l'idée des autres esprits. — Analogie des autres corps vivants et du nôtre. — Cette analogie nous suggère par association l'idée d'un esprit semblable au nôtre. — Vérifications diverses, nombreuses et constantes de cette induction spontanée 236

IX. Résumé général et vues d'ensemble. — Dans toutes les opérations précédentes, une image ou un groupe d'images est soudé à une sensation ou à un groupe de sensations, à une image ou à un groupe d'images, en vertu des lois de réviviscence et d'association des images. — Complication croissante du composé mental. — Complication énorme du composé qui constitue l'idée d'un individu. — Tout composé mental est un couple, et, à ce titre, il est une connaissance. — Quand le premier terme du couple est répété par la sensation actuelle, le second terme devient une prévision. — Mécanisme de la prévision et projection du second terme dans l'avenir. — Dans la majorité des cas, notre prévision concorde avec l'évènement prévu. — Correspondance ordinaire de la loi mentale avec la loi réelle. — Deux états du couple mental. — Il agit avant d'être démêlé. — Opposition de la pensée animale à a pensée humaine. — Passage de la première à la seconde. — Après les idées des choses individuelles naissent les idées des choses générales.................................. 238

LIVRE QUATRIÈME

LA CONNAISSANCE DES CHOSES GÉNÉRALES

CHAPITRE PREMIER

LES CARACTÈRES GÉNÉRAUX ET LES IDÉES GÉNÉRALES

Les caractères généraux. — Exemples. — Ils sont l'objet des idées générales.................................. 252

§ I. — *Idées générales qui sont des copies.*

I. Rôle des caractères généraux dans la nature. — Un groupe de caractères généraux communs à tous les moments d'une série d'évènements constitue l'individu. — Un groupe de caractères généraux communs à plusieurs individus constitue la classe. — Les caractères généraux sont la portion fixe et uniforme de l'existence. — Ils ne sont pas de pures conceptions ou fictions de notre esprit. — Leur efficacité dans la nature. — Ils sont plus ou moins généraux. — Plus ils sont généraux, plus ils sont abstraits. . 253

II. A ces extraits généraux correspondent en nous des idées générales et abstraites. — Ces idées sont des noms accompagnés ordinairement d'une vague représentation sensible. — Exemples. — La représentation sensible est un résidu de plusieurs souvenirs émoussés et confondus. — Le nom est un son significatif, c'est-à-dire lié à ce que toutes les perceptions et représentations sensibles des individus de la classe ont de commun, et à cela seulement. — A ce titre, il est le correspondant mental de leur portion commune et se trouve idée générale. — Mécanisme de cette liaison exclusive. — Observations sur les enfants. — Analogie de l'invention enfantine et de l'invention scientifique. — En quoi l'intelligence humaine se distingue de l'intelligence animale. — Comment, chez l'enfant, les noms transmis deviennent des noms significatifs. — Indications fournies par ses barbarismes. — Observations du Dr Lieber. — L'enfant reçoit les mots, mais crée leur sens.................................. 253

III. Adaptation graduelle des idées générales aux choses. — La recherche scientifique. — Aux caractères généraux dont le groupe constitue une classe nous en ajoutons d'autres. — Cette addition n'a pas de terme. — Corrections apportées à notre idée générale par nos additions. — Exemples en zoologie et en chimie. — Perfectionnement de nos classifications..................................

IV. Caractères généraux qui appartiennent aux éléments des individus classés. — Idée de la feuille en botanique. — Idée du plan anatomique en zoologie. — Idée de l'action électrique. — Idée de la gravitation. — Dégagement des caractères les plus universels et les plus stables. — Retranchement des caractères accessoires et passagers. — Résumé. — L'idée générale s'ajuste à son objet d'abord par addition, puis par soustraction...................... 27

§ II. — *Idées générales qui sont des modèles.*

I. Idées générales dont les objets ne sont que possibles. — Nous les construisons. — Idées de l'arithmétique. — Notion de l'unité. — La propriété d'être une unité n'est que l'aptitude à entrer comme élément dans une collection. — Tous les faits ou individus présentent cette propriété. — Nous l'isolons au moyen d'un signe qui devient son représentant mental. — Inventions successives de diverses sortes de signes pour représenter les séries d'unités abstraites. — Première forme du calcul. — Les dix doigts. — Les petits cailloux. — Addition et soustraction au moyen des doigts et des cailloux. — Les noms de nombre, substituts des doigts et des cailloux. — Commodité, petit nombre et combinaisons simples de ces nouveaux substituts. — Derniers substituts, les chiffres. — Ils sont les plus abréviatifs de tous. — Nous formons ainsi des collections d'unités mentales sans songer à les adapter aux collections d'unités réelles. — Ultérieurement et à l'expérience, toute collection d'unités réelles se trouve adaptée à une collection d'unités mentales. — Exemples. — Nos nombres sont des cadres préalables 275

II. Toutes les idées générales que nous construisons sont des cadres préalables. — Idées de la géométrie. — Notions de la surface, de la ligne, du point. — Leur origine. — La surface est la limite du corps sensible, la ligne est la limite de la surface, le point est la limite de la ligne. — Symboles commodes par lesquels nous représentons ces caractères généraux. — Surface de tableau ou du papier, lignes et points à l'encre ou à la craie. — Analogie de ces substituts et des doigts ou des cailloux de l'arithmétique. — Dernière idée générale introduite dans la géométrie, l'idée du mouvement. — Son origine. — Tour nouveau qu'elle donne aux premières idées géométriques. — La ligne est la série continue des positions successives du point en mouvement. — La surface est la série continue des positions successives de la ligne en mouvement. — Le solide est la série continue des positions successives de la surface en mouvement. — Si l'on substitue au point, à la ligne et à la surface leurs symboles, ces constructions deviennent sensibles. — Autres constructions. — La ligne droite — La ligne brisée. — La ligne courbe. — L'angle. — L'angle droit. — La perpendiculaire. — Les polygones. — La circonférence. — Le plan. — Les trois corps ronds. — Les sections coniques. — Nombre indéfini de ces constructions. — Aux plus générales de ces constructions mentales correspondent des constructions réelles. — Il y a dans la nature des surfaces, des lignes et des points, au moins pour nos sens. — Il y a dans la nature des surfaces, des lignes et des points en mouvement. — Aux moins générales de ces constructions mentales correspondent approximativement des constructions réelles. — Pourquoi cette correspondance n'est-elle qu'approximative. — Exemples. — La construction réelle est plus compliquée que la construction mentale. — Des deux constructions, l'une en se compliquant, l'autre en se simplifiant, s'ajuste à l'autre. — Utilité des cadres préalables.. 282

III. Idées de la mécanique. — Notions du repos, du mouvement, de la vitesse, de la force, de la masse. — Leur origine et leur formation. — Les lignes, les chiffres et les noms sont leurs symboles. — Diversité et nombre indéfini des composés construits avec ces éléments. — Aux plus simples de ces constructions mentales correspondent des constructions réelles. — Tendance des corps en repos ou doués d'un mouvement rectiligne uniforme à persévérer indéfiniment dans leur état. — A celles de ces constructions mentales qui sont moins simples correspondent encore certaines constructions réelles. — Hypothèse de la vitesse uniformément accrue; cas des corps pesants qui tombent. — Mobile animé d'un mouvement rectiligne uniforme et d'un autre mouvement dont la vitesse est uniformément accrue; cas des planètes. — Comment les cadres préalables doivent être construits pour avoir chance de convenir aux choses. — Trois conditions. — Leurs éléments doivent être calqués sur les éléments des choses. — Leurs éléments doivent être le plus généraux qu'il se pourra. — Leurs éléments doivent être combinés le plus simplement possible.............. 283

IV. Autres constructions mentales. — Nous pouvons en faire pour toutes les classes d'objets. — Hypothèses physiques et chimiques. — Parmi ces cadres, il y en a auxquels nous souhaitons que les choses se conforment. — Construction mentale de l'utile, du beau et du bien. — Ces cadres, ainsi construits, deviennent des ressorts d'action... 293

CHAPITRE II

LES COUPLES DE CARACTÈRES GÉNÉRAUX ET LES PROPOSITIONS GÉNÉRALES.

I. Les caractères généraux forment des couples. — Deux caractères généraux accouplés font une loi. — Penser une loi, c'est énoncer mentalement une proposition générale. 300

II. Exemples de ces caractères accouplés. — Utilité pratique de leurs liaisons. — Ces liaisons sont de diverses sortes. — Liaisons unilatérales ou simples. — Liaisons bilatérales ou doubles. — Les deux caractères peuvent être simultanés. — Ils peuvent être successifs. — Antécédent et conséquent. — Fréquence de ce dernier cas. — L'antécédent prend alors le nom de cause............... 301

III. En quoi consiste la liaison. — Analyse de Stuart Mill. — Ce mot ne désigne aucune vertu secrète et mystérieuse enfermée dans le premier caractère. — Son sens précis. — Il suffit que le premier caractère soit donné pour que le second soit aussi donné. — Rien d'étrange si les caractères généraux ont, comme les faits particuliers, des antécédents, des compagnons ou des conséquents. — La difficulté est d'isoler les caractères généraux. — Deux artifices de méthode pour tourner la difficulté. — Deux sortes de lois.. 305

§ I. — *Lois qui concernent les choses réelles.*

I. Premiers jugements généraux de l'enfant. — Mécanisme de leur formation. — Passage du jugement animal au jugement humain. — Les jugements généraux se multiplient. — Ils sont le résumé et la mesure de l'expérience antérieure. — Comment l'expérience ultérieure les rectifie. — Adaptation graduelle de nos couples de caractères men aux aux couples de caractères réels. — Nous croyons aujourd'hui que tout caractère général est le second terme d'un couple. — Admission provisoire de cette hypothèse. — Elle est le principe de l'induction scientifique.. 308

II. Diverses méthodes de l'induction scientifique. — Étant donné un caractère connu, il suffit que sa condition inconnue soit donnée pour qu'il soit aussi donné. — Recherche de la condition inconnue d'après cet indice. — Méthode des concordances. — Méthode des différences. — Méthode des variations concomitantes. — Divers exemples. — Toutes ces méthodes sont des procédés d'élimination. — Elles sont d'autant plus efficaces qu'elles opèrent des éliminations plus grandes. — Après l'élimination, le reliquat contient la condition inconnue que l'on cherchait. — Méthode complémentaire de déduction. — Exemple. — Théorie de Herschell et de Stuart Mill. — Exemple de ces diverses méthodes dans la recherche de l'antécédent de la rosée.. 312

§ II. — *Lois qui concernent les choses possibles.*

I. Lenteur des procédés décrits ci-dessus. — Les lois ainsi découvertes ne sont que probables au delà du cercle de notre expérience. — Les plus générales sont découvertes le plus tard.. 330

II. Le caractère des propositions qui concernent les choses possibles est différent. — Vérité universelle des théorèmes mathématiques. — Nous ne pouvons concevoir un cas où ces propositions soient fausses. — Les plus générales sont formées les premières. — Parmi les plus générales, il en est quelques-unes, nommées axiomes, d'où dépendent toutes les autres et qu'on admet sans les démontrer. 331

III. Deux sortes de preuves pour les théorèmes des sciences dites de construction. — Exemple. — Différence des deux méthodes de preuve. — Les axiomes sont des théorèmes non prouvés. — Ils sont des propositions analytiques. — On se dispense de les démontrer parce que l'analyse demandée est très-facile, ou on évite de les démontrer parce que l'analyse demandée est très-difficile. — Axiomes d'identité et de contradiction. — Axiome d'alternative. — Analyse qui le démontre. — Idées latentes contenues dans les deux membres de la proposition qui l'exprime. — Ces idées non démêlées déterminent notre conviction. — Il y a de semblables idées, latentes et probantes, dans les termes des autres axiomes.............. 333

IV. Axiomes mathématiques. — Axiomes sur les quantités égales augmentées ou diminuées de quantités égales. — Preuve expérimentale et inductive. — Preuve déductive et analytique. — Cas des grandeurs artificielles ou collections d'unités naturelles. — Deux de ces collections sont égales quand elles contiennent le même nombre d'unités. — Cas des grandeurs naturelles ou collections d'unités artificielles. — Deux de ces grandeurs sont égales lorsqu'elles coïncident et se confondent en une même grandeur. — Dégagement de l'idée d'identité incluse et latente dans l'idée d'égalité........................... 339

V. Principaux axiomes géométriques. — Axiomes qui concernent la ligne droite. — Construction et définition de la ligne droite. — Propositions qui en dérivent. — Deux lignes droites ayant deux points communs coïncident dans toute leur étendue intermédiaire et dans toute leur étendue ultérieure. — Axiomes qui concernent les parallèles. — Construction et définition des parallèles. — Propositions qui en dérivent. — Deux perpendiculaires à une droite sont partout équidistantes. — Démonstration du postulat d'Euclide.. 347

VI. Travail mental sous-jacent qui accompagne l'expérience des yeux et de l'imagination. — Ce travail consiste dans la reconnaissance sourde d'une identité latente. — L'expérience des yeux et de l'imagination n'est qu'un indice préalable et une confirmation ultérieure. — Son utilité. — Cas où cet indice et cette confirmation manquent. — Axiomes de la mécanique. — Leur découverte tardive. — L'expérience ordinaire ne les suggère pas. — Comment l'expérience savante les a découverts. — Opinion qui les considère comme des vérités d'expérience. — Plusieurs d'entre eux sont en outre des propositions analytiques. — Principe de l'inertie. — Énoncé exact de l'axiome. — difference de lieu et d'instant est sans influence ou nulle, par hypothèse. — Limites de l'axiome ainsi entendu et démontré. — Principe du parallélogramme des vitesses et des forces. — Énoncé exact de l'axiome. — La coexistence d'un second mouvement dans le même mobile est sans influence ou nulle, par hypothèse. — Passage de l'idée de vitesse à l'idée de force 361

VII. Axiomes qui concernent le temps et l'espace. — Idée mathématique du temps et de l'espace. — Toute durée ou étendue déterminée a son au-delà. — Analyse de cette conception. — Toute grandeur artificielle ou naturelle déterminée a pareillement son au-delà et se trouve comprise dans une série infinie. — Exemples. — Un nombre. — Une ligne droite. — Démonstration de l'axiome. — Il est une proposition analytique. — Toute addition effectuée implique une addition effectuable. — Dégagement des idées d'identité et d'indifférence incluses et latentes dans les termes de l'axiome. — Tous les axiomes examinés sont des propositions analytiques plus ou moins déguisées. 371

VIII. Précautions à prendre dans l'application de nos cadres à la réalité. — Différence possible entre l'espace géométrique et l'espace physique...................... 376

IX. Importance de la question. — Origine, formation, valeur des axiomes et des théorèmes qui en dérivent. — Opinion de Kant. — Opinion de Stuart Mill. — Conclusions de Kant et de Stuart Mill sur la portée de l'esprit humain et sur la nature des choses. — Théorie proposée. — Ce qu'elle concède et ce qu'elle nie dans les deux précédentes. — Il y a une liaison intrinsèque et forcée entre les deux idées dont le couple fait un théorème. — Il y a une liaison intrinsèque et forcée entre les deux caractères généraux qui correspondent à ces deux idées. — Il reste à savoir si ces caractères généraux se rencontrent effectivement dans les choses. — Ils s'y rencontrent partout où les théorèmes s'appliquent........................... 379

CHAPITRE III

LE LIEN DES CARACTÈRES GÉNÉRAUX OU LA RAISON EXPLICATIVE DES CHOSES

§ I. — *Nature de l'intermédiaire explicatif.*

I. En plusieurs cas, la liaison de deux données est expliquée. — Ce qu'on demande par le mot pourquoi. — Donnée intermédiaire et explicative qui, étant liée à la première et à la seconde, lie la seconde à la première. — Prémisses, conclusion, raisonnement.................. 391

II. Propositions dans lesquelles la première donnée est un individu. — Exemples. — En ce cas, l'intermédiaire est un caractère plus général que l'individu et compris en lui. — Propositions dans lesquelles la première donnée est une chose générale. — Ce cas est celui des lois. — L'intermédiaire est alors la raison de la loi. — Découvertes successives qui ont démêlé la raison de la chute des corps. — Ici encore, l'intermédiaire explicatif est un caractère plus général et plus abstrait inclus dans la première donnée de la loi. — Hypothèse actuelle des physiciens sur la raison explicative de la gravitation. — Même conclusion 392

III. Lois dans lesquelles l'intermédiaire explicatif est un caractère passager communiqué à l'antécédent par ses alentours. — Loi qui lie la sensation de son à la vibration transmise d'un corps extérieur. — Même conclusion que dans le cas précédent. — L'intermédiaire est alors une série de caractères généraux successifs 395

IV. Lois où l'intermédiaire est une somme de caractères généraux simultanés. — De la composition des causes. — Loi du mouvement d'une planète. — Lois où la première donnée est une somme de données séparables. — Exemples en arithmétique et en géométrie. — En ce cas, l'intermédiaire est un caractère général répété dans tous les éléments de la première donnée. — Exemple en zoologie. — Loi de la connexion des organes. — L'intermédiaire répété dans chaque organe est la propriété d'être utile. — Ces sortes d'intermédiaires sont les plus instructifs. — Résumé. — La raison explicative d'une loi est un caractère général intermédiaire, simple ou multiple, inclus directement ou indirectement dans la première donnée de la loi......... 398

V. De l'explication et de la démonstration. — La première donnée contient l'intermédiaire qui contient la seconde donnée. — De là trois propositions liées. — Ordre de ces propositions. — En quoi consiste le syllogisme scientifique... 405

§ II. — *Méthodes pour trouver l'intermédiaire explicatif*

I. L'emplacement et les caractères démêlés dans l'intermédiaire donnent le moyen de le trouver. — Méthode dans les sciences de construction. — Avantages qu'elles ont sur les sciences d'expérience. — L'intermédiaire est toujours inclus dans la définition de la première donnée de la loi. — On peut toujours l'en tirer par analyse. — Exemple; la démonstration des axiomes. — Autres exemples. — Théorème de l'égalité des côtés opposés du parallélogramme. — Emboîtement des intermédiaires. — En quoi consistent le talent et le travail du géomètre. — Marche qu'il suit dans ses constructions. — Les composés plus complexes ont des facteurs plus simples. — Les propriétés de ces facteurs plus simples sont les intermédiaires par lesquels les composés plus complexes se relient leurs propriétés. — Le dernier intermédiaire est toujours une propriété des facteurs primitifs. — Cette propriété est la dernière raison de la loi mathématique. — Rôle des axiomes. — Ils énoncent les propriétés des facteurs ou éléments primitifs qui sont les plus généraux et les plus simples de tous. — L'analyse doit donc porter sur les éléments primitifs. — Éléments primitifs de la ligne. — Découverte d'un caractère commun à tous les éléments ou points d'une ligne. — Définition d'une ligne par le rapport constant de ses coordonnées. — La géométrie analytique. — Éléments primitifs d'une grandeur. — Le calcul infinitésimal. — Dans toute loi énoncée par une science de construction, la dernière raison de la loi est un caractère général inclus dans les éléments de la première donnée de la loi.................................... 408

II. Méthode dans les sciences d'expérience. — Leurs désavantages. — Insuffisance de l'analyse. — Pourquoi nous sommes obligés d'employer l'expérience et l'induction. — Loi qui lie la rosée au refroidissement. — Intermédiaires emboîtés qui relient la seconde donnée de cette loi à la première. — Selon qu'il s'agit des composés réels ou des composés mentaux, la méthode pour découvrir l'intermédiaire est différente, mais la liaison de la seconde donnée et de la première se fait de la même façon. — Sciences expérimentales très-avancées. — Analogie de ces sciences et des sciences mathématiques. — Leurs lois les plus générales correspondent aux axiomes. — Elles énoncent, comme les axiomes, des propriétés de facteurs primitifs. — En quoi ces lois diffèrent encore des axiomes. — Elles sont provisoirement irréductibles.............. 418

III. Même ordonnance dans les sciences expérimentales moins avancées. — Leurs lois les plus générales énoncent aussi des propriétés de facteurs primitifs. — Sciences dans lesquelles des facteurs primitifs peuvent être observés. — La zoologie. — Caractères généraux des organes. — Loi de Cuvier. — Loi de Geoffroy Saint-Hilaire. — L'histoire. — Caractères généraux des individus d'une époque, d'une nation ou d'une race. — La psychologie. — Caractères généraux des éléments de la connaissance. — Tous ces caractères généraux sont des intermédiaires explicatifs. — **Ils sont d'autant plus explicatifs qu'ils appartiennent à des facteurs primitifs plus généraux et plus simples.** — L'explication s'arrête quand nous arrivons à des facteurs primitifs que nous ne pouvons ni observer ni conjecturer. — Limites actuelles de la physiologie, de la physique et de la chimie. — Par-delà les facteurs connus, les facteurs inconnus plus simples peuvent avoir des propriétés différentes ou les mêmes. — Selon que l'une ou l'autre de ces hypothèses est vraie, l'explication a des limites ou n'en a pas.. 425

IV. Autre désavantage des sciences expérimentales. — Elles doivent répondre aux questions d'origine. — Portion historique dans toute science expérimentale. — Hypothèse de Laplace. — Recherches des minéralogistes et des géologues. — Idées de Darwin. — Vues des historiens. — Théorie générale de l'évolution. — Lacunes. — Progrès journalier qui les remplit. — La formation d'un composé s'explique par les propriétés de ses éléments et par les caractères des circonstances antécédentes. — L'intermédiaire explicatif est le même dans ce cas et dans les cas précédents.. 434

§ III. — *Si tout fait ou loi a sa raison explicative.*

I. Convergence de toutes les conclusions précédentes. — Elles indiquent que, dans tout couple de données effectivement liées, il y a un intermédiaire explicatif qui nécessite cette liaison. — Du moins nous croyons qu'il en est ainsi. — Nous prédisons par analogie les traits de l'intermédiaire dans les cas où il nous est encore inconnu. — Exemples. — Nous étendons par analogie cette loi à tous les points de l'espace et à tous les moments du temps. 441

II. Fondement de cette induction. — De ce que nous ignorons en certains cas la raison explicative, nous ne pouvons conclure qu'elle n'existe pas. — La cause de notre ignorance nous est connue. — Les lacunes de la science s'expliquent par ses conditions. — Exemples. — Présumer que la raison explicative manque est une hypothèse gratuite. — Les présomptions sont pour la présence d'une raison explicative ignorée. — Autres présomptions suggérées par l'exemple des sciences de construction. — Dans ces sciences, toute loi a sa raison explicative connue. — Les lacunes des sciences expérimentales ont pour cause leurs conditions et le tour particulier de leur méthode. — **Preuve.** — Ce que serait la géométrie si on la faisait par induction. — Les lacunes de la géométrie seraient alors les mêmes que celles de la physique ou de la chimie. — Les sciences de construction sont un modèle préalable de ce que pourraient être les sciences expérimentales. — Analogie des ordonnances. — Identité des matériaux. — La seule différence entre nos composés mentaux et les composés réels, c'est que les premiers sont plus simples. — Emploi des composés mentaux pour l'intelligence des composés réels. — Conséquences. — L'application des lois mathématiques et mécaniques est universelle et forcée. — Réfutation de Stuart Mill. — Tous les nombres, formes, mouvements, forces de la nature physique sont soumis à des lois nécessaires. — Très-probablement tous les changements physiques dans notre monde, et probablement tous les changements au delà de notre monde se réduisent à des mouvements qui ont pour condition des mouvements. — Idée de l'univers physique comme d'un ensemble de moteurs mobiles assujettis à la loi de la conservation de la force.. 444

III. Récapitulation des preuves inductives qui nous font croire au principe de raison explicative. — Inclination naturelle que nous avons à l'admettre. — Emploi qu'en font les savants pour induire. — Opinion de Claude Bernard. — Opinion d'Helmholtz. — Explication de cette croyance par la structure innée de notre esprit. — Autre explication. — Analogie de ce principe et des axiomes précédemment démontrés. — Il est probable qu'il peut être comme eux démontré par analyse. — Démonstration. — Identité latente des termes qui l'énoncent. — Limites de l'axiome ainsi démontré et entendu. — Le principe de l'induction et l'axiome de cause en dérivent. — Conséquences de l'axiome de raison explicative. — Pour qu'il soit appliqué, il faut l'intervention de l'expérience. — Cas où l'on peut se passer de cette intervention. — Comment on peut poser le problème de l'existence. — Possibilité de la métaphysique. — Résumé sur la structure de l'intelligence....... 453

Note sur les éléments et la formation de l'idée du moi. 465

www.ingramcontent.com/pod-product-compliance
Lightning Source LLC
Chambersburg PA
CBHW050604230426
43670CB00009B/1254